两岸文化发展与创新

第一四一届一两一岸一文一化一发一展一论一坛一文一集

李树峰　汪文顶／主编

文化藝術出版社
Culture and Art Publishing House

图书在版编目（CIP）数据

两岸文化发展与创新：第四届两岸文化发展论坛文集/李树峰，汪文顶主编.—北京：文化艺术出版社，2017.5
ISBN 978-7-5039-6346-9

Ⅰ.①两… Ⅱ.①李…②汪… Ⅲ.①海峡两岸—文化产业—产业发展—文集 Ⅳ.①G124-53

中国版本图书馆CIP数据核字（2017）第108584号

两岸文化发展与创新
——第四届两岸文化发展论坛文集

主　　编	李树峰　汪文顶
责任编辑	胡　晋　赵　月
封面设计	马夕雯
出版发行	文化藝術出版社
地　　址	北京市东城区东四八条52号　（100700）
网　　址	www.whyscbs.com
电子邮箱	whysbooks@263.net
电　　话	（010）84057666（总编室）　84057667（办公室） 　　　　　84057691—84057699（发行部）
传　　真	（010）84057660（总编室）　84057670（办公室） 　　　　　84057690（发行部）
经　　销	新华书店
印　　刷	国英印务有限公司
版　　次	2017年10月第1版
印　　次	2017年10月第1次印刷
开　　本	710毫米×1000毫米　1/16
印　　张	20
字　　数	300千字
书　　号	ISBN 978-7-5039-6346-9
定　　价	58.00元

版权所有，侵权必究。如有印装错误，随时调换。

编委会

主　　任　连　辑　王耀华
副 主 任　汪文顶　牛根富　李树峰　陈清河
委　　员（按姓氏笔画排序）
　　　　　王巨川　王耀华　牛根富　刘小新
　　　　　李功勋　李树峰　连　辑　邱志淳
　　　　　汪文顶　张敬华　陈伟达　陈建芳
　　　　　陈丙崐　陈清河　郑长铃　程永生
　　　　　谢必震

主　　编　李树峰　汪文顶
副 主 编　郑长铃
执行主编　张敬华　王巨川　陈建芳

目 录

（按作者姓氏笔画排序）

谈两岸顺口溜的传播与发展 ·· 丁肇琴 1
国家战略与海丝文化
　——兼论"海丝文化"在两岸文化交流中的作用 ················ 王巨川 14
"刘铭传"诗题：揭示台湾现代化的起点 ······························ 朱双一 22
左翼的忧郁心灵与诗性的美学救赎
　——郭松棻、李渝的文学世界初探 ·································· 朱立立 34
论台湾版《欧兰朵》（Orlando）之剧场表现及跨文化省思 ·········· 朱芳慧 40
电影产业发展与中华传统文化的继承和创新 ························ 刘藩 54
摄影的经验与影像的时空 ··· 李树峰 64
察言观色：海峡两岸文化创意产业词语释义 ························ 李豫闽 71
MOOCs教学初探
　——两岸Coursera共享课程之例 ····································· 杨锦潭 76
论闽地文化对清代台湾经学的影响 ····································· 肖满省 87
闽台妈祖文化创意产业之比较研究 ······················· 吴巍巍　黄后杰 93
《新青年》与新旧剧论争 ·· 宋宝珍 104
新形势下海峡两岸文化产业交流合作之前瞻 ························ 张华荣 114
两岸青年学生对中华地域文化集群认知的比较研究 ······ 张羽　金林 121
当前两岸文教交流的特征、困境与未来发展 ························ 张宝蓉 135
乡土文学传统的赓续和创新
　——台湾新乡土小说创作论 ··· 陈建芳 145

品位成为商品	林若熹	156
裴景福与其所藏黄庭坚《宝积经发愿文》	罗笙纶	161
中华文化的继承创新与文化产业发展		
——以南音新作《凤求凰》创演和南音文化推广计划为例		
	郑长铃　王　珊　黄　欣	169
两岸南音文化传承传播中的"再创造"比较研究	郑长铃	175
两岸之日本电影片名的翻译方法	郑加祯	208
海峡两岸"文人棋"研究发展之回顾与前瞻	姜明翰	217
福建文创的台湾经验与闽南模式	袁勇麟	225
贞节与政治：节烈故事与清代台湾的妇女生活	蒋小波	232
市井味中有千秋		
——中华卤味两千年	喻蓉蓉	247
两岸文化交流与台湾京剧的发展（1990—2015）	程玉凤	251
热血交融·脉息相通		
——两岸戏曲交流与戏曲现代化之省思	曾永义	264
两岸关系视野下闽南歌仔戏的特点与发展	谢雍君	270
台湾校园民歌歌词里的中国情怀	蔡芳定	279
劳动的春耕	蔡培慧	286
创客文化与设计文化启蒙	管　宁	292
社会化媒体环境中的两岸青年认同	谭华孚	301

谈两岸顺口溜的传播与发展

丁肇琴[*]

前　言

笔者最早是在观看《大陆寻奇》电视节目时，注意到顺口溜，当时觉得这些顺口溜言简意赅，充满机锋。后来又读到李玠编著的顺口溜专书——《老百姓的智慧——大陆当代顺口溜赏析》[①]，如获至宝，遂写了《顺口溜初探》[②]，从文学的角度对顺口溜进行初步研究。因为顺口溜本身是口语文学，它的传播模式和意义也是值得探讨的课题，所以又写了《谈当代顺口溜的传播》[③]。本篇则是在以上两篇的基础上，继续探讨两岸顺口溜在传播上的发展异同。

一、顺口溜的定义

什么是"顺口溜"？笔者在《顺口溜初探》一文中曾援引段宝林[④]、高国藩[⑤]、李玠[⑥]、赵宁[⑦]、"幽默顺口溜"网站[⑧]及王晓寒[⑨]等六种相关的说法，详加讨论，并倾向采用王晓寒的说法，此处不再赘述。2004年6月王晓寒出版《大陆顺口溜》，对顺口溜的定义又有所补充。

---

[*] 丁肇琴，台湾世新大学中文系教授。
[①] 李玠编著：《老百姓的智慧——大陆当代顺口溜赏析》，台湾长青文化公司1998年版。
[②] 丁肇琴：《顺口溜初探》，台湾《世新人文社会学报》2004年第5期。
[③] 丁肇琴：《谈当代顺口溜的传播》，台湾《世新人文社会学报》2005年第6期。
[④] 吴同瑞、王文宝、段宝林编：《中国俗文学概论》，北京大学出版社1997年版，第31页。
[⑤] 高国藩：《中国民间文学》，台湾学生书局1995年版，第471页。
[⑥] 李玠编著：《老百姓的智慧——大陆当代顺口溜赏析·导言》，台湾长青文化公司1998年版，第16、17页。
[⑦] 赵宁：《押韵的人生——代序》，载袁进、张悟广、杨宝金等《顺口溜一溜》，台湾智库文化公司2000年版，第21页。
[⑧] "幽默顺口溜"网站首页（http://home.kimo.com.tw/kaochenmen/）。
[⑨] 王晓寒：《大陆新闻中的特殊用语》，台湾正中书局1994年版，第21页。

何谓"顺口溜"？依照海峡两岸通用的解释，就是中国社会传统的民俗文学艺术之一，民间流传的一种韵文，句子长短不等，纯口语，简明、朴实、通俗、生动、幽默，一字一句都有一定的韵律，含有优雅的风味与情趣，或入木三分的讽刺性，说起来顺畅流利，易懂易记，便于流传，随时随地能表达心声，不需要表演的场地，不像其他的许多民俗文学艺术日渐式微，反而借着大众传播媒体的力量，正方兴未艾。①

新闻人王晓寒的新说法，从形式、内容与风格上说明，比旧说更详细，并特别指出顺口溜是"民俗文学艺术之一"，肯定它的价值；又说顺口溜和其他艺术不同，"不需要表演的场地"；而且"借着大众传播媒体的力量，正方兴未艾"，强调顺口溜和传播媒体关系密切。

二、大陆顺口溜的传播

当代大陆顺口溜是从何时开始的呢？李玠定在大陆开始实行"对外开放、对内搞活经济"的政策之时。② 语云："时势造英雄。"顺口溜正是在时代巨轮的滚动下所创造出来的"民间文学英雄"。

（一）顺口溜流传的方式

顺口溜的"顺口"——顺畅又流利，而且押韵，是顺口溜能迅速传播的主要原因；顺口溜的内容往往带着感叹、嘲讽或俏皮的意味，让人听了心有戚戚焉，这是顺口溜能普遍流传历久不衰的关键。大部分顺口溜的作者都是无名氏，鲜少有人去追问它的作者是何方神圣，反倒会以个人的喜好与否采取"到此为止""继续传播"或"改动后再传播"等几个方式。如果一则顺口溜被大多数人听了之后感觉不过尔尔而"到此为止"，那么它的生命就很短暂，只是昙花一现罢了。假如大家听了某则顺口溜都"继续传播"或"改动后再传播"的话，那这则顺口溜肯定会流传得很快很广。所谓"改动后再传播"也分为两种：一

---

① 王晓寒：《大陆新闻中的特殊用语》，台湾正中书局1994年版，第16页。
② 李玠编著：《老百姓的智慧——大陆当代顺口溜赏析·导言》，台湾长青文化公司1998年版，第22页。

种是无心的，另一种是有意的。无心的是听的人记忆有误，因而造成遗漏或错误；有意的则是听的人以自己的观点加以局部改动或增长篇幅，也有加以精简使篇幅缩小的。不论是哪一种"改动后再传播"，它的结果都可能形成新的顺口溜。新的顺口溜产生后势必又重新面对被人"到此为止""继续传播"或"改动后再传播"等抉择。这是顺口溜在民间传播的基本模式，一再循环不已。

若以1979年为开端，大陆当代顺口溜流传迄今已有30余年的历史了，顺口溜的传播情况还可以从地域、年代和版本等几个方向去探讨。

（二）顺口溜流传的地域

大陆地域广阔，顺口溜的传播往往有地域的差异，城市与乡村流行的顺口溜就不一样，方言顺口溜改以普通话发音则多少会走味。以李玠的《老百姓的智慧——大陆当代顺口溜赏析》来说，将顺口溜开始流传的地区标注出来的只有47首。其中城市方面，北京有22首，是最多的；上海其次，有14首；再次是广州、杭州和深圳，各有1首。地区方面，四川有5首；其次是江浙，有2首；再次是东北1首。一共还不到全书的十分之一，可见口传文学追本溯源的困难。这说明了顺口溜的普遍性，是普罗大众的共同心声。

北京是首都，是政治、文化的中心，又有幽默文学的传统（如歇后语、俏皮话一向发达）。李玠也指出："近代顺口溜中有很大一部分是产自北京地区。"[①]而上海则是经济中心，发展神速，有"三天一小变，五天一大变"之称，"变化多端"原本就是孕育顺口溜的温床。至于出自四川省的顺口溜较多，则与四川方言有关。

这些顺口溜必须用四川话念才有趣味，才能押韵。而且谐音词汇（以四川话念）组成的句子也有实质意义，令人莞尔。

如果用普通话读，读不出什么趣味，但用川湘一带的方言读起来就"笑"果十足，讽刺性也很强。

（三）顺口溜流传的年代

如概括将当代顺口溜的流传分为20世纪70年代、80年代和90年代，70年代的作品最少，因为那是一个思想禁锢的年代，在二十几条顺口溜中，我们看到的是对现实的无可奈何或悲愤。到了70年代末期，有些地方已经有所改变，

---

① 李玠编著：《老百姓的智慧——大陆当代顺口溜赏析·导言》，台湾长青文化公司1998年版，第22页。

并反映在顺口溜中。总之,从 20 世纪 70 年代的顺口溜里,我们可以看到原来吃大锅饭的消极懒散态度逐渐消失。

80 年代的顺口溜大量增加,以下举出几首代表作:

辛苦一辈子,不如倒爷一阵子;瞎倒一阵子,不如官倒一下子。①
要得富,上山挖古墓,一夜成为万元户。②
一等人漂洋过海,二等人深圳沿海,三等人从此下海,四等人留在上海。③

这些顺口溜反映了 80 年代社会变动得相当剧烈,大家都很忙碌,但多半是为了钱和权。苦干实干的比不上倒爷和官倒,有本事的纷纷往外国或沿海跑。

90 年代的顺口溜也是多姿多彩,如:

坐的是车子,盯的是票子,谋的是房子,保的是位子,为的是孩子。④
此处不留爷,自有留爷处;到处不留爷,去当个体户。⑤
男人的事女人干,女人的事男人干,老人的事青年人干,青年人的事老人干,小孩的事大人干,大人的事小孩干,单位的事家里干,家里的事单位干。⑥
上海看人头,苏杭看丫头,南京看石头,北京看砖头,西安看坟头,桂林看山头,广州看车头,台北看拳头。⑦

---

① 李玠编著:《倒爷经济》第 1 首,《老百姓的智慧——大陆当代顺口溜赏析》,台湾长青文化公司 1998 年版,第 29 页。
② 李玠编著:《铤而走险(一)》第 6 首,《老百姓的智慧——大陆当代顺口溜赏析》,台湾长青文化公司 1998 年版,第 238 页。
③ 李玠编著:《社会怪现象(十)》第 4 首,《老百姓的智慧——大陆当代顺口溜赏析》,台湾长青文化公司 1998 年版,第 282 页。
④ 李玠编著:《官僚作风(二)》第 2 首,《老百姓的智慧——大陆当代顺口溜赏析》,台湾长青文化公司 1998 年版,第 34 页。
⑤ 李玠编著:《砸三铁》第 3 首,《老百姓的智慧——大陆当代顺口溜赏析》,台湾长青文化公司 1998 年版,第 87 页。
⑥ 李玠编著:《社会怪现象(四)》第 7 首,《老百姓的智慧——大陆当代顺口溜赏析》,台湾长青文化公司 1998 年版,第 264 页。
⑦ 李玠编著:《各地景观》第 1 首,《老百姓的智慧——大陆当代顺口溜赏析》,台湾长青文化公司 1998 年版,第 355 页。

八十年代学广东，九十年代学山东，再过十年学浦东。①

可以看出吃大锅饭的心理已经没有了，个体户比公务员更吃香。自私自利仍不可免。各省市开始懂得发展特色，旅游业兴旺了起来。广东、山东和上海浦东也先后成为经济发展的龙头。

不论是哪个年代的顺口溜，它的写实、夸张和幽默趣味都是令人难以忘怀的。

（四）顺口溜的版本（异文）

顺口溜这种快速流传的口语文学，在流传期间往往会出现不同的说法，被记录下来的应该是该则顺口溜的"异文"，但李玠把这种异文的情况称之为"版本"，他说：

> 每一则顺口溜都会在口头流传过程中衍生出许多不同版本，而收录在这集子中的顺口溜都是经过仔细比对之后，选出在声韵和字义上的最佳面貌呈现给读者。一些著名顺口溜的不同版本如果是各有特色，本书则一并存录。此举是为了使读者了解广泛流传过程中的各种可能变化，同时也为有心于创作的读者提供最佳的习作模板。此外，不同的读者很可能会因为应用目的和喜好的不同而偏爱不同的版本。②

为行文方便，此处也沿用李玠对"版本"的解释。笔者归纳当代顺口溜的版本现象有下列几种：

1. 古谚（歌）今版

少部分顺口溜的结构或内容与古代的谣谚或曲文歌词类似，可以说是古谚今版，如"高干当几年，美金上千万"就是晚清俗谚"三年清知府，十万雪花银"的翻版。③

2. 方言改普通话版

有些顺口溜一开始是以方言流行，但后来又出现普通话版，如：

---

① 李玠编著：《杂类》第2首，《老百姓的智慧——大陆当代顺口溜赏析》，台湾长青文化公司1998年版，第390页。
② 李玠编著：《老百姓的智慧——大陆当代顺口溜赏析·自序》，《老百姓的智慧——大陆当代顺口溜赏析》，台湾长青文化公司1998年版，第13页。
③ 李玠编著：《贪污（二）》注解5，《老百姓的智慧——大陆当代顺口溜赏析》，台湾长青文化公司1998年版，第154、155页。

三头——冲在前头吃苦头，荡在后头吃排头，轧轧苗头有甜头。①

原本是上海话，改成普通话版就成了：

冲在前头吃苦头，留在后头吃排头，时露苗头有甜头。②

虽然只是稍稍改了几个字，但对不谙上海话的人却方便多了。

3. 简化版

有些顺口溜篇幅较长，或者语意不够明晓，于是在流传期间，便会出现较精简或简化的版本，如：

（原版）喝杯酒，一桶油；吃顿饭，一头牛；屁股底下坐幢楼。③
（简版）一杯酒，一桶油；一餐饭，一头牛；一屁股，一栋楼。④

简版只比原版少一个字，但全以名词表示，又都以"一"字开头，确实达到了简化的目的。

4. 地区版或行业版

有些顺口溜流传到他地便出现不同版本，也有的顺口溜在不同行业中有所差异。以下就举例说明：

（农村版）白白干了五十年，一跤跌回解放前。⑤
（干部版）革命革了几十年，一觉回到解放前。⑥

---

① 李玠编著：《官场怪现象（四）》第 3 首，《老百姓的智慧——大陆当代顺口溜赏析》，台湾长青文化公司 1998 年版，第 117 页。
② 李玠编著：《官场怪现象（四）》第 3 首注解，《老百姓的智慧——大陆当代顺口溜赏析》，台湾长青文化公司 1998 年版，第 118 页。
③ 李玠编著：《官僚的享受》第 2 首，《老百姓的智慧——大陆当代顺口溜赏析》，台湾长青文化公司 1998 年版，第 64 页。
④ 李玠编著：《官僚的享受》第 2 首注解 2，《老百姓的智慧——大陆当代顺口溜赏析》，台湾长青文化公司 1998 年版，第 66 页。
⑤ 李玠编著：《感叹》第 1 首，《老百姓的智慧——大陆当代顺口溜赏析》，台湾长青文化公司 1998 年版，第 383 页。
⑥ 李玠编著：《感叹》第 2 首，《老百姓的智慧——大陆当代顺口溜赏析》，台湾长青文化公司 1998 年版，第 383 页。

前一组是针对改革开放表达不满,农民眼看着商人(尤其是倒爷)大发利市,而自己仍然苦哈哈的,顿生懊恼;后一组,干部亦然,革命了几十年,再怎么劳苦功高也不敌官倒和投机客。

(五) 贾平凹的《废都》与当代顺口溜的传播

贾平凹的小说《废都》写成于1993年①,在大陆非常畅销,也引起颇多争议。笔者在此想谈谈它与当代顺口溜的关系。《废都》这部小说的主角是作家庄之蝶,全书可以说都围绕着他的风流韵事在打转,但有趣的是作者在书中安排了一个小人物——捡破烂的老头儿,不时出现,来一段"谣儿",共有十几首之多,如一开篇的:

> 一类人是公仆,高高在上享清福。
> 二类人做"官倒",投机倒把有人保。
> 三类人搞承包,吃喝嫖赌全报销。
> 四类人来租赁,坐在家里拿利润。
> 五类人大盖帽,吃了原告吃被告。
> 六类人手术刀,腰里揣满红纸包。
> 七类人当演员,扭扭屁股就赚钱。
> 八类人搞宣传,隔三岔五解个馋。
> 九类人为教员,山珍海味认不全。
> 十类人主人翁,老老实实学雷锋。②

和李玠收录的《十等公民歌》第二首③类似。其他如:

> 说你行,你就行,不行也行。说不行,就不行,行也不行。④

亦见李玠收录的《用人唯私》第一首,但李书这首是一副对联,还有横批

---

① 贾平凹:《废都·后记》,台湾风云时代出版公司1994年版,第536页。
② 贾平凹:《废都》,台湾风云时代出版公司1994年版,第3页。
③ 李玠编著:《十等公民歌》第1—4首,《老百姓的智慧——大陆当代顺口溜赏析》,台湾长青文化公司1998年版,第343、344页。
④ 贾平凹:《废都》,台湾风云时代出版公司1994年版,第4页。

"不服不行"。①

贾平凹对王新民的提问:"书中的谣辞是你搜集的还是他人提供的?谣辞在整个作品中起什么作用?"进行了说明:

> 谣辞有我搜集的,也求过别人来提供。有三个朋友给我提供过七八页纸的谣辞。我仅用了其四分之一。谣辞的运用是作为一个大社会背景来处理的。②

可见贾平凹和他的三个朋友都做了搜集和传播当代顺口溜的工作。由于小说《废都》在大陆出版第一年即印了200万册以上,因此其中的谣儿(顺口溜)也随之拥有大量读者。笔者认为贾平凹是大陆人士中比较早有意识地搜集和传播顺口溜的,对他在当代顺口溜传播上的贡献应该予以肯定。

三、台湾地区顺口溜的传播

(一) 周志敏引进大陆顺口溜

电视节目《大陆寻奇》的制作人周志敏是最早引进大陆顺口溜的,他时常在节目结束前穿插几句顺口溜,有时由主持人熊旅扬女士讲述,有时也请大陆当地人士解说,获得观众的热烈回响。后来他在台湾地区举办顺口溜征文活动,两度出版顺口溜的征文专集。他在《顺口溜一溜》的《出版缘起》中说:

> 第一次到大陆访问,就听到当地人说"顺口溜",无论男女老幼,人人能说,也人人会自编,真是充满了趣味。
> 后来,我把这种流行在民间的"顺口溜",引进台湾,在《大陆寻奇》每集节目中,来上一段,让台湾观众也能顺口溜一溜,果然相当受欢迎,成了茶余饭后的话题。③

---

① 李玢编著:《用人唯私》第1首,《老百姓的智慧——大陆当代顺口溜赏析》,台湾长青文化公司1998年版,第136页。
② 江心编:《〈废都〉之谜》,台湾风云时代出版公司1994年版,第44页。
③ 周志敏:《出版缘起》,载袁进、张悟广、杨宝金等《顺口溜一溜》,台湾智库文化公司2000年版,第17页。

从这段文字，我们可以看出顺口溜在大陆流行的程度，而且就诚如李玞所说的：

> 来自两岸三地和其他地区的华人尽管在背景上有些差异，但对于顺口溜的激赏程度则是一致"拍案叫绝"。[1]

周志敏制作电视节目《大陆寻奇》，主要是介绍大陆各地区之地理、历史、文化及民俗风情。[2] 观众收视时，容易产生较严肃或隔阂的感觉，适时地引用顺口溜既可以印证播出的内容，更可以增加节目的活泼和趣味。

所以顺口溜在台湾地区的流传起先是借用，在电视节目中借用大陆的顺口溜，受到注意，在社会上产生影响，再以征文的方式用书面征集，是有意而为之，而非自然产生。

（二）台湾民众写自己的顺口溜

顺口溜专书的出版似乎是顺口溜流传中的大事。周志敏比李玞多做了一样很特别的事情——鼓励台湾民众写自己的顺口溜。由《大陆寻奇》节目制作单位举办"台湾顺口溜"征文活动，引发热烈回响，辑印成书二册，即《顺口溜一溜》和《顺口溜一溜》第二辑，分别于2000年11月及2001年10月出版。[3]

《顺口溜一溜》分为社会万象篇、政论新讲篇和生活百态篇三类。社会万象篇有92首，政论新讲篇有151首，生活百态篇有142首，合计385首。《顺口溜一溜》第二辑的分法相同，社会万象篇有107首，政论新讲篇有104首，生活百态篇有117首，合计328首。两本书加起来共713首，竟比李玞的666首还多。

这两本书和李玞的书有明显的不同之处：第一，每首顺口溜都标明作者的姓名和居住地；第二，除了极少数作者自注外，几乎完全没有注解；第三，每首都有题目。换言之，这两本书其实是台湾民众创作顺口溜的选集，而且创作的目的就是为了出版；或者应该说它们是"拟顺口溜"，是模仿大陆当代顺口溜的作品，就如同宋元时代有话本小说，到了明代则有文人创作的拟话本小说[4]一

---

[1] 李玞编著：《老百姓的智慧——大陆当代顺口溜赏析·自序》，台湾长青文化公司1998年版，第13页。
[2] 据《大陆寻奇》网站（http://www.china919.com/index1.phtml？page = program.phtml）。
[3] 袁进、张悟广、杨宝金等：《顺口溜一溜》，台湾智库文化公司2000年版；谷彝香、王渊澄、吴弼中等：《顺口溜一溜》第二辑，台湾智库文化公司2001年版。
[4] 胡士莹：《话本小说概论》，中华书局1982年版，第395页。

般。试看台中县张妙如写的《商业学分》，运用谐音说明会计等课程难学的情形：

> 会计会计，快快忘记；
> 经济经济，经常忘记；
> 统计统计，通通（应作统统）忘记。①

又如这几年台湾地区经济不景气，失业的人很多，花莲县的向成藩就说：

> 失业人口创新高，公司裁员像把刀。
> 经济节节向下挫，日子难过糟糟糟。②

拟作未必不如原作，研究民间文学的人都知道，许多文体都是在文人染指参与之后，才能绽放更灿烂的花朵。《顺口溜一溜》两辑中有不少佳作妙语，可惜没有第二个李玾或周志敏让它们经常在媒体上露脸，所以大家只能摆在案头欣赏欣赏而已。

（三）第一届"金溜奖"的观察

2004年，台湾地区曾举办"大家来说顺口溜——金溜奖"征文比赛，各界反应热烈，至当年1月15日止，共征得千余件作品，初审选出200篇，再经评审小组复审选出50篇作品，于1月16日至31日公布在网站上，公开由社会大众票选出最具趣味、最能表达民众心声的佳作三篇。2月4日再聘请学者专家评审出前三名及佳作19篇。

笔者注意"金溜奖"的征文揭晓后，便上网去浏览，发现一些有趣的现象。

第一，网络票选的佳作三篇与学者专家评审出前三名完全没有重叠，可见大众口味和评审眼光颇不相同。票选的前三名中前两首都是押韵的五言体，读起来确实很溜；第三首是叙事体的笑话，完全不符合顺口溜的基本要求。

第二，网站上原先入选的50篇和名次公布后的50篇略有出入，事实上后者只有49篇，比原来的50篇少了两篇，但又加了一篇《无题》（作者为鄂元静）。

第三，从原先入选的50篇看来，没有标题的作品有13首之多，占26%。

---

① 谷彝香、王渊澄、吴弻中等：《顺口溜一溜》第二辑，台湾智库文化公司2001年版，第195页。
② 谷彝香、王渊澄、吴弻中等：《顺口溜一溜》第二辑，台湾智库文化公司2001年版，第72页。

后来则一律被标为《无题》，就连获得特别奖的客家语作品《行骗天下》原先也没有题目。

第四，原先入选的50篇中，参加者以台北市4人居冠，其次是台北县3人，其他基隆市、桃园县、桃园市、新竹市、苗栗县、台南县、台南市、高雄市、花莲各一人，可见台湾地区各地都有顺口溜的作者，没有什么城乡差距。在用语方面，大部分都是使用普通话，但有4篇是闽南语，两篇是客家语，显示方言顺口溜颇有发展的空间。作者的职业只有5人标出，其中4人是学生，1人是家管。男性作者似乎占大多数。

这次"金溜奖"征文的目的表面上是为发扬顺口溜文学艺术，实际上政治目的非常明显，因此入选的几乎全是讥讽时政之作。以名次公布后的49篇来说，只有1篇题为《开会》的与政治无关。

站在顺口溜爱好者的立场，当然乐见顺口溜的大量涌现，也感谢有关人士或团体举办征文比赛，但如果比赛的政治意图太过明显，因而影响到读者或作者的艺术品位，扭曲了顺口溜的正常发展，那可就不是件好事了。和之前《大陆寻奇》节目的顺口溜征文相比，"社会万象"不见了，"生活百态"没有了，只剩下"政论新讲"，犀利辛辣的味道没变，但轻松俏皮的成分消失了，怎不令人失望！

今年已是2016年，"金溜奖"一直没再举办过，除了政治因素，笔者认为手机的兴起使大家对"溜一溜"的兴趣降低了，因为人手一机，"滑一滑"比"溜一溜"更便利，所以这几年手机短信征文比赛或活动十分热络。如从2007年首创"行动创作奖"，举行"原创歌曲铃声"比赛，逐年增设新的组别和友善的数位创作平台，鼓励更多文字和影音创作者尽情发表、分享。历经十年淬炼，累积作品逼近26万件。① 民众用手"滑一滑"的传播力量不可忽视，"滑"的内容有影片、照片、歌曲、文章，也有一些文字幕（如字幕）就是采用顺口溜的形式。

（四）民间口头传播顺口溜

顺口溜仍在口头流传，若是影响大了，就会被报刊披露，请看《中永和之歌》（又被谑称为《双和路名鬼打墙》）：

永和有永和路，中和也有永和路，中和有中和路，永和也有中

---

① 详见"MYFONE 行动创作奖"网站（https://www.myfone.org.tw/mmcr2016/MCR/origin.aspx）。

和路；

中和的中和路有接永和的中和路，永和的永和路没接中和的永和路。①

这是因新北市永和、中和两地毗连，又选用了同样的路名，弄得大家头昏脑涨，所以有人编了这首顺口溜反映事实。又如基隆某校为了改掉学生说脏话的习惯，特地在校园里挂起布条倡导：

多说赞，少说干，校园变和谐；
你娘我娘都伟大，不能随口羞辱她。②

结果学生反应两极，有人觉得很有新意，贴近年青一代；但也有人认为文字用得太直接，让人有不当联想。这使笔者领悟到：顺口溜还是比较适合在口头轻松地流传，一旦摆在较严肃的场合，就会引发某些人反感或误会。

四、两岸顺口溜的交流

由于两岸往来频繁，有些顺口溜会产生续篇，如：

东北有三宝：人参、貂皮、乌拉草。

这是指东北盛产的三样"宝物"。后来笔者到东北旅游，才知道鹿茸角已取代了乌拉草。台湾地区有类似的顺口溜是：

台湾有三宝：劳保、健保、一九九吃到饱。

这首顺口溜在台湾地区流行很多年，因为劳工保险是台湾地区第一个社会保险，已超过60年；全民健康保险也是普受赞美的医疗制度；至于"一九九吃到饱"是指价廉物美的自助餐，只要付199元，就能吃遍餐厅提供的各种食物。这首顺口溜显然是模仿《东北有三宝》而来，甚至衍生出更多的"××有三

---

① 黄福其：《中和的永和路改名　不再鬼打墙》，台湾《联合报》2013年4月30日话题A8版。
② 阮南辉：《"多说赞少说干"校园布条拆了》，台湾《联合报》2011年10月22日话题A10版。

宝"，如《考试有三宝》《联谊有三宝》《夜市有三宝》等。

结　语

大陆和台湾同文同种，近二十年来两岸往来频繁，口头文学自然也相互影响。总结来说：

1. 大陆当代顺口溜受环境影响，早在"文革"结束后即开始盛行，是由老百姓自动编撰传播的。在美国从事广播工作的李玠花了十年工夫搜集材料，编成《老百姓的智慧——大陆当代顺口溜赏析》，可谓大陆当代顺口溜的宝库。另外贾平凹在小说《废都》中也大量采用顺口溜，对保存和传播顺口溜亦有贡献。

2. 台湾顺口溜的发展比较曲折，先是制作人周志敏在《大陆寻奇》电视节目中穿插大陆的顺口溜，接着他举办"台湾顺口溜"征文，辑印成两辑《顺口溜一溜》，造就出许多书写的顺口溜。这些以出版为目的的顺口溜，并未对一般大众产生较大的影响力，只能说是"拟顺口溜"。至于民间，口传的顺口溜虽然量少，但趣味高，颇能引人共鸣。

3. 台湾顺口溜受大陆影响很大。透过两岸各种交流，许多台湾民众都能将大陆顺口溜说得朗朗上口，也有些顺口溜被稍加改动后继续传播，以符合台湾地区的实况。反过来，台湾顺口溜因为量少，能受大陆同胞青睐的也就不多了。

国家战略与海丝文化
——兼论"海丝文化"在两岸文化交流中的作用

王巨川*

引 言

中国国家主席习近平提出的"一带一路"的伟大倡议，旨在借用古代"丝绸之路"的历史符号，高举和平发展的旗帜，主动地发展与沿线国家的经济合作伙伴关系，共同打造丝绸之路沿线国家间的"政策沟通、设施联通、贸易畅通、资金融通、民心相通"的利益共同体、命运共同体和责任共同体。其不仅在我国的经济发展方面描绘了一个伟大的蓝图，让中国的经济和世界的经济发展紧密地联系到一起，也将带动欧亚非大陆经济飞速发展。同时还将中国的文化和世界的文化，尤其是与欧亚非大陆文化发展的历史与现实紧密地联系到一起。这一伟大的倡议不仅将促进中国文化经济的发展，并必将深刻地改变整个世界文化、政治、经济的格局。

当前，在国家倡导发展"一带一路"建设的契机下，国内及国外丝路沿线国家与地区积极行动起来，海上丝绸之路又一次成为世界瞩目的商贸经济与文化交流之路。从历史上看，海上丝绸之路不仅仅是古代中国与其他国家经济交往的重要通道，它同时也是中国与海上丝绸之路沿途国家之间的文化交流之路，并在文化交流过程中，形成了世界上独一无二的"海丝文化"。所谓"海丝文化"，是在中西商贸活动中以中华民族文化为母体，以地域文化为核心，以海洋文化为基础，以贸易文化为依托，融合"海丝"沿线国家文化而形成的多民族、多地域共同参与的多元文化形态，它具有杂糅性与多元性特征。"海丝文化"是中华民族文化大家庭中的一支重要文化力量，在古代与现代的文化交流中影响着海上丝绸之路沿途各个民族国家的文化发展。历经几千年积淀的海上丝绸之路文化不仅仅是中西贸易的历史遗产，同时也是具有象征性和凝聚力的文化遗产，这是因为围绕海上丝绸之路所形成的"海丝文化"也是贯连着丝路沿线各国

---

* 王巨川，中国艺术研究院文化发展战略研究中心副研究员。

的文化象征。因而,"海丝文化"同样是人类所共有的文化遗产与文化生命。

由此来看,客观审视并界定"海丝文化",便成为当前研究者尤为重要而迫切的命题。本文从"一带一路"建设为切入点,重点讨论"一带一路"建设中的"海丝文化"生成、内涵属性及其当代价值。

一、"一带一路"建设是国家发展的重要命题

"一带一路"是中国政府在新时期发展的重要命题。有学者认为,"每个国家都有自己的国家战略,该战略围绕国家的中心任务和长远目标,系统安排国家的经济、政治、文化、国防等各方面的体制与政策"[①]。"一带一路"是以习近平为核心的中国政府在面对日益多元化发展的全球经济状况下提出的国家多元发展方略,是国家发展的重要组成部分。

中国政府倡导"一带一路"建设的三年来,习近平在国内外各种场合就"一带一路"发表了多次重要论述,为"一带一路"倡议的发展提供了强有力的理论依据。2013年9月7日,国家主席习近平在哈萨克斯坦纳扎尔巴耶夫大学发表题为《弘扬人民友谊 共创美好未来》的演讲时第一次提出了"丝绸之路经济带"的合作发展愿望,他表示:"为了使我们欧亚各国经济联系更加紧密、相互合作更加深入、发展空间更加广阔,我们可以用创新的合作模式,共同建设'丝绸之路经济带'。""以点带面,从线到片,逐步形成区域大合作。"提出加强政策沟通、道路联通、贸易畅通、货币流通和民心相通。同年10月3日,习近平又首次在印度尼西亚国会发表题为《携手建设中国—东盟命运共同体》中发出"共同建设21世纪'海上丝绸之路'"的倡议,他说:"东南亚地区自古以来就是'海上丝绸之路'的重要枢纽,中国愿同东盟国家加强海上合作,使用好中国政府设立的中国—东盟海上合作基金,发展好海洋合作伙伴关系,共同建设21世纪'海上丝绸之路'。中国愿通过扩大同东盟国家各领域务实合作,互通有无、优势互补,同东盟国家共享机遇、共迎挑战,实现共同发展、共同繁荣。"12月10日至13日,中央经济工作会议在北京举行。在这次会上,习近平发表了重要讲话,正式确定了以中国为核心,以丝路各国为合作伙伴,建设"一带一路"的发展战略,并做出部署:"推进'丝绸之路经济带'建设,抓紧制定战略规划,加强基础设施互联互通建设。建设21世纪'海上丝绸之路',加强海上通道互联互通建设,拉紧相互利益纽带。"

---

① 冯之浚等:《软科学纲要》(增订版),生活·读书·新知三联书店2014年版,第98页。

至此,"一带一路"作为中国国家发展框架中的重要一环,其理论框架已基本形成,随着国内外各个领域的积极介入,"一带一路"建设已经迈入实质性发展状态。2014年9月12日,在上海合作组织成员国元首理事会第十四次会议上,习近平强调:"丝绸之路经济带建设正进入务实合作新阶段,中方制定的规划基本成形。"2014年9月18日,在印度世界事务委员会上,习近平发表题为《携手追寻民族复兴之梦》的重要演讲,其中强调说:"一个和平稳定、发展繁荣的南亚,符合本地区国家和人民利益,也符合中国利益。中国愿同南亚各国和睦相处,愿为南亚发展添砖加瓦。中国提出'一带一路'倡议,就是要以加强传统陆海丝绸之路沿线国家互联互通,实现经济共荣、贸易互补、民心相通。中国希望以'一带一路'为双翼,同南亚国家一道实现腾飞。"随后,习近平在历次的出访和国内重要经济会议中也不断推动"一带一路"进程,为"一带一路"建设提速,例如2014年在亚太经合组织(APEC)工商领导人峰会、二十国集团领导人第九次峰会、海南博鳌亚洲论坛2015年年会,以及出访巴基斯坦、越南、新加坡、菲律宾、埃及、捷克、塞尔维亚和波兰等国家时,对"一带一路"建设分别提出倡议,得到所有国家的积极响应。2016年8月17日,习近平在出席推进"一带一路"建设工作座谈会时明确提出了八项要求,其中第六项、第七项指出:"要切实推进民心相通,弘扬丝路精神,推进文明交流互鉴,重视人文合作";"要切实推进舆论宣传,积极宣传'一带一路'建设的实实在在成果,加强'一带一路'建设学术研究、理论支撑、话语体系建设"。这也为当前丝绸之路文化理论研究提出了明确的要求。

二、"海丝文化"的生成与内涵

在人类的发展过程中,任何的物质活动与文化形态从来都是密不可分、相辅相成的,物质活动产生文化形态,而文化形态又促进物质活动。陆上丝绸之路与海上丝绸之路在不同的历史时段有合有聚,当唐宋时期陆上丝绸之路"道路梗绝,往来不通"[①]而逐渐衰落的时候,海上丝绸之路却日益繁荣起来。丝绸之路所产生的文化影响要远远大于经济影响,随着海上丝绸之路的形成,"海丝文化"也因各条丝路经济贸易的交往而逐渐形成。

---

① 陆贽:《慰问四镇北庭将吏敕书》,《全唐文》卷四六四。

(一) 丝路沿线国家的文化输入

在海上丝绸之路的贸易活动中，西方文化输入中国有两方面的途径：一方面，伴随各种诸如明珠、翠羽、香料、象牙、犀牛角等，以及各种珍奇异物的货物输入活动中，使中国人看到了丝路沿途国家的奇彩各异的文化形态；另一方面，还有许多僧侣、文人等乘坐商船与商人们结伴来到东方，他们带来了西方文化等新鲜血液，并注入中华文明之中。如天竺僧佛驮跋陀罗由交趾随商船至青州、建康；罽宾僧人求那跋摩随商船至广州后往宋京祇洹寺；中天竺僧人求那毗地至建康正观寺，"万里归集，南海商人咸宗事之"。再有昙善、法显等僧人都是通过海上丝绸之路来到中国，他们在学习中华文化的同时也把异域的文化传播出去，从而使原生于印度等地的佛教文化在中国逐渐繁荣起来。而且，鉴于当时中国社会的繁盛，许多周边的岛国，以及印度、波斯等国家重视对中国的贸易交往与文化交流，都积极发展海上交通，以便于同中国加强海上联系。正如阿拔斯王朝第二任哈里发曼苏尔废弃旧都大马士革而以巴格达为新都时所说："这个地方（指巴格达）是一个优良的营地。此外，这里有底格里斯河，可以把我们和遥远的中国联系起来。"① 与此同时，中国也有许多人往返于海丝沿路各个国家进行文化学习。例如公元671—695年，唐代义净就通过海路往返于中印之间，并在当时的东南亚地区政治经济中心室利佛逝学习梵文，他从印度回来后著有《南海寄归内法传》一书，其中详尽记述了印度及东南亚地区的政治、经济、文化风貌。再如杜环的《经行记》等书都成为中国人了解、学习异域文化的重要史料书籍。

(二) 中华文明的海外传播

当异域文化通过海上丝绸之路来到中国，对古老的中华文明进行补充、改造的同时，有着千年历史的中华民族文化也源源不断地通过海上丝绸之路传播到海外，伴随着中国丝绸、瓷器等商品中所附加的文化形态，影响并改造着异域文化的形成与发展。如公元750年曾被大食国俘虏的杜环归国后所撰写的《经行记》中，一方面记载了当时中亚、西亚的情况，同时也详细记载了有关中国的先进纺织、书法等技艺与文化传入大食国的情况。早在东吴时期，孙权就特别派遣使节康泰、朱应从海路出访扶南和南海诸国，即我国历史上著名的"南宣国化"，这也是中国首次派遣使节以通过海上丝绸之路加强对外的政治、

---

① ［美］希提：《阿拉伯通史》，马坚译，商务印书馆1979年版，第401页。

经济、文化联系。康泰、朱应出使南海诸国多年，归国后写了《吴时外国传》和《扶南异物志》等书籍，详细记述了南海各个国家的政治、经济、文化等方面的情况。这些著作虽然大部分都已散佚，但还有相当部分保存于《水经注》《太平御览》和《通典》等著作中。扶南作为当时的南海大国，其势力范围已经包括了今日的泰国、缅甸和马来半岛等地区，其位置处于东西海上交通要冲。在《梁书》中记载："吴时，遣中郎康泰、宣化从事朱应使于寻国（扶南国王范寻），国人犹裸，唯妇人著贯头。泰、应谓曰：'国中实佳，但人亵露可怪耳。'寻始令国内男子著横幅。横幅今干缦（筒裙）也。大家乃截锦为之，贫者乃用布。"①

据汪大渊的《岛夷志略》中记载，大量中国商人从海路到中亚的安南、占城等地经商后便留居当地，成为旅居丝路沿线各个国家地区的华侨。这其中有不少人都是浸染在中华文明的传统教育中成长的，因此都有着极高的汉文化素养，他们许多人将中国的文化典籍、技术知识传授给他们留居的当地人，如通行安南的《授时历》即是最好的证明。同时，一个又一个的华侨聚集地的形成，使中华文化在这一国家扎根播种，成为中华文化对外传播的重要基点。如《续文献通考》载爪哇"其地有杜板流寓者多广东人，漳、泉人。又东行半日至厮村，中国人客此成聚落，遂名新村，约千余人，村主广东人。藩舶至此互市，金宝充隘。又南水可行半日至淡水港，乘小艇二十余里至苏鲁马益港，旁大洲，多中国人"。《岛夷志略》中也提到华人居住的南海地区很多，如麻逸（多罗岛）、渤泥（加里曼丹）、文老古（马鲁古）、吉里地闷（帝汶岛）等地，华人与当地人相处和睦，如渤泥"其俗尤敬爱唐人，醉则扶之以归歇处"，龙牙门"男女兼中国人居之"。

（三）对海洋文化的生成与促进

海上丝绸之路的文化交流与发展，不仅补充完善了丝路沿线国家的文化内涵，同时也促进了海洋文化的形成与发展。从广义上来说，海洋文化"作为人类文化的一个重要组成和体系，就是人类认识、把握、开发、利用海洋，调整人和海洋的关系，在开发利用海洋的社会实践中形成的精神成果和物质成果的总和。具体表现为人类对海洋的认识、观念、思想、意识、心态，以及由此而产生的生活方式，包括经济结构、法规制度、衣食住行习俗和语言文学艺术等

---

① 姚思廉：《梁书》卷五十四《诸夷传》。

形态"①。狭义而言，海洋文化"其实也是地域文化，主要指中国东南沿海一带的别具特色的文化。同时，也包括台、港、澳地区以及海外众多华人区的文化"②。在海洋文化的生成与发展中，作为衔接内外文化的港口必然成为重要的基点，而连接海上丝绸之路起点与终点也是作为海洋文化重要基点的港口。由于港口发展的外向性，以港口为基点的海洋文化成为一种外来文化与本土文化相互冲撞、相互激发、相互融合的产物，具有文化发展上的先导性和多元性两大特点。

综上而言，我们可以清晰地看到"海丝文化"的形成与发展，它是在中西商贸活动中以海洋文化为基础、以贸易文化为依托而形成的多民族、多种族共同参与的人类多元文化形态的组成部分，它具有杂糅性与多元性特征。多元文化的互相交融和混杂现象，是"海丝文化"最重要的特色。考察今天丝路国家的文化状况，仍可以看到以闽南、福州、广府、潮汕、客家等地域形态为表征的中华文化，在丝路沿线国家留下的深刻烙印。马来西亚、新加坡、印度尼西亚的峇峇娘惹文化，是最典型的一个案例。简而言之，"海丝文化"并非是单一的民族、国家文化形态，而是一种由多个民族、多个国家的文化在交流、碰撞、吸收、融合而成的一种文化共同体。正是这样一种文化共同体形态，使得丝绸之路沿线的各个民族、各个国家对其有强烈的文化认同意识。

三、"海丝文化"的当代价值

"一带一路"建设是个综合性的课题。毫无疑问，在经济合作共赢的主导下，文化将扮演着重要的角色。现实是历史的延伸，而历史是现实的背影。关注"海丝"建设，不能不关注"海丝"的历史和现实。一方面，发掘、研究、保存、传承历史上"海丝"之路留下的丰富文化遗产，为今日的"海丝"之路、"海丝文化"提供发展的基础和助力。"海丝文化"作为以中华民族文化为根基，由闽南、潮汕、广府等文化形态为主体，与丝绸之路沿线民族、国家的文化在交流融通中形成的一种具有海洋文化精神的文化共同体。它与古代陆地丝绸之路文化同属于中华民族大文化系统中的一种文化形态，与陆地丝绸之路文化既有差异，又有融通。在当前全球化语境和多元化合力发展的社会情境中，中国

---

① 曲金良：《海洋文化概论·绪论》，青岛海洋大学出版社1999年版，第5页。
② 李天平：《海洋文化的当代思考》，《岭峤春秋——海洋文化论集》，广东人民出版社1997年版，第39页。

政府大力推广的"一带一路"发展倡议,不仅是实现"中国梦"的需要,也是欧亚各国经济文化发展的需要。因此,在这样的契机下,我们推广"海丝文化"不仅是整合海陆丝绸之路文化的一种现实要求,同时也是在习近平的重要讲话指导下,是对"一带一路"倡议的一种补充,对未来"一带一路"的建设与发展有着重要而积极的作用。

(一)"海丝文化"的积极推进有利于民心融通

目前海外华侨华人已超过6000万人,分布在全球198个国家和地区,其中生活在"一带一路"周边沿线地区的就超过4000万人。他们祖祖辈辈在当地生存发展,拥有一定的经济实力、广泛的人脉联系以及融通中外的文化优势,通过海丝文化的广泛传播,使"海丝文化"成为联结海外华侨文化精神的纽带,在"一带一路"建设的民心融通中发挥独特且重要的作用。

(二)"海丝文化"的核心价值观有利于带动中华文化的对外传播

中国共产党的十七届六中全会通过的《中共中央关于深化文化体制改革、推动社会主义文化大发展大繁荣若干重大问题的决定》中指出,推动中华文化走向世界。开展多渠道、多形式、多层次对外文化交流,广泛参与世界文明对话,促进文化相互借鉴,增强中华文化在世界上的感召力和影响力。"海丝文化"的概念提出,不仅仅是学理上的界定,更重要的是可以通过"海丝文化"的大力推广与传播,带动中华民族优秀文化走向世界,从而提升中华民族在世界上的文化地位。

(三)"海丝文化"的内涵精神有利于文化认同

文化认同是一种身份认同,是对相同文化的认可,并由此产生深层次的心理积淀。通过使用相同的文化符号,遵循共同的文化理念,秉承共有的思维方式和行为规范,进而形成一种亲近感和归属感。"海丝文化"作为以中华民族文化为母体,以多国家、多地域、多民族文化为轴心的多元文化共同体,它在"一带一路"建设中可以说是起到了连接中华文明与其他沿线国家文化的桥梁作用,它具有推动中外友好交流、传播中华文化的积极力量,在增强中华文化国际影响力等方面都扮演着重要的角色。对"海丝文化"的大力发展与推广,能够使各个国家、各个地域的民众形成一种文化的认同感,从而达到"一带一路"所倡导的利益共同体、命运共同体和责任共同体的目标。

(四)"海丝文化"的品牌效应有利于经济开发与合作的顺利进行

前文说过,经济命题从来不仅仅只是经济,它的背后,或它的本身,渗透着复杂的文化因素,甚至其本身就是一种文化。在"一带一路"建设的经济活动与合作中,文化搭台是必不可少的一种经济活动与合作方式。不论是国家间经济合作还是企业间经济活动,往往少不了与当地政府、企业乃至员工与民众之间的文化交流,国家形象与企业文化也必须通过具有独特属性的民族文化精神来传播。"海丝文化"的内涵与外延都凝聚着中华民族古老而新鲜的文化因子,对"一带一路"的经济合作与交流必然也有着极其重要的文化价值。

结 语

海峡两岸有着共同共通的中华民族文化给养,在"海丝文化"的精神文化认同上也是如此,这是因为"海丝文化"中蕴含着丰厚的闽粤文化根基,比如两岸共同认同的歌仔戏、南音等文化艺术形态,比如两岸民众共同信仰的妈祖文化,再比如迁居到台湾地区居住的闽南人所带来的文化惯习,等等。闽南人由于临海而居,历史上出海经商、谋生形成传统。"海丝"沿线国家,几乎没有不留下闽南人创业、谋生足迹的。闽南人重情尚义,有强烈的乡土故园观念和认祖归宗情结。这一切使闽南文化的种种事象,伴随闽南人下南洋的足迹,广泛传播在"海丝"沿线国家,并在与当地文化的互相融合中,发展出新的文化形态。闽南文化是"海丝文化"中不可或缺的重要构成元素。研究"海丝文化",不能不关注闽南文化在海外的延伸和发展。

总之,研究"海丝文化"不仅仅是要厘清它的概念,辨析它的内涵与外延,更主要的是通过"海丝文化"的提升来推动文化的交往与交流空间。在"一带一路"建设的大背景下,如何借力"一带一路"建设的契机使两岸文化交流走向更深入、更具体的层面?如何在这种深入具体的交流中把两岸共同共通的文化精神打造成坚实的联结纽带?如何让这条坚实的联结纽带带动两岸在政治上、经济上重新步入和谐有效的对话交往空间等等这些,不仅仅是一种纸上谈兵的策略,更应是一种行动的起点。

"刘铭传"诗题：揭示台湾现代化的起点

朱双一[*]

一、中法战争中的刘铭传：两岸共同抵御外敌的优良传统

台湾在历史上曾多次遭受外国殖民势力的觊觎、入侵和占据，成为整个中国遭受外来殖民次数最多、时间最长的地区之一，这是所谓"台湾悲情"产生的根源之一。究其原因，与台湾极为重要的地理位置有密切关系：首先，它是欧洲殖民者前往中国、东亚腹地的必经之地，因此曾遭西班牙、荷兰等的入侵；同时，它又是美国人前来亚洲，特别是华南、东南亚和南亚等地的必经之地，因此在19世纪即遭美国窥伺，"冷战"中成为"第一岛链"的锁钥；此外，对于自然资源匮乏的日本而言，台湾岛更位于其获取能源、矿产以及实行"南向战略"的"生命线"上，因此成为日本攫取中国土地的首选。历史的经验证明，由于台湾地区幅员较小，单靠自己的力量无法战胜、驱逐入侵者，而需要依靠海峡对岸的祖国大陆的力量。17世纪荷兰殖民者是郑成功率部在台湾民众的协助下驱逐的。1874年"牡丹社事件"，日本派兵从琅峤登陆，福建船政大臣沈葆桢奉派处理，除了通过外交途径据理力争外，并加强备战，迫使日军从台湾地区撤出。1884年中法战争中，法军进犯基隆、沪尾（淡水），来自安徽的淮军将领刘铭传率两岸军民将其击退。1895年起台湾地区被日本殖民统治50年，直到1945年中国人民的抗日战争取得胜利，日本无条件投降，台湾民众才得以摆脱殖民统治，回到祖国怀抱。在战后"冷战"格局中，台湾地区长期有美国驻军，越战时更达顶峰，直到中美三个联合公报乃至中美建交，美军才最终撤离，使台湾成为没有外国驻军的地区。当然，历史上也有因为整个国家的落后和衰败而使台湾地区遭受厄运的，如清朝政府因甲午战败而将台湾地区割让日本，台湾民众被日本人以奴隶视之，被称为"清国奴"。由此可知，台湾和大陆是一荣俱荣、一衰俱衰的命运共同体，大陆的统一安定和繁荣强盛，是台湾免受外来侵略的根

---

[*] 朱双一，两岸关系和平发展协同创新中心研究员、厦门大学台湾研究院教授。

本保证。今日中国日益发展强大,像"乙未割台"这样的悲剧就不可能重演了,如此也才能从根本上消除产生"台湾悲情"的来源。

也许正是了解了台湾必须依靠大陆力量才能御敌制胜的道理,1884年6月,台南诗人施士洁得知刘铭传将来台湾主持防务时,很受鼓舞,援笔写下了《闻刘省三爵帅到台,张幼樵星使到省有感,仍用前韵(甲申六月初四日)》。诗的开头表达了对台湾地区在抗法斗争中关键地位的认知,以及对战争局势的关注:"七省重藩篱,台地为主脑。法越兵未解,妖氛仗谁扫?"接着写朝廷遣派的刘、张的到来,前者"武而文",后者"文而武","一武复一文,所至必偃草。……海外多狂澜,愿公挽既倒"①,表达了两岸官民紧密配合、抗法决胜的期望。

当时台湾诗人对抗法斗争普遍十分关注。这是因为从19世纪70年代起,中国为制止法国占有越南北部、保护中国西南门户,与之已有近十年的交涉。然而法军早有"据地为质"的用心——将台湾地区作为向中国勒索赔款的抵押品,并夺取基隆的煤矿,供其远东舰队使用——因此将战火燃向东南沿海,进攻矛头直指台湾。1884年8月4日,法国军舰直逼基隆港,被刘铭传率部杀退。法军一方面提出削减赔款额的议和新条件,却将法舰集中于福州马江,于8月23日突然发动袭击。福建水师战舰几乎全军覆没。10月1日,法军分兵两路攻打基隆和沪尾,刘铭传聚集精锐主力在沪尾大挫法军。1885年3月,中国取得镇南关—谅山大捷,中、法两国随即签订停战协定,中国"不败而败",承认越南为法国的"保护国",法国撤走在基隆和澎湖的军队。中法战争再一次说明,海峡两岸在中国的防务战略上,早已连为一片。如祖籍台湾的官员李望洋对发生于基隆和马尾的战争,表示了极大的关心。其《七月五日阅邸抄知闽马尾基隆有警》诗云:"海外音书断几年,天南又报起烽烟。彼苍偏抑英雄志,吾道难期遇合缘。北斗七星光渐动,东瀛一岛势孤悬。自来中外皆遵约,何意西人启衅先!"②作者时在甘肃为官,对自己未能亲自参战感到遗憾,对于西方殖民者背信弃义、挑起战端的行径表示极大的愤慨;同时也认识到,闽台两地唇齿相

---

① 施士洁:《后苏龛合集》,《台湾文献丛刊》第215种,台湾银行经济研究室1965年版,第321页。
② 李望洋:《七月五日阅邸抄知闽马尾基隆有警》,载陈汉光编《台湾诗录》(中),台湾省文献委员会1971年版,第830页。

依①，在防务上已成掎角之势，闽地有事，台湾地区也将面临"东瀛一岛势孤悬"的境地。

施士洁在法舰首犯台湾之前，有《闻五月十九日夜大风雨和辛陔韵》四首，其四云："狼烽正起越南城，蛮语流传海外惊……谁是屠鲸好身手，吹开蜃市见新晴？"②呼唤着能杀败敌军，保卫台湾地区免遭荼毒的好将领。稍后越南传来捷报，施士洁于六月初二、初三、初四日，连续同韵写了三首诗，第一首《越南闻捷，与祁莘垓同年夜谈联句》，歌咏了主战派及刘永福黑旗军等杀敌卫国、建立功勋的爱国将领和军队。第二天叠前韵所写的诗，对于西方列强的相互勾结，有深刻的揭露："蠢兹法国夷，到处滋蔓草，蜂目而豺声，恶态堪绝倒"，而"狡然英与俄，佯为念旧好，袖手坐旁观，唇齿隐自保。滇疆羡煤坑，粤地窥樟脑"。同时作者也表达了驱逐入侵者的愿望和决心："志士攘臂呼，剪除苦不早"，"誓将食其肉，投之畀有昊"。③施士洁显然承续了肇始于林则徐历经《全台绅民公约》等所体现出来的两岸人民对于西洋和东洋入侵者的"主战"传统。与此同时，两岸文人难以认同投降派，他们无法接受清政府的软弱屈服，因此出现了许多抨击或不满清廷与敌签约的诗篇。如来到台湾的福建著名诗人杨浚的《冠悔堂诗钞》中有《闻津门和议成感作》四首，其一写道："桂山遥听碧鸡鸣，上将军威草木惊。誓斩楼兰看旧剑，请从南粤击长缨。千年铜柱无惭色，一夜金牌有哭声。多事书生愁厝火，汉廷心苦自分明。"既写出了抗法将帅的雄姿和威风，又悲恸于清廷卑躬屈膝、丧权辱国的行径。由此可知，正是由于面对法国殖民者的入侵，两岸民众同仇敌忾，方能取得自鸦片战争以来并不多见的中国军民抗敌斗争的胜利，生动演绎了两岸民众共同反抗侵略、抵御外敌的优良传统。

二、梁启超与"刘铭传"诗题："日本带给台湾现代化"剖析

刘铭传在台期间，台湾建省，近代化建设取得可观成就，离开台湾后数年，甲午战争爆发，中国战败，台湾地区为日本所占据。在日据前期，文人们吟诗作文，有时会提起刘铭传。如1908年2月20日《汉文台湾日日新报》"艺苑"

---

① 此时台湾地区在行政上尚隶属福建省，这里"闽台"并称，指的是防务战略上的"两地"。
② 施士洁：《后苏龛合集》，《台湾文献丛刊》第215种，台湾银行经济研究室1965年版，第50页。
③ 施士洁：《后苏龛合集》，《台湾文献丛刊》第215种，台湾银行经济研究室1965年版，第320、321页。

栏中，有日本人樱井儿山的《相传刘节帅省三游古奇峰，曾垂钓于虎溪，及往观之，则一旱坑也，草此戏问石鹏》，诗曰："与君同到古奇岭，一壑一邱乐有余。借问当年刘节帅，曾于何处钓何鱼？"台湾诗人王石鹏《次韵以答》写道："节帅曾闻此驻车，寻山问水乐公余。省三原是功名客，钓爵情殷不钓鱼。"指出刘铭传一心于功名爵位（实指要为国家服务），并没有钓鱼玩乐的闲情逸致。由此可知，所谓刘铭传钓鱼，也许只是民间传说而已，未必真有其事。然而刘铭传离开台湾仅十多年就有了这样的"美丽"传说，说明他得到台湾广大民众的爱戴和怀念。历史上有此"待遇"的另一人是郑成功，其身前身后出现多种关于他的传说，相关地点也成为历代诗人咏叹的名胜古迹，如台北的剑潭。果不其然，后来也确实有不少诗作将刘铭传与郑成功相提并论，其中包括梁启超的游台诗。

1908年10月24日，台湾地区纵贯铁路通车，日本闲院宫载仁亲王前来参加典礼，《汉文台湾日日新报》特设专辑刊登祝词，多夸耀铁路建成推进台湾岛文明建设的功用。也许因为台湾铁路毕竟与刘铭传有割不断的渊源，有少数文字涉及刘铭传。如台北瀛社社长洪以南在其《祝铁道全通式》中提及铁道之设始于刘巡抚。许献图的《祝铁道全通式》一文中，虽然后半部分主要赞颂儿玉源太郎修建台湾铁路的功绩，但开头却写道：

> 窃谓有其地，无其人，其事不治；有其人，无其时，其事亦不治；必有其地，有其人并有其时，其事乃治。是地与人与时三者缺一而不可矣。我台幅员千里，自延平开疆，草莱初辟，且当戎马倥偬，经营伊始，事未就绪，忽焉告终，其后人不克负荷先业，遂隶清国舆图。二百余年中设官分治，政事因循，规模狭小，时而内变辄兴，既抚复畔，此所谓有其地，无其人是也。甲申之变，法舰窥取台湾，刘铭传驻防台北，后因和议，旋即解严。刘以不世出之才，抱大有为之志，苦心孤诣，远虑深谋，谓台湾为强邻所必争，实沿海各省之门户，必深加整顿，力图振兴，庶可绝外人觊觎之渐。爰即奏设行省，嗣奉部议允准，以刘开府是邦。刘得此遭逢，欲展抱负，故改革官制，清丈田园，事事举行，不遗余力。又思天下竞争，列强环迫，倘不变通自治，势必至于倒持太阿，授人以柄也，于是议设铁道以为治台基础。一时物议沸腾，纷如聚讼，而刘不惑人言，力排众议，于基隆起点而达新竹，只以经费支绌，力不从心，莫竟其功，中道而废，识者伤之。

此所谓有其人。无其时是也……①

文中对刘铭传的才干抱负、深谋远虑、改革整顿、开启台湾地区近代化建设的功绩加以充分的肯定，并对刘铭传因难以抵抗的时势变迁而未竟大功而感叹惋惜。

又有李金灿的《稻江怀古》中有"当年爵帅尝辛苦，惆怅长江夕照昏"之句。② 魏润庵《过寒溪怀刘爵帅限先韵》诗曰：

寒溪涧上石碑鲜，言说铭传此钓焉。
今古伟人崇拜热，岩花水草自年年。
毗耶舍岛已非昔，台北方城不复坚。
怅煞牧牛小竖子，钓鱼矶上说铭传。
沧海桑田太变迁，谁能把钓忆前贤。
晚风拂袖归来也，酣醉香醪不惜钱。③

魏润庵此诗是同类诗作中写得较好的，作者由衷称呼刘铭传为"前贤"，并说世事变迁，人们热衷于崇拜"伟人"而似乎忘了刘铭传，但这里的岩花水草年复一年自己茂盛地生长着，正代表着刘铭传的精神永远存留和延续着，但总的说，这样的诗也只是充满了历史的惆怅和感怀，发思古之幽情而已。这大概与日据初期的形势有关。根本的改变发生于中土大文豪梁启超访台之时。1911年三四月间，梁启超受雾峰林家林献堂、林幼春等邀请，游台半月。刚到台北，梁启超就对刘铭传相关遗迹颇多感慨，写下数首诗作。他感慨原台湾巡抚署、台北故城等旧址大多残破颓败，凋零不堪，或已为日人所用，而这意味着故国的管辖已为日本殖民统治所取代，难免有黍离之哀和沧桑之叹。如《台北故城毁矣，留其四门》诗曰："清角吹寒日又昏，井干烽橹也无痕。客心冷似秦时月，遥夜还临丽正门。"以刘铭传时代的城楼烽火都已消失、仅存遗迹萧瑟冷落来表达一种山河破碎的忧伤之情。《台北节署，刘壮肃所营，今为日本总督府矣》写道："几处榱题敝旧椽，断碑哆剥草成烟。伤心最有韩南涧，凝碧池头听管弦。"末句化用了王维诗句，寄托着台湾重回祖国的渴望。作者说明道："刘

---

① 许献图：《祝铁道全通式》，《汉文台湾日日新报》1908 年 10 月 24 日。
② 李金灿：《稻江怀古》，《汉文台湾日日新报》1909 年 11 月 5 日"瀛社诗坛"栏。
③ 魏润庵：《过寒溪怀刘爵帅限先韵》，《汉文台湾日日新报》1909 年 8 月 15 日"艺苑"栏。

壮肃所营故城毁矣,留其四门以作纪念,今屹然于西式垩室与东式木屋之间。日过其下,刿心怵目。故抚署今为总督府,吾曾入之,归而累欷,得一绝云。"①刘铭传本拟建台中为省治,"筑城工未蒇而去位,今城亦毁",梁启超睹物伤情,《台湾杂诗》之六诗云:"荡荡台中府,当年第一州。桑麻随地有,城郭入天浮。江晚鱼龙寂,霜飞草木秋。斜阳残堞在,莫上大墩头。"②

除了金瓯残缺的历史感伤外,梁启超反复强调刘铭传在台湾地区从事的现代化建设已有一定基础,日本人所为,不少是袭用刘铭传的做法而已;而日本人推行"现代化"的目的,只是为了加强其殖民统治和掠夺,并不能真正给台湾民众带来幸福生活,反而带来了巨大的伤害。他常将刘铭传与郑成功等相提并论,称赞他们经营台湾的功绩,如"南来蛇鸟延平垒,北向云山壮肃城。万里好风回舶趠,百年丽日照春耕"③。日本人推行的所谓"原住民政策",如与沈葆桢、刘铭传的做法相比,优劣立判。《台湾杂诗》中有云:

  闻道平蛮使,追逋竟未休。
  网张隘勇线,器漆社蕃头。
  弱肉宜强食,谁怜只自尤。
  物情如可玩,不独惜蒙鸠。

作者并加注说明道:"日人顷方锐意犁扫生蕃,广张所谓'隘勇线'者,蓺之于丛菁中。战略与名称皆袭刘壮肃之旧也。今殆廓清无孑遗矣。吾游博物馆,见药渍生蕃头累累然。"④ 时当殖民当局实施"蕃人讨伐五年计划",残暴镇压台湾少数民族,为了炫耀武力,威吓台湾民众,常将被杀者的头颅经过处理后排列展览,这种"生蕃头累累然"的触目惊心的场景,甚至到了20年后的"雾社事件"时,还可看到。设置"隘勇线"的措施,清朝官员即已开始实行,日本人不过袭其旧而加以延长和强化,但无论是沈葆桢或是刘铭传,实行的都是"开山抚番"的政策,延续了从清初就已开始的对台湾少数民族加以抚慰、教化

---

① 梁启超:《游台湾书牍》第三信,载吴松等点校《饮冰室文集点校》第四集,云南教育出版社2001年版,第2202页。
② 梁启超:《台湾杂诗》,载《游台湾书牍》第六信,转引自吴松等点校《饮冰室文集点校》第四集,云南教育出版社2001年版,第2205页。
③ 梁启超:《三月三日,遗老百余辈设欢迎会于台北故城之荟芳楼,敬赋长句奉谢》之三,载汪松涛编注《梁启超诗词全注》,广东高等教育出版社1998年版,第300页。
④ 中国社会科学院文学研究所等编著:《台湾爱国诗鉴》,北京出版社2000年版,第160、161页。

的方针，这与殖民者以传播"文明"之名而实施的武力清剿、讨伐，有本质的区别。

在《游台湾追怀刘壮肃公》中，梁启超赞扬了刘铭传富有远见经营台湾的成绩："将军谋深忧曲突，谓是脆单前可怜。酒泉乐浪宜置郡，用绝天骄扬汉旌。凿山冶铁作驰道，俯海列炮屯坚营。宅中议设都护府，坐控南北如建瓴。料民度地正疆界，以利庸调防兼并。郑渠邺漳随地有，下邑亦满弦歌声。"然而现在"黠虏窃踵将军武，竟有竖子名能成"；"君不见将军呕心六载功不就，翻以资敌成永宁"，赞扬了刘铭传的远见卓识和具体成就，指出已有的很多现代化措施和建设，既有防卫外敌功能，又增进了民生福祉，日本人只不过暗中袭取刘壮肃的许多做法而已，现在却反成其炫耀之资。梁启超进一步为刘铭传的成就、功绩现在却被殖民者所窃取而感愤不平，诗曰："桓桓刘壮肃，六载驻戎轩。千里通驰道，三关巩旧屯。即今非我有，持此欲谁论。多事当时月，还临景福门。"并自注："刘壮肃治台六年，规模宏远，经画周备。后此日人治绩率袭其旧而光大之耳。鸡笼至新竹间铁路二百二十余里，即壮肃旧物。其他新辟容轫之道尚数百里。鸡笼、沪尾、澎湖诸炮台皆壮肃手建。台北省城亦壮肃所营……"[①]

台湾史学者戴国煇曾说道："近几年来，台湾的'经济发展'为世人所称道，由是有一些日本人尤其是旧台湾总督府有关官员和他们的眷属们所自夸的'日人治台殖民统治是成功的''台湾是借了日本的力量才开发出来的''台湾是由日本才被近代化的'等等议论已大大地越出'往事只能回味'的领域而慢慢地且普遍地开始被肯定接受。"[②] 许俊雅也称："乙未之后，日人统治台湾，五十年间，浸成初步现代化之建设，此固为事实，无须否认。然日人建设之目的，恒为无穷之戕剥。而台湾之经济建设，实基于地理条件之优厚也。"再参照当年梁启超的说法，可知日据时期台湾地区的经济有所发展，实有历史、地理、时代等多方面的因素所促成，绝非单纯的日本殖民统治之功，何况日本总督府的经营，带有强烈的殖民掠夺的目的，并没有真正给台湾民众带来幸福的生活，相反产生了巨大的伤害，此为识者所共知，也为台湾传统文学和新文学作品多所反映。

由此可知，刘铭传是梁启超游台期间反复提及的关注焦点之一。梁启超与

---

① 梁启超：《台湾杂诗》，载《游台湾书牍》第六信，转引自吴松等点校《饮冰室文集点校》第四集，云南教育出版社2001年版，第2205页。
② 戴国煇：《晚清期台湾的社会经济——并试论如何科学地认识日人治台史》，《台湾史研究》，台湾远流出版公司1985年版，第28、29页。

刘铭传非亲非故，为何对刘铭传情有独钟？原因在于梁启超是一位忧国忧民的思想家，他到台湾并非游山玩水，甚至不仅仅是对于台湾同胞民族情感的抚慰，而是抱着实地考察台湾状况，印证日本人（如总督府和一些记者）夸耀殖民统治的功绩和台湾民众（如林幼春、洪弃生等）控诉殖民者残酷统治两种说法何者为真的目的。然而在台湾地区的所见所闻，让梁启超大失所望。他发现了殖民当局诸多说法的不实，而台湾同胞向他讲述的，大多确有其事，于是写下了《斗六吏》《垦田令》《拆屋行》《公学校》等诗作加以揭露。① 当他发现事实并不像日本人所吹嘘的为台湾地区带来了文明的进步、人民的幸福，就越发感到刘铭传开启的才是真正对台湾地区及其民众有益的"现代化"建设。歌咏刘铭传，既可满足诗人们的民族情感，又可寄托他们对"现代""文明"的向往，且这种"现代"并非以殖民掠夺为目的，还可借此戳破日本殖民者自我吹嘘的谎言。这也许正是梁启超对刘铭传情有独钟的重要原因。

三、揭示殖民现代性："刘铭传"诗题对台湾文学的深远影响

梁启超不仅创作了多首有关刘铭传的诗作，而且在栎社举办的欢迎晚宴上应邀命题时，提出以"追怀刘壮肃公"为诗题，且当晚即有人提交诗作。第二年（1912）栎社为庆祝成立十周年而举行大型诗会，它成为会前公开征诗的两个诗题之一。不仅如此，10年之后，台湾新文化运动的启蒙刊物《台湾》杂志第三年第一号上，由林献堂为词宗，首次刊出启事公开征诗，其诗题仍为《刘铭传》，并在第三年第三号上发表了获得前20名及其他3首诗作，表现出台湾文人、作家对"刘铭传"的经久不衰的兴趣。

台湾学者廖振富曾于台湾大学图书馆的陈旧书籍中发现并研究了1912年《栎社十周年大会诗稿》中以《追怀刘壮肃》为题的诗作，认为这些作品大致而言，有的偏向以赞美的语气，正面颂扬刘铭传的功业；有的偏向以悲凉的语气，哀刘氏之壮志成空，以寄托对时代变局的强烈感慨，其心理动机被"感时忧国"的思想意识所主导；还有些则同时兼容以上两种叙述语气，通常是先赞扬，再以感慨结尾。以元煌作品为例：

忆昔刘郎志已灰，大潜山下草成堆。
凿山冶铁作驰道，俯海沿江筑炮台。

---

① 参见朱双一《梁启超台湾之行对殖民现代性的观察和认知》，《台湾研究集刊》2009年第2期。

六载空筹安世策，一生枉抱济时才。
将军去后风云变，景福门前画角哀。

作者先肯定了刘铭传的一些现代化建设的功绩，但笔锋一转，最后两句发深沉浩叹于"江山易主"之惨痛史实。类似的感叹在应征作品中俯拾皆是，不胜枚举。

如果从书写立场上看，根据廖振富的说法，可分为"站在汉族的立场，以汉族意识为根本，借怀念刘铭传，暗中寄托亡台之悲痛"和所谓"接纳日本统治台湾的事实，在赞美刘铭传的同时，也肯定日本对台湾的建设成果"，以及矛盾、游移于上述二者之间，为避免触犯禁忌而不表态等三种。抗日意识强烈者如蔡惠如的作品：

起舞闻鸡绍祖风，挥戈落日可回东。
早知塞把卢龙卖，应悔城增百雉雄。
今日黍宫行路恨，当年铜柱伏波功。
鹊巢无奈鸠居久，胜国旌旗在眼中。

诗中除了采用表达民族气节和收复失土之决心的常用典故外，"早知塞把卢龙卖，应悔城增百雉雄"与梁启超诗中的"将军呕心六载功不就，翻以资敌成永宁"句有相似的旨趣；末二句则更指日本殖民统治台湾地区为"鸠占鹊巢"，与殖民者誓不两立之情溢于言表。

又如，鹿港施家本的同题之作末尾写道：

混沌二百年，光彩自兹始。
惜遭食肉妒，壮图竟中止。
大树感风飘，江山非故址。
今日台政新，是公后尘耳。
中原更多难，国步须经理。
愿得百刘公，去作中流砥。
慕公为公歌，咨嗟空复尔。

诗人具有明确的对于"中国"的国族认同，叹惜自刘铭传开始的台湾地区的现代化进程被终止，指出殖民当局的一些"新政"，只不过是步刘铭传后尘，希望能有千百个刘铭传，去当"多难"的中国的中流砥柱，将国家经营、治理好。

至于"认同日本统治，赞美刘铭传，进而称许日本治台成就"的，可以林石崖、魏清德、林文华等人的作品为代表。如林文华甚至称赞日本殖民统治台湾地区的功绩可夸耀全球："维新政策想当年，时势推移世运迁。于今岛治夸寰宇，应慰刘公未了缘。"魏清德在其诗之结尾写道："台湾此日号升平，万般物质耀文明。男儿有幸酣春梦，女子无愁发曼声。时安不厌方城去，政久惊看制度备。年年上巳赤鳞肥，岁岁春风紫燕至。丽正门头风月微，照城电盏独光辉。有怀壮肃无寻处，惭愧英雄是布衣。"此时的台湾地区在魏清德笔下，可说是歌舞升平，文明进步。同样出现了"丽正门"，但看在梁启超和魏清德的眼里，得到的却是截然不同的观感。

林石崖、魏清德都是台北瀛社的成员，林文华虽然曾列名栎社，但极少参加活动，后因长期未交基本金而被除名。此种情形也凸显了与日本人来往较多、以官方报刊《台湾日日新报》为基地的瀛社当年的"亲日"形象，以及栎社格外强烈的民族意识和反抗精神。梁启超游台，主要由栎社负责安排接待。栎、瀛两社对日态度的差异正凸显了梁启超此行及其提出"刘铭传"诗题的重要意义。许俊雅曾指出：任公游台所赋诗作着意批评日政之苛暴和社会之不平，"与会诸君耳闻目见，相率奋起，而诗风为之一变。灌园、南强①导其先路，其余诸君继其芳躅，讽喻为诗，肆情奋笔。而《栎社第二集》，遂为日吏查禁。此诗社群籍首遭倭禁者，由于益征其富民族精神矣"。

梁氏访台11年后《台湾》杂志上以《刘铭传（七律限东韵）》为题的征诗活动，说明了"刘铭传"诗题的影响不仅及于传统文人，甚至也及于新文学作家。获得第一名的大甲陈材芳诗曰：

半壁东南坐镇雄，使君归去霸图空。
城添百雉艰难甚，塞卖卢龙感慨同。
冥海枋榆嘲已解，明珠苡薏论非公。
七鲲洋畔三貂岭，悔不摩崖为纪功。

从情调上说，该诗以感时忧国的悲凉语调，感慨刘氏壮志成空，台湾地区为日本人所占有。第三、四句中的"卢龙""百雉"等语，在十年前的栎社诗人

---

① "灌园"为林献堂，"南强"为林幼春。

蔡惠如、傅锡祺的《追怀刘壮肃》诗中已可见到。又有获得第十八名的署名"共爱"者的诗，赞扬刘铭传抗击法国侵略以及在台湾地区从事近代化建设之功，对于台湾沦日也有相似的感慨：

  武略文经震亚东，省三没后誉隆隆。
  清朝男爵怀当日，佛国军旗拜下风。
  步武欧洲新政策，筹安台岛旧勋功。
  奏章犹在江山失，触目心悲壮肃忠。

最值得注意的当然是一些新文化、新文学作家的作品。后来成为"台湾新文学之父"的赖和，当时就有两首诗分获第二和第十三名。后者写道：

  吴下何人识阿蒙，治台谁谅此心衷。
  升科未尽安边策，清野能成御寇功。
  化外番夷皆赤子，时来草泽起英雄。
  山河换后规模在，霸气依然溢海东。

此诗比较特别的，一是除了清丈升科、抗御外寇等事迹外，还注意到刘铭传的"抚番"之功，并有了"化外番夷皆赤子"的认知；二是不像其他作品为刘铭传的壮志成空感慨不已，反而认为刘铭传的英魂仍在，其所作所为仍对台湾地区的发展发挥着长久的影响和作用。又有王敏川（锡舟）获得第十四名的诗作：

  毛锥掷下竟从戎，想见当年意气雄。
  破虏先声除外侮，抚蕃妙策布仁风。
  养才早把文明启，拓土何关毁谤攻。
  若向三台数英杰，延平之后独推公。①

和赖和一样，作者着重咏诵刘铭传推动现代化建设的功绩，并将刘铭传视为郑成功之后台湾地区的第一英杰。可以看出，这些新文化运动主将的作品与一般传统文人相比，脱却迂腐之气，更突出刘铭传推进现代文明的一面。而它

---

① 《第一回征词发表》，《台湾》第三年第三号，1922年6月，（汉文部分）第43—45页。

们的共同特点，在于努力将台湾地区的现代化建设和现代文明的成果，上溯、归功于刘铭传而非日本殖民者。这充分说明了日据时代的台湾同胞，对于日本殖民者自我标榜带给台湾地区"现代""文明"的论调，并不认同。

当前在中国台湾，所谓日本殖民统治带给台湾地区现代化的说法已经成为一种流行论调，助长了"亲日仇华"思潮，对台湾民众认同产生严重影响。然而有关台湾地区的现代化是刘铭传还是日本人开启的？刘铭传和后来日本人所进行的现代化建设，哪一个才是真正对台湾地区有益和有利的？日本殖民者进行的一些现代化建设，真能带给台湾民众幸福生活吗？这些其实不是现在才出现的问题，而是百年前就已浮现并得到人们普遍关注、取得许多共识的问题。生活于那个时代的人的看法和记录，具有无可辩驳的真实性。现在台湾地区诸多流行的说法，其实是为了鼓动"亲日"思潮而刻意建构起来的。种种资料表明，刘铭传努力推进的现代化，与日本在台湾地区所推行的有着本质的区别。后者乃以殖民掠夺为最终目的，归根结底未能给台湾民众带来幸福，反而带来伤害，对此的揭示贯穿于日据时期台湾新文学创作中，如赖和的《一杆"称子"》、杨逵的《送报夫》、吕赫若的《牛车》等小说。所以我们需要的是回到历史的现场，还原历史的真相。因此，我们现在研究刘铭传，不仅具有史学的价值，更具有现实的意义。

（本文为教育部人文社科重点研究基地重大课题"甲午战争以来台湾文学、文化与台湾民众认同问题研究"〔项目批准号：13JJD810012〕及国家社科基金重大项目"华文文学与中华文化研究"〔项目批准号：14ZDB080〕的阶段性成果）

左翼的忧郁心灵与诗性的美学救赎
——郭松棻、李渝的文学世界初探

朱立立[*]

翻看中国的文学相关论著,人们可能对白先勇、於梨华、聂华苓等这批来自中国台湾暨海外的著名作家了如指掌;但对另一些同样杰出的作家,人们可能就所知甚少了。比如,这里提到的郭松棻和李渝,近年来在中国台湾和海外已有不少学者对他们的创作进行了高度评价和分析研讨,而大陆评论界对他们的关注和研究依然不够充分。其实,谈及台湾文学及美华文学,我们都没有理由忘怀郭松棻、刘大任和李渝这批人生经历曲折坎坷的作家和他们的美学回归之路。他们在青春岁月曾积极投入海外爱国运动,表现出强烈的"左"倾思想倾向和对红色中国的热切向往,为其左翼理想付出了巨大代价。郭松棻和刘大任当年因参加"钓运"和"统运"以及思想"左"倾而被列入台湾当局的"黑名单",成了有家难回、有国难归的所谓"郭匪"和"刘匪";20 世纪 70 年代中期他们受邀来大陆访问,亲见"文革"乱象,乌托邦理想遽然幻灭。与众不同的人生经历深深影响着他们此后的思想和美学倾向。这里专谈郭松棻和李渝夫妇,他们分别沉潜于马列典籍的翻译省思和艺术史的研修;而 80 年代以来,又同时以精致深邃的小说创作回归文学世界。二人的创作在家国想象、记忆政治、阴性书写、母亲意象、离散境遇与身份认同、疾病隐喻、身体叙事、心理治疗、知识分子精神史等层面都有耐人寻味的表现。他们的作品量少质优,多具较高的艺术水准,抒情诗化倾向明显,美学路径大致倾向于现代主义一脉,二人创作有同质性但也存在差异,如性别、身份背景等因素就给各自作品带来了不同风貌。

郭松棻,毕业于台湾大学外文系,年轻时热衷于探讨存在主义哲学,擅长哲学思辨,对萨特哲学尤有兴趣。1966 年赴美留学,对红色中国产生浓厚兴趣和热切向往,随后与刘大任等人一起创办"大风社",1970 年提出"学习新中国"的口号,左翼倾向越发明显;1971 年参加了保钓运动,他在北加州"一·二九"示威游行的演说辞中批评"台湾来的中国人""政治冷感",认为"需要立即以行动

---

[*] 朱立立,福建师范大学海峡两岸文化发展协同创新中心研究员、福建师范大学文学院教授。

继承'五四'的爱国精神"①，自觉将海外保钓运动与五四爱国运动相承接。在"钓运"后期，他转向中国民族主义与左翼路线的"统运"，其左翼社会主义思想和第三世界理论已经运用得相当成熟。1974年回到祖国大陆，之后转而梳理自由主义和马克思主义相关论述。1983年后以小说复出于台湾地区，小说《月印》《奔跑的母亲》《今夜星光灿烂》在台湾地区结集出版并引起关注。郭松棻的文学成就也主要体现在小说创作方面，代表作有《月印》《雪盲》《论写作》《今夜星光灿烂》等篇，多写作于20世纪80年代、90年代，收入《郭松棻集》《双月记》和《奔跑的母亲》等小说集中。2001年《双月记》获"巫永福文学创作奖"。

郭松棻的人生经历易于让人产生这样的美学期待：他的创作应与其左翼思想和民族国家关怀有所呼应，他的作品也印证这种想象有一定的合理性。不过，他从未像陈若曦那样在文学叙事中直接明朗地叙写两岸政治议题，也未曾如张系国那样以文学叙事为保钓或其他政治运动写史。他书写的恒是忧郁苦涩的心灵影像，遥远的记忆如梦如影，形成超现实的晦暗景观。似喁喁独语，却又寄意无限。晦暗复杂的历史记忆透过绵密繁复的文字，触碰的尽是生命的忧愁和伤痛，以及自我放逐的艰辛困顿。他笔下的人物大致包括那一时期迷惘的两岸青年、左翼战士、劳碌的母亲、贤良的妻子、苦闷的知识人，背负罪孽却心怀哀矜的争议人士，以及日后远离台岛却毕生难以走出历史梦魇的异乡客。这幢幢人影又仿佛是历史尘烟中打捞的灵魂碎片所凝聚成的自我镜像。可以想象其内在的激越与焦灼，那终其一生都难以摆脱的"左翼的忧郁"。②

1984年发表的《月印》是郭松棻复出后的重要小说，但不同于当时一般意义上的政治文学或伤痕小说。它"用深情关照人世间的无明"③，以温柔天真的女主角文惠为主要叙述视角，展现了日据后期战争阴影和战后乱局中的一个爱情悲剧，着意刻画台湾年轻女子对爱情幸福的深切期待及美好愿望破灭的过程与悲哀。经历了战时的生死考验，文惠悉心护理着爱人铁敏的病体，把能与爱人朝夕相处视为生命中最可珍视的幸福，而铁敏痊愈后却被更远大的民族国家

---

① 郭松棻：《"五四"运动的意义》，载林国炯等编《春雷声声——保钓运动三十周年文献选辑》，台湾人间出版社2001年版，第314—317页。
② 此处借用了本雅明的一个概念："左翼的忧郁"（Left Melancholy），但笔者并非完全从原有的批评角度采纳此一概念，而是借此体现郭松棻笔下左翼人物乃至同样曾怀有左翼理想的作者自身那难以言传的无力感和苦痛精神状况。
③ 王德威：《冷酷异境里的火种》，转引自郭松棻《奔跑的母亲》，台湾麦田出版股份有限公司2002年版，第7页。

的理想所召唤,全心投入左翼运动,以致疏远了妻子;为了把他拉回自己身边,文惠向警方告发铁敏私藏红书,不料这出于爱和妒忌的举动竟导致铁敏和其他热血青年悉遭枪杀,惊诧、悲痛、麻木的女孩却得到当局所谓"大义灭亲"的表彰。真是痛彻人心的反讽!贤淑良家女子对平安家庭、爱情幸福的祈望及其破灭的悲哀也贯穿于《奔跑的母亲》《今夜星光灿烂》《论写作》等作品中,寻常卑微的女性伦理价值观一再成为男性人物历史回溯和自我反省的忧郁镜像。而深沉的忧郁有如顽疾,根植于郭松棻的几乎所有文字中。不少论者都注意到郭松棻作品对女性生命情感价值的深挚悲悯和同情,但在《月印》中,我们同样不应忽视的是铁敏和他那些意气风发的左翼年轻人令人心痛的牺牲,这些生命原本应是"二战"结束后建设新中国的栋梁之材。《月印》里的左翼忧郁何其深重,是深入骨髓的饮泣和创痛。这种左翼的伤痛和爱情幸福愿景毁灭造成的女性痛楚与悔恨交织一体,构成了《月印》中丰富的痛苦。

1985年发表的《雪盲》,深刻剖析了海外华人流亡知识分子的苦涩心灵。历经战争威胁、恐怖噩梦、丧父阴影的主人公幸銮,远离故乡台北,在异域沙漠的警察学校为外国学生讲授中国现代文学。毕生沉溺于鲁迅的经典文句,仿佛借此安抚内心隐秘的创痛。无以超脱出创伤记忆的压迫,唯有将自己流放于荒凉的异国他乡,"在风沙中沉落……沉到底"。《雪盲》对幸銮的命运、人格与鲁迅作品微妙关系的揭示是值得认真寻思的叙事线索,小说中流亡华人知识分子幸銮的人生与他课上讲述的文学角色孔乙己竟如此相似,主人公内心的失败感和创伤感甚至可能外化为一种身体的突然残疾,在一次讲授《孔乙己》的课后,他觉得自己的腿也无法站立,孔乙己那悲惨爬行的寂寞背影深深叠印进了幸銮孤寂凄苦、自我流放的生命里。值得注意的是,小说所塑造的几位台湾知识分子形象之间存在着强烈的连贯性和统一性,而这几个人物形象又与鲁迅文学产生了奇异的对话关系。幸銮自觉地认同于当初曾庇护并启蒙过他的老校长:"终其一生都将是一个暗哑的人格。"郭松棻的小说对流亡海外的华人知识分子的心灵解剖达到了一种新的高度,他写得最让人心惊、心痛的是那种深入骨髓的创伤感和孤绝感,正如黎湘萍所言:阅读郭松棻,"并非一种单纯的愉悦,而是一种精神的劳役,是一种离散状态下孤独感的延伸"[①]。

郭松棻的小说以精细凝练的文字和繁复幽深的意象,将遥远的记忆与想象演化为朦胧晦暗的梦境,呈现沉郁纠结、深邃难言的心灵景象,最后达到的美

[①] 黎湘萍:《文体与思想——论旅美台湾作家郭松棻的离散写作》,《现代中文学刊》2015年第3期。

感是孤绝而苦涩的;而他作品里汹涌诡异的历史潜流和那些坎坷悲伤的孤独者们(《秋雨》里的殷海光、《月印》里的文惠、《论写作》中的画家写作者、《奔跑的母亲》里的母亲、《雪盲》里的域外华人知识分子)蕴藏着深邃的思想信息和精神能量,吸引有心人不断探寻。郭松棻的作品具有鲜明的个人风格:诗性、内省、细密、凝练、沉重、压抑、苍凉,饱含苦涩,也蕴藏着暴烈,呈现出幽回、晦暗、繁复的现代主义样态,被称为"是少数中文作家中,如此生动体验现代主义'骨感'美学的能手"[①]。

相比之下,李渝的小说同样深细精微,但相对宁和淡泊。原籍安徽的李渝生于重庆,台湾大学外文系毕业,美国伯克利加州大学中国艺术史博士,赴美求学期间曾与丈夫郭松棻共同参与保钓运动。李渝的创作始于20世纪60年代,停滞多年之后,80年代重归文学写作。其小说代表作有《江行初雪》《朵云》《夜琴》《无岸之河》等,中短篇小说收入《温州街的故事》《应答的乡岸》《夏日踟蹰》和《贤明时代》,还有长篇小说《金丝猿的故事》及美术评论集《族群意识和卓越风格》等。《江行初雪》获1983年"中国时报小说首奖"。因走不出九年前的丧夫之痛,2014年5月4日于纽约住所自杀。王德威对李渝曾有知人论世之语:"当保钓激情散尽,'文革'痛史逐步公开,失落的不应只是政治寄托,而更是一种美与纪律的憧憬……历经政治的大颠扑后,他们返璞归真,以文学为救赎。昔时钓运种种,其实不常成为叙事重点,然而字里行间,毕竟有许多感时知命的线索,窜藏其间。"[②] 对李渝而言,昔日的乌托邦破灭,凝神回首,悠远的童年往事席卷着20世纪家国历史的风尘,亦真亦幻的历史叙事,细密编织于宁静致远的文字里。与郭松棻笔下的大稻埕相对应,李渝小说中的个人地标性空间是台北文化人聚居的温州街。李渝在此曾度过中学到大学的青春岁月,温州街对作者的意义非比寻常:"少年时把它看作是失意官僚、过气文人、打败了的将军、半调子新女性的窝聚地,痛恨着,一心想离开它。许多年以后才了解到,这些失败了的生命却以它们巨大的身影照耀着引导着我往前走在生活的路上。"[③] 在李渝的小说中,台北的温州街因此频频现身,令作者魂牵梦萦,成为其艺术灵感的重要源头。阿玉则是李渝小说里常常出现的人物,从

[①] 王德威:《冷酷异境里的火种》,转引自郭松棻《奔跑的母亲》,台湾麦田出版股份有限公司2002年版,第5页。

[②] 王德威:《无岸之河的渡引者——李渝的小说美学》,转引自李渝《夏日踟蹰》,台湾麦田出版股份有限公司2002年版,第10页。

[③] 李渝:《台静农先生·父亲·和温州街》,转引自《温州街的故事》,台湾洪范书店1991年版,第233页。

中可以辨识出作者的昔日踪影。在"温州街"系列里，作者的笔触透过台北温州街巷弄庭院间的家常叙事以蠡测管窥更久远的中国往事：亲朋故旧的只言片语，平淡无奇的日常起居，却也多少裹挟着父辈们难以释怀的中国现代历史的晦暗云烟。《朵云》以少女小玉为视点，叙说外省第二代女孩的成长，也表现战后来台的大陆知识分子的际遇。小说着墨较多的夏教授曾参加抗日而被捕受酷刑，落下严重病根，别妻离子只身来台，在孤寂、落寞和病痛中隐忍，却仍保持着细意善良的禀性。《夜琴》叙述来自中国北方的无名女子随丈夫来台后的遭遇，丈夫突然失踪如同往日大陆战乱中父亲的离去。母女祈求平安却都不得不经受离乱与死别，不禁发出悲叹："战争，战争，中国为什么有那么多的战争？""温州街"系列提供了一种缠绵于童年记忆的女性书写，作者所执着雕刻的时光也是光复前后那家国动乱的年代。不过，即便表现历史的悲情与个体的悲剧，李渝也总会形塑一种生命的韧性、人间的温情和诗化的救赎意念，以艺术之美、记忆之路或宗教信仰来升华人间，力图超越人世的苦难。在《金丝猿的故事》里，李渝如此描述主人公的生命体验：

  载负了过去的时光，栀子的香气不忘记的，热诚的，不考虑世俗因果利益的迎面贴依过来。
  一时马怀宁被提醒，无论现实呈现何种面目，她都能被记忆所拯救。

台湾地区有不少涉及历史乱象与知识分子命运遭际关系题材的作品，曾有评者将李渝的"温州街"系列与白先勇的"台北人"系列相提并论，因二者都涉及两岸对峙背景下由大陆来台的"台北人"的命运遭际，同样体现出"五四"以来中国知识分子浓烈的爱国热情与忧患意识。但是，《朵云》有其独到的精神特质和书写方式，它既不似陈映真的《小路》杜鹃啼血般悲壮怆然，充满对历史残暴的激愤和政治正义的呼吁；也不像白先勇的《冬夜》充满了失意的颓败和涕泪飘零的痛苦；也没有郭松棻的《月印》《雪盲》那般苍凉深厚。它看起来要平和、冲淡、单纯许多。《朵云》是作者与生活、与记忆、与自我、与历史的多重对话辨证的一个审美文本，从中看到作者企图从历史乖谬与个人创痛解不开理还乱的纠缠之中，寻求一条精神超越与美学救赎之路。这种救赎可以来自人间化的温暖情感，也可以是诗性、艺术的美，也可能是一种思想的能量（如《朵云》中教授传递给小玉的禁书：鲁迅著作），以缓解或升华历史阴影下的人生苦难，完成生命的成长。重温并梳理遥远的生活记忆，重访并重建自我的身份认同；在记忆之镜中辨析历史经过个体生命的方式与留下的印迹；在非理性的历史湍流与知识分子的无常命运之间游移低回，回复日常生活的感性与温暖，找寻精神超越的诗性可能与美学救赎的途径……这些，似乎构成了20世纪80年代以来李渝创作的重要动力。李渝小说也因之拥有了一种激越沉淀后的宁和静美，凝定、静谧中又能听到历史暗流的喧哗骚动。

论台湾版《欧兰朵》(Orlando) 之剧场表现及跨文化省思

朱芳慧[*]

前　言

西方剧场继"写实主义"(Realism)之后，从思想到形式在"前卫剧场"(Avant-garde Theatre)[①]的发展上有了转变。"前卫剧场"实验性的演出是"现代戏剧"(Modern Drama)后期所形成的一种趋向，除了强调仪式性、非语言性，戏剧与观众互动等，同时展现导演在剧场艺术上的创作风格。西方戏剧自易卜生以降，演出不再需要剧作家及剧本，剧场舞台的构图与形式成为导演的创作目标。这时以表演为本质东方传统戏剧，对西方现代剧场产生了巨大冲击。在"前卫剧场"的探索里，除了布莱希特(Bertolt Brecht)"史诗剧场"(Epic Theatre)，还有安东尼·亚陶(Antonin Artaud, 1896—1948)"残酷剧场"(Theatre of Cruelty)[②]，以及葛罗托斯基(Jerzy Grotowski, 1933—1999)"贫穷剧场"(The Poor Theatre)。葛罗托斯基说："亚陶是'前卫剧场'的先知和教父。'残酷剧场'已然成为经典，我们正走进亚陶的世纪。"[③]法国戏

---

[*] 朱芳慧，台湾成功大学艺术研究所教授兼所长。

[①] "前卫剧场"是指在剧场领域最尖端处从事实验创新的剧团，在1950年之前，美国的剧场一直是欧洲文化的附庸。20世纪60年代美国发展出"生活剧场"与"开放剧场"。60年代，波兰葛罗托斯基实践"前卫剧场"的编导演，以及自70年代以来，彼得·布鲁克等人的"跨文化剧场"实验等。钟明德：《百老汇上闲话兰陵》，《在现代主义的杂音中》，台湾书林出版有限公司1989年版，第173—174页。

[②] 亚陶发现古代的祭典"仪式"隐藏毁灭死亡与重生的寓意，他认为毁灭与死亡均是"残酷"的。"残酷剧场"所揭示的"残酷"，是一种"舞台元素极端严苛的极度凝练"。他将剧场与瘟疫并论，认为"残酷"就是自觉，人一旦面临死亡，就能从所有束缚中解脱。他相信残酷也是生命的真义，剧场应使观众意识到生命的残酷。亚陶认为，潜藏于理性之下的无意识层面，才是生命及存在的根源，剧场的任务是要重新发掘这些经验。

[③] Jerzy Grotowski, *Towards a Poor Theatre*, New York: Simon and Schuster, 1968a, p. 85. "We are entering the age of Artaud. The 'theatre of cruelty' has been canonized."

剧理论家安东尼·亚陶的"残酷剧场"摒弃写实主义式的舞台装置，让舞台表演成为一种符号、空间与走位的具体语言。其理想是以景观取代语言"舍弃对白或极度精省文字使用，可将全数心力投注于听觉、视觉和声音意象"。他将西方戏剧的心理学，对比形而上的东方剧场学。① 他在"残酷剧场"之"舞台调度"（Mise en scène）创造了"意象剧场"（Theatre of Images）②。其"舞台调度"的后继者不但采纳亚陶从东方剧场领悟形而上、以视觉元素为主的"意象剧场"，在理论与实践方面，更将亚陶的理念实验成真。他们对于东方剧场的认同以及受到的启发，丰富了西方剧场的观念与主张，也孕育20世纪的西方现代剧场。"前卫剧场"的巨流始于反传统、反文学及反语言。自20世纪以来，"前卫剧场"的戏剧理论家与剧场实践者，汲取东方剧场艺术美学，陆续创立自己的艺术品牌。而"残酷剧场"理论，影响"前卫剧场"以及"跨文化剧场"（Intercultural Theatre）。在他们的理论影响之下，众多欧美戏剧理论家与剧场实践者，创造出属于自己的剧场美学。欧美"跨文化剧场"后继研究者如彼得·布鲁克（Peter Brook，1925—　）、理查·谢克纳（Richard Schechner，1934—　）、尤金诺·芭芭（Eugenio Barba，1936—　）、亚莉安·莫努虚金（Ariane Mnouchkine，1939—　）以及罗伯·威尔森（Robert Wilson，1941—　）等，他们让来自东西方不同国家、不同民族的演员，在剧场表演过程中以异国文化、剧场特质，相互激荡出新的形式，达到演员和观众之间的交流。西方导演们在剧场以异国文化相互碰撞，激荡出新的剧场表演形式，跨文化表演可说是西方与东方的遇合，非常热门，但也是一个极具争议性的议题，其中包括欧美文化本位主义、不对等的权力关系、文化挪用现象、文化合法性问题等，皆受到质疑及批评。③

2009年，导演罗伯·威尔森、编剧王安祈与京剧名伶魏海敏，两厅院与国

---

① In the Oriental theater of metaphysical tendency, contrasted to the Occidental theater of psychological tendency. …It is because the Oriental does not deal with the external aspects of things on a single level nor rest content with the simple obstacle or with the impact of these aspects on the senses, but instead considers the degree of mental possibility from which they issue, that it participates in the intense poetry of nature and preserves its magic relations with all the objective degrees of universal magnetism. Antonin Artaud, *The Theater and its Double*, New York: A Division of Grove Press Inc., 1958, pp. 72 – 73.
② 如波尼·马兰卡（Bonnie Marranca）所倡导的"意象剧场"的剧场风格原则。Bonnie Marranca, *The Theatre of Images*, New York: Drama Book Speccialists, 1977.
③ 详见朱芳慧《从西方剧场变革探讨其跨文化霸权争议》，台湾《艺术论衡》2014年12月复刊号（第6期）。

光剧团共同打造台湾版《欧兰朵》（Orlando）①。威尔森透过"意象剧场"完成了《欧兰朵》在台湾地区的展演。有关异文化碰撞的问题以及剧场艺术的呈现方式，令人瞩目，评价两极。台湾版《欧兰朵》之相关论文有：耿一伟《罗伯·威尔森：光的无限力量》、耿一伟等《唤醒东方欧兰朵：横跨四世纪与东西方文化戏剧之路》、中文版《欧兰朵》观后座谈会（《Two is One 西方的前卫在东方》）、方祺端《从后现代主义探讨〈欧兰朵〉的舞台美学——以 2009 年台湾演出为例》、纪圣美《国光剧团跨文化京剧的改编与诠释》、郭建豪《解构与建构：从台湾版〈欧兰朵〉与〈郑和 1433〉看罗伯·威尔森的剧场呈现》、段馨君《西方经典在台湾剧场：改编与转化》、杨评任《罗伯·威尔森与台湾跨文化剧场制作：〈欧兰朵〉与〈郑和 1433〉》，以及谢筱玫《跨文化之后：从〈欧兰朵〉到〈孟小冬〉》等。在这些资料中，本论文选择引用《唤醒东方欧兰朵：横跨四世纪与东西方文化戏剧之路》，以及中文版《欧兰朵》观后座谈会（《Two is One 西方的前卫在东方》）两篇论述，作为本文之参考依据。

本文先整理伍尔芙（Virginia Woolf）原著《欧兰朵》之思想意涵，补充罗伯·威尔森的德、法、英、中四个改编版本，更正论文资料显示"德、法两版"之错误信息。接着进入主要论述导演罗伯·威尔森其"意象剧场"创作风格，分析西方"前卫剧场"与东方"戏曲美学"的艺术碰撞，以及专家述评。检视"原著文化"（Source Culture）与"标的文化"（Target Culture）②，改编者的诠释为何？希望可以提供的一些想法，可做日后跨文化剧场改编之省思。

一、伍尔芙原著《欧兰朵》及其改编版本

（一）伍尔芙原著《欧兰朵》之思想意涵

1928 年，英国小说《欧兰朵：一则传记》（Orlando：A Biography），是 20 世纪女性文学的代表作品之一，其作者伍尔芙（Virginia Woolf，1882—1941）是现代西方女性主义的先驱。小说叙述主角"欧兰朵"是英国贵族，在一场昏迷之后，醒来却变成女人。"欧兰朵"由男"变"女的过程，诸多空间场景在变换之中，从 16 世纪到 20 世纪（1588—1928），年龄却停留在 36 岁。小说

---

① 国光剧团《欧兰朵》成果报告（http：//www.kk.gov.tw/information? uid = 639&pid = 6213）。
② "原著文化"和"标的文化"，来自帕维（Patrice Pavis）的沙漏理论（The Hourglass of Cultures）。*The Intercultural Performance Reader*，1996，pp. 8 - 10.

又以"意识流"（Stream of Consciousness）[1] 内心独白的书写手法，颠覆禁忌的性别越界，交错灵魂的神话传记，穿越时空的情欲流转，来叙述"欧兰朵"贯穿时空的思想、情感与感受，历经了近四百年奇异的一生。[2] 伍尔芙所要传达"雌雄同体"的概念，"雌雄同体"的"欧兰朵""他"变成了"她"。"欧兰朵"始终在寻觅那个完全的自我，那个自我并非是一个男人或是一个女人的自我，那个融合所有的自我。伍尔芙借由《欧兰朵》找到了"欧兰朵"的自我意义。[3] 女性写作与女性成长有密切的关系，女性主义作家擅长抒写女性生命史，"欧兰朵"跨越三个世纪，展现性别的奋斗历程，由此展开她们与男性、两性、家庭、社会之间微妙的关联。伍尔芙小说因为探讨性别认同，受到了广泛的讨论。笔者认为，从表面看来《欧兰朵》是在论述"变性"的事件，不如说是从历史环境的观照上，反映出对于两性之间更深层了解的重要性。小说《欧兰朵》是奠定20世纪女性主义及现代主义文学的基石之一。[4]

（二）罗伯·威尔森《欧兰朵》改编版本

伍尔芙的小说《欧兰朵》曾被改编为电影版、歌剧版，以及舞台剧版。除了电影《美丽佳人欧兰朵》（Orlando，1993）[5] 之外，歌剧《欧兰朵》的剧场展演，1959—2009年，据统计，共计75场。其中作曲家韩德尔（Georg Friedrich Händel，1685—1759）于1732年完成《欧兰朵》作曲。1881年歌剧版《欧兰

---

[1] "意识流"一词来自"意识流文学"，而"意识流文学"是现代主义文学的重要分支；兴起于19世纪末、20世纪初的欧洲。法国作家艾德华·杜夏丹是"意识流文学"的先驱。其理论有两个，一是美国作家亨利·詹姆斯提出，另一个是弗洛伊德的潜意识理论。"意识流文学"泛指注重描绘人物意识流动的状态，包括清醒的意识、无意识与梦幻意识。主要成就局限在小说，而在戏剧、诗歌中也有表现。对于"意识流文学"的介绍，见唐正序、陈厚诚主编《二十世纪中国文学与西方现代主义思潮》，四川人民出版社1992年版，第253—260页。
[2] 美国诗人艾略特（T. S. Eliot）在《传统与个人才具》（Tradition and the Individual Talent）一文以结构性的观念指出，"过去的旧文本"与"现在的新文本"之间的"互文"（Intertextual）关系形成"同存结构"（Simultaneous Order）。胡锦媛：《同存结构：〈欧兰朵〉小说与电影》，《美育》第190期。
[3] 伍尔芙对于她必须接受局限教育的经历，她在《自己的房间》（A Room of One's Own）一书，针对当时英国社会男尊女卑的性别文化提出质疑。
[4] Brenda R. Silver, Virginia Woolf Icon, Chicago: University of Chicago Press, 2000, p. 223.
[5] "Review/Film; Waking Up To a Change: He Is a She", Published: June 11, 1993. The New York Times（http://www.nytimes.com/1993/06/11/movies/review-film-waking-up-to-a-change-he-is-a-she.html）.

朵》问世，受到注目。[①] 舞台剧有两个美国版本：第一个是 2003 年"演员帮剧场"（The Actors' Gang）[②]，第二个是 2010 年"古典舞台剧场"（The Classic Stage Company）[③]，以及罗伯·威尔森执导的舞台剧《欧兰朵》。

1. 德国版：1989 年在德国"柏林列宁广场剧院"（Schaubühne am Lehniner Platz, Berlin）首演，编导罗伯·威尔森、主演尤塔·兰珀（Jutta Lampe）。[④]

2. 法国版：1993 年 5 月在瑞士"洛桑剧院"（Théâtre Vidy Lausanne, Switzerland）公演。[⑤] 编导罗伯·威尔森、主演伊莎贝·雨蓓（Isabelle Huppert），同年 9 月原班人马在法国巴黎奥德翁剧院（Odéon Théâtre de l'Europe, Paris）演出。[⑥]

3. 英国版：1996 年在英国"爱丁堡艺术节"（Edinburg Festival）演出，编导罗伯·威尔森、主演米兰达·理查森（Miranda Richardson）。[⑦]

4. 中国台湾版：2009 年与京剧名伶魏海敏合作，在台湾地区首演。[⑧]

[①] 作曲家：Georg Friedrich Haendel, 作词：L'Arioste.（http：//jean - claude. brenac. pagesperso - orange. fr/HAENDEL_ ORLANDO. htm）

[②] 导演 Joyce Piven、主演 Polly Noonan、编剧 Sarah Ruhl.（http：//www. curtainup. com/orlando. html）

[③] 导演 Rebecca Taichman、主演 Francesca Faridany、编剧 Sarah Ruhl.（From the novel by Virginia Woolf, adapted by Sarah Ruhl; directed by Rebecca Taichman. By CHARLES ISHERWOOD Sept. 23, 2010. New York Times.）（http：//www. nytimes. com/2010/09/24/theater/reviews/24orlando. html?pagewanted = all&_ r = 1）

[④] 1989 Orlando. Based on the novel by Virginia Woolf［German version］. Virginia Woolf（Text）；Robert Wilson, Darryl Pinckney（Adaptation）；Hans Peter Kuhn（Music）. Performed by Jutta Lampe. Schaubühne am Lehniner Platz, Berlin, Germany, November 21, 1989. 摘录自罗伯·威尔森官方网站（http：//www. robertwilson. com/chronology - theater/）。

[⑤] Orlando［Lausanne, Théâtre Vidy, 11 mai 1993］,［Odéon, Théâtre de l'Europe, 21 septembre 1993］Adapté par Darryl Pinckney, Robert Wilson.（https：//www. librairie - obliques. fr/livre/48545 - orlando - lausanne - theatre - vidy - 11 - mai - 1993 - - virginia - woolf - editions - actes - sud）

[⑥] Virginia Woolf - Auteur; Bob Wilson - Mise en scène; Isabelle Huppert - Acteur（trice）; Bob Wilson - Adaptation.（http：//fresques. ina. fr/en - scenes/fiche - media/Scenes00013/isabelle - huppert - dans - orlando - de - virginia - woolf. html）

[⑦] When the innovative American theatre director Robert Wilson first contemplated Virginia Woolf's Orlando in the Seventies, the book's rich visual language and striking sense of place suggested a full - scale opera with lavish sets and a company of singers. …So his production of Orlando, which receives its British première at the Edinburgh Festival tonight, has turned out to be a one - woman show, with actress Miranda Richardson. 来源网址：The Daily Telegraph - Culture 版.（http：//www. telegraph. co. uk/culture/4703376/Hes - not - afraid - of - Virginia - Woolf. html）

[⑧] 耿一伟等：《唤醒东方欧兰朵：横跨四世纪与东西方文化戏剧之路》，台湾中正文化中心 2009 年版，第 13—16 页。

详见附表：罗伯·威尔森《欧兰朵》改编版本。

附表：罗伯·威尔森《欧兰朵》改编版本

版本/国家（地区）	年份	导演	主演（欧兰朵）	编剧
德国，柏林列宁广场剧院	1989	罗伯·威尔森	尤塔·兰珀	罗伯·威尔森、达里尔·平克尼
瑞士，洛桑剧院	1993	罗伯·威尔森	伊莎贝·雨蓓	罗伯·威尔森
法国，巴黎奥德翁剧院	1993	罗伯·威尔森	伊莎贝·雨蓓	罗伯·威尔森
英国，"爱丁堡艺术节"	1996	罗伯·威尔森	米兰达·理查森	罗伯·威尔森
中国台湾，台北"国家剧院"	2009	罗伯·威尔森	魏海敏	王安祈

从上表可得知，罗伯·威尔森《欧兰朵》有多个版本。在此更正其他资料显示"德、法两版"之错误信息。

二、中国台湾版《欧兰朵》"前卫剧场"与"戏曲美学"的碰撞

罗伯·威尔森与魏海敏合作，是一场西方"前卫剧场"与东方"戏曲美学"的艺术碰撞。罗伯·威尔森是20世纪"前卫剧场"的理论家与实践者，《纽约时报》赞扬他是："实验剧场界的巨擘，舞台空间及时间的运用上的探险者。他超越剧场传统习惯，吸收来自其他表演艺术界及美术界的新元素后，将这些元

素一并融合于影像及声音中。"① 罗伯·威尔森认为：

> 戏剧可以是姿态，可以是光线，可以是声音，可以是文字，可以是颜色。戏剧可以是任何东西，在这些分层的区域里，你可以将它们叠在一起、组成。但是剧场不应以文字为中心，重视意念的传达而不依赖字句，舞台（画面与声音）不是为了说明剧情（文字）而存在的。②

他不但对于剧场的处理时间是加速的③，并且在营造一个"非真实空间的意境"的舞台，将观众带到一个超越时空的想象空间。他认为剧场应重视意念的传达，而不依赖"情节"字句。文字和语言会障碍心灵，而图像的概念是跳跃式的，与我们心灵思考有共同之模式，必须由图像做基础，文字辅助来完成。他说："《欧兰朵》这出戏因为没有剧情，所以必须在舞台制造张力。"因此，罗伯·威尔森将《欧兰朵》的"场面"转化成"景观"的理念，不但颠覆亚里士多德的"三一律"，更实践了安东尼·亚陶的"舞台调度"与"总体剧场"理念，这就是威尔森的"意象剧场"美学。威尔森对于这次和中国台湾京剧名伶魏海敏合作，比较欧洲诸版本有着高度期待，他说：

> 我会找魏女士合作，是因为我非常推崇她，而且我认为她是个伟大的艺术家。我被她的京戏训练背景所着迷。……她就成了我所执导

---

① 《纽约时报》形容罗伯·威尔森为"实验剧场界的巨擘，舞台空间及时间的运用上的探险者。他超越剧场传统习惯，吸收来自其他表演艺术界及美术界的新元素后，将这些元素一并融合于影像及声音中"。美国著名的文学家、评论家苏珊·桑塔格（Susan Sontag）在谈及威尔森的作品时曾说："他的作品有成为巨作的特质。我想不出还有谁的作品比他的更重大又更具影响力。"威尔森曾获无数的奖项与荣誉，包括1986年美国"外百老汇奥比奖"（Obie Award）最佳导演，雕塑作品获得1993年"威尼斯双年展"金狮奖，1996年"桃乐丝与莉莉安吉许奖"（Dorothy and Lillian Gish Prize）之终身成就奖，1997年"陶米纳艺术节"（Taormina Arte）欧洲大奖（Premio Europa），以及2002年受法国国文化部颁发"艺术及文学司令勋章"（Commandeur des Arts et des Lettres）。威尔森更曾在2001年时在白宫内获"美国国家设计奖"（National Design Award）之终身成就奖。摘自《海上巨人郑和从起点到未知的航海旅程：驰骋于禅鼓、歌仔戏和爵士乐的音乐剧场美学》，两厅院官方网站（http://npac-ntch.org/about/show/40408e9625bac036012645df781a0907? lang=zh）。

② Robert Wilson, Fred Newman, and Richard Schechner, "Robert Wilson and Fred Newman: A Dialogue on Politics and Therapy, Stillness and Vaudeville", *The Drama Review*, Vol. 47, No. 3, 2003, p. 125.

③ Sheyer, Lawrence, *Robert Wilson and His Collaborator*, New York: Theatre Communications Group, 1989, p. xvi.

《欧兰朵》的最佳人选。……法国版《欧兰朵》演员伊莎贝·雨蓓（Isabelle Huppert）与德国版演员尤塔·兰珀（Jutta Lampe），她们两人没有受过舞蹈动作或歌唱的训练……所以这是魏女士的特出之处，也是台北版《欧兰朵》会有别于德法版的理由。①

可是在排练的过程中，并不如想象中的顺利。例如，"魏海敏在第一幕等待莎夏纳一段的念词非常长，Bob②的团队虽然不懂中文，可是他们要求要有双语对照的翻译本，有时副导发现编剧王安祈这边的剧本团队，可能因为对中文剧本和修辞上的想法，或是因应唱段的需要，而有段落的删除或增加时，就会产生争执"③。王安祈说：

> 希望魏海敏的"京剧身体"能被多多运用……很想看京剧严谨的程序身段，在导演手中将被打散、拆解、重造出怎样的新意，一种因戏剧形态说不定即将由此萌芽呢。不过我也暗自担心，担心导演不懂京昆，如果硬要让京剧天后按照德法版演员的肢体动作，那"跨"的是什么文化？④

针对跨文化的双向影响，专访演员魏海敏。"魏海敏喜欢以她的师祖梅兰芳作为榜样，她认为若要继承梅兰芳，就不能死守当年的技巧，而是得吸收梅兰芳勇于创新的精神……她相信如果梅兰芳先生在世的话，他也会支持我的尝试与改变。"⑤她说：

> 其实创新本来就很难，如果 Bob 把这出戏导得像他之前的作品，人们会说这太老套了，如果我把京戏完整搬演，也会有人说换汤不换药的。……他也改变了之前的导戏方式。所以不只是他影响我，我也

---

① 耿一伟等：《唤醒东方欧兰朵：横跨四世纪与东西方文化戏剧之路》，台湾中正文化中心2009年版，第13页。
② Bob 就是 Robert Wilson。
③ 耿一伟等：《唤醒东方欧兰朵：横跨四世纪与东西方文化戏剧之路》，台湾中正文化中心2009年版，第40页。
④ 耿一伟等：《唤醒东方欧兰朵：横跨四世纪与东西方文化戏剧之路》，台湾中正文化中心2009年版，第99页。
⑤ 耿一伟等：《唤醒东方欧兰朵：横跨四世纪与东西方文化戏剧之路》，台湾中正文化中心2009年版，第90页。

影响他很多，这是真正双向的交流。①

中国戏曲是综合文学和艺术的有机体，戏曲艺术之传统美质有三：其一，虚拟象征程序之写意表演艺术原理，使排场流转自由无时空之局限；其二，戏曲语言富于音乐旋律，腔调决定剧种，其咬字吐音之口法，借此以保存发扬其地方性与民族性之特色；其三，歌舞性、节奏性、夸张性、疏离且投入性，亦皆为戏曲之传统美质与特色，亦应保存并发扬。②在"跨文化剧场"改编、移植的过程中，会产生异文化传递、交融、拼贴、相辅、相斥的各种现象。戏曲在当代因应之道，首在真切认识戏曲之本质，以其优美传统之质性结合现代剧场理念与技法，以调适现代剧场。而在威尔森强势主导下，连"京剧天后"也"脱胎换骨"加入他的《欧兰朵》实践行列之中。

三、中国台湾版《欧兰朵》专家述评

在中国台湾版《欧兰朵》演出前做了试演，同时也开放给剧场界与文艺界人士，如剧评家王墨林、台湾大学外文系教授张小虹等。③试演之后，学者专家在《欧兰朵》观后座谈会上，提出了他们的观后感，述评重点整理如下。

张小虹指出：

> 在德文版里，他的光可以那么干净那么现代，透过衣服那个时代感清楚表现出来。在中文版里，衣服的时代性出不来。这是我第一个观察。第二个观察，"西方的前卫在东方"，"东方的前卫不在东方"。④

张小虹提到"西方的前卫在东方"，"东方的前卫不在东方"，中国戏曲是通过演员丰富的表演来创造环境的时空观，强调以写意、象征、虚拟、程序为其表现之基本原理。戏曲之结构既有内外之分，本身又是一错综复杂之有机体，

---

① 耿一伟等：《唤醒东方欧兰朵：横跨四世纪与东西方文化戏剧之路》，台湾中正文化中心2009年版，第92、93页。
② 曾永义：《让传统戏曲升华为"现代戏曲"》，2014年10月，中评网（http://www.CRNTT.com）。
③ 耿一伟等：《唤醒东方欧兰朵：横跨四世纪与东西方文化戏剧之路》，台湾中正文化中心2009年版，第81页。
④ 张小虹于中文版《欧兰朵》观后座谈会上的讲话，转引自《Two is One 西方的前卫在东方》，台湾《PAR表演艺术》2009年第195期。

外在结构既为体制规律,内在结构主要出自剧作家手法之"排场"。① 中国台湾版《欧兰朵》除依循原著小说题材寓意改编,以及魏海敏扮饰"欧兰朵"所融合的京剧元素之外,呈现出来的是"一样的德国版独角戏,一样的场面,一样的景观"②。王墨林说:

> 威尔森是意象剧场,他不重视剧本,不重视说故事,靠舞台的灯光、装置、身体的造型,还有动作的形态来呈现;可是这次台湾《欧兰朵》又没有那么讲究威尔森式的意象营造。……在这样一个中西文化合成之下产生的文化现象。……好不容易看了一个救赎,却发现大家还是在西方的霸权底下。③

王墨林的分析精准到位。在跨文化的过程中,当对方的"标的文化"与自己的"原著文化"出现无法融合时,种族文化权力的不平衡问题都毫不保留地浮出台面。王安祈说:

> 我觉得他把演员的声音当"音效",甚至"音波"。京昆演员讲究"词情、声情"结合……但导演把一切唱或念当音效声波,整个舞台有两条流动线,一条是视觉意象和声音意象配合形成的,一条是剧本台词的叙事线,这两条线索非但不兼容,前者甚至还像是来干扰打乱后者的。④

虽然"跨文化剧场展演最关键的两个人物,就是改编者与导演"⑤。除了

---

① 如李渔之《立主脑》《脱窠臼》《密针线》《减头绪》堪称最为精密。戏曲的"内在结构"在"排场"。"排场"是由关目、脚式、套式、穿关、表演五个因素构成的有机体,所谓"排场",诚如上文所云,是指中国戏曲的脚色在"场上"所表演的一个段落,它是以关目情节的轻重为基础,再调配适当的脚色、安排称的套式、穿戴合适的穿关,通过演员唱做念打而展现出来。曾永义:《曾永义论说"戏曲之内在结构"结论:戏曲内外结构之互动》,台湾《艺术论衡》2014年12月复刊号(第6期)。
② 国光剧团《欧兰朵》节目简介,2009年。
③ 王墨林于中文版《欧兰朵》观后座谈会上的讲话,转引自《Two is One 西方的前卫在东方》,台湾《PAR 表演艺术》2009年第195期。
④ 耿一伟等:《唤醒东方欧兰朵:横跨四世纪与东西方文化戏剧之路》,台湾中正文化中心2009年版,第101页。
⑤ 石光生:《台湾传统戏曲剧场文化:仪式·演变·创新》,台湾五南出版社2013年版,第380页。

改编者与导演,还有主演的再诠释,也更为重要。"剧本在修改的过程中产生的争执,就是编剧与导演、文本与反文本阵营的必然冲突。王安祈的态度也有她的合理性,毕竟她不愿沦为翻译的文字工,有自己对《欧兰朵》的想法与诠释。"① 王安祈为自己争取在该剧中戏曲改编的定位,但是导演的西方强势却得到女主角的认同。由以上的整理及分析可明显看到,实践者在编、导、演创作期间,再次出现欧美文化本位主义与剧场霸权等的问题。

结 语

"跨文化剧场"通过不同文化背景的人在剧场的互动中建立关系,在过程中学习尊重,共同成长。中西文化的互动,可以让我们重新审视中国与西方、古代与现代的文化形态的关系。跨文化交流,必然会衍生出新的戏剧形式,在交流过程中,以异国文化、剧场特质,相互激荡出新的剧场表演形式。实践者创作期间,例如,欧美文化本位主义、文化挪用等,文化拼贴、剧场霸权等,这些所存在的问题,都是交流中必然会呈现的现象。而威尔森依循小说实践了"景观场面"的理念,也表现出他对京剧的漠视。他说:"剧场不应以文字为中心,重视意念的传达而不依赖字句,舞台(画面与声音)不是为了说明剧情(文字)而存在的","戏剧可以是姿态,可以是光线,可以是声音,可以是文字,可以是颜色。戏剧可以是任何东西,在这些分层的区域里,你可以将它们叠在一起组成"。这是威尔森的"意象剧场"美学。

中国戏曲经前人努力至今有完整的论述,"戏曲学"已成为大学之重要学科;戏曲研究也为显学。强调象征虚拟抽象写意的传统戏曲与西方戏剧(舞台剧)是完全不同的表演艺术美学。戏曲是综合文学和艺术的有机体,戏曲艺术是通过演员丰富的表演来创造环境时空,如此构成戏曲美学的多元性与美妙绝伦。而戏曲在当代因应之道,当以戏曲之本质,结合现代剧场理念与技法调适现代剧场。笔者将中国台湾版《欧兰朵》分类在"跨文化戏曲"②,

---

① 耿一伟等:《唤醒东方欧兰朵:横跨四世纪与东西方文化戏剧之路》,台湾中正文化中心2009年版,第40页。
② "跨文化戏曲"包括:京剧、歌仔戏、豫剧三个戏曲剧种。"跨文化戏剧"包括:舞台剧、音乐剧两类(此分类即打破原来音乐及戏剧分类之概念)。

并提出"跨文化戏曲"改编四要素①。其实这四要素就是当代戏曲编写必须要有的四要素。戏曲毕竟有其优美传统之质性，不可因"跨文化"而注入不当的质素。

最后，检视"原著文化"与"标的文化"，改编者的诠释为何？中国台湾版《欧兰朵》表面上是西方"前卫剧场"与东方"戏曲美学"的艺术碰撞，事实上是西方剧场跨文化霸权主导下，将其欧洲版强势移植到中国台湾版的另一个实验作品。当涉及西方跨文化霸权时，是否该适时维护自己的文化及立场？希望这次的中西交流经验，提供我们作为跨文化剧场改编之省思。

参考文献

1. 中文专书

石光生：《台湾传统戏曲剧场文化：仪式·演变·创新》，台湾五南出版社2013年版。

唐正序、陈厚诚主编：《二十世纪中国文学与西方现代主义思潮》，四川人民出版社1992年版。

耿一伟：《罗伯·威尔森：光的无限力量》，台湾中正文化中心2009年版。

耿一伟等：《唤醒东方欧兰朵：横跨四世纪与东西方文化戏剧之路》，台湾中正文化中心2009年版。

2. 外文书目

Robert Wilson, Fred Newman, and Richard Schechner, "Robert Wilson and Fred Newman: A Dialogue on Politics and Therapy, Stillness and Vaudeville", *The Drama Review*, Vol. 47, No. 3, 2003.

Brenda R. Silver, *Virginia Woolf Icon*, Chicago: University of Chicago Press, 2000.

Sheyer, Lawrence, *Robert Wilson and His Collaborator*, New York: Theatre Communications Group, 1989.

---

① "跨文化戏曲"改编四要素是指：（1）寓意新诠：原著题材之新意开发。（2）词曲声腔：词情、声情之相得益彰。（3）舞台排场：排场时空之自由流转。（4）演员演译：演员表演之创意诠释。

Wilson, Robert, *The Theatre of Images*, New York: Harper & Row Publishers, 1984.

3. 期刊论文

曾永义:《曾永义论说"戏曲之内在结构"结论:戏曲内外结构之互动》,台湾《艺术论衡》2014年12月复刊号(第6期)。

朱芳慧:《从西方剧场变革探讨其跨文化霸权争议》,台湾《艺术论衡》2014年12月复刊号(第6期)。

胡锦媛:《同存结构:〈欧兰朵〉小说与电影》,台湾《美育》第190期。

耿一伟文稿编辑:《Two is One 西方的前卫在东方》,台湾《PAR表演艺术》2009年第195期。

4. 网络资料

两厅院官方网站(http://npac-ntch.org/about/show/40408e9625bac036012645df781a0907?lang=zh)。

国光剧团官方网站(http://www.kk.gov.tw/information?uid=639&pid=6213)。

英国 The Daily Telegraph 官方网站(http://www.telegraph.co.uk/culture/)。

美国 The New York Times 官方网站(http://www.nytimes.com/)。

巴洛克歌剧杂志 Le magazine de l'Opéra Baroque 网站(http://jean-claude.brenac.pagesperso-orange.fr/)。

CurtainUp 官方网站(http://www.curtainup.com/orlando.html)。

Obliques Librarie Independante 官方网站(https://www.librairie-obliques.fr/)。

enScènes 官方网站(http://fresques.ina.fr/en-scenes/accueil)。

网络电影数据库 IMDb(http://www.imdb.com/title/tt0107756/)。

Orlando 来源网址(https://www.librairie-obliques.fr/livre/48545-orlando-lausanne-theatre-vidy-11-mai-1993-virginia-woolf-editions-actes-sud)。

Virginia Woolf 来源网址(http://fresques.ina.fr/en-scenes/fiche-media/Scenes00013/isabelle-huppert-dans-orlando-de-virginia-woolf.html)。

Virginia Woolf's Orlando 来源网址(http://www.telegraph.co.uk/culture/4703376/Hes-not-afraid-of-Virginia-Woolf.html)。

5. 影音资料

《〈欧兰朵〉ORLANDO 罗伯·威尔森与魏海敏》DVD,《PAR 表演艺术》,台湾中正文化中心 2009 年版。

电影产业发展与中华传统文化的继承和创新

刘　藩[*]

一、大陆电影产业的发展现状

从 2002 年开始，中国电影开始产业化改革，政策红利发威，进入了高速发展的阶段。从 2010 年开始，在以《国务院办公厅关于促进电影产业繁荣发展的指导意见》（国办发〔2010〕9 号）为代表的新一波的产业政策激励之下，更多的社会资本进入电影产业。尤其是，从 2011 年开始互联网企业开始介入电影产业，以 2011 年成立的、定位为互联网电影企业的乐视影业为发端，以百度、阿里、腾讯影业为代表，给电影产业带来了互联网技术的红利。政策和技术红利双重加速推动，促成中国电影产业的新一轮整合与升级。在互联网思维的渗透下，中国电影的产业链被逐步重塑，产业效率得到大幅度提升，中国电影进入了繁荣发展期。2003 年，电影银幕数不到 1800 块。2015 年全年，中国电影总票房达 440.69 亿元，同比增长 48.7%，其中，国产电影票房达 271.36 亿元，占票房总额的 61.58%。2015 年，全国影院新增银幕 8035 块，平均每天增加 22 块，银幕总数达 32868 块。全国影院数为 6148 家，单影院年票房大约为 713 万元，单银幕年产出大约为 144 万元。全年故事影片产量 686 部。公开上映的 320 部影片中，票房过亿影片共 81 部，其中国产影片 48 部。城市院线观影人次 12.6 亿人，比 2014 年增长 51.08%。

2016 年 1 月 1 日至 6 月 30 日，上半年电影票房 245.82 亿元，同比增长 21.41%；观影人次 7.23 亿人，同比增长 29.73%，场均观影人次为 21 人。到 2016 年 9 月初，银幕总数已达到 3.77 万块，到年底接近 4 万块，与美国持平。由于暑期档不给力，2016 年 1—8 月，电影市场票房的增幅仅仅只有 12%。这两个增长速度都低于业界预期，电影产业的增速明显放缓。但相比国民经济中的其他产业，电影产业仍然保持了较高的增长速度。

在国产片的题材方面，涉及传统文化的影片占据了较为突出的位置。2015

---

[*] 刘藩，中国艺术研究院文化发展战略研究中心副研究员。

年全年 8 部破 10 亿元的影片中，国产片占 5 部：《捉妖记》24.4 亿元、《港囧》16.1 亿元、《寻龙诀》13.7 亿元、《夏洛特烦恼》14.4 亿元、《煎饼侠》11.6 亿元。2016 年上半年电影票房超过 10 亿元的国产片中，《美人鱼》以 33.9 亿元的票房纪录，位居大陆电影票房冠军宝座。其他三部是续集片：《西游记之孙悟空三打白骨精》12.01 亿元、《澳门风云 3》11.18 亿元、《功夫熊猫 3》10.02 亿元（合拍片计入国产片范围）。在这些近年来票房突出的影片中，《捉妖记》《西游记之孙悟空三打白骨精》《寻龙诀》《功夫熊猫 3》《西游记之大闹天宫》（10.46 亿元，2014）、《西游·降魔篇》（12.5 亿元，2013）都是传统文化题材。这一现象表明，在中国的电影产业中，传统文化已经被有效地继承了，但不是按照科班的传统文化专家所认可的方式，而是以娱乐化的方式被进行了创造性的转化和创新。电影产业可能以什么方式、应该以什么方式继承和发扬传统文化？正是我们要讨论的问题。

二、电影产业开发传统文化的五种方式

中国传统文化在电影领域的产业化开发，从已有的经验看，表现为 5 种方式：

1. 中国传统文化元素植入电影情节中，但艺术表达超越传统范畴，涉及中西文化冲突、反思传统、个人化思考等，比如《刮痧》《菊豆》《霸王别姬》《末代皇帝》《大话西游》等。此类影片可自由表达编导、作者的艺术表达和思考，常受到奖项的青睐。国外的类似作品有韩国的《春香传》《醉画仙》，日本的《罗生门》等。

2. 属于当代题材，但中国传统美学风格统摄影片整体风格，比如《断背山》《城南旧事》《活着》《悲情城市》《花样年华》《我的父亲母亲》等。此类影片数量少，可凸显传统美学特点，具备文人或者知识分子的趣味，但不一定受到当代观众欢迎。

3. 传统文化资源不经过类型化处理，直接开发为历史片、传记片，如《孔子》《大唐玄奘》《谭嗣同》。此类影片较为严肃，更倾向于忠于历史，缺乏戏剧性冲突，一般票房不乐观。

4. 属于当代题材，但中国传统文化价值观主导或者影响影片主题，如《天下无贼》《五颗子弹》《生死抉择》。此类影片较为复杂，有的属于类型片，传统价值观加类型片手法，大众基础好，票房较好；有的不属于类型片，观众不适应；有的不属于类型片，但触及当代转型社会中传统价值观与实现碰撞的精

神困境，会引发思考和讨论。国外的类似影片是伊朗的《一次别离》。

5. 中国传统文化题材，以类型片的创作规律为依据直接开发成为娱乐性很强的类型片，如《卧虎藏龙》《新龙门客栈》《梁山伯与祝英台》《西游记之孙悟空三打白骨精》《功夫熊猫》《九品芝麻官》。

就获奖可能性而言，前两种更容易获得电影节评委的青睐。第一种集中出现在20世纪80年代和90年代，在国际上获奖较多，其中的传统文化、民俗吸引并满足了西方评委和观众的好奇心，其中的传统文化往往成为导演艺术表达的素材。第二种影片，由于其高雅趣味，只能是一种不绝如缕、时而出现的小众产品。第四种影片，由于触及深层的哲学和精神问题，如果处理巧妙，也可获得奖项青睐，最典型的此类影片是伊朗的《一次别离》、波兰的《十诫》。

就产业影响力而言，前三种方式的电影属于边缘产品，后两种的影响力更大。第四种由于有传统价值观做基础，适合大范围传播，所以不论是票房还是获奖，都有潜力。第五种几乎已经是目前国内业界处理传统文化的第一选择，传统文化题材的票房大户影片几乎都属于这一类。其中的原因在于：从市场角度看，在产业语境中继承和发扬传统文化，电影最主要的开发平台就是类型片，类型片是市场和观众认可的与创作者的沟通方式。产业的核心是市场交易，在电影产业中表现为观众购票，类型片是观众和编剧导演的契约；不论是何种题材，只有纳入类型片的框架中，观众才可能识别和购买。从创作角度看，只有类型化，才能突出戏剧性、制造更多想象空间和故事展开空间、强化冲突、激化情感、满足观众情感期待；只有类型化，才能突破传统文化资源本身的限制，以最符合观众娱乐需求的方式处理传统文化题材，如《功夫熊猫》对中国功夫和中国熊猫的创造性开发。

本文将重点讨论第四种和第五种影片。

三、以传统价值观处理当代题材的影片

任何文化的核心是基本的世界观、哲学理念、社会治理原则、价值观。中国传统文化也不例外，形成了以儒释道为主的宗教和哲学体系，影响了中国两千多年，在一般国民心理精神中形成了文化积淀，在电影接受和创作方面就表现为对某些情节、人物的偏爱。而聪明的编剧和导演则会利用大众的这种观影偏好，赢得观众的认可。

比如，受到儒家重视德治和贤人政治的影响，在文学中形成了清官文化。孔子讲："道之以政，齐之以刑，民免而无耻；道之以德，齐之以礼，有耻且

格。"他认为治理国家应以道德为主,以法律为辅。这就是影响中国两千年的"德主刑辅"的治国理念。荀子更提出了较为系统的人治理论,说:"君子也者,道法之总要也……故有良法而乱者,有之矣;有君子而乱者,自古及今,未尝闻也","有治人,无治法……法不能独立,类不能自行,得其人则存,失其人则亡。法者,治之端也;君子者,法之原也"。正因为原始儒家确立了这样一种德治和人治思想,开创了一种以思想道德解决政治问题的贤人政治思路,相信"圣贤人格"有绝对的感召力,可以内圣而外王,解决政治问题;而且汉代以后儒家学说还成为主导的意识形态;所以在后来的治国牧民实践中,理所当然地有德的清官就成了百姓的期盼和希望,而清官则凭借自身清廉道德的感召力获得百姓的认可,清官和百姓互相促进,铸就了清官思想得以生存的社会大众基础。

在中国电影中,很多罪案、法律故事的背后都有一个清官文化的影子。周星驰的《九品芝麻官》《审死官》中都有一个官职为八府巡按的清官,成为为冤案翻案的最后依靠。《九品芝麻官》中的主角干脆就叫作"包大人",利用清官文化的用意昭然若揭。在当代题材中,这种传统价值观虽然有悖于依法治国和法治社会的理念和实践,但仍然有很大的影响,而且很受大众欢迎。比如:根据张平长篇小说《抉择》改编,讲述了市长李高成在利益和良心面前两难抉择,并最终扳倒腐败上级的故事。市长面临金钱和地位的诱惑依然没有丧失本性和良知,面对亲人犯罪,他果敢承担作为丈夫的责任,大义凛然的浩然正气让人震撼。不少知识分子批评该片只是以另一种方式重复了中国人自古以来的"清官"神话,重复在草民中渲染"包青天"情结。但是正如张平所说:《生死抉择》的正面英雄给人带来了希望,给人带来了信念。没错,好莱坞也喜欢玩这个,老百姓爱看这个。在放映现场,当影片最后省委书记说,"这个案子不管涉及什么人,不管碰到多大困难,该抓的就抓,该判的就判",最后一句话,不用省委书记说了,全场都喊:"该杀的就杀。"观众集体共鸣、群情激昂到这种程度,无疑是因为传统儒家学说和清官文化已经在大众心中形成了文化积淀,形成了观影习惯。

如果说儒家学说在当代已经有点儿落伍,清官故事层次太低,更适合大众,那么坏人改邪归正、弃恶从善的故事,也许更适合中产阶级电影观众的口味。包括《大般涅槃经》在内的多种佛经都提出:"诸恶莫作。诸善奉行。自净其意。是诸佛教。"这是佛教中的一段经典,所谓此一偈"总括一切佛教,佛教之广海,摄尽于此一偈。大小乘八万之法藏,自此一偈流出也"。宋代释普济《五灯会元·昭觉勤禅师法嗣》中讲:"广额正是个杀人不眨眼底汉。放下屠刀,立地成佛。"禅宗认为人皆有佛性，弃恶从善，即可成佛。劝人弃恶从善是这两段经典佛教教义的目的。在电影中，讲述弃恶从善的故事，表现人性善恶的思辨，是编剧、导演常用的一个套路。而之所以会形成这个套路，是因为佛教中的这种思想在中国影响深远，群众基础好。

在1993年的《达摩祖师传》中，有一句经典台词："任何人在一念之差，都可弃恶从善。"还有一个经典情节：强盗头子火烧达摩，达摩舍身度人；强盗放下凶器，皈依佛门。该片虽然拍得比较粗糙，但这个情节却非常感人。类似的情节在2010年的《剑雨》中被重现：佛家武林高手陆竹因为眼见江湖中人为了摩罗遗体，互相残杀，立志要取得摩罗"遗体"，将其归葬。他遇到带着遗体的细雨，两人为了遗体缠斗了三个月。原本心如止水的陆竹，渐渐发现自己对细雨产生爱慕，最后他竟然舍生点化细雨，希望她能就此放下手中的剑，离开这杀人之道，其台词为："禅机已到，若你能放下手中这把剑，离开这条道，我愿是你杀的，最后一人！"陆竹身死，而细雨也真的因为陆竹的度化而退出杀手组织，放下屠刀。这个情节同样具有触动人心的情感效果。这两部是古代题材的，再选出一部当代题材的，比如《天下无贼》。

《天下无贼》中，男贼王薄和女贼王丽是一对窃贼骗子搭档，也是一对亡命恋人。两人在富人家里设圈套，连骗带威胁抢走了男主人的宝马车，然后千里迢迢到西部将车倒手卖掉。王丽发现自己已经怀孕，碰到寺庙诚心拜佛，认识了在寺庙当画工的单纯手艺人傻根。傻根不相信天下有贼，相信人不会比狼坏，带着6万元现金上了火车。王丽因怀孕、因拜佛触动内心，要为了孩子而积德行善，保护傻根的钱，圆他一个天下无贼的梦。在几次吵架之后，王薄在得知自己要做父亲之后也同意保护傻根。而车上另有一扒窃团伙，想方设法要将傻根的钱偷走，于是王薄、王丽二人与这个团伙展开了一系列惊心动魄的明争暗斗。王薄和王丽浪子回头，改恶从善，放下屠刀、立地成佛。这不仅仅体现在他们的行为中，还不断地通过寺庙、降魔杵等场景和道具来暗示佛教对主人公的影响。虽然影片中也透露着道教的赤子情怀和儒家的积德思想，但佛教思想无疑是最容易被大众认知和感受到的。而且，由于情节曲折多变、冲突不断升级，观众所能看到的不是枯燥的佛家思想；而是良心发现的坏人王薄为了做一件好事，不断地承受压力、克服阻碍、对抗更坏的坏人；能感受到的是那种为王薄揪心的紧张，期盼他胜利的紧张。成功的认同机制让观众深深地代入，体会到了做一个好人的不易，到最后看到主角身死，禁不住唏嘘不已。在这种揪心紧张和悲喜交加中，导演以嬉戏而虐心的方式赞扬了比一般观众身段更低的坏人的道德良知和改恶从善的勇气，依靠肯定传统宗教道德，迎合观众心理，赚足了观众的热泪。

通过将传统价值观摄入当代题材，赢得大众认可的影片，国外也有很多。比如日本的《入殓师》和《编舟记》。很多中国观众不理解为什么日本人喜欢这种片子：节奏缓慢、简约平淡、无刺激感官的奇观场面、无刺激情感的强情节、无刺激头脑的高深思想，温吞水一杯。在《入殓师》里，葬礼礼仪师们忍受着尸体的气味、家人的不解，默默地一丝不苟地整理和修饰，只为了给逝者以最后的尊严。《编舟记》中，辞典编撰者用将近二十年的时间，甚至耗尽生命，重复着枯燥无聊的工作，精益求精，不厌枯燥，就为了完成一本渡过语言之海的完美作品。日本编导在短短两个小时之内，将入殓师和辞典编辑这种冷门职业的魅力、困难、难以忍受之处、意义、传承精神、坚持梦想等励志和同情元素杂糅于一部影片，让观众从中感受到日本人特有的那种对职业和人生的带有敬意的修行态度，对前辈精神的传承，孜孜不倦的对职业之道的追求。① 这里面不仅仅有表面上的尊重职业、探究事理的匠人精神，还有一种对内心圆满的追求，对灵魂至高境界和真谛的追求，这就是精神修行和职业操守合一的道，与柔道、空手道、剑道、茶道等类似，都有精神内涵在其中。

了解了这些，就解答了前面提出的中国式疑问了：日本人喜欢这类影片，是因为它们表达了日本的传统价值观、人生观，其背后有被日本社会广泛接受的佛教禅宗思想做基础。学者姜玲指出：佛教"禅宗"学说对日本人的民族意识影响极大。"禅"的理念与"求道"的形式相结合，产生了日本文化中丰富多彩的"道"，如茶道、花道、剑道等。这些"道"虽然形式各不相同，但是本质上都是以禅的理念为依托，指导行道者潜心领悟事理及真谛。② 禅有点儿神秘，有点儿费解，我们引用一段学者李建军的文字来阐释："禅是可以作为一种自我锤炼身心、摸索生命奥秘的法门，是一种接近完美的调节心理均衡的机制和办法，是一种防止物质力量异化、保持昂扬生命基调的人生哲学，是一种可以矫治心理、执着生活艺术、提升人生意义的信仰。"③ 从这一对禅的解释，我们可以明显地感受到禅与日本的各种职业的"道"的内在关联。正因为日本大众认可禅宗思想，所以日本编导才会通过将蕴含禅的理念的"道"注入影片中，来赢得观众。

类似的案例还有伊朗的《一次别离》：中产阶级主妇西敏想离开伊朗，为了

---

① 参见桑卡卡夫《樱落与日升——从日本行业类型片中品读三种美》，桑卡卡夫的博客，时光网。
② 参见姜玲《日本的"道"与禅宗》，《湖北广播电视大学学报》2001年第18卷第4期。
③ 李建军：《说禅宗绕不开的茶道、武士道》，李建军新浪博客。

自己的女儿能接受更好的教育。但丈夫纳德却因要照顾患老年痴呆症的父亲不愿移民。西敏起诉离婚未遂，回了娘家。失去西敏的纳德不得已雇了底层阶级女工瑞茨照顾父亲，却又发现瑞茨严重失职，导致父亲受伤害，愤怒之下纳德将瑞茨推出了门外，瑞茨失脚滑下楼梯，意外引起流产。瑞茨一家将纳德告上法庭，案件的关键在于：纳德是否知道瑞茨怀孕？若知道则要被判谋杀罪入狱。为避免入狱，纳德撒谎，家庭教师撒谎，女儿撒谎。愤怒的瑞茨丈夫威胁纳德一家，西敏主张赔偿和解。紧凑曲折的情节在最后的赔偿戏份中又来了一次反转：瑞茨不敢对《古兰经》宣誓是纳德导致自己流产，因为是被车撞的。赔偿不需要了，但婚姻破裂了。

该片中，两个阶层的每一个人都处于困境中，都处于内心的善恶对抗中，都值得同情，都要面对选择，但当要对着《古兰经》发誓时，信仰的力量压碎了谎言，逼出了真相。导演娴熟地处理了阶层、贫富、移民、婚姻和子女教育、谎言与信仰、法律审判和道德审判等社会、人性和宗教议题，完成了一场带着同情和怜悯的社会批判。最令人感慨的是：信仰的力量超过金钱、超过法律，逼问人内心的良知。这是该片的优胜之处，也是该片赢得各种奖项和观众的原因所在：基于宗教的传统价值观在遭遇当代社会的种种现实问题时，虽然冲突在所难免，但仍然帮助一部分人守住了良知底线。这也是该片比《生死抉择》《入殓师》更优秀的地方。浸泡着传统价值观，但不回避传统价值观受到的挑战，在不断转折的剧情和游移不定的人性中，肯定传统价值观，批判人性和社会。《一次别离》的直接经验可能不适合中国，但启示意义很大。

四、以类型片手法开发传统文化题材的影片

传统文化题材的范围很广泛，包括长城、故宫、兵马俑、古村落这样的物质文化遗产，可作为电影的主要场景，也可主导衍生出故事，比如《木乃伊3》《长城》《天降雄狮》《少林寺》《新少林寺》《火烧圆明园》《清宫秘史》等。

包括武术、白蛇传说这样的非物质文化遗产，可作为电影的主线故事，也可衍生改编为新故事，比如《叶问》系列、《一代宗师》《饮食男女》《推手》《白蛇传》《白蛇传说》《青蛇》《少林寺》《太极拳》《太极张三丰》《太极》《武当》《梁祝》等。

包括《西游记》《山海经》《聊斋志异》《三国演义》《封神演义》这样的文学名著，可以改编为古装类型片，比如《西游·降魔篇》《赤壁》《画皮》《倩女幽魂》等。

包括《史记》这样的历史著作，谭嗣同、狄仁杰这样的历史人物传记，可改编为相关人物为主角的古装类型片，如《狄仁杰之通天帝国》《赵氏孤儿》《荆轲刺秦王》《战国》《墨攻》《鸿门宴传奇》《王的盛宴》《铁木真传说》《一代天骄成吉思汗》《蒙古王》等。

不论故事素材来源于传统文化中的哪一个细分领域，此类影片的关键在于：以类型片的方式处理素材，在是否忠于历史和原著的问题上采取宽容态度，解放想象力，强调戏剧性冲突，纳入某一种类型片框架来并且突出此类型所需要的电影元素。以《狄仁杰之通天帝国》和《狄仁杰之神都龙王》为例，豆瓣评分只有6.4分和6.6分，在偏向文艺青年的豆瓣标准看来并不好，但是两部片的票房都不错，在普通观众中的口碑也不错。其中的原因在于，导演徐克并不在乎是否忠实于历史原型人物，而是进行大幅度的创新改编，强化悬疑侦探动作元素，击中了需要强刺激娱乐的大众的痛点。

其实，从类型片角度看，传统文化题材的票房大户影片除了《功夫熊猫》之外，都集中在魔幻类型。而魔幻类型又往往和动作、爱情、喜剧杂糅在一起。

改编的影片以《画皮》系列为例，以《西游记》相关作品为例；原创的传统文化题材魔幻类型片，以魔幻、动作、喜剧杂糅的类型片《捉妖记》为例。总体来看，传统文化题材的类型片，主要集中在魔幻动作片、武侠动作片、喜剧片、爱情片、悬疑片、战争片领域。

五、在电影产业中发扬传统文化的关键：立足现实社会，自由"开脑洞"

从理论层次看，关于传统文化继承和创新，传统文化题材电影的价值在于：有利于通过先进视听手段传播传统文化，有利于塑造民族文化认同，有利于促进中国文化的国际交流，有利于塑造国家的国际形象等。存在的问题在于：要避免歪曲历史，曲解原著、文化错位、胡乱穿越、粗俗化地处理传统文化，丧失中华文化主体性，植入文化遗产太牵强等。

以上都是常识。从产业开发和创作的角度看，真正重要的问题只有一个：怎样自由地、合理地"开脑洞"，解放想象力，回应当代社会大众的精神关切，创作出温暖人心、激动人心的故事。

电影的观众是当代人，社会的热点是当代话题，企业的决策依据观众偏好，所以传统文化题材的电影自然也要以当代观众需求为导向，合理借用、处理、挖掘和改编传统文化题材。但是，出于对文化传统的重视、对电影宣传功能的重视，电影管理部门对这一类电影的管理重点往往落在是否尊重历史事实和原著上。在多媒体时代，电影已经没以前那么重要；在信息自由时代，观众已经有足够的辨别力和很高的鉴赏水平；传统文化题材远没有现实题材和革命历史题材敏感，会涉及宣传话语权的争夺。只有足够优秀的作品才能影响他们，而在中国优秀的作品最需要的是自由"开脑洞"的空间。这一点，已经被国内外的很多案例所证明。

比如《青蛇》：大幅度改写白蛇传说的传统故事，突出了当代社会更看重的自由和个性。

《大话西游》：借西游人物设计框架，故事推倒重来，以爱情为主情节线。

《西游·降魔篇》：围绕陈玄奘架构爱情故事。

《九品芝麻官》：综合《窦娥冤》、清代四大奇案之杨乃武与小白菜、包青天故事，混合之后夸张化改编而成。

《木乃伊》系列：从金字塔、秦始皇兵马俑出发，展开想象，虚构古代爱情故事，虚构当代冒险传奇。

《功夫熊猫》：综合中国的功夫和熊猫，虚构一个美国化的个人英雄故事。

《长城》：张艺谋的新片，魔幻动作片，欧洲雇佣军威廉与同伴不远万里来到北宋时期的中国盗取火药配方，却误打误撞地进入神秘的长城关城，见识到一支强大的秘密军队并邂逅女将军林梅。意识到人类正面临危难，威廉决定和秘密军队一道与怪兽决一死战。简而言之，长城上，北宋的中欧战友打怪兽，"脑洞"大开。

《怒犯天条》：因为两个坠落凡间的天使，他们用尽所有的办法要重返天堂，甚至不惜搞乱整个宇宙的系统的故事。地球掀起一场腥风血雨的大战，而万能的主，竟然是个女人！以喜剧手法完全颠覆了天使和耶稣的形象。

《冒牌天神》：讲述一位诸事不顺的电视台播报员，他把所有发生在他身上的衰事全都怪在"上帝"的头上。上帝受够了他的不停抱怨，于是上帝决定出让一个星期的管理权给金·凯瑞，让他也尝尝掌管全世界的感觉，让他知道要维系世界的运作有多么艰难。

《耶稣受难记》：改编的来源是《新约圣经》，以及关于耶稣受难的其他传记性作品，如众多虔诚的门徒为他撰写的传记：其中包括1774年至1824年基督教徒对安妮·凯瑟琳·艾默里克的日记集结而成的《耶稣救世主的受难》一书，还有由阿格瑞达的玛丽所著的《上帝的神圣之城》，以及各种记录约翰、卢克、马克、马太等人物的著作中关于耶稣的章节。影片以极其冷静的镜头语言，叙述了耶稣殉难前度过的最后12个小时，想象性地描绘了这样一个残酷痛苦的折磨和受难的全过程。尽管该片饱受争议，但影片拍摄得深刻而精巧，对有无宗教信仰的观众都颇具冲击力，在全世界创造了6.1亿美元的票房神话。

《超新约全书》：全能的神是当代的一个居于布鲁塞尔寻常住宅中的老宅男，用电脑掌管一切生命。他除了儿子耶稣，还有一个反叛的10岁女儿。小女儿对父亲制造的种种人间不幸看不过眼，决定离家出走改造世界，推翻暴君父亲。先发短讯泄露天机公布大限，再化身小救主，下凡召集六大使徒，聆听各人心曲，开启《超新约全书》。暴怒的神也追到凡间，力阻女儿造反。天马行空，运用现代元素玩转传统宗教故事，以上帝为名构思故事，以戏谑化的手法对命运论与宗教思想发出了深刻的讥嘲。"脑洞"大开，更蕴含哲思启发心智。

看看美国人和欧洲人，连上帝都可以拿来开玩笑，肆意改编，还有什么不可以。中国电影管理部门在管理方面还需要解放思想。自由，是创作生产力的起点，是产业化开发传统文化资源的起点。《西游记》题材之所以大热，就是因为这个题材有自由发挥的空间：魔幻故事，可自由衍生各种情节，呼应各种现实社会的议题；佛教故事，可注入哲理内涵；人物众多，核心稳定，猪八戒是贪恋食物和女色的普通人，孙悟空是桀骜不驯追求自由的英雄，唐僧是牢记取经使命的领袖，还有各种妖魔鬼怪作为对立面，人物设置既有设置外在强冲突情节的可能性，也有设置内心戏份的可能性。正因为如此，才给了编剧和导演围绕着唐僧师徒取经故事进行自由诠释的机会。比如在《大话西游》中，至尊宝要救紫霞，就唯有戴上金箍，成为孙悟空获得法力；可一旦成为孙悟空，就要去完成求取西经的使命，无法和紫霞在一起。刻骨的爱情和天定的命运难以两全，一生所爱，难以成眷属，喜剧开头，悲剧结局，令人感叹唏嘘。这种爱而不能、热烈、痛苦而凄美的情感冲击，原著中是一点儿也没有的，是为爱情所苦的大众和周星驰本人一起创造的。当然，内容监管是需要的，但目前国内的主要问题是过度监管制约了想象力和生产力。

摄影的经验与影像的时空

李树峰[*]

一、摄影的经验来自于"摄影式观看"

苏珊·桑塔格曾经把通过摄影扩展了的视域和摄影中常常使用、超越了日常观看的方式称为"摄影式观看"。回顾历史,摄影术的发明只有170余年。但这170余年,是人类观看方式变化、视域拓展和视觉文化生成中的170年。这种变化,并不仅仅局限在艺术领域,而是涉及人类之眼所能看到的任何领域。

第一,摄影使人类肉眼无法分辨的物体运动形态和细节能够得以分解,如连动摄影使我们看清了马奔跑时候四个蹄子的连续动作,使我们看清了枪弹穿过苹果时的力量,使我们看清了爆炸瞬间的烟雾和碎片相裹挟的状态。总之,摄影的瞬间可以凝冻飞速运动的物质,让我们看清细节;而显微摄影使我们看清了细小物体的结构和严格的秩序,航拍摄影使我们能够静观大地的色块构成和自然线条的抽象形式意味。

第二,摄影见证着人类许多重大事件,无论是天灾,还是人祸,都在摄影镜头里留驻。以往的历史,都是文本中的历史,是字里行间、绘画和考古实物中的历史。所有这些都是解说和想象的历史,历史场景和细节的直接视听是无法复原的。摄影术发明后,人类有了另外一种历史:影像中的历史。这种历史图像是摄影者的目击,以直观、形象、真实的方式再现历史上的人类社会生活,不但具有见证性,而且具有传承性。这种图像与文本相互参照和映照的方式,能够更好地帮助后人感知和认识历史。比如美国"9·11"事件和"5·12"汶川大地震,大量动态和静态影像由此诞生。这些影像既是知识性的信息,也蕴含着情感性的因素,是这些影像把所有人的心灵直接而快速地连接在一起。不但如此,这些影像中的代表性照片,还必将进入历史文献,成为一种历史内容的陈述和承载。在20世纪,玛格南(Magnum)图片社和美国《生活》杂志的众多摄影师在这个方面做了非常杰出的工作;在中国,从20世纪30年代开始,

---

[*] 李树峰,中国艺术研究院副院长、摄影所所长,中国摄影家协会副主席。

已经有很多秉持相同使命的摄影师，如方大曾、王小亭、沙飞、吴印咸、郑景康等，也为后人留下了不可多得的历史影像。

第三，摄影使我们对平常之物熟视无睹的现象有所警觉，并有意识地凝视身边的日常生活，更专注地看人和事物，"帮助我们发现社会的盲点"（朱大可语）。因为在这个世界上，虽然媒体十分发达，传播十分迅速，但还是有很大的一群人被屏蔽在主流话语之外，生活在社会上层的人们，很少谈论他们，或者不愿意谈论他们。在一种特定的时空下，他们太少出现，我们想不起他们；在另外的时空下，又太常见了，我们熟视无睹。大家都这样，而且认为这样很正常。下层劳动者的真实状况被屏蔽的现象，可能是人类历史上也是各个国家普遍存在的现象。衡量社会进步的尺度之一，就是看这沉默的一群被怎样对待。摄影自从被用于新闻和记录现实生活以来，已经成为社会调查的重要方式，在世界范围内，不但一个个沉默的社会群体以集体形象的方式被主流社会重新看待，而且由于照片激发了主流社会的同情，使该社群的困境得以改善。从人类大家庭的角度来看，摄影使我们发现了不同于自己的众多其他民族的生存方式和文化，使人文地理学和人类学有了实证和普查的意义。如西方国家的众多探险者、旅行家和传教士在过去一百多年来所做的工作，尽管他们当时的直接目标带着殖民的色彩，但他们中的文化学者观看特定环境中的种族生存方式、文化遗存，客观上间接地加深了不同民族和文化之间的沟通与理解，促进了全球化时代的到来。

第四，镜头面对自然之景，提升人类对大自然的认识水平，并且无论是否到场，都可以在照片中共享自然的气息。自摄影术发明，我们无法计算人类有多少照片的内容是自然和人文的风景。尽管是科学家发明了摄影术，但画家最先用它来拍摄风景。从此后，摄影与风景就结下了不解之缘，直到现在，有数不清的人在拍摄风景，有很多人是专业的风景摄影师。对于大批风景摄影师来说，行—思—拍，是一种生存方式，三者不可分割地融为一体。"我思故我行，我拍故我在。"他们在时间的河流中采集，采集最壮美、最动人的那一刻，长驱万里的跋涉，旷日持久的等待，静夜无眠的遐思，为的是把那灼热如火、清冽似水的情怀，真切鲜活地"搬运"到观众的面前，让更多的人对自然景色进行再观看。作为一种独特的视觉文本，风景作品成为人工环境中原始自然的替代品，可以灵活地运用在各种场合，镶嵌在钢筋水泥的丛林里，不但是人类工业成就的确认，也是对人类生活的美化，而且是原始自然与人工环境之间的调和剂。在现代社会中，由于精细的社会分工和异化劳动，人变成社会生产和生活流程中的某个小部件，成了单向度的人。看风景摄影作品，我们可以反观人类自身从大自然的老家走出了多远;"目测"自己异化的深度。这些作品内容与我们心灵深处关于故乡的记忆、关于家的渴望、关于灵魂的论说相呼应,能够缓解我们的精神焦虑,不断矫正我们无所适从的心理状态。

第五,与对自然的观看相联系,随着环境保护意识的增强,有意识地对野生生物进行跟踪观看也成为摄影的一个重要分支。这是人类对地球上另外的生命体的关注和追踪。这样的摄影,一方面促使我们了解和认识野生生物的生活习性,保护他们的生存环境,保持地球生命种类的丰富和平衡;另一方面使我们人类在生命平等的意义上反省自身。在这样的作品里,我们常常发现动物身上的人性,也更加看清了人身上的动物性。这样的视觉认知无疑是视觉文化的重要组成部分,在动态摄影中,更有大批野生动物节目在电影院和电视上播出,就充分说明这一点。

第六,在艺术摄影发展的漫长历程中,视觉形象或者来自对现实处理,或来自内心,最后都指向了我们的目光投射的对象——作品上,代际相传的探索和众多经典的作品,在视觉想象的天地中增强了我们的观察能力和表现能力,这是人类在视觉方向上的专业化提升。21 世纪以来的电影"大片",虽然大多讲故事的能力被削弱了,却因为利用了数字摄影技术和后期制作的优势,可以模拟火山爆发、洪水冲击和飓风狂扫的震撼力,可以模拟人类战争和社会运动的大规模及惨烈程度,可以模拟人凌空蹈虚的感觉,可谓极声色之欲,满足了观众对视听感觉的刺激需求,发展迅猛。

第七,摄影器材和数字技术的飞跃发展,使摄影实现了大众化和日常化。所有这些机械物件,都深刻地改变着我们的视觉习惯,比如,观看的时机、距离、机位和角度,对黑暗空间和私人空间的探索延伸等。最主要的,是我们在照片、电影、电视触目相接的过程中,不由自主地养成了看什么和不看什么,以及怎么看事物的无意识的习惯性眼球动作。要知道,品牌和规格越来越繁多的镜头,都是各种瞳孔,除了 135 相机 50 毫米镜头(或其他类型的相应镜头)外,从鱼眼到 1000 毫米以上焦距,从 1.2 到 64 光孔的各种镜头,都是变相的人类之眼,习之既久,改变了人类的视域。

摄影发生作用的方面还有很多。170 年人类梦寐以求的不同视域下的观看活动及其成品——见证性的视觉信息(照片、录像带等)广泛传播,使人类对世界的认识发生变化,极大地促进了不同阶级、不同民族之间的相互了解,而且深层次地改变了我们的视觉心理习惯。摄影在 10 年后、50 年后,究竟会给人类带来什么,现在难以预想。

二、影像时空：在现实时空与公众心理时空之间

在物质存在的形式——时间、空间及其关系问题上，摄影扮演着重要的角色。这既是人类利用影像手段把握现实的实践问题，也是一个新的哲学问题。

摄影从时间的单向流逝中截取瞬间，同时框取和勒切出局部的现实空间，形成影像。两者是同时完成的，但是从摄影者的思维活动过程看，二者要分别去操控和把握，并且相互关联和相互影响。如果你一直使用全自动相机拍摄，除了"拍什么"需要你用心选择，对以上这两者的分别操控不会有感受，因为你的感觉被机器替代了；但使用手动相机，对时间和空间的分别把握会有很深的感受。

在特定现场，改变曝光时间的设定，会影响光线入射镜头的光孔大小，进而影响景深这个直接关系空间感觉的因素；同样地，改变镜头的光孔大小，即改变成像过程中的景深视域，必然连带地改变了曝光时间，进而对运动着的现实事物的状态呈现产生改动，比如瞬间由短变长或者由长变短。由于在每次拍摄中都要考虑时间长短和景深问题，所以摄影过程，就是处理时空关系的过程。

摄影思维的核心，是对事物发展过程中瞬间的选择和事物整体中典型局部的选择。如何用瞬间状态代指事物变化过程，如何用局部代指事物整体，是摄影者追索的重点。在对瞬间的选择中，往往体现着人们的时间意识和对事物的认识；而在对局部的框取中，常常指向了价值的判断和文化方向。

从影像与现实的关系看，摄影中的时空分"现实时空""影像时空"和"阅读中的心理时空"三个层面，也是一种传递式的关系。"影像时空"在"现实时空"和"阅读中的心理时空"之间架起桥梁。在"现实时空"和"影像时空"之间，有一个摄影者，他的时空观和对现实的观看方式，决定着现实内容在影像中的呈现方式；在"影像时空"和"阅读中的心理时空"之间，有一个编者，他的知识结构和对待公众的态度，决定着影像的命运。以上三个时空在传递过程中，不同的作品效果不同，有的衰减，有的增强。

如果把摄影艺术史上中国和欧洲的影像作品放在一起，我们发现，都有专门通过空间信息要素关系来表达时间主题的作品，也都有通过强烈地呈现时间流动来表达空间主题的作品，这是人类思想和情感相通的地方。

在以上现实、影像与社会公众的分析中，这两个"人物"——摄影者和编者，在"影像时空"的生成和传播两个环节中发挥关键作用，前者为我们从现实中摄取影像的碎片，后者把影像碎片组合编辑起来，成为文化产品。作为北

京国际摄影周,也是这两种"人物"合作的结果。我们期待着,摄影周营造出的"影像时空",作为竖立在现实和社会公众之间的墙,是用特殊玻璃制成的,一方面让我们更加看清楚现实,一方面能够折射摄影者和编者的文化观。

就中国历史影像看,也有很多外国人拍摄的有时空割裂感的影像作品,如在19世纪中叶欧洲人拍摄的中国的作品中,对裹小脚、抽大烟、砍头刑罚和麻木状态的超常关注,以及对中国民众在褴褛衣衫之下善良、进取之心的漠视。好在,人类一家,这样的状况在20世纪得到很大改善,特别是在21世纪改善更多。这种改善,不仅仅是作为社会公器的记者等人努力的结果,还是全球人类相互走动、交谈和拍摄影像并加以郑重观看的结果。与100多年前相比,如今的中国已经发生了翻天覆地的变化,中国人正在走出中国看世界,在地球的南极、北极,非洲和南美洲,到处都能看到手持专业相机认真看世界的人。我们期待的摄影是:既如实地观看世界,对地球增加学术认识;同时把地球的美丽和沧桑纳入影像的时空,以中国文化的目光看待事物,利用现实时空营造我们的艺术时空。

总之,"影像时空"如何更加如实、更加多元地说明和呈现"现实时空",是人类必须面对的问题。穿越文化的隔膜,剔除不同阶级和不同民族之间的偏见,打破社会和国家意识形态的阻隔,使"影像时空"直接还原"现实时空",从而使不同国家和民族通过影像,更加相互理解,增强认同,而不是运用影像增强对立,使人类更加紧密地联系在一起,这是需要共同努力的目标。

三、影像时空:横亘于现实与公众之间的玻璃墙

如今,摄影已经实现了大众化和日常化。除了工作和交往的特定空间,人们都生活在网络世界里。在地铁、高铁的列车上,在广场、公园可以停下脚步的地方,在各种大小的房子里,到处都是看手机和iPad的人,看的内容相当大的部分是图像。人们对自己所处环境越来越没有感觉和记忆。人们沉浸在微信、微博的圈子里,对着屏幕做各种表情。如果你问一个从高铁下车的人,刚才身边坐着什么人,他(她)不是很清楚,充其量知道个男女。人类的生活方式变了,交往和沟通方式变了,存在方式也会变。一方面,视觉文化传播形式更加紧密和有效地把人类连为一体;另一方面,横亘在现实与公众之间的玻璃墙,也使我们对外界的认知出现错误,导致人与人的相互疏离。

在我们的时代,文化活动借助于现实的形象印迹直接呈现在视觉中,在读者和观众那里引起新奇(陌生化)的感觉,利用从众心理引导消费。一个社会

自然人凭借双眼认识局部具体现实，图像是获取知识、了解事态、掌握规则等的方式。在摄影家看来，摄影是一种方式，任何东西都可以确切地通过这种方式说出来，任何目的都可以通过这种方式达到。现实中的孤立现象可以由影像结合起来。摄影人拍摄一切的理由就在于消费的逻辑。我们制造影像并且消费影像，从而需要更多的影像。激起欲望、满足欲望，照相机仿佛是一剂导致疾病的药，越吃就越要多吃、快吃。从某种意义上说，影像也消费了现实。

我们人类一边生产和生活，一边用照相机和DV记录我们的生产和生活，就像有两个人类：一个是真实的世界，一个是影子的世界。这种变化，不是一个很普通的变化。这种变化，不但深刻地改变了世界，也深刻地改变了我们人类自己。图像不但是产品，也是思想；不但是纪录性的信息，也是艺术作品；不但从属于我们，也左右着我们；不但是当前现实，而且会形成图像化的人类历史教科书。影像渗透进任何时间和空间，严重影响着人们对现实世界的认识。影像已经形成了"第二现实"，人们更多地通过"第二现实"来传递信息和得出结论。摄影从一种奢侈的行为——供达官贵人玩乐或职业摄影工作者谋生的工具，变成今天这样的随心所欲的玩具，是人类社会的巨大进步。现在摄影呈现"全民狂欢"的景象，人人拍、时时拍、处处拍；每个人都可以生产图像，并下载图像，网上传播日夜不停！浸泡在图像的大海里，我们不出门而看天下，通过影像感知和认识这个世界。网络以无差别的方式存贮、共享和无穷尽地生产影像。特别是"80后""90后"的青少年，整日进行网络漫游和电脑游戏，在他们的世界里出现分裂：有一个现实世界，还有一个虚拟的世界，而且"虚拟世界"介入现实空间，对现实进行阐发、复制或扭曲，这种现实空间和虚拟空间的对比、紧张和焦虑已经使"80后"的人成为"新新人类"，不再同于我们。他们每天早晨要做的第一件事情，是花费精力来区分哪个是现实世界，哪个是虚拟世界，而且有时分不清楚二者的界限。

影像，仿佛成为竖立在现实和社会公众之间的玻璃墙，因镜片及其组合的透射、折射、散射等不同，出现了现实与影像内容之间的不同，进而影响着处于不同地理和社会位置上的公众。

四、摄影表达现代性的几种可能

在摄影发展的历史上，已经有"另类摄影"产生。在摄影大众化、日常化的过程中，摄影表达现代性的几个方向已初见端倪。概括起来，大致有7点：

1. 用微小叙事取代宏大叙事。

2. 用"私"摄影取代"公"摄影。

3. 从纵向思维转向横向思维，纵向思维关注的是历史，横向思维关注的是现在。

4. 从寻找固定结构转向对不确定性的关注。

5. 用个体差异来对抗总体化和同质性。

6. 用流变感觉解构二元对立的概念结构方式和逻各斯中心主义。

7. 关注人的潜意识，用影像方式对人的精神世界展开精神分析。

记录类摄影的路依然在向前延伸，边界在被不断拓宽，但更多地被作为文献，进入人类的影像库。上述艺术摄影的新意念更多地渗透到年青一代的心中。在未来很长的一个时期内，摄影都会在说明事物与表达自我之间摇摆，也会在现实与艺术之间徜徉。

察言观色：海峡两岸文化创意产业词语释义

李豫闽*

察言观色，意为留意观察别人的话语和神情，多指揣摩对方的心意。出自《论语·颜渊》："夫达也者，质直而好义，察言而观色，虑以下人。"听其言而观其行，实为本质。

在过去的二十多年间，海峡两岸在文化创意产业发展方面取得显著的成就，毋庸置疑。但就其发展过程在关键词的叙述上、认识上及行动上的表现应该是略有差异，可谓是一个目标，各为其表。

一、文化创意产业与文化产业

（一）台湾地区的文化创意产业概念提出，始于20世纪90年代

文化创意产业（Cultural and Creative Industries）是在经济全球化背景下产生的以创造力为核心的新兴产业，强调一种主体文化或文化因素依靠个人（团队）通过艺术、创意和产业化的方式开发、营销智慧财产权的行业。文化创意产业主要包括视觉艺术、音乐与表演艺术、文化展演设施、工艺产业、电影与广播电视艺术、新闻与出版、广告产业、设计产业、数字休闲娱乐产业。新的产业业态：设计品牌时尚产业、建筑设计产业、创意生活产业等。

台湾地区的文化产业开发，目的在于开发地方性、传统性、创意性、手工性的文化资源，与地方产业进行生态的有机整合。换言之，文化创意产业建立在与生活环境的彼此依存关系上，强调保存传统和地方魅力，发掘地方创意与特色，维持地方永续生机。

此策略使传统文化与艺术创意成为地方产业发展的共生环节，将许多传统产业注入文化特色与创意设计，提升了产品的附加值，突出当地文化特色，打造出独特品牌。由此，地方产业与传统文化艺术相结合，加上新一代的创意，成为一种内发性的产业的发展模式。与此同时，居民通过这样的认知，更加珍

---

* 李豫闽，福建师范大学美术学院院长、教授。

惜自己的传统，认识到文化艺术也是具有深度生产价值的重要遗产，理解为什么要保护文化遗产，才能明白传统技艺是重要的文化资产，是未来产业发展的根基。

（二）相较而言，大陆更多地提"文化产业"的概念

文化产业（Culture Industry）亦可译为文化工业。这一术语产生于 20 世纪初。最初出现在霍克海默和阿多诺合著的《启蒙辩证法》一书之中。文化产业作为"一种特殊的文化形态和特殊的经济形态，影响了人民对文化产业的本质把握，不同的国家从不同角度看文化产业有不同的理解"。

1998 年国家文化部正式成立"文化产业司"，标志着我国文化产业从自发走向自觉。2003 年，文化部制定《关于支持和促进文化产业发展的若干意见》，将文化产业界定为："从事文化产品生产和提供文化服务的经营性行业。"文化产业是与文化事业相对的概念，两者都是社会主义文化建设的重要组成部分。文化产业是社会生产力发展的必然产物，是随着中国社会主义市场经济的逐步完善和现代生产方式的不断进步而发展起来的新兴产业。

文化产业作为资源消耗低、环境污染少、附加值高、发展潜力大的"绿色产业"，不仅有利于满足人民群众日益增长的多样化、多层次的精神文化需求，增加国家软实力，而且有利于我国调整产业结构。目前我国的文化产业大多有政府介入，文化产业的重点项目由政府提出，重点文化企业由政府扶持或经营，呈现出发展迅速、规模增量大、产值提升快的特点。但也存在总体起步晚，市场发育度低，没有健全的文化产业人才培养、活动和奖励机制等问题。同样，现有的教育制度制约了文化产业的发展，懂文化的不懂技术，学技术的轻视文人，文化产业实力偏弱，规模小，管理方式滞后，等等。为此，2009 年国务院发布《文化产业振兴规划》，将文化产业上升到国家战略高度，此后，历次大会上都强调发展文化产业的重要性。该文件在认识文化产业的本质、扩大产业规模、市场化资本引入与运作、人才培养与交流、传统文化资源利用与开发、体制机制改革创新等方面进行规定和阐释，属于纲领性、政策性文件。该文件明确了文化产业的主要特征：第一，文化产业只用文化元素来做产业；第二，体现在对版权、智慧财产权的重视或者个人创造；第三，文化产业要用商业化或市场化的手段来运作。

2014 年年初，李克强总理主持国务院常务会议，研究文化创意与设计行业融合问题，强调文化产业融合新业态，如文化科技融合、文化金融融合、文化与设计行业的融合、文化与其他领域的融合。由此可见，中央已意识到文化产

业的提升需要从顶层设计、资源整合、综合利用进行发展才能水到渠成。

综上所述，台湾地区文化创意产业的概念提出、策略推广都围绕着突出文化特色，促进传统产业与在地文化及新颖创意的有机结合，并充分认识到传统文化资源是重要的、可依存的文化资产。

大陆的做法显然比较宏观，带有一定计划经济模式的影响，但同时亦强调文化创意与行业、产业的融合，讲究整体产业发展与区域文化产业的平衡与共生发展等特点。

二、创意生态与文化生态

创意生态一词，常见于台湾地区的文创报告和数据信息中。最早提出这一观点的是约翰·霍金斯在其《创意经济》（2001）一书中。创意生态（Creative Ecologies）在霍氏理论下，将生态学的研究方法运用于创意和创新的思考中，他认为：创意生态就是一种"小环境"，在里面，多样化的个体通过一种系统的、适应性的方式表达他们自己，他们利用一些想法产生新的想法。同时，其他人支持这一努力，即使他们对此不甚理解。这种"能量—表现"关系在物质场所和非实体社群中都可发现；重要的是关系和行动，而不是基础设施。这种创意生态的强度可以通过能量的流动以及对于"意义"的持续学习和创造来衡量。多样、变化和适应，这些重要因素相互促进提升。简言之，"创意生态"就是适合创意生活和创意生产的小的生存环境。这种以生态学的思想和方法来解释创意经济活动，应该讲既考虑到维护生态的生长环境，又顾及人文情怀在创意思想产生过程中所汲取的重要性。

与之相比，大陆的咨询和报告中更多地出现诸如"文化生态"一词。文化生态广义指人类在社会实践中所创造的物质财富和精神财富所显露的美好意愿或生动的景象。狭义指社会意识形态以及与之相适应的制度和组织机构。随着民族的生产和发展，文化开始具有民族性。每一种社会创意都有与其相匹配的文化基础。每一种文化都随着社会物质生产的发展而发展。综上所述，文化生态就是人类在社会历史实践中所创造的物质财富和精神财富的状况和环境。此外，文化生态具有不可再生性，许多历史文化遗产一旦损毁，传统风格一旦变异，人居环境一旦破坏，将是人类文明的损失。

虽然同是引用生态学概念，但文化生态所指向的是各地区、各民族自然而然的原生性的、祖先传下来的文化生活，这个文化生活就体现在日常生活中。

显然，创意生态指向主动营造适合与创意生活和创意生产的生存环境，文化生态则针对不可再生的物质与精神财富的状况与环境。两者是分属两个不同的指向。

三、在地文化与区域文化

在地文化一词，在台湾地区文化创意产业总结报告和文件中频繁地出现。笔者以为，"在地"两字应该出自闽南语对本地人的指称："在地啊！"当然，"在地文化"一词在台湾的普遍使用，亦是由百姓日常用语"在地深耕"等词语演化而来，含有强调爱乡爱土、深耕土地、经营文化、保护中华文化本质之意。

在地文化顾名思义，指形成于当地的文化环境和生态，包括百姓生活、生产中创造出的物质与精神资产。

区域文化指由于地理环境及自然条件不同，导致历史文化背景差异，从而形成了明显与地理位置有关的文化特征，这种文化就是区域文化。

显然，区域文化强调历史文化背景的差异、区域性的特点，而区域文化对整个国家的意义在于：（1）是整个国家人民经济发展的重要条件。（2）可以使各地区好的文化互相补充、相互协作、协调发展，发挥整体优势。（3）打破区域发展的不平衡性，使各族人民生活普遍提高，是达到共同繁荣的必不可少的条件。（4）加快不发达地区经济发展，对维持社会安定，加强民族团结，巩固国防有特别重要的意义。

我国重视区域文化建设与发展，是以国家的整体与局部的协调发展为前提，强调区域文化发展，并以加强人的发展为目标，强调经济、政治、文化协调发展和人的全面发展，而人的全面发展离不开文化的现代化。同样，文化产业的发展，通过人的创造性工作，提升产品的文化属性和附加值，服务于百姓，反过来促进了人的全面发展。

综上所述，梳理三组相关的词语，不难体会海峡两岸在文化创意产业发展进程中，对于文创产业的内涵与本质的认识、传统文化资源的利用、人才培养与交流、新业态的开发与整合等方面的理解与认识的不同，以致在文创产业的规划、设计、实施、管理上存在落差。台湾地区在文创产业的建立和发展早于大陆，无论在顶层设计和制度建设上均有着较为先进的理念，重视地方文化资源和创意设计的融合与提升，重视精英人才的培训与交流，提高从业人才的素质和眼光，协调相关部门、企业、专家，对产业发展的管控和监督制度运作得行之有效。当然，我们也欣喜地看到大陆近年来在文化产业发展中的跨越发展和科学发展。首先，是政府以文化产业发展来带动产业结构转型升级，由政府为主导的文化产业发展在效能上体现出布局高、行动快的特点；其次，是引导各地区重视文化产业的政策扶持和环境营造，吸引全球文创产业人才安居乐业；最后，在加快发展区域经济的同时，增强了文化遗产的研究与保护，使文化生态得到进一步的维护，并促进文化产业的可持续性发展。

可谓：目标一致，各为其表，殊途同归，共创辉煌！

MOOCs 教学初探
——两岸 Coursera 共享课程之例

杨锦潭[*]

前 言

  基于人类善于利用工具而使得人类成为地球上的主宰者，文明的发展显现出人类理性上的不断突飞猛进的历程。19 世纪中叶英国迈克尔·法拉第（Michael Faraday）奠定了电磁学的基础，电磁现象开始出现于具有实际用途的科技发展。之后，英国詹姆斯·克拉克·麦克斯韦（James Clerk Maxwell）综合了法拉第与其他学者的研究，写下了麦克斯韦方程式，成为现代电磁理论的基石。19 世纪末科学创新大师阿尔伯特·爱因斯坦（Albert Einstein），5 岁时就对磁场很着迷，他在 1921 年获得诺贝尔物理学奖，其贡献主要在于光电效应、常数光速等的发现。

  及至第二次世界大战结束之后，电学的发展又更上一层楼，20 世纪 50 年代大型计算机解决了人类快速计算的需求，80 年代是个人计算机崛起的年代，教育在初期与末期分别开启了计算机辅助教学（Computer – Aided Instruction，CAI）与计算机辅助学习（Computer – Aided Learning，CAL）的年代。20 世纪 90 年代初期日益普及的网际网络，改变了社会上各种沟通的行为，也改变了人类基本知识的生产、传达、呈现及处理的方式，进而改变了学习方法。数位学习（e - Learning）逐渐取代了纸本的函授教学，因为学习已经可以借由网际网络而跨越时空的限制。

  21 世纪在手机移动通信的方便性与社群媒体（如 Facebook、Line 等）的普及性显现之后，彻底改变了人类的日常教育、学习、生活方式。学习不再只是学生只与教师的互动而已，而是可以与同侪及全世界专家共襄盛举的事。换句话说，今天的人们无论在生活、工作、学习、休闲娱乐各方面，信息与通信科技已经逐渐改变了人们学习的观念及方法。尤其甚者，自 21 世纪初以来，人类揭开了数位社会教育、学习全面变迁的时代序幕。

---

[*] 杨锦潭，台湾铭传大学教育研究所教授。

及至 2012 年被称为"磨课师课程"（Massive Open Online Courses，MOOCs）元年，才有完整性较高的"磨课师课程"出现。自此之后，世界大学的数位学习主要由三大系统（包括 Coursera、edX 及 Udacity）统合出来。本文针对大学院校较为普及的 Coursera 平台探讨两岸在其平台开课现况，以及对其可能出现的障碍进行探讨。

2008 年 5 月之后，两岸关系转向搁置争议、共荣发展。Coursera 数位课程将是两岸可以共襄盛举，嘉惠两岸学子的新共享经济模式。

所谓"共享经济"，其定义至目前仍是莫衷一是，从字义"Sharing"来看，理想的共享经济是指个人或机构将原本"闲置资源"让他人使用并获取回报。闲置资源包括物品、空间、知识、课程、时间，甚至金钱等。特别强调闲置资源，如此才能因为活化闲置资源而产生额外经济效益。例如：如果 Coursera 数位课程为了提供两岸学习者而特别设计就是共享经济。究其实，推动 Coursera 数位课程共享经济是面向两岸学习者能够发挥自主性与增加国家的未来性。此与优步（Uber）不同之处在于两者透过本身的闲置资源（如车子）的比例相对不高。但是 Coursera 数位课程与 Uber 都是加入了服务设计（Service Design）的数位创新理念，可以在某种程度替代传统教学与出租车业。

本文之所以选举"磨课师"类型中的 Coursera 主要原因有二：

1. Coursera 由两位斯坦福大学信息工程教授创办的营利公司：Coursera 商业营运模式就是和同意提供免费课程的全球大学院校签约，一定比例的盈余拨给 Coursera 公司。全世界已有一百多所知名院校加入，包括普林斯顿大学和弗吉尼亚大学。在亚洲包括新加坡南洋大学、中国北京大学、中国台湾大学、中国香港中文大学、韩国延世大学等皆有加入课程，而且 Coursera 同意用当地的语言授课。在中国则主要包括北京大学、上海交通大学、西安交通大学、复旦大学。甚至于两岸其同授课则有台湾云林科技大学与上海交通大学的当代应用心理学。

2. Coursera 开放平台提供信息搜集的方便性及已在台湾地区形成了不小的影响力，为两岸高等教育或在职社会人士的进修均投入了不少的资源。作者期许两岸高等教育数位课程发挥互补的功能，达成最大的华文高等教育的经济互补效益。若是两岸能够建立共享经济之数位课程模式，那么将会促成两岸双赢的局面。

当然，现在的"磨课师"数位授课系统对于学校、教师、学生也并非达到完美的境界，学校虽然没有极力反对，但授课教师加入的比例仍比较低，学习者找人代上课或作假的事仍是不少，找人顶替上课与交作业仍是很难完全杜绝。同时，学习者中途辍学比例相当高，高达九成以上。本文拟聚焦探究的问题有三,包括:(1)两岸 Coursera 课程是否具有互补性?(2)两岸修课学生对于 Coursera 课程之学习障碍有哪些?(3)两岸 Coursera 课程实施后是否可能建构出一种共享经济之数位课程模式?

一、文献探讨

本节针对的相关文献探讨议题包括:(1)数位学习的发展沿革。(2)大规模开放式在线课程教学发展现况。(3)"磨课师课程"设计与学习者的主动学习。(4)"磨课师"跨文化沟通的障碍议题。

(一)数位学习的发展沿革

回溯在教育上,由于个人计算机的日益普及之后,早在 20 世纪 80 年代就有计算机辅助教学的出现。美国麻省理工学院媒体实验室的 Papert(1980)出版的书《心灵风暴:儿童、计算机、有力的思考》(*Mindstorms*:*Children*,*Computers*,*and Powerful Ideas*)。他力倡计算机如何改变学校的概念。学校内的儿童透过程序教计算机作为学生(Computer as a Tutee),从计算机中学习(Computer as a Tutor),以计算机作为工具(Computer as a Tool)。由此,微电脑堂而皇之地进入了美国基础教育(K-12)。

应世界趋势潮流,当时的中国台湾主要仍是在于设计课程软件作为辅助学生课后练习之用;80 年代后期由于加入了心理学的催化作用,而将计算机辅助教学改成计算机辅助学习;之后 90 年代由于网际网络成为新的传播媒体,进而将昔日的 CAL 向前跨出了一大步;在 21 世纪初就形成了数位学习。

21 世纪初在信息与通信科技的蓬勃发展之下,"数位学习"已被视为提升教育质量、营造优质学习环境、解除学习时空限制、改善教学资源管理的有效途径。从 2003 年至 2007 年新增加数位学习计划,其中定位发展数位学习科技及应用,致力于建构数字化学习环境,以达成缩短中小学城乡数位落差,均衡数位资源;建构优质数位学习内容,加强师生信息应用能力与网络学习素养之目标。

就数位学习的发展轨迹来看,早在 21 世纪初就逐渐被各大学普遍性地推动。只是当时由于商业化的数位教学平台费用仍高居不下,宽带技术仍不足以承载大量影音教材。2001 年美国麻省理工学院提出的开放式课程(Open Course Ware,OCW)强调以解开知识为诉求,它的开放课程内容建立在网络上,而且开放给全世界愿意学习者(没有密码的平台,人人皆可进入学习)。

如今 OCW 已有超过 2300 个课程影音内容、数字化教材、考试题目等,形成了麻省理工学院虚拟化数位课程。只可惜 OCW 影片经常只拍摄教授实务课堂 50 分钟左右，也没有实时在线讨论与反馈、在线同侪合作学习与讨论、课程评量等功能。初学习者观看之后，难以维持其学习的热忱，高达九成以上的学习者中途放弃学习。

（二）大规模开放式在线课程教学发展现况

21 世纪之前，数位学习的研究大多数实验是致力于个人性质、学系或研究中心的工作。但随着技术推进，如宽带、社群网络和智能型手机，教育研究人员对于人工智能应用在数位学习之上的兴趣持续增长。因而 MOOCs 被视之如同土地、资本一般的生产要素或基础建设，运用网络来与社会各领域人才进行深度融合，借此开创崭新的经济与商业模式。

社会各领域的在职人员，兼顾工作之余已然不可能进入学校进行长期的学习。许多 MOOCs 课程由知名大学以高水平授课，却同时让数百至数万人投入，以极为低廉或是零成本的方式提供不受时空限制的学习。它来得正是时候。

2012 年兴起的 MOOCs，有别于以往的开放式课程（OCW）大多为一镜到底缺乏互动的现象，而是在影片播放时以不定时方式加入小测验提醒学习者注意力集中。目前全球最受欢迎的"磨课师课程"有四：

1. Coursera：斯坦福大学两位信息工程教授创办。
2. edX：由麻省理工学院、哈佛大学以及柏克莱大学共同合作。
3. Khan Academy：由麻省理工学院和哈佛大学的毕业生沙门·康（Salman Khan）所创办。
4. Udacity：由 Sebastian Thrun、David Stavens 及 Mike Sokolsky 等投资。

自 2012 年以来"磨课师课程"作为 OCW 2.0，最大的特色有五，即：

1. 每个单元影片都经过设计，影片长仅 5—30 分钟；由于 Coursera 所设计影片时间较短，学生专注力维持度比较高。再加上近年来 4G 高速网络的兴起，人们渐渐变得开始倚赖行动装置，比起桌上型计算机以及笔记型计算机需要定点使用，手机行动装置（手机或平板）可以跳脱定点的限制，随时随地使用，这种行动学习让学习活动变得无所不在，即使搭乘大众运输工具的琐碎时间也能学习。

2. 同侪互评的机制：此为非计算形式的学习方式，主要来自于同侪或教师的反馈机制，有助于学生的学习与思考。

3. 所有的影片质量以 HD（1080p）呈现、课程单元或是活动也能以 App 的方式呈现，提供离线使用，不会因为有时候收不到网络信号而中断学习。

4. "磨课师"之使用者界面与系统架构设计来自近三十年来人工智慧在教育的研究（Artificial Intelligence in Education，AIED）。主要包括学生学习模式（如学生的自我监控能力等）、学科领域的专业知识与教学模式（如教师表达能力、师生暨学习社群中的互动、形成性与总结性评量等）。

5. "磨课师"开放平台设计架构在计算模型（Computation Model）与非计算模型（Non-Computation Model）。前者是指学习者的认知学习理论，主要来源由授课影片和学习者消化吸收；后者则是倾向社会建构式的学习理论，强调在同侪社会互动学习中，学习者从同侪社会交流过程中产生有意义的学习。

（三）"磨课师课程"设计与学习者的主动学习

"磨课师课程"对于在职人士的进修最大的优点是速度快、弹性大，可以在任何时间、任何地点学习，速度快让学习者碰到工作或生活上的问题时，马上可以透过网络找寻资料或询问专家，获得实时学习（Just in Time Learning）。但是对于大学生必须要能透过它来完成大学的学分与奠定未来就学或就业的基础。课程内容虽能提供一看再看。若是学习者的时间管理能力不佳，学习毅力不足，或是属于被动依赖型，就不太适合选修正式的数位课程。

Garrison, Anderson & Archer（2003）指出：高等教育机构花了很多时间后，才逐渐了解，光是课程内容（Content），并不足以构成优质学习，反倒是学习情境（Context）——老师如何设计它及推动它，促成学生的互动与经验交换，才是最终能让学习出类拔萃之处。由此可知，Coursera上的作业或同侪讨论成为一块成长的新天地，因为在Coursera上，学习者除可以向教师请益之外，与同侪的互动反而更易于从中明白他人的想法或意见，从而促进自己知识的成长。

（四）"磨课师"跨文化沟通的障碍议题

Giddens（1991）指出全球化不仅影响经济结构的重建，更及于文化与意识形态的改变。人类历史上第一次所有的疆界都被打破，没有任何一个传统可以将自己置身事外，无论传统如何抗拒，都或多或少地受到了全球化的影响。例如：有一些传统社会在抵抗外来文化之余，却仍然受到全球环境恶化所引起的气候异常现象所侵袭，因为仍是全球化的一部分。而文化沟通是指跨文化组织中拥有不同文化背景的人们之间的信息、知识和情感的互相传递、交流和理解过程。

在全球化的"磨课师"平台上学习之际，并不表示来自不同的国家的大学生可以跨越国界完全共同学习。换句话说，在学习者的在地文化情境脉络中，并非人人皆可跨越时空、文化等而接受来自不同社会的授课教师讲授或讨论。所有的学习者与同侪伙伴共聚，常会以在地化的观点来理解授课内容。例如：大陆的大学生对于马克思的思想了解应该是高于台湾的大学生，因为马克思思想对于大陆的大学生而言，属于必修课程。反之，台湾的大学并没有此项类似的规定，自然而然地，两岸大学生对于马克思的思想有了一定程度的文化或特定知识的落差现象。

两岸所开设的"磨课师课程"之学习成功与否，仍有待更进一步讨论。Kopans（2016）指出：归纳原因有六大因素，即语言（Language）、文化（Culture）、科技（Technology）、做事方式（Ways of Doing）、情境脉络（Context）、系统（System）。本文以此作为比较两岸学习者的框架。

二、实证研究结果

本文提出 Coursera 数位平台统计分析（https：//zh－tw.coursera.org/taiwan）及探讨两岸 Coursera 的沟通可能的障碍两个项目如下：

（一）2016 年秋季班两岸 Coursera 课程之现况

1. 2016 年秋季班两岸 Coursera 课程的课程数与教师数现况

2016 年秋季班两岸 Coursera 课程的课程数与教师数，如表 1 所示。

表 1　两岸 Coursera 中文课程的课程数与教师数统计表

两岸大学	课程数	教师数
北京大学	42	59
台湾大学	20	18
云林科技大学	1	1
上海交通大学	6	13
上海复旦大学	13	7
西安交通大学	11	18

由表 1 可以得知，就开课数量而言，两岸分别以北京大学与台湾大学为最

多。整体而言,两岸的 Coursera 中文开课数已经奠定中文 Coursera 的基础。针对课程数与教师数的数量则是大陆(72、97)远高于台湾(21、19)。

再由 Coursera 归类为商务、数据科学、计算机科学、个人发展、语言学习、艺术和人文、物理科学与工程、社会科学、生命科学、数学与逻辑等十大类型。而各归类类型又包括不同的学科,如表 2 所示。

表 2 Coursera 针对课程类型之内涵表

	类型	内涵
1	商务	领导与管理/金融/营销/创业/商务核心/商业战略
2	数据科学	数据分析/机器学习/概率论与数理统计
3	计算机科学	软件开发/移动和 Web 开发/算法/计算机安全和网络/设计和产品
4	个人发展	写作/职场工作/创造力/系统思考
5	语言学习	学习英语/其他语言(如西班牙语、韩语等)
6	艺术和人文	历史/音乐与艺术/哲学
7	物理科学与工程	电气工程/机械工程/化学/环境科学与持续发展/物理与天文学/研究方法
8	社会科学	经济学/教育/政府与社会/法律/心理学
9	生命科学	动物和兽医科学/生物信息学/生物/医疗保健/营养/临床科学
10	数学与逻辑	基础数学/逻辑学等

2. 2016 年秋季班两岸 Coursera 课程各类型中文开课数现况

2016 年秋季班两岸 Coursera 课程各类型中文开课数统计,如表 3 所示。

表3　两岸 2016 年秋季班在 Coursera 中文开课数统计表

	类型	大陆	台湾	合计
1	商务	2	1	3
2	数据科学	1	1	2
3	计算机科学	48	2	50
4	个人发展	23	0	23
5	语言学习	3	0	3
6	艺术和人文	9	1	10
7	物理科学与工程	5	13	18
8	社会科学	12	2	14
9	生命科学	26	0	26
10	数学与逻辑	1	1	2
合计		130	21	151

以 2016 年秋季班两岸所开设的 Coursera 中文课程中，主要发现：

（1）前三位分别以计算机科学（50 门）、生命科学（26 门）、个人发展（23 门），合计约占所有中文课程的 2/3（66%）。

（2）整体而言，主要 Coursera 中文课程仍是以大陆居多（87%）。相对台湾地区的大学在语言学习、生命科学、个人发展则是挂零。在商务方面也只有一门职场素养，相对的也是偏低的开课数。

（3）大陆的 Coursera 中文课程在"个人发展"高达 23 门之多，其课程包括：真格—北大在线创业课堂、英语演讲与演示、职场修炼、微电影创作、编剧、拍摄、快速学习、创新思维、自我实现等课程。呈现出活生生"个人发展"类型的热门程度。反之，台湾地区的大学却在此类型课程数为零。

Coursera 中文课程显示出：两岸所开设的 Coursera 中文课程有了一定程度的互补性。同时也显示出两岸所开设的 Coursera 中文课程中，对于商务、数据科学、语言学习及数学与逻辑都有很大的成长空间。

（二）两岸 Coursera 的沟通可能存在的障碍

1. 语言

MOOCs 诉求跨文化的学习者皆可加入。只是主流的"磨课师课程"授课仍以英文为主。对于非英语系的学习者就出现一定程度的门槛。以 Coursera 为例，它开放各国以在地语言授课。因此两岸学生皆用中文，虽然文字有繁体与简体之分，但是对于有心的学习者并非不可克服此一障碍。

2. 文化

中西教学文化有别，如美国式教学时，教师偏向于提出问题让学生思考而没有固定的答案。反之，华人教学方式则偏向于以授课为主，答案偏向可以在授课内容中找到。当前两岸共同面对全球化，但是，在此氛围下的 Coursera 教师却容易忽略地区文化、政治、经济的条件进行回应，Coursera 虽有创造两岸共享的价值，却也有产生误解的可能性。虽然两岸文化根源基本上是共通的，但部分的沟通用语仍是有所差异。如台湾称 Diskette 为光盘片，而大陆则为光盘。

3. 科技

当学习者遭遇到软件设定或硬件故障之时，仍然需要在地的专业人员协助解决。又如，由于大陆对网络的管制较之台湾严格，台湾民众经常使用的搜寻引擎 Google、社群软件 Facebook，在大陆则不能直接使用。反之，大陆学生最常用的社群软件 QQ、微信在台湾的普及率也不高。

4. 做事方式

不同社会学习者本身可能有其做事风格。如授课教师要求学生做作业时，授课教师是以当地主流文化为基础，而不是为他地学习者而设计的。因此，他地学生的学习活动常见的是与教授实质课教师的期望有所落差，也可能导致两岸大学生放弃 Coursera 课程学习。如果有机会让两岸教师共同授课，也许可以兼顾两岸学习者。

5. 情境脉络

中西语言的语境在本质上有别，低语境的西方代表，其表达较为直接；反之，高语境的东方则需要受话者仔细推算才能明白对方的意思。又如，社会学科授课教师以在地特定的情境脉络说明一件事，则其在地的学习者可能不易懂。例如：绝大多数的台湾学生没有机会实地至沙漠走一回，如果大陆授课教师言及沙漠生活，台湾学生可能未必能够真正体会或了解。

6. 系统

学期或学分的修习与取得规定，两岸不尽相同。两岸授课教师各以在地化的课程设计并无不当，只是如果两岸授课教师可以相互交流与讨论，以减少两岸学生隔阂的可能性。Coursera 平台，在两岸相互交流之下，两岸学生对于授课内容绝大多数应是可以接受的。

结　论

两岸教育主管部门应积极将 Coursera 数位课程当成创新策略来调整既有的教育资源配置，重新聚焦在需要中长期经营的学习社群，选择性放弃或转变既有教育服务提供方式，如将某些教学服务委托提供相关的 Coursera 数位课程机构，积极开创可能的新共享教育模式。只有在政策上引导才能让数位教学提供给学习者另类选择的空间。毕竟，充实又高质量的 Coursera 课程将是一个文明社会所不可或缺的数位典藏。

基于 2012 年以来的新兴 Coursera 课程仍是一个实验阶段，因为只有 151 个 Coursera 课程，占两岸大学开课数的比例微乎其微。然而，Coursera 课程设计理念结合了"人工智能在教育的研究"而提出了认知与社会学习理论的框架之后，它可能给两岸学习者很大的冲击。

以台湾教师教学现场为例，教师在社会中是较受尊敬的行业，学生在课堂上不太敢发问的现象十分普遍。若是学生参加 Coursera 课程，因为学习现场没有老师在旁边，反而可以就事论事空下时间来思考授课内容，可避免在真实课堂内，教师教学常以单向权威式教学或让学习知识沦为记忆性质。换句话说，传统课堂教学不易培养透过同侪或师生对话而引发个人的学习反思。反之，参加 Coursera 数位课程的学习者就必须能够与同侪互动，表达个人看法，培养自主学习能力。同时，学习者也必须能自我控制学习进度而非被动式学习，这些都是值得两岸教师深入思考的课题。

两岸 Coursera 共享课程未来仍可以作更进一步的研究，本文建议有四：

1. 两岸有待开课大学透过"资料挖撷"作更进一步深入的分析，以建立两岸 Coursera 课程的共享经济新模式。

2. 透露 Coursera 与授课教师的访谈，探讨其投入 Coursera 课程的心路历程。这将有助于改善当前 Coursera 课程的经营管理。如果 Coursera 课程是未来高等教育的必然趋势，两岸教育主管部门是否能提供更大的制度上的修订？

3. 与 Coursera 学习者的访谈，探讨其投入 Coursera 修课的心路历程。为什么 Coursera 课程高达九成以上的学习者在中途放弃了学习初衷。这将有助于协助未来有心学习者的心态调整。

4. 探讨两岸教育主管部门可以朝向在 Coursera 联合开课与制订互相承认修课学分的可能性。

论闽地文化对清代台湾经学的影响

肖满省*

引　言

　　考察有清一代之台湾文化，以其文学之成就最为卓著。"夫以台湾山川之奇秀，波涛之壮丽，飞潜动植之变化，可以拓眼界，扩襟怀，写游踪，供探讨，固天然之诗境也"，故"台湾三百年间，以文学鸣海上者，代不数睹"。与之相比，清代台湾的经学著作却相当少，"如果要和乾嘉时代的经学著作相比，台湾一地可以说是化外之民了"。造成台湾经学成就不足的原因是多方面的。首先，因为台湾文化的底子较为薄弱，即使自明郑时期开始算起，也就经历了两百多年，与在大陆流传了近两千年的经学历史相比，经学发展的历史实在过于短暂，尚不足以有足够的时间积累，且当时台湾仍然处于崇武尚勇的垦殖社会，文教未兴；其次，清代经学之传入台湾，主要借助官方的管道，尤其是科举制度的带动，虽然科举制在促进经学传播、鼓励世人诵读圣贤经典方面有强大的推动力，但也有其致命的弊端，"当时士人仅以读经典作为参加科举的敲门砖，虽有儒学的传播，却少有学者专注于经典的研究"，因此科举制在促进经学传播的同时，也在一定程度上妨碍了经学研究的发展；再次，就清代移居台湾的大陆民众而言，大多为走卒贩夫，少有簪缨世家，虽热衷于教育科举，而先天条件不足；最后，还应与地理因素有一定关系，台湾孤悬海外，远离文化中心，与大陆的往来交流甚为不便，因此学术氛围较为淡薄。以此诸种原因，势必不能以大陆之经学水平来衡量台湾经学发展之状况。

一、清领时期台湾经学成就概述

　　与当代台湾文学的繁荣景象形成鲜明对比的是，清代台湾的学术成就相当贫乏。

---

* 肖满省，福建师范大学文学院、福建师范大学易学研究所讲师。

"清领时期整体的文献资料绝大多数都属于文学创作，真正是学术研究的著作寥寥无几。这种情形一直要到道咸以后才慢慢改变。当时竹堑出现了开台进士郑用锡，他本身与其从弟用鉴都是撰有经学论著的学者，足以视为台湾学术开始达到初步成就的指标。"此后，台湾本土学者的经学著作开始较多地出现了，其中尤以易类著述为多。

在台湾易学史上，首先要提起的人物是王士俊。王士俊，字熙轩，淡水厅竹堑树林头庄人。他笃志好学，"尤邃于《易》，授徒日广，言论风生，每讲奥义，必引史以证之"。引史以证《易》，应该是他解说《周易》的典型特征。因此，赖贵三教授说"他或许是台湾易学史中，史学《易》的第一人"。王士俊所著有《易经注解》十二卷、《易理摘要》四卷。《易经注解》"多沿朱子《本义》"而发，《易理摘要》一书更是引起了学界的关注。施士洁曾致叔宗函有言："竹堑王熙轩先辈，治《易》良有心得，传有《易理摘要》四卷。绍庵阁学曾以此见询。贤台可就近访之，便中示我。"可惜有关著作未见保存下来。他还设塾家中，以课子侄。外姓慕其名，亦争选子弟求入门墙。王士俊有教无类，进士郑用锡即其弟子中最著名者。

郑用锡（1788—1858），字在中，号祉亭，台湾淡水厅竹堑人。郑崇和之次子。郑崇和，字其德，号怡庵，金门人。乾隆三十九年（1774）来台，定居竹堑（今新竹市）。"以课读自给，淡水富家子弟，多从之学。当是时，竹人士议建文庙，崇和慨然出巨款，命次子用锡董工。庙成，行释菜礼。竹堑文风之盛始于此。崇和好宋儒书，尤守紫阳家训，及门之士多达材。"郑用锡"少遵父训，以力行为本"。道光三年（1823）中进士，成为"开台黄甲"，遂留在京城为官。道光十七年（1837）春归乡，主讲明志书院，前后八年之久，汲引后进无数。郑用锡"少颖异，淹通经史百家，尤精于《易》"，在易学方面著有《周易折中衍义》一书（或以此书为其师王士俊所撰，用锡辑校也），可惜此书未见流传。

郑用鉴（1789—1867），字明卿，号藻亭，郑用锡从弟。少时家贫，以舌耕为业，于新竹设塾课徒，以德行为先，文艺为次。道光五年（1825）拔贡，以教职选用，任明志书院讲习。咸丰六年（1856），得叙内阁中书衔。同治元年（1862），举孝廉方正，撰有《易经图解》《易经易说》（或作《易经易读》）及《静远堂诗文集》等著作。据《郑氏家传·明卿先生传》言："先生究心《易》理，颇以宋儒为宗，尝著《易经图解》三卷，首辨河图洛书，二辨五行九宫，三辨先天太极，皆据古今之说，互为参证。并绘先天后天及卦变诸图，俾初学有所依托也。"崇尚宋儒易学，多采信程朱之说，也是其易学思想之特色。

目前所见,幸有易类著作流传的清代台湾学者是黄敬。黄敬(?—1888),字景寅,淡水干豆庄人。干豆或作关渡,故学者称关渡先生。"安溪举人卢春选来北设教,敬事之,授《周易》。"在易学方面撰有《周易义类存编》三卷、《易义总论》一卷、《古今占法》一卷。黄敬的易学思想,可由连横《台湾通史》所载其《周易义类存编》序得窥概略,其文曰:

> 《易》本悬空著象,悬象著占,道皆虚而莫据,辞易混而难明。……兹编之所解者,悉遵《本义》。……而于各卦之义,各爻之义,复采古来人事相类者与为证明。……颜之曰"义类存编"。

博采古代历史事实和人物事迹以论说《周易》卦爻辞之意义,是黄敬易著的主要特色。《重修台湾省通志》载:"《周易义类存编》……发凡举例,阐微摘隐,博求诸儒异同。参用郑玄、王弼及程朱学说,解释义理,再以人事证明,使人易解。"台湾万有善书出版社1973年曾影印黄敬《易经初学义类》(或即《周易义类存编》)一书,内容正与前述相合。《古今占法》一卷虽是研究古代占卜方法的著作,但此书"末有诸儒姓氏,易学源流,邵子、程子、朱子《纲领》及《筮仪》《五赞》,经传音释,《本义异同》《程传异同》《启蒙大旨》等篇,皆能疏通其义,成一家言,另有逐爻渐生、阳退阴进逆数论,贯穿邵、朱二子论点",虽然其书今已不复得见,但其崇尚程朱易学的思想倾向是十分明显的。黄敬又有学生杨克彰,字信夫,淡水佳腊庄人,"读书精大义,从贡生黄敬学,受《周易》,覃思钩玄,得其微蕴"。著有《周易管窥》四卷(或作八卷)、《易中辨义》二册及《读易要语》,其易学理念也应是承袭程朱易学。

清代台湾之易学多沿袭朱子之说,因学术积累不足,尚难有大的发明。但学者们已开始有意识地进行独立的思索,前述郑用鉴即其一也。郑用鉴一生致力于文教事业,主讲明志书院近三十年,主张"书院为诸儒育才之地","伏以国家向用儒术取士,多求礼(体)用兼备之人,惟博文深识,明于教化,可以称朝廷之意"。门下多杰出人才,举人陈维英即是其中之一。郑用鉴善于汲引后进,注重培养学生独立思考的精神。他说,"天下之理无穷,愈味则愈出;圣人之经无尽,益熟则益精。故古人之所言,与后人之所得,不必期于尽同;即一人之身,昔之所是,今忽以为非,乃真所谓善学","今夫读书贵乎善疑,而尤贵于能断。然非博考而详究之,鲜能折衷于至当者。若经说之同异,尤其不容忽者矣",强调学者应博学而多思,善疑而能断。主张对于各种不同观点,要兼收并蓄,融会贯通,"不可偏执一见以自囿也","善读者,沉潜玩索,渐渍日久，当自有神悟处"。其所论著也都敢于提出新见，表现出极大的创新精神。如他承明代学者薛文清之说，提出"伊川之《易》主孔子，以其发明《彖传》也；朱子之《易》主邵子，以其攸归先天图象也"。程子主义理而朱子重象数，"程朱之说虽各异，而要无不可相通也"，表现出灵活开放的学术眼光。而其论《先天图》《河图》《洛书》时评述自宋以来"前后诸儒是非之大略"，尤可见其博览而善断。又如他大胆提出"《周礼》之不出周公必矣……吾知《周礼》自歆始也"，复主张《周易·说卦传》"帝出乎震"一节"所言方位，出于伏羲所定，万世无可变异之理"，先天一图乃是"后儒私造"，"托于伏羲，欲驾孔子、文王而上之"。这些说法现在看来虽不够严谨，但在当时的学术背景下敢于做出这样的论断是很需要勇气的。

除易学外，清代台湾其他方面的经学著作仅有零星的记载。在三礼研究方面，郑用锡撰有《周礼解疑》及《学礼择要》六卷，据方星航《陶冶录》记载："祉亭先生著有《周礼解疑》，于'飨褅有乐而食无乐'一条，持论至为精核。"《郑氏家传》张金拔《祉亭先生传》载："先生著有《学礼择要》六卷，所论古今典礼，自明堂清庙吉凶军宾嘉，以及名物器数之微，皆互相考较，颇多新说。"在春秋学方面，施琼芳著有《春秋节要》一书，可惜未见流传。施琼芳（1815—1868），初名龙文，字见田，一字昭德，又字星阶，号珠垣，台湾府治（今台南）人。琼芳幼时读书广博，自坟典经史以及诸子百家，无不通贯。道光十七年（1837）中举，道光二十五年（1845）中进士，后乞养回台南，出任海东书院山长，潜心性理之学。在四书学方面，谢肇源撰有《论臆》四十卷。谢肇源，字本务，号行之，别署卦山老农，彰化人，道光十一年（1831）邑庠生。《论臆》四十卷，现已不传。晋江周廷英《春雨轩逸案》谓："《论臆》四十卷，彰化谢肇源撰，考证《论语》名物典故，节目分明，持论谨正。非发明义理也。"亦未见流传。

除了这些撰有经学专著的学者，台湾还有一位"重量级"的学者，林庆彰教授誉之为"清代台湾本土儒学家中经学著作最多之学者"，他就是吴子光。吴子光（1819—1883），名儒，字士兴，号芸阁，广东嘉应州人。青少年时即博通经史百家之学，然屡试不第。年二十，乃渡海来台，寄籍淡水。同治四年（1865）举于乡，后又受聘为三角仔吕氏西席。吕氏为彰化望族，富而好客，且多藏书，子光长时间寓居于此，遂得坐拥书城，遍览群籍。所著有《经余杂录》十二卷、《三长赘笔》十六卷（本书为读史札记。唐代著名史学家刘知几提出"史有三长"说，即史家需"才、学、识"三者兼备。见《新唐书·刘知几传》）、《一肚皮集》十八卷（子光博学多才，然一生机遇不佳，故借苏东坡

"一肚皮不合时宜"的典故名其文集）附《小草拾遗》一卷。《经余杂录》十二卷，"为子光读经札记，凡一百七十三则，广辑前儒之说，与己意互为参证，并辨其离合，求其确征。进士杨士芳许为解经之助。另附辞语、典实多则"。《一肚皮集》《三长赘笔》虽非专门的经学著作，其中却有诸多关于经学研究的篇章。他"考论经史，尤精于《春秋传》"。在清领时期的台湾，"若说要涵盖史学、文学、经学与小学，且能纵横古今而月旦臧否，著作宏富而成一家之言者，殆非吴子光莫属。他可说是台湾清领时期学术发展的一大里程碑"，可见吴子光在台湾学术研究史上的地位。然而正如前述，吴子光来台时已年近二十，在青少年时学术底子已基本成型，与本文所论述的台湾本土经学家有一定的区别，故本文暂不作更深入的论述。

二、清代台湾经学之特色及成因探析

如前所述，清领时期，台湾经学之成就主要集中于易类，且深受朱子学之影响。此一鲜明特色之形成，既与科举考试制度之引导有关，更是受闽地文化影响的结果。

首先，福建作为朱子过化之地和闽学的发源地，一直以来就有强烈的崇尚朱子学的风气。在台湾移民中，福建人尤其是闽南人占大多数，而且在有清一代，台湾长期隶属于福建省管辖，教育行政的一体化，使得清代台湾文化与闽文化处于同构之中。闽地崇尚朱子学的风气势必对台湾学子产生连贯性的影响。

其次，在长期的发展中，福建学术形成了较为鲜明的地域特色，"闽中郡邑专习一经者，旧有'漳浦《诗》''晋江《易》''莆田《书》'之称，其中以晋江《易》最具影响力。"福建经学以易学成果为多，此与朱熹《周易本义》、李光地《周易折中》受到官学重视有关，影响所及，台湾亦多以《易》学研究为主。"黄敬《周易义类存编》一书，内容以朱熹《周易本义》为依归，又多引福建易学家，如蔡清、林希元、苏浚、李光缙、黄道周、何楷、李光地等之说，也反映了福建易学著作流传于台湾地区的情况。

最后，对《周易》研究的热衷，或许还与闽台社会民俗文化有关。关于古代福建人"信巫尚鬼、好淫祠"的记载很早就见诸史籍，闽南一带尤为如此。在这些繁杂的民俗信仰中，能够"数往知来"的《周易》算卦又深受欢迎。这种与百姓日常生活息息相关的风俗也被移民带到台湾地区，"台湾的庙宇很多，全台约有一万六千多座，建筑十分考究。朝拜文武庙的人很多，我们拜谒那天，见到许多善男信女，络绎不绝前去叩拜、敬香、算卦"。而算卦之术，又与《周易》紧密相关。由于据传《周易》八卦为伏羲首创，在台湾地区，伏羲往往被称为"八卦祖师"，台北中山区还有专祀伏羲的伏羲八卦祖师庙。我们应该可以做出这样的推测，世俗民众对于《周易》算卦功能的崇拜，在一定程度上促使诸多台湾儒士投身于《周易》的研究。如淡水人黄敬就是一个典型，他在自己所著的《周易义类存编》中说："《易》因卜筮而设……兹编之所解者，悉遵《本义》，主乎象占，以卜筮还之。"此书的主要内容虽然是博采古代历史事实和人物事迹以论说《周易》卦爻辞之意义，但他还是特地强调《周易》的卜筮功能。其《古今占法》一卷更是研究古代占卜方法的专著了。

结　语

不管从绝对数量还是作品的学术价值来说，清代台湾的经学成就都无法跟大陆各家相比，但两者本来就也没有可比性，因为它们根本不是处于同一起跑线。因此，我们应该用纵向发展的思维而不是横向对比的方法来看待清代台湾经学的成就。从台湾经学产生和发展的历史来看，自有它的特色和成绩。乾嘉时期，大陆学术是汉学的天下，道光、咸丰以后，今文经学又乘势而起，整体而言，程朱理学已被排挤到边缘地带。然而正是在这一时期，处于起步阶段的台湾经学却乘着程朱学说的流波逐渐走向成熟。可以说，程朱学说被清儒所否定、所超越之处，恰巧是台湾儒生所继承、所开始的地方。台湾经学中鲜明的朱子学倾向，既是台湾经学起步的历史必然选择，也可以借此展示朱子学说在台湾地区的传播与发展。从这样的角度来评价清代台湾的经学成就，应该是较为中肯的。

闽台妈祖文化创意产业之比较研究

吴巍巍　黄后杰[*]

有"未来支柱产业"之称的文化创意产业可以说是一种不同于传统产业的新经济形态,它的兴起与发展,与产业结构升级优化有着密不可分的联系。文化创意产业凭借着低消耗、低污染、高附加值、高回报率、高经济影响力、高融合性等特征,引起了世界各国政府与民众的普遍关注与高度重视。作为闽台两地共同共通的妈祖文化,其产业化发展成为两地文化创意产业发展的重中之重,且各具特色。

一、闽台妈祖文化创意产业概况

文化创意产业的发展虽然迅猛,但其理论层面的研究仍稍显滞后。各个国家和地区对"文化创意产业"这个概念仍存在不同的认识。因此,笔者认为有必要先对文化创意产业的相关概念及其重要性做一个简单的梳理。

(一) 妈祖文化创意产业概念及价值

文化创意产业的源头可以追溯到20世纪初,著名经济学家约瑟夫·熊彼特在1912年时指出:"现代经济发展的根本动力不是在于资本和劳动力,而是在于创新,创新的关键点又在于知识和信息的产生、传播与使用。"[①]这一理论在当时引起了广泛的关注,"文化创意"这个概念首次出现在公众的视野中。联合国教科文组织在1982年发布的《文化产业:文化未来的挑战》中提出:"文化产业是按照工业标准生产、再生产、存储以及分配文化产品和服务的一系列获得、采取的经济战略,其目标是追求经济利益而不是单纯为了促进文化发展。"[②]随后,"文化产业"逐渐得到各国官方与民间的关注。1989年,日本学者

---

[*] 吴巍巍,福建师范大学海峡两岸文化发展协同创新中心、福建师范大学闽台区域研究中心副研究员。黄后杰,福建师范大学社会历史学院中国史硕士研究生,福建省莆田第一中学教师。
① [美] 约瑟夫·熊彼特:《经济发展理论》,何畏、易家祥译,商务印书馆1990年版。
② 转引自苑洁《当代西方文化产业理论研究概述》,《马克思主义与现实》2004年第1期。

日下公人在其《新文化产业论》一书中指出，"文化产业的目的是创造一种文化符号，然后对这种文化及文化符号进行销售"①，他从经济学角度出发，为"文化产业"进行了界定。

20 世纪 80 年代，根据经济发展以及社会消费特征的转变，人们又提出了"创意产业"这一新概念。1986 年，著名经济学家罗默指出："创意可以衍生出无穷的新产品、新市场和财富，可以创造新的机会，所以，创意是推动一国经济发展的重要动力。"② 而文化创意产业真正引起世界的关注，是因为英国提出的"创意产业"政策。英国"文化媒体和体育部"成立的"创意产业工作组"于 1998 年和 2001 年两次发布《创意产业图录报告》，将"创意产业"定义为"源于个体创意、技巧及才能，通过知识产权的生成与利用，而有潜力创造财富和就业机会的产业"③。"创意产业"的迅速推广与这两份文件有着密切的关系。从某种意义上说，"创意产业"概念正是"文化创意产业"的源头。

许多国外学者通过对各国文化创意产业发展模式的对比，以及对其发展经验的分析，从学术角度对文化创意产业的概念进行认定。哈佛大学政治经济学者理查德·凯夫斯从文化经济学的角度出发，对创意产业进行了界定——"提供广义文化、艺术或仅仅是娱乐价值的产品和服务的产业"④。有"创意产业之父"美誉的英国著名经济学家约翰·霍金斯从"专利授权"的视角出发，认为"创意产业主要包括商标、设计、著作权和专利等四类产业，并由此形成了智慧财产。因此，可以将'创意产业'界定为'利用创意资本将所有产业联系起来，并以知识产权作为其产品法律保障的产业'"⑤。他将专利研究活动也纳入创意产业的范围之内，丰富了创意产业的内涵、扩大了创意产业的范围。

国内许多知名学者也分别从不同的角度为"文化创意产业"下了定义。如中国人民大学文化创意产业研究所所长金元浦教授就认为："文化创意产业是全球化条件下，以消费时代人们的精神文化娱乐需求为基础，以高科技技术手段为支撑，以网络等新传播方式为主导，以文化艺术与经济的全面结合为自身特征的跨国、跨行业、跨部门、跨领域重组或创建的新型产业集群。它是以创意

---

① ［日］日下公人：《新文化产业论》，东方出版社 1998 年版。
② Paul Romer, "Increasing Returns and Long-Run Growth", *The Journal of Political Economy*, Vol. 94, No. 5, 1986, pp. 102 – 103.
③ Department for Culture Media and Sports, *The Creative Industy Mapping Document*, 2001. 英国创意产业网（http://www.culture.gov.uk/creative/mapping.html）。
④ ［美］理查德·凯夫斯：《创意产业经济学：艺术的商业之道》，孙绊译，新华出版社 2004 年版。
⑤ Howkins J., *The Creative Economy：How People Make Money From Ideas*, London：Penguin, 2002.

为核心,向大众提供文化、艺术、精神、心理、娱乐产品的新兴产业。"[1] 这个定义强调了"文化"因素在文化创意产业中的作用,体现了文化创意产业的"文化属性"。中国台湾政治大学管理学教授吴思华认为:"文化创意产业的发展并非单一的经济事件,观察文化创意产业生态系统的形成与发展,是以一组新颖、独特的创意文化核心,透过'生产价值链'与'顾客价值链'所衍生扩展的产业范畴,涵盖了全面发展文化创意产业的上、中、下游厂商与衣、食、住、行、育、乐各领域的产业,形成紧密、多元交叉、独特的地方事业群网络。"[2] 这一观点,认为发展文化创意产业的三大基本要素是"文化资本""创意经营"和"城市基础"。

而关于妈祖文化创意产业,台湾学者蔡泰山定义为:妈祖文化创意产业是指以妈祖文化内容为本质,是可经过创意、生产、经纪展演、文化贸易、永续经营并受到智慧财产权保护的文化产业。[3] 陈淑媛认为:妈祖文化创意产业可以把妈祖开发成商品,也可以将妈祖的文化理念融进传统的产品,即把妈祖文化观念注入传统产品中,通过文化创意来提高传统商品的附加值,使得传统商品包含妈祖文化理念。[4]

妈祖文化创意产业的发展,有着其不可忽视的意义。第一,妈祖文化创意产业的发展有利于当地经济的持续发展。妈祖文化创意产业能促进当地经济的持续发展,这不仅仅是因为它是一种低污染、高附加值的新兴产业,更重要的是妈祖文化创意作为一种生产要素,已经成为促进经济增长的一种重要手段。妈祖文化创意的推广,不仅有利于提升当地的城市知名度,还能增加妈祖文化创意产品的附加值,为传统产业注入新的活力。第二,妈祖文化创意产业的兴起与发展,可以带给民众一种新型的生活方式,有利于丰富民众的生活。如文化创意产业在台湾地区兴起之时,台湾当局便强调要通过发展文化创意产业来改善民众的生活质量,创造出具有文化品位的创意生活,以满足民众多样化的生活需求,而妈祖文化创意产业的发展,正是实现这一目标的重要手段之一。第三,妈祖文化创意产业是一种以妈祖文化为基础,以创意为核心,具有高融合性的产业,它可以与其他产业相互融合,促进产业的升级与转型。将妈祖文化创意产业与传统产业相结合,可以有效地提升当地经济和文化的竞争力。

---

[1] 金元浦:《文化创意产业、创新型中国的战略选择》,《人民日报》2006年12月29日。
[2] 吴思华:《文化创意产业化思维》(下),《典藏·今艺术》2004年第136期。
[3] 蔡泰山:《探讨妈祖文化资源与创意产业发展》,台湾兰台出版社2009年版。
[4] 陈淑媛、黄玉聪:《文化创意产业:妈祖文化资源深度开发的方向》,《莆田学院学报》2007年第4期。

(二) 福建妈祖文化创意产业的发展

近年来,随着妈祖文化创意产业低污染、高产值的特性逐渐显现,中央和地方政府纷纷出台优惠政策,如《中共福建省委办公厅、省人民政府办公厅关于加快文化产业发展的意见》《莆田市旅游业发展专项规划》《莆田市文化发展战略规划(2011—2020)》等一系列相关政策,从融资、税收、人才培养、知识保护等方面为福建省妈祖文化创意产业的发展创造了良好的条件。福建的妈祖文化创意产业在这些政策的扶持和鼓励下,也取得了可喜的进步。

首先,是旅游业的发展。妈祖朝拜旅游是妈祖文化创意产业中发展较早、较为成熟的项目,从1994年至今,湄洲岛已经成功举办了十六届妈祖文化旅游节,其活动内容不断丰富、影响规模持续扩大,每届都吸引了大批妈祖信徒和游客参与,打响了莆田的城市知名度,使莆田荣获"东方麦加"的美称,成为福建旅游的十大名片之一,有利于促进莆田的经济增长。当然,我们也应看到莆田旅游业发展中的不足,由于种种原因的限制,莆田旅游的发展还存在旅游设施设备不够齐全、旅游纪念品特色不够明显、旅游品牌打造资金投入不够充足、旅游服务质量不够高等问题。

其次,体现在妈祖木雕艺术产业的发展。妈祖木雕是妈祖文化与木雕技术相融合的产品,其借助每年举办的文化博览会在全国产生了较大的影响。目前,年产值5亿元左右的产业集群有8个,其中木雕是龙头产业,已经成为全国最大的建筑装饰木雕、神像木雕的主要生产地和全国最大的木雕礼品、工艺品和古典工艺家具的主要生产地和集散地。[①] 但也存在产业同质化、品牌力度影响力不够等问题。

最后,是妈祖影视产业的发展。2012年年底,大型古装神话剧《妈祖》在中央电视台开播后,赢得了口碑与收视率的双丰收,取得中央电视台电视剧频道开播以来开年大戏的最好成绩。这部电视剧整合了妈祖文化因素,拓展了妈祖文化内涵,提升了妈祖文化品位,扩大了妈祖文化影响力,为妈祖文化创意产业的发展留下了一笔宝贵的财富。当然,我们也应当看到妈祖影视产业发展中的不足,如代表性作品及精品不多、影视产业链发展不完善、妈祖影视产业及其附加品开发力度不够、莆田市相关影视基础设施建设落后等。

[①] 黄秀琳、彭文宇:《莆田传统手工艺与妈祖信俗旅游商品对接的现状与开发对策》,《科技与产业》2012年第3期。

（三）台湾妈祖文化创意产业的发展

台湾地区的文化创意产业在20世纪80年代开始萌芽，经过90年代的摸索，在21世纪的前十年异军突起，迅速发展成为台湾地区经济新的支撑力量。自2002年起，台湾文创产业发展迅速，成效显著，形成了台北、花莲、嘉义、台中、台南等文化创意产业园区，营业额与附加价值均有大幅增长。台湾妈祖文化创意产业正是在这样的大环境下，迅猛发展。下面以两大最具代表性的案例来说明。

1. Q版妈祖

Q版漫画造型是日本漫画家手冢治虫开创的。正常的人体身高相当于8个头部长度，简称"8头身"，而卡通人物的Q版造型风格的特征却是人物的头与身体比例是1:1。人物造型按照Q版造型风格设计，让低幼儿童在心理上产生高度的认同感。[①] 一方面，从受众角度上说，这种"萌萌哒"Q版妈祖形象广受低龄幼童的喜爱，符合从小看动画片长大、现在活跃于网络上的广大青少年的心理特征；另一方面，这种风格也顺应了现在风靡全球的"可爱风"，成为无数年轻男女的最爱。因此，以这种Q版妈祖形象为核心的衍生产品在台湾地区迅速风靡起来。

在台湾地区，各个宫庙都设计有Q版妈祖"公仔"，作为信徒随身携带的守护物。这种将传统妈祖文化融入创新产品中的尝试，得到了广大年轻信徒的支持和喜爱，各大宫庙纷纷设计、制作、传播Q版妈祖守护物，甚至为此举办相关的设计大赛。各宫庙在制造Q版妈祖守护物时，充分掌握妈祖的传统特征，有的从神像色彩着手，有的将妈祖外形改良，从而成就了妈祖Q版"公仔"的盛行。

2. 妈祖动漫创意产业

台湾宗教界认为动漫传输既然深入青少年族群，应该善用此传媒，通过动漫载体传输宗教文化，让青少年认识自家的传统文化，以免与传统断绝联系。相关妈祖文化的动漫创意产业在此潮流的鼓舞下激荡。如1990年吴昭义的《妈祖传》，便获得第13届"金穗奖"优等动画录影带奖。2007年7月24日首演的妈祖动画《海之传说——妈祖》，由大甲镇澜宫借重台湾"中华卡通制作公司"与北京中影集团联合发行，斥资6600万元新台币，巧妙地结合宗教与娱乐两重

---

① 许元振：《探析动画片内容设计的儿童心理学维度——以〈喜羊羊与灰太狼〉为例》，《电视研究》2010年第2期。

功能于一体。《海之传说——妈祖》的展演方式：一方面，在电影院里，以商业电影的模式放映，以达成动画的最佳欣赏效果及最大收益；另一方面，在各地首映之时，同时请来妈祖神像到电影院中一同观赏，取得了良好的效果。2010年7月31日，韦宗成出版青少年漫画《冥战录》第一卷，即是以妈祖俗家姓名"林默娘"为题。2014年，这部《冥战录》日文数字版，进军日本最大电子漫画书店——电子贷本Renta，是台湾地区漫画家第一次登上日本电子漫画书店。[①]

除了这些原创性极佳的妈祖文化创意产业作品，台湾地区还对这些妈祖文化创意产品进行多元化营销。如2004年大甲镇澜宫向"中华卡通"定制了12万件授权的印有妈祖图案的T-shirt。2005年"中华卡通"联合大甲镇澜宫及"中华邮政"，发行了2万套妈祖纪念邮票，每张邮票面值35元新台币，售价280元新台币。随后，"中华卡通"还在大甲镇澜宫及40多家与镇澜宫友庙里，售卖Q版妈祖、千里眼与顺风耳"公仔"。2007年《海之传说——妈祖》上映前，在妈祖进香过程中，特别制作的"有看有保佑"宣传年历大卖，影片上映后，还发行了DVD典藏版。

当然，台湾妈祖文化创意产业也面临着自身的难题，如人才过度集中于高科技产业、制造业，导致妈祖文化创意产业创新人才不足；妈祖文化创意产业产品研发、品牌、行销投资不足；岛内市场不大；银行、创投对妈祖文化创意产业的支援不足等问题。这些都是台湾当局与妈祖文化创意产业从业者将不得不面对的问题。

二、闽台妈祖文化创意产业之比较

福建的妈祖文化创意产业在经历一定时间的发展之后，呈现欣欣向荣的局面，并具有以下几个鲜明的特点。

1. 妈祖文化起源地，具有得天独厚的优势。莆田作为妈祖的故乡，具有不可替代的资源优势。它拥有独有的世界妈祖祖庙。地处湄洲岛的妈祖祖庙，作为妈祖文化的发祥地，目前世界上从湄洲祖庙分灵出去的妈祖庙有5000多座，信众达2亿多人，现在每年到湄洲岛进香、旅游的海内外游客超过100万人次。此外，莆田还以专业的妈祖文化研究独占鳌头。2004年，有海内外230多家妈祖文化机构（包括58家中国台湾妈祖宫庙）参加的妈祖文化社团——中华妈祖

[①] 管斐媛：《"台湾漫画家第一人"韦宗成〈冥战录〉进攻日电子书店》，台湾《中国时报》2014年1月20日。

文化交流协会在湄洲岛正式成立。莆田学院还设立了妈祖文化研究院,这些为推动妈祖文化创意产业的研究奠定了坚实的基础。

2. 区域优势突出,市场广阔。福建地处中国东南沿海,北连长江三角洲,南接珠江三角洲,东与台湾隔海相望,具有广大的经济腹地。优越的地理环境使得福建成为海峡两岸文化交流与经贸往来的重镇。单就省内而言,福州、莆田、泉州、厦门、漳州等地游客是莆田市旅游游客的主要地区,随着近几年这些地区经济水平的不断增长,人均可支配收入的增加,这无疑将刺激当地居民对以妈祖文化创意产业为代表的精神层面的追求,此外,妈祖的信众还遍布全国、全世界,这些都将成为妈祖文化创意产业发展的市场动力,完全能够满足妈祖文化创意产业发展的市场需求。

3. 起步晚,发展迅猛,新兴业态不断涌现。由于种种因素的局限,"文革"前福建的妈祖文化产业几乎一片空白。改革开放使得人民长期禁锢的思想得到解放,为妈祖文化创意产业发展奠定了思想基础;科学技术的进步、经济的发展为妈祖文化创意产业提供了技术和物质上的支持。妈祖文化创意产业开始迅猛发展,在经济领域崭露头角,并扮演越来越重要的角色。除了传统的戏剧业、手工艺业、文化旅游业等门类构成的产业体系外,以妈祖文化创意园产业、妈祖影视产业等为代表的新文化业态也不断涌现,门类逐渐完善,结构也趋于合理。

4. 政府支持力度逐年加大,相关法规仍不完善。政府一直是福建妈祖文化创意产业发展的主导力量。这不仅由政府在妈祖文化创意产业发展中所扮演的角色决定,更与中国政治体制密切相关。在中国政治体制下,政府对产业的扶植与否,很容易决定一个产业的兴衰。自妈祖文化创意产业被提升到增强国家文化软实力、加快中国文化"走出去"的高度后,中央和福建各级人民政府都对妈祖文化创意产业给予高度重视,制定了相应的妈祖文化创意产业的发展规划,同时颁布了专门的法律法规,利用行政与司法手段,弥补了市场经济在产业发展方面的缺陷,保证了妈祖文创产业高速、健康、持久的发展。如 2007 年福建省十届人大第五次会议通过了《福建省建设海峡西岸经济区纲要》,提出要把福建省建设成为文化大省,并明确指出要重点扶持一批文化产业,将其建成具有引领示范作用的文化示范产业。2009 年 5 月 14 日,国务院正式发布《关于支持福建省加快建设海峡西岸经济区的若干意见》,明确提出推动文化与经济融合,大力发展文化创意产业,建立海峡两岸文化产业合作中心,着力培育专、精、特、新文化企业,努力使海峡西岸经济区成为全国重要的文化产业基地的方针政策。福建正逐步形成由政府、中介组织、市场三方联合发展文化创意产业的氛围,这些都为福建妈祖文化创意产业的发展提供了有利的政策环境。但是也应该看到,由于大陆妈祖文化创意产业刚起步,相关法律法规还不完善,因此难免制约了产业进一步的发展。例如,法律在知识产权保护方面仍存在不完善之处,这在一定程度上会挫伤从业人员的积极性。

  5. 妈祖文化产业创意人才不足。人才是一个事业发展的基础,福建妈祖文化创意产业的发展同样离不开人才。妈祖文化创意产业人才可分两类,一类为妈祖创意人才,一类为对妈祖文化创意产业进行经营的管理人才,这两种人才,构成了妈祖文化创意产业阶层的中坚力量。当前,文化创意产业人才的缺失,尤其是具有自主创新能力的专业人才的匮乏,成为妈祖文化创意产业发展的一大软肋。福建妈祖文化创意产业并不缺乏制作技术人才,然而高端的原创人才与经营管理人才却极度紧俏,这直接导致妈祖原创作品少,妈祖文化产业创新模式少,成为制约妈祖文化创意产业发展的关键障碍。优秀的妈祖文化项目需要优秀的创意、优良的制作团队和成熟的市场经营,而这正是我们薄弱的地方,无疑将极大地制约福建妈祖文化创意产业的发展。

  相比之下,台湾地区在妈祖文化创意产业方面亦有自身明显的特色。

  1. 地区相关部门支持。文化创意产业一直以来都被台湾当局视为经济支柱产业加以培植,鼓励民间力量参与文化创意产业,并出台了一系列的支持措施,如协助文化创业者参与相关竞赛、为文化创业者提供贷款和创业机会等,这些措施都为台湾民众参与妈祖文化创意产业营造了良好氛围,为台湾妈祖文化创意产业的发展提供了广袤的创意空间。

  2. 产业起步早,发展快。台湾地区的文化创意产业在 20 世纪 80 年代开始萌芽,经过 90 年代的摸索,在 21 世纪的前十年异军突起,迅速发展成为台湾地区经济新的支撑力量。自 2002 年起,台湾地区"经济建设委员会"正式编列预算,将"文化"作为总体建设的重大工程之一。相关文件中第一次出现"文化创意产业"这个概念,标志台湾地区文化创意产业政策的真正形成。在台湾当局的重视下,台湾文创产业发展迅速,成效显著,形成了台北、花莲、嘉义、台中、台南等文化创意产业园区,营业额与附加价值均有大幅增长,从业人数也大大增加。同时,在文化创意产业理论方面的研究也取得了较大的成就,越来越多的学者投入文创产业研究领域,使得"文化创意产业"的概念得到进一步的丰富。妈祖文化创意产业作为台湾地区文化创意产业的重要组成部分,也正是在这样的大背景下迅猛发展。

  3. 法律体系完善,注重对知识产权的保护。如 2010 年的"文化创意产业发展法"通过健全文创产业相关法律,为妈祖文化创意产业发展提供了法律保障，其所规定的奖励措施成为扩大台湾地区文化创意产业营业额的重要驱动因素。"文创法"的制定，为规范台湾妈祖文化创意产业、打造台湾自有品牌、进一步拓展国际市场、推动其进一步的发展提供了法律保障。

4. 扎根民间、营造良好的创意氛围。台湾妈祖文化创意产业从萌芽、探索到今日的发展，经历了"从自发到自觉、从基层到上层、从民间到官方"的过程；经历了以单一的"在地化""本土化"为发展维度到以"泥土化、国际化、产值化、云端化"为核心价值的过程。台湾地区的妈祖文化创意产业以民间有关妈祖的创意为发展源泉，以文创企业为发展主体，台湾地区相关部门仅仅作为"支持者"，运用政策手段为产业发展营造一个利于民间自由创作发展的环境，让民间与妈祖有关的想象力、创造力自发推动产业的发展。

三、闽台妈祖文化创意产业比较之启示

通过上文对闽台两地妈祖文化创意产业的分析比较，笔者认为闽台两地妈祖文化产业发展各有特色，福建如果能在保持自身优势的前提下，积极借鉴台湾地区妈祖文化创意产业发展的经验，扬长避短，福建妈祖文化创意产业必能取得长足发展。当然，我们也应看到，要打造有深度、有广度、有力度的妈祖文化创意产业，福建还有很长的一段路要走，因此，笔者拟从以下几个方面对福建妈祖文化创意产业的发展建言献策。

1. 加强政府引导、健全相关法律法规、完善知识产权保护体系。首先，新兴产业的崛起，离不开当地政府的引导扶持和相关法律的约束规范。有关部门应当切实给予妈祖文化创意产业相关扶持措施和优惠政策，推动妈祖文化创意产业规模化发展，如政府及相关部门可以加强对妈祖文化创意产业建设的引导和监管，建立完善的产业建设评估机制，防止重复建设和同质化倾向，避免资金浪费，同时鼓励企业间的合作，实现优势互补。其次，要尽快完善与妈祖文化创意产业相关的法律法规，建立一套完整而严格的知识产权保护和监管体系，从而为福建妈祖文化创意产业的发展创造出一个良好的环境。再次，政府和有关部门要尽快出台相关的政策支持，增强福建妈祖文化创意产业发展的前瞻性认识，建立和健全妈祖文化创意产业突发事件的预警应急机制，规避不正当的竞争行为，以确保妈祖文化创意产业的健康可持续发展。最后，建立与发挥知识产权维护援助中心的作用，提供妈祖文化创意产业知识产权法律法规、纠纷处理等方面的咨询服务。积极发挥行业协会的自律作用，带动企业形成自我约束、互相监督的知识产权保护机制。

2. 校企合作，共育人才。妈祖文化创意产业人才的培养和人才资源的整合，是妈祖文化创意产业持续发展的必要条件。因此，加强福建妈祖文化创意产业人才的培养，具有重要的意义。一方面，强化闽台学校妈祖文化创意产业的衔接，鼓励校企合作，不断完善人才培养机制。妈祖文化创意人才的培养，应以创意产业的需求为出发点，企业可以参与其相关专业的课程设计，使院校的教学更具针对性，充分利用中国台湾以及国外先进文化创意企业的优势资源，不断提升福建妈祖文化创意产业人才的素养。另一方面，加强福建高等院校、文化创意培训机构与台湾高等院校、培训机构的交流与合作，以培养高素质妈祖文化创作、管理、营销人才为目标，积极借鉴台湾地区成熟的教材和人才培养模式，组织教师与学生赴台交流学习，聘请台湾优秀文化创意人士来闽授课。对赴台交流的团体及来闽授课的人员、企业，可以在简化审批环节、减免相关费用、适当提供相应补贴方面提供优惠政策，以发挥他们在两岸妈祖文化创意产业合作交流中的积极作用。

3. 注重研发，鼓励原创。妈祖文化创意产业的价值很大程度上取决于其自主品牌，如果企业没有自己的品牌，便难以形成完整的产业链，无法实现从产品到商品的飞跃，其生存与发展的空间必将大大受限。以妈祖动漫形象为例，福建方面可以借鉴台湾地区在妈祖动画形象原创、制作方面的优势，深入挖掘妈祖的丰富内涵，在妈祖形象创作和设计上多花心思，以形成自主设计、自主产权的肖像权。此外，还应该加强对动漫自主品牌的资金支持。政府可以设立扶持动漫自主品牌开发的专项资金，在动漫素材库的建设和动漫自主品牌的创作和推广方面给予必要的资金支持，还可以通过举办各种原创动漫大赛等活动，鼓励和推广动漫原创作品，加快福建省从"福建制造"到"福建创造"的转变。

4. 延伸拓展，开发创新。福建要想把妈祖文化创意产业做大做强，就必须完善妈祖文化创意产业链，开拓衍生产品市场。第一，探索切实可行的衍生产品盈利模式。福建地区的服装业、小商品业和电子业的发展程度较高，这些都是动漫妈祖文化创意产业衍生产品发展的重要基础。福建在妈祖文化创意产业发展过程中，要注重与妈祖相关的衍生产品的开发、营销及宣传，借助福建省服装生产业、电子业等产业优势不断完善整个妈祖文化创意产业链，创造多元的盈利模式。第二，通过妈祖文化创意产业座谈会、各种妈祖文化创意展销会等平台，引导企业通过多种方式将妈祖原创形象向周边产业拓展，在企业和衍生产品生产商之间牵线搭桥，促进二者之间的合作。第三，通过加强闽台合作来了解市场需求，来学习营销手段，改变陈旧过时的运行模式，延伸妈祖文化创意产业链，开拓市场。

结 语

妈祖文化创意产业作为 21 世纪最具潜力之一的产业,对福建未来经济文化发展具有不可低估的重要作用。当今闽台妈祖文化创意产业各具优势,各有特色。福建若能在保持自身优势的前提下,积极借鉴台湾地区成功的经验,加强交流与合作,以弥补自身在妈祖文化创意产业发展过程的不足,这无疑将大大促进本地区妈祖文化创意产业持续高速发展。妈祖文创产业也必将成为两岸民众共同创造物质财富和丰富精神文化的宝贵资产。

《新青年》与新旧剧论争

宋宝珍[*]

20世纪初叶,在"民智未开,民权未伸"的中国,要想实现民族的救亡自强,必须从推翻旧的社会意识,建立新的文化机制做起。《新青年》是20世纪初叶中国新文化运动的主要阵地,也是中国新、旧剧论战的主要战场,1915年9月创刊于上海,当时命名为《青年杂志》,封面题写"陈独秀主撰"。1916年,陈独秀受北京大学校长蔡元培之聘,就任文科学长一职[①],《青年杂志》编辑部也随之迁入北京。自第2期开始,该杂志更名为《新青年》,形成以新文化运动的四大先锋"陈胡钱刘"——陈独秀、胡适、钱玄同、刘半农为代表的集体负责制的编撰体制。1926年7月,《新青年》最终停刊,围绕着它形成的松散的新文艺阵营悄然解散。于是新与旧之争,便凸显了民族文化嬗变的思想历程。

一

在1915年《青年杂志》第1卷第1期上,发表了署名为汪叔潜的文章:《新旧问题》,新与旧的争议就此点题。文章说:

> 吾何为而讨论新旧之问题乎?见夫国中现象,变幻离奇,盖无在不由新旧之说淘演而成;吾又见夫全国之人心,无所归宿,又无不缘新、旧之说,荧惑而至。政有新政、旧政,学有新学、旧学,道德有所谓新道德、旧道德,甚而至于交际应酬亦有所谓新仪式、旧仪式。上自国家,下至社会,无事无物不呈新、旧之二象。吾人与事物之缘,一日未断,则一日必发生新、旧问题。……国中显分维新、守旧二党,彼此排抵,各不相下。是谓新旧交哄之时代。……夫有既有是非新旧,则不能无争,是非不明,新旧未决,其争也未已。

---

[*] 宋宝珍,中国艺术研究院话剧研究所所长、研究员。
[①] 当时北京大学分设文科、理科和法科,其中以文科实力最强,文科学长地位仅次于校长。

汪叔潜将参与新、旧之争的人，划分为三派：一是"伪降派"，即用新名词装点门面，实际上与新学格格不入的人；二是"盲从派"，即趋新唯恐不及却不知何者为新的人；三是"折中派"，即在新旧之间摇摆、蒙世的人。作者的立意很显然，就是要对那些"伪"新派予以批驳。

对于何者为新，何者为旧的问题，汪叔潜发表了自己的看法，他认为："所谓新者无他，即外来之西洋文化也；所谓旧者无他，即中国固有之文化也。""吾以为新、旧二者，绝对不能相容，折中之说，非但不知新，并且不知旧。"①《新青年》的主将陈独秀是较早感受西方文艺动向的人，他曾撰文指出："现在欧洲文坛第一推重者，厥唯剧本，诗与小说退居第二流，以实现于剧场，感触人生愈切也。"② 提倡写实的西洋文艺，反抗虚假的传统文艺，取得了"新青年派"的同人们的共识。

自1917年始，《新青年》上连续发表了多篇反对旧传统、提倡新文化的文章，其中有不少篇幅涉及如何对待中国传统戏曲的问题，并由此点燃了中国新、旧剧交战的烽烟，形成了20世纪中国新旧戏论争的强大浪潮。

1917年1月，《新青年》第2卷第5号上发表了胡适的《文学改良刍议》，胡适明确地表达了进化论的文艺观，他说："文学者，随时代而变迁者也，一时代有一时代之文学。"胡适不仅表达了他个人对通俗文学的重视，而且特别提到了元代的戏曲对中国文学史的贡献，并初步阐释了"言之有物"的戏曲对文学改良的借鉴意义。2月，为了声援胡适在《文学改良刍议》中所提出的改良主张，陈独秀甘冒天下之大不韪，在《新青年》第2卷第6号发表了《文学革命论》，率先将语词含混、气势不足的文学"改良"之声，摇身一变而为文学"革命"的号角。众所周知，所谓改良，即是在旧文艺的基础上所做的弥补、拯救与革新；所谓革命，则是要在推翻旧文艺的存在形制之后，建立全新的迥异于传统的文艺范式，即通过革故更新以达新兴、进化之意。

陈独秀的《文学革命论》发表后，近代文学家、翻译家林纾颇有异议，写了《论古文之不当废》，发表于1917年2月8日的《民国日报》，他说："知朋丁之不可废，则马班韩柳亦自有其不宜废者。吾识其理，乃不能道其所以然，此则嗜古者之癖也。"后来他又写了影射小说《妖梦》《荆生》，对来自北京大学的新文学的倡导者们予以抨击。而胡适则抓住其用词古奥、语法不通的毛病，

---

① 汪叔潜：《新旧问题》，《青年杂志》第1卷第1号，1915年9月。
② 陈独秀：《现代欧洲文艺史谭》，《新青年》第1卷第3号，1915年11月。

予以尖锐讽刺。

当新的现代社会的思潮涌入古老的中国之后，担负起促成历史更迭使命的人，注定是一批接受了西方的社会理念和现代文明洗礼的年轻人士。他们不太相信古训，也不太重视传统，更不会遵从统领一切的所谓正统理念，而这一切恰恰是传统知识分子安身立命的根本。

我们之所以要把文学论争与戏剧论争放在一起来讨论，不仅是因为在"新青年派"的人们看来，新的戏剧是包含在新的文学里面的文体，而且，在他们反抗非写实、无关乎社会人生的旧的文学传统时，不仅喜欢列举中国的传统戏曲当作范例，而且包含了对于倾向于写实的、表现社会人生的西方戏剧的期望。

二

自1918年5月开始，北京的戏曲界突然流行起昆曲来，原因是有一位名叫韩世昌的昆曲艺人在京演出，受到了京城遗老戏迷们的极大欢迎，鼓动了他们的念旧癖好，于是一班人声称："好了，中国的戏剧进步了，文艺复兴的时期到了。"①

韩世昌确乎是昆曲大家，他在演艺方面也确实造诣颇深，但是，这仅仅是艺人展示其"玩意儿"而已，戏曲与时代的脱节和整体上的衰颓，并非一个艺人的几次演出所能拯救。当整个旧戏曲的形制没有得到革新之时，空谈"进步"和"振兴"是荒唐的。而一帮遗老还以此为借口，叫嚷旧戏实无改革的必要，应当"永永保持而勿坠"，就如同一叶障目，显得滑稽可笑。

1918年6月，《新青年》第4卷第6号开辟为"易卜生号"，除发表了胡适的《易卜生主义》和易卜生的剧本之外，还有一组通信，被《新青年》编辑部以"新文学及中国旧戏"为题予以发表，其中包括被称作旧戏代言人的张厚载给记者的信，以及胡适、钱玄同、刘半农、陈独秀各自写出的答复张厚载的短文。而这一组通信的发表，不仅与当时的"昆曲热"关系密切，同时也涉及戏曲改革的深层问题。

剧评家张厚载在写给编辑部的信中，开篇即表示赞同"新青年派"所持的文学进化论观念，他说："仆自读《新青年》后，思想上获益甚多，陈、胡、钱、刘诸先生之文学改良说，翻陈出新，尤有研究之趣味。仆以为文学之变迁，乃因人类社会而转移，决无社会生活变迁，而文学能墨守迹象，亘古不变者。"

---

① 转引自钱玄同《随感录》，《新青年》第5卷第1号，1918年7月。

张厚载对文学改良的意义也颇有认识,他总结为"(一)能绝窒碍思想之弊","(二)使文学有明确之意思,真正之观念","(三)为文言一致之好机会"。但是,谈到新文学的具体问题,比如白话诗歌的创作,张厚载则颇有微词,他以白话诗《宰羊》《人力车夫》《鸽子》为例,指出:"中国旧诗虽有窒碍性灵之处,然亦可以自由变化于一定范围之中,何必定欲做此西洋式的诗,使得为进化耶?""仆之意思,以为文学改良,乃自然诗文,总须自由进化于一定范围之内。"

至于论及中国戏曲,张厚载则不免显示了如数家珍般的爱护与怜惜,这也是他与"新青年派"的文艺主张断然有别的地方,更是他们彼此意见分歧的关键所在,张厚载因此遭到了"新青年派"的一致反击,并因此承担了"保守的旧戏代言人"的角色。

"新青年派"的另一主将钱玄同在写给张厚载的抗辩信中,以嬉笑怒骂的方式否定了后者的旨趣:

> 我所谓"离奇"者,即指此"一定之脸谱"而言,脸而有谱,且又一定,实在觉得离奇得很。若云"隐寓褒贬",则尤为可笑。朱熹做《纲目》学孔老爹的笔削《春秋》,已为通人所讥讪;旧戏索性把这种《阳秋》笔法划到脸上来了,这真和张家猪肆记卍形于猪臀,李家马房烙圆印于马蹄一样的办法。哈哈!此即所谓中国旧戏之"真精神"乎?①

如果说钱玄同是针对旧戏的脸谱发难,那么刘半农则是针对旧戏的做、打发难:

> 至于"多人乱打",鄙人亦未不知其"有一定的打法",然以个人经验言之,平时进了剧场,每见一大伙穿脏衣服的,盘着辫子的,打花脸的,裸上体的跳虫们,挤在台上打个不止,称着极喧闹的锣鼓,总觉眼花缭乱,头昏欲晕。虽然个人的见地不同,我看了以后讨厌,并不能武断一切,以为凡看戏者均以此项打功为讨厌。然戏剧为美术之一,苟诉诸美术之原理而不肯(是说他能不背动人美感。足下谓"但吾人在台下看上去,似乎乱打",似即不能动人美感之一证),即无

---

① 钱玄同:《新文学及中国旧戏》,《新青年》第4卷第6号,1918年6月。

"一定的打法",亦决不能谓之"乱",否则即使"极规则极整齐",似亦终不能谓之不"乱"也。①

在钱玄同、刘半农看来,中国现代戏剧的进路只能是对旧戏尽数"推翻",对新戏全力"推行"。如果他们的言论是吹响了"新青年派"向旧戏的捍卫者继续反攻的号角的话,那么1918年10月出版的《新青年》第5卷第4号,即"戏剧改良专号",可以说是又一次展示了"新青年派"的冲锋阵容。在这一号上,不仅发表了张厚载的继续称道旧戏的文章《我的中国旧戏观》,而且还发表了胡适的《文学进化观念与戏剧改良》、傅斯年的《戏剧改良各面观》与《再论戏剧改良》、欧阳予倩的《予之戏剧改良观》。

首先,张厚载认为"中国旧戏是假象的"。"第一样的好处就是把一切事情和事物都用抽象的方法表现出来。抽象是对于具体而言。""譬如一拿马鞭子,一跨腿,就是上马。这种地方人都说是中国旧戏的坏处,其实这也是中国旧戏的好处,用这种假象会意的方法非常便利。"

其次,张厚载认为中国旧戏"有一定的规律"。仿佛是有意卖弄似的,钱玄同、刘半农们越是讨厌旧戏的套路、程式,张厚载越是不厌其烦地对此津津乐道,他说:

昆腔的"格律谨严",是人人都晓得的。就是皮黄戏,一切过场穿插,亦多是一定不便的。文戏里头的"台步""身段",武戏里头的"拉起霸""打把子"没有一件不是打"规矩绳墨"里面出来的。唱工的板眼,说白的语调,也是如此,甚而至于"跑龙套"的总是一对一对的出来。而且总是一面站两个人,或四个人。一切"报名""念引"也差不多出出戏都是一样。这种都可以说是中国旧戏的习惯法。无论如何变化,这种法律是牢不可破的。要是破坏了这种法律,那中国旧戏也就根本不能存在了。②

再者,张厚载强调"中国旧戏向来是跟音乐有连带密切的关系"。他认为中国旧戏是以音乐为主导的,它的感人力量常常要借助音乐的效果才能达成,有些唱词饱含情感的内涵和音韵上的意趣,如果改为说白,就毫无情致了。

---

① 刘半农:《新文学及中国旧戏》,《新青年》第4卷第6号,1918年6月。
② 张厚载:《我的中国旧戏观》,《新青年》第5卷第4号,1918年10月。

在"新青年派"与张厚载有关戏剧改良的问题的论争中,其实存在着一种对争论对象的认识错位,打一个不太贴切的比喻:如果把中国戏曲比喻为一件古老的陶器,那么张厚载的视点显然是着眼于这件陶器的质地,强调它是泥做的,即强调它的本质是什么,属性是什么;而"新青年派"的主张,则是着眼于这件陶器在历史纵向发展中的地位的推移,即强调现代社会必须用瓷器来代替陶器,因此不遗余力地证明陶器已经过时。由此可以看出,由于着眼点不同,在新旧剧论争中,就出现了"公说公有理、婆说婆有理"的情况。其实,一种旧的事物即使是"过时了",也未必必须打倒,或者断定它毫无存在价值。再拿陶器做比喻,现代人也许不像古代人那样,把陶器当作必备的生活用具,但是陶器却完全可以成为审美的对象,只要它有历史感,或者朝着更精致的方向发展。中国传统戏曲也应该是这样的。

三

在这样一场新旧剧的论争中,话语权的胜利者显然是"新青年派"和他们所提倡的新剧。而这场论争的败退者则是张厚载。

张厚载(1895—1955),1895 年生于江苏青浦的书香门第,号聊子,笔名聊止、聊公、养拙轩主,他是传统戏曲尤其是京剧的评论家。有人这样称赞其戏曲批评:"聊子剧评,精切细腻,凡剧中之一举一动,一字一腔,无不体察入微,指点评泊,深中肯綮,观剧者第二天再在报上读其文,犹觉余味不尽,同声击节。"① 他与梅兰芳等人结交甚深,也写过多篇赏评梅兰芳演出的文章,甚至有人说,梅兰芳在戏曲界影响的凸显,与张厚载的文章很有关系,因此他也被世人看成是"梅党"。

在新旧剧论辩发生之际,其实张厚载并非是旧的思想营垒中的遗老,而是北京大学法科政治系的在校学生。当"新青年派"的人们连篇累牍地发表"废黜旧剧"的"檄文"之时,当时在北京大学任教的戏曲理论家吴梅等人,都不曾站出来发表意见,唯独作为学生的张厚载挺身而出。这一方面要归因于他对戏曲耳濡目染的深爱,另一方面也要归因于他的年少气盛,再有就是他与林琴南等人的师生关系。

张厚载曾经在立达中学读书,师从林琴南,两人多有往来,而林琴南是桐城派同好,桐城派曾一度成为北京大学文科系的主角,待蔡元培主持北大后,

---

① 陈兼与:《记张聊子其人其事》,《戏剧界》1981 年第 13 期。

桐城派风光不再，并被提倡新学的胡适斥为"桐城谬种，选学妖孽"。林琴南深为不满，崇尚程朱理学的他于是写了两篇影射小说《荆生》《妖梦》，暗喻新文化运动的发祥地北京大学是形同阴曹地府的"白话学堂"，陈独秀、胡适等人所发言论无非"禽兽之语"，最后被伟丈夫擒拿治罪。而正是张厚载将这两篇小说介绍给了上海《新申报》发表，因此"新青年派"认定他是旧势力的同人甚至是帮凶。

张厚载在新旧剧论争中得罪了他的那些北大老师们，这自然于自家不利。在被一通嬉笑怒骂之后，他也心绪不平起来。1919年2月，他在《神州日报》上发表《半谷通讯》，造谣说陈独秀、胡适、钱玄同、刘半农、陶孟和等人，以思想过激，受政府干预而辞职，并闻陈独秀"已往天津，态度亦颇消极"云云。1919年3月31日的《北京大学日刊》有一则开除文告："学生张厚载屡次通信于京沪各报，传播无根据之谣言，损坏本校名誉。依大学规程第六章第四十六条第一项，令其退学。此布。"当时，离毕业时间仅差3个月，张厚载不得不黯然离开北大，回到江苏青浦老家。此后，他经好友介绍，进入中国银行供职，1928年调入天津交通银行，任文书课副课长，常撰文发表于《天津商报》《大公报》等报刊。1935年在天津创办《维纳斯》戏剧电影半月刊。抗战时期辗转多地，1955年病逝于上海。其所写的大部分剧评，都编入《听歌想影录》《歌舞春秋》之中。

在新旧剧论争中，除了坚决捍卫旧文化的守旧一派，以及坚决提倡新文化的"新青年"一派之外，应该说还存在着中间派势力，在前两派人士激烈争辩的声浪中，宗白华等人思辨的态度，平和的声音，虽然显得微弱，但在今天看来，他们比较冷静、客观的观点，却让人们更理性地思考新旧剧问题。宗白华注意到，在中国，研究戏曲的人似乎要比研究文学的人要少，因此，他要论证戏曲在文艺上的重要地位，以引起大家对戏曲的重视。他按照欧洲文艺的传统，依表现内容和形式的不同把文艺分为三大门类，即抒情文学、叙事文学和戏曲文学。从纯艺术的角度，宗白华引述了西方的戏剧概念，论述了戏剧的基本特征，即戏剧兼有抒情与叙事的双重功能，它是动作的艺术，从而大大提高了戏剧创作在整个文艺领域的地位。

自《新青年》推出"戏剧改良专号"之后，新旧剧的论辩已经形成了广泛的社会影响，而在气势上，"新青年派"显然占据上风。但是，这并不说明旧剧的维护者已经偃旗息鼓。实际上，在"五四"时期，新与旧的争执从未停息。传统戏曲以及它赖以存在的旧的文化土壤，也总是不乏其顽强的维护者。中国传统文化的捍卫者，著名教授吴宓就对陈独秀、胡适等人的新文学主张极为不满,在他主编《学衡》杂志时,不仅坚持使用文言文出版,而且连发表翻译的外国小说,也改换成中国传统小说的章回体例,并以此杂志为契机,形成史称"学衡派"的旧文化的堡垒与文言文阵地。

新文化的倡导者,面对的是整个国度顽强的富有惯性的旧文化势力,那种"举世浑浊而我独清"的愤世之感,兴衰在即、迫在眉睫的激进之情,以及孤军奋战、破釜沉舟的决绝之势,为这场原本是限于文化范畴的论争,打上了强烈的主观情绪色彩。

改造旧的思想文化是一项十分艰巨的社会工程,新文化运动的倡导者们选择了矫枉过正式的改良方案,正如鲁迅所比喻的那样,你如果想要在一间房子上打开一扇窗子,就肯定会遭到主人的强烈反对,因此要达到目的,你就必须先要宣称刨去屋顶,这样,房子的主人就会被迫让步,同意在保住屋顶的情况下,打开一扇窗子。

谈到这一历史时期的文化论辩,鲁迅对此曾做过精辟的概括:"说到中国的改革,第一着自然是扫荡废物,以造成一个使新生命得能诞生的机运。五四运动,本也是这机运的开始罢。"[①] 总的说来,如果要检讨"新青年派"在文化论辩中言辞的过激性,也必须要联系当时特殊的社会环境和文化语境。

但是,从机械的进化论的角度来认识历史,以为凡是属于"旧"的范畴的东西,都统统属于被打倒之列,这也未免偏激。近年来,许多学者在检视新文化的发展道路的时候,认为"五四"时期对传统文化的全面否定的做法,是值得商榷的,因为传统文化并不是铁板一块,想要抛弃就能抛弃,作为一种民族的精神血脉,它应当处在吐故纳新、生生不已的循环之中。对传统文化一味保守,固然是没有道理的,但是全面否定,也必然带来民族自卑,甚至是虚无主义的精神空虚。实际上当激进人士全面否定传统文化的时候,他们必然蹈入一个新的误区,即西方中心主义的全盘西化的认识误区。

谈到新剧的建设,周作人说:"至于建设一面,也只有兴行欧洲式的新戏一法。现在有一种大惊小怪的人,最怕说欧洲式,最怕说'欧化'。其实将他国的文艺学术运到本国,决不是被别国征服的意思;不过是经过了野蛮阶段蜕化出来的文明事物在欧洲先发现,所以便跳了一步,将他拿来,省却自己的许多力气。"钱玄同则认为,周作人"将他国的文艺学术运到本国"的想法,是"至精至确之论"。[②] 其实,如果不考虑中华民族的接受心态,不考虑民族文化土壤的

[①] 鲁迅:《出了象牙之塔·译后记》,未名社出版部1928年版。
[②] 周作人、钱玄同:《论中国旧戏之应废》,《新青年》第5卷第5号,1918年11月。

接受能力，强硬地植入异域的文化种子，这是很难取得良好的结果的。

中国话剧在"五四"之后曾经出现过一种西化浪潮，但是，这股浪潮很快就遭遇了中国的社会现实的反击。当时陈大悲等人在上海演出直译的西洋剧，不仅得不到中国观众的认可，而且受到了比较强烈的抵制。他所组织演出的爱尔兰作家萧伯纳的戏剧《华伦夫人之职业》，就遭遇了中国戏剧演出史上的"滑铁卢"。

在现实面前，中国从事新剧创造的人们，不得不调整自己的文化心态，立足于中国文化土壤去接受西方新的文化艺术，甚至是为了便于被普通观众接受，改译西洋剧，使其符合中国观众的接受习惯和审美情趣。直至1924年4月洪深和他的戏剧协社演出《少奶奶的扇子》，因着眼于中国观众的接受兴趣，把英国作家王尔德的剧作做了必要的改装，才使其具有了民族文化的特点，因此在当时轰动一时，取得了成功。

在"五四"特殊的历史境遇中，"新青年派"的社会心态是复杂的，从理智上说，他们推崇社会进化论的主张，希望引进西方文化，以快速改变颓败的中国社会；但他们都是自幼接受中国传统文化熏陶的人，传统文化已经作为一种精神血脉融入他们的个体生命之中，因此，在感情上，他们又不自觉地接近中国文化。这种理智与情感的矛盾，在"新青年派"的人的身上，表现得十分突出。

期盼中的新剧兴盛之时并没有呈现在眼前，而诅咒过必然灭亡的旧戏，实际上也没有退出历史舞台，这是一种社会现实。随着"五四"高潮期的落幕，参与新旧剧论争的一些人，如胡适、傅斯年、周作人、欧阳予倩等，又不自觉地向传统文化复归。曾经激烈抨击旧戏的胡适，在"五四"落潮期抛出了"多研究问题，少谈些主义"的观点，渐渐地对于旧戏也不那么反感了。正如鲁迅所讽刺的那样，"先前，欣赏 Ibsen 之流的剧本《终身大事》的英年，也多拜倒于《天女散花》《黛玉葬花》的台下了"[1]。一种艺术形式能否存续，当有它自己的内在逻辑和发展规律。因此，在争议中，胡适等人批评观念的绝对化，后来竟被传统艺术魅力的自我观感所软化，这倒是一件值得后人回味的事。

随着历史时空的推移，对于五四新文化运动以及发生在这场运动之中的新旧剧论争，人们的认识已经越来越冷静和客观。在今天的学者看来，一些人认为，激烈地对于传统的反抗，形成了中国人历史感的缺失和文化继承上的问题；而另一些人则认为，五四新文化运动开启的思想启蒙运动，限于种种原因，并

---

[1] 鲁迅：《集外集·〈奔流〉编校后记（三）》，《鲁迅全集》(8)，人民文学出版社1991年版。

没有能够深入下去，这在一定程度上保留了传统的封建文化的暗流，这对于中国社会走向现代化的历史进程是起到了妨碍作用的。

"五四"时期的新旧剧论争，虽不乏义气之论，甚至偶有激越之辞，但广开言论，思想自由。新与旧的问题，说到底是传统与现代的问题，它所牵涉的主要问题则是民族化与西方化的问题，如何在保有自身的文化优势的前提下，激活传统文化资源当中的有益因子，这一直是关系到中国文化如何发展的大问题，而戏剧的新与旧的问题，不过是这个大问题之下的小分支而已。

应该指出的是，这场新旧剧论争，在中国的新文化史上是意义重大的。

首先，这场论争的出现并非空穴来风，而是有其历史的必然性。当一个民族的戏剧文化体系不能适应这个时代发展的时候，改革与转型的历史契机就必然会应运而生，通过论争，传统戏曲封闭的、自足的、僵化的格局被打破，在中国戏剧的总体面貌中，第一次出现了传统戏曲与现代戏剧——话剧鼎足而立的态势，这无疑是为中国的戏剧发展注入了新质。戏剧后来的发展证明，戏曲与话剧二分天下的局面，有利于这两种不同的戏剧类型彼此借鉴，相互促进，共同发展。

其次，新旧剧的论争，在一定程度上促进了中国国民意识的现代化，为整个中国社会向现代社会转型，制造了社会舆论，并抢占了思想先机。在反抗旧剧所体现的旧道德的同时，为人们接受西方的现代戏剧形式——话剧，提供了心理基础；同时又通过新旧剧不同的艺术表现方式的讨论，让人们对中西方的戏剧文化的差异，以及中西方戏剧本体的不同素质，有了对比性的比较明晰的认识。

最后，"五四"时期的新旧剧论争，为现代戏剧艺术的发展奠定了思想基础，营造了时代氛围。"艺术家本身，连同他所产生的全部作品，也不是孤立的。有一个包括艺术家在内的总体，比艺术家更广大，就是他所隶属的同时同地的艺术宗派和艺术家家族。""这个艺术家庭本身还包括在一个更广大的总体之内，就是在它周围和它一致的社会，因为风俗习惯与时代精神对于群众和对于艺术家是相同的；艺术家不是孤立的人。"[①] "五四"时期的戏剧论争，尽管各派观点不同，但是，在客观上打破了中庸之道、模糊含混的旧的文化积习，而以鲜明的观点和坚执的主义，造就了一种破除旧制、催生新质的时代氛围，此后新剧的创作，无论从数量上还是质量上，都比从前有了跨越性进步。这多半要归因于那样的时代，创造了一个逐渐适应现代社会，适合戏剧艺术发展的文化群体。

---

① ［法］丹纳：《艺术哲学》，傅雷译，江苏文艺出版社2012年版，第11、12页。

新形势下海峡两岸文化产业交流合作之前瞻

张华荣[*]

随着 2016 年台湾地区领导人选举的尘埃落定，特别是台湾反对签署《海峡两岸服务贸易协议》，两岸文化产业交流合作的近期状况不容乐观。接踵而来的是，两岸"两会"协商将遭遇困境，两岸事务沟通的机制也将难以为继，之前两岸签署的协议能否继续执行，同样令人担忧。由此可以预见，在新形势下，两岸文化交流和文化产业交流合作将不可避免地出现暂时的困难和停滞。

一、海峡两岸文化产业交流合作的现状分析

近年来，大陆明确提出，"推动中华文化走向世界"，这既是提升中华文化影响力和竞争力的要求，也是两岸同胞的共同期盼。文化产业融合了经济和文化，已经成为当今世界经济发展的时代特征和趋势。两岸携手发展文化创意产业，在世界市场上传播中华文化创意精品，输出中华文化价值观，不仅可以加深同胞情谊，进一步增进两岸文化认同感，还能够产生巨大的社会经济效益，在实现文化与经济双赢的同时，推动中华文化走向世界。

加快两岸文化创意产业合作交流已日益成为两岸共识。在第七、八、九届"两岸经贸文化论坛"的"共同建议"中，把文化创意产业发展列为重要合作内容，"深化两岸文化产业交流合作，提高两岸在文化、创意领域交流的规模与品质"已经提上议事日程。在实践中，两岸文化创意产业合作交流活动日益频繁，台湾地区和大陆的许多城市建立了文化创意产业项目的合作关系。大陆和台湾的文化创意产业合作近年来也进入了加速发展期，2012—2013 年众多台商开始尝试在上海、江苏和福建等地投资文创产业，如台湾诚品书店已经与上海城投公司达成协议，于 2014 年入驻上海中心；台湾文化创意产业联盟拟与上海新汇文化娱乐集团合作，打造沪台文化创意产业园区；法蓝瓷与上海新华传媒集团有限公司合作，尝试在沪推广"书店+咖啡"模式；琉璃工房将主要生产基

---

[*] 张华荣，福建师范大学海峡两岸文化发展协同创新中心研究员、福建师范大学经济学院教授。

地设在闵行七宝镇,并已经在上海设立了9个艺廊;等等。而在福建众多的台商投资区内,部分文化创意产业的相关企业也在园区内落地。但是,就总体而言,两岸文化创意产业合作交流的机制、模式和重点领域仍然有待完善与深化创新,目前主要存在以下问题:一是常态化的文化创意产业合作交流机制和合作平台尚未建立;二是合作交流项目的主题特色不鲜明,呈现碎片化,尚未形成双向性的优势互补格局;三是合作交流还局限于国内市场的拓展和整合,如何塑造文化创意的"中华牌",携手面向国际市场和世界大舞台,尚缺少整体策划和有效的合作交流。

当前两岸文化交流频繁,两岸文化产业交流合作日益密切。具体表现为:两岸文化交流合作的规模逐步扩大,文化产业产值不断增加,交流的平台与渠道不断拓宽,文化产业业态日益丰富,两岸文化产业交流合作的互动性不断增强。近日,中国社会科学院文化研究中心组织编写的《文化蓝皮书:中国文化产业发展报告(2015—2016)》(由社会科学文献出版社出版)。该份报告指出,2012年以来,文化产业发展的"热运行"态势持续趋缓;"十三五"时期,大陆文化产业发展进入关键阶段,我国亟须制定"对外文化发展战略",与"一带一路"倡议相配套,弥补我国全球发展战略中的"文化短板";必须在国际领域提倡"可分享价值"以填补价值观缺位;并且以服务于"对外文化发展战略"为目标,以构建新型文化治理体系为突破口,进一步深化文化体制改革,对一系列制约国内文化发展的重大问题提出根本性的解决方案。建议打通文化产业和文化事业之间的通道,把推动文化产业发展与弘扬中华优秀传统文化融为一体,加快推动文化产业转型升级,大力培育大型骨干文化企业,充分发挥文化装备制造业的支撑作用,高度重视生产性文化服务业发展。

2015年1月23日,国家统计局发布了2013年中国文化产业年报,增加值为21351亿元,占GDP的3.63%。其中,文化产业法人单位增加值为20081亿元,比上年增加2010亿元,增长11.1%,比同期GDP现价增速高1个百分点。相比较而言,2012年我国文化产业法人单位实现增加值18071亿元,比上年增长16.5%,比同期GDP现价增速高6.8个百分点。2013年文化产业的增速再次明显下降,几乎与同年GDP增速持平。

由此看来,文化产业作为国民经济的一个重要部门,长期地大幅超出国民经济其他部门的增长是一种"非常态",从我国文化产业发展的实际状况看,这种增长与文化体制改革,以及与改革配套出台的鼓励政策有密切的关系。因此,在很大程度上是基于政府提供的"外生动力"。随着改革告一段落,政策效应必将递减,文化产业发展的动力必将从政府转向市场,发展速度必将下降,这种下降将是今后文化产业发展的常态。

因此，文化产业发展进入新阶段的基本特征就是要厘清政府与市场的关系，降低非常规的发展速度。

当然，当前两岸文化交流以及两岸文化产业交流合作因受政治因素的影响，目前大陆在台湾设立文化企业，还受到极其严格的限制。两岸文化产业发展的总体规模还不够大，产业产值不高，产业链延伸和拓展依然乏力，特别是文化产业与金融的结合，仍存在短板。两岸文化产业交流多、合作少的局面尚未根本改变。

二、海峡两岸文化产业未来发展的前景展望

随着科学技术进步，文化产业的发展一方面呈现出全球化的发展趋势，另一方面出现了明显的产业化的特点。此外，在文化产业发展过程中，文化产业的发展将在展示技术多元化、传播技术网络化、产业业态实体化和产业人才复合化等方面出现一系列新的变化。当今世界，信息技术的发展日新月异，互联网不仅涉及网络文化传播、经济创新发展、文化产业和数字经济整合，乃至互联网技术标准、互联网治理等前沿热点问题，而且直接关联、影响着小到"普通人"的福祉大到地区经济的安全稳定、健康发展，无所不及、无所不能。"互联网+"的元素已经融入了社会政治生活、经济建设、生态文明、精神风貌，以及日常生活、文化传承、交通旅游、医疗健康等领域的方方面面。互联网产业将成为国民经济的先导和支柱产业，未来两岸文化产业合作的潜力和空间很大。

基于经济全球化视野的两岸文化产业合作，我们需要重新审视大陆文化产业在两岸经济发展中的比较优势、发展目标和实现路径。随着两岸经贸合作的深化以及文化交流的日益深入，台湾经济社会的发展越来越离不开大陆。大陆广阔的市场，吸引着越来越多的台湾同胞在大陆投资兴业，经贸交流如此，文化产业交流合作亦然。为此，我们应更新观念，调整策略，主动出击，切实推动两岸文化产业的深度融合，同时在两岸文化产业结构调整方面应深度整合文化资源，利用科技发展的新成果，积极拓展文化产业发展新的业态。大陆以近20年文化产业发展的经验和成效，自然会日益深刻地影响台湾地区文化创意产业的发展。

北京大学文化产业研究院长期致力于中国文化产业的发展问题研究，该院发布了《中国文化产业年度发展报告（2014）》，该《报告》称，2013年大陆文

化产业增加值预计 2.1 万亿元人民币，约占 GDP 比重的 3.77%，对社会经济的拉动作用进一步加强。同时，大陆文化企业的并购、整合引起广泛关注。据不完全统计，2013 年文化传媒板块已发生 55 起并购事件，涉及电影、电视剧、出版、广告、游戏等子行业，累计资金近 400 亿元。以出版业为代表的文化产业各行业跨越门槛完善产业链、丰富产品类型，产业成熟程度不断提升。

此外，从全局来看，充分利用传统文化产业的内容生产能力，结合数字媒体的发展理念和技术手段，开发互联、共享、开放、融合的传播平台，不断创新有效的商业管理模式，是未来传统媒体产业不可逆转的大趋势。从北京 798 创意产业园区，到上海石库门，成都锦里和宽窄巷子，陕西临潼的大型实景演出《长恨歌》，以及滇缅边境众多的文化产业业态，杨丽萍编舞的《云南印象》和云南腾冲的《梦幻腾冲》，再到浙江杭州的宋城及舞台剧《大宋千古情》，乌镇的休闲旅游，西溪湿地公园展示，上海迪士尼乐园，各地主题公园建设等，大陆文化产业的发展方兴未艾。日前，阿里巴巴董事局主席马云决定收购《南华早报》，表明其进军现代传媒的新动向。这些成功案例，无疑对台湾地区文化创意产业的相关企业到大陆投资文化产业充满期待。

三、促进海峡两岸文化产业深度融合的对策建议

提升中华文化在全球的影响力，已成为海峡两岸未来开启新时代的重要契机，为进一步提高两岸文化创意产业合作的专业化水平，促进中华文化品牌走出去，形成两岸文化创意产业的合作共赢格局，必须从全球战略的高度，深化彼此的合作交流。为此，提出如下建议。

其一，建立常态化的合作机制，明晰重点合作领域。

文化产业是海峡两岸未来经济发展的重要战略产业。台湾地区于 2011 年启动了全面建设经济的"黄金十年"蓝图，将文化创意产业列为未来重点发展的六大新兴产业之列。在《福建省国民经济和社会发展第十三个五年规划纲要》中，福建省明确提出将文化产业培育成为本省支柱产业的发展目标。做强、做大文化产业是海峡两岸经济发展的共同愿景，进行战略合作是双方的共同需求，实现双向双赢的互补性合作交流是海峡两岸文化产业可持续发展的机制保障。

1. 签订两岸文创产业合作发展协议。在《海峡两岸经济合作框架协议》（ECFA）和《海峡两岸服务贸易协议》框架下，对接"两岸经贸文化论坛"的"共同建议"，加快推进两岸文化创意产业的合作交流，探索两岸产业合作的新机制，实现文化创意产业交流与合作的体制化。

2. 成立非营利性的"两岸文化创意产业促进中心"。由省台办牵头，整合福建现有的涉台文化创意产业相关组织资源，形成专事推动两岸文化创意产业的合作交流，形成"一站式""一个窗口"的常态化合作交流机制。

3. 明确两岸文化创意产业合作交流的重点支持领域。针对文化创意产业涉及面广、多元化、碎片化的现实问题，以双向双赢的思维及优势互补的合作为基础，建议聚焦创意设计业、创意生活体验、艺术品及艺术衍生产品业、新媒体数字产业、创意生态休闲农业等领域，借鉴和学习台湾地区的经验，提升福建文化创意产业的发展水平。

其二，成立海峡两岸文化创意产业研究会，携手开发中华文化资源。

携手开发和利用中华文化资源宝库是两岸中华民族子孙的共同使命和责任，将历史文化资源转化为经济发展资本和优势作为两岸文化创意产业合作交流的重要任务，具体建议：

1. 成立两岸文化创意产业研究会。建议由省台办牵头，依托福建高校和福建科研机构等专业文化创意产业研究机构的力量，整合两岸相关研究资源，搭建智库型研究平台，形成跨越两岸的文化创意产业研究团队，实现信息互通、资源共享。

2. 建立中华文化创意产业资源数据库。依托福建高校和研究机构中的文化产业研究中心，为海峡两岸的企业、创业者、研究人员携手开发中华文化资源提供信息、案例、市场、政策等咨询服务。

3. 编撰《海峡两岸文化创意产业发展年度报告》。定期举办海峡两岸文化创意产业学术活动，及时发布海峡两岸文化创意产业合作交流的市场趋势、成功经验、政策举措、动态信息等研究成果。

其三，设立两岸文化创意产业人才服务平台，提升产业核心竞争力。

人才是文化产业发展的第一要素，也是核心竞争优势，台湾地区在文创人才的培养、服务和国际化方面积累了丰富的经验，优势明显。在两岸文化创意产业合作交流推进中，福建应将人才置于首要地位，全面推进沪台文创人才的合作和交流。

1. 设立两岸文化创意产业人才服务平台。建议依托相关机构，将"两岸文化创意产业人才服务平台"列入2016年度上海市促进文化创意产业发展财政扶持资金的平台类资助项目，予以重点支持。为两岸文化创意企业的人才引进、培训、交流等提供公共服务平台。

2. 设立两岸文化创意产业学科培养点和实训基地。由省文改办、省台办和省教育厅协同合作，利用两岸丰富的教育资源，借助国外成熟的经验与技术，培养优秀的本土文创人才；结合文创企业的需求，引进首席创意执行官（CCO）培训课程，建立文化创意奖学金制度，形成若干个文化创意产业实训基地。

3. 设立"中华文创大奖"。立足于提升中华文化创意人才的国际影响力，面向两岸年轻文化创意人才，定期颁奖，为中华青年才俊走向国际市场和国际舞台展示才华搭建宣传和推介平台，资助和鼓励两岸共同组团参加国际性文化创意比赛和国外设计展览等。

其四，建立海峡两岸文化创意产业试验区，推动中华文化品牌走出去。

借助福建自贸区先行先试的契机，通过制度创新，集聚两岸文化创意企业、品牌、人才等资源，在国际市场塑造中华品牌，加快推动中华文化走出去。

1. 设立以"中华文化走出去"为主题的海峡两岸文化创意产业试验区。结合自贸区国家文化贸易基地的建设，集聚台湾地区的优秀文创企业，在文化贸易领域探索建立符合国际规范的制度，借鉴台湾地区的"文化创意产业法"，在试验区内探索文化创意知识产权保护的新机制，在文化创意产业的商业模式、服务机制、政策环境等方面实现新突破。

2. 试点中华文化创意生活消费体验区。推动两岸示范创意街区和创意社区，形成具有创意生活美学、文化厚度和生活质感的中华文化创意生活消费体验区。

3. 推动面向国际市场的"汉潮"文化。两岸联合营销中华文化创意产业整体形象和品牌产品，打造区别于"日风""韩流"的"汉潮"，通过文化创意产品走出去，输出中华价值观，提升中华区域的国际竞争力。

还应特别提及的是，相对于日益沉寂的台湾电影产业，大陆电影产业行情看好。国家新闻出版广电总局电影资金办日前发布数据显示，截至2015年12月3日，2015年大陆电影票房收入已达到400.5亿元，同比增长47.4%。这也是大陆电影票房在历史上首次突破400亿元大关。大陆的电影产业未来在台湾地区也是可以大有作为的。

其五，创新文化产业业态，延伸和完善文化产业链。应大力培育文化市场，扩大文化消费，建立健全两岸文化产业发展的法律法规，使文化产业真正成为两岸经济贸易交流的新平台和新增长点。

参考文献

国务院研究室编写组编：《政府工作报告》，人民出版社2016年版。

房宏婷：《论文化消费与文化产业的互动关系》，《理论学刊》2011年第10期。

王亚南:《福建文化产业未来十年增长空间——以扩大文化消费需求与共享为目标》,《福建论坛》(人文社会科学版) 2012 年第 6 期。

范周:《中国城市文化消费报告》(总卷),社会科学文献出版社 2010 年版。

王斌:《中国城市文化消费报告》(北京卷),社会科学文献出版社 2010 年版。

陈曼东、陈小申:《中国城市文化消费报告》(上海卷),社会科学文献出版社 2011 年版。

两岸青年学生对中华地域文化集群认知的比较研究

张 羽 金 林[*]

一、问题的提出

中华地域文化是指中华特定区域内所形成的生态、民俗、传统、习惯等文化，带有鲜明的地域特质。如果从中华地域文化的区域视野来观照台湾地区，"'台湾文化'或'闽台文化'正如广西文化、云南文化、山西文化等省区文化或吴越文化、燕赵文化、巴蜀文化等区域文化一样，由于其血缘、历史、语言等原因特别是所具有的共同的文化核心，分别成为'中华文化'这一整体中的一分子"[①]。

在台湾地区，乡土教育在中小学教育中具有特殊地位，学界、教育界和政界都对其极为关注。一方面，从教育体系建构来看，台湾地区已经建立起大中小学的乡土课程和教材开发、多元的乡土教学、乡土教育研究等，这一体系的确立，促使台湾青少年能在学校和社区活动中接受乡土教育，更为熟知自己所生存的地域文化特质；另一方面，在政治层面上，"不同党派、不同政治团体，为乡土教育的目标、乡土教育的功能和内容争论得不亦乐乎。从党派之间的争论中可以看出，主张'台独'的政治势力，试图透过乡土教育恢复本土文化及形成'台湾意识'，并借此争取公众认同和支持"[②]。一些台湾青年学生受到"台湾文化具有多元性，包含有葡萄牙、西班牙、荷兰、日本、美国等国文化，台湾'原住民'文化，以及1945年后迁徙台湾的大陆文化"无主次文化构成时论的影响，对台湾文化的中华文化主体属性产生怀疑。从中亦可看出，台湾乡土教育"背负着沉重的政治诉求"，"从教育入手培养所谓的'新台湾人'"，已

---

[*] 张羽，厦门大学台湾研究院、台湾研究中心教授，厦门大学台湾研究院文学所所长，两岸关系和平发展协同创新中心文教融合平台执行长，福建省台港澳暨海外华文文学研究会副会长。
金林，中国社会科学院文学所博士生。
[①] 朱双一：《"台湾文化丰富了中华文化内涵"申论》，《台湾研究》2011年第5期。
[②] 万明钢：《论台湾的乡土教育》，《西北师大学报》（社会科学版）2001年第6期。

然"形成反'大中国意识'的势力"。①

伴随两岸青年学生交流日益活络，必定会产生不同程度的接触与碰撞。从这一角度来讲，深化两岸青年学生对中华地域文化的多元性认知具有重要意义，这是扩大两岸青年学生的区域视野，正确处理两岸文化议题的基本前提。如果台湾青年学生在接触台湾乡土文化教育之外，也可以近距离地接触中华地域文化，通晓台湾文化来源，了解两岸的历史文化和当前现状，就会有辨识地接受台湾乡土文化教育。因此，如何运用地域文化教育领域的一些基本理论和方法，将中华地域文化教育延伸到两岸青年学生之中，加深其对中华地域文化的理解，帮助年轻学生克服由于跨地域交流所带来的种种问题，这将是中华地域文化教育面临的一个新问题。

本文将借助调查问卷，结合文献研究等方法。首先，分析两岸青年学生对地域文化的研究视角与研究特色；其次，结合问卷梳理出两岸青年学生对中华地域文化的集群认知差异，主要包括对当地地域文化的熟悉度与主要认知渠道、学校教育与地域文化的关联、台湾文化与大陆文化的异同等三方面问题，探究差异产生的深层原因；最后，在当前两岸文化交流背景之下，中华地域文化的基础教育应如何体现多元共存与反思创造的精神，进而对未来发展方向提出建议。

二、相关研究综述

两岸青年学生如何认知与研究地域文化？我们或可从以青年群体为主的两岸硕士、博士论文中，寻找到一些带有地域倾向性的议题，笔者就目力所及的相关研究介绍如下。

（一）关于乡土教育和认知的相关研究

中华地域文化之间，也必然存在着某种程度的差异，地域文化教育也存在着极大的差异性。两岸硕士、博士论文中有不少直接聚焦乡土教育与认知的关系，但视角和议题差异很大。在台湾地区，青年学生的硕士、博士论文更多关注乡土文化课程体系、乡土历史、各年段学生接受乡土教育与民族认同的关系，议题细致深入。在大陆地区，青年学生的硕士、博士论文选题较为宏观，多探讨一些时代影响、教材嬗变、乡土教育原则等议题。此类大陆学生硕士、博士论文有王海燕《地域文化与课程》（华东师范大学，2003）、彭文君《全球化时

---

① 万明钢：《论台湾的乡土教育》，《西北师大学报》（社会科学版）2001年第6期。

代我国乡土教育发展研究》（华东师范大学，2008）、李素梅《中国乡土教材的百年嬗变及其文化功能考察》（中央民族大学，2008）、班红娟《国家意识与地域文化》（中央民族大学，2010）等。

（二）关于闽南语、闽南文化的研究

在台湾地区，对闽南语和闽南文化颇为重视，不少台湾小学都将闽南语列入教学计划。在台湾学生的硕士、博士论文中，选题为闽南语教学状况、教学困境等议题的论文并不少见。

大陆地区关于闽南语和闽南文化的研究，主要集中在福建等地，选题多倾向为探讨闽南文化与高校德育、闽南文化与涉台议题、闽南文化生态保护实验区建设，等等。此类论文如刘冉《闽南文化的思想政治教育资源及其价值研究》（闽南师范大学，2014）、蒋琪纯《闽南文化在高校德育的运用研究》（华侨大学，2013）、黄明波《方言电视·地域文化·涉台传播》（福建师范大学，2010）、钟璇《闽南文化生态保护实验区建设中的政府行为研究》（华侨大学，2011）等。

（三）关于地域文化的研究

台湾地区青年学生的硕士、博士论文主要关注寺庙与地域文化、地域文化的精神意象建构、地方文化产业与地域文化、地方文化馆的文化传承等议题。此类论文如林奕欣《寺庙与地域文化——以关庙乡山西宫为中心的探讨（1661—2006）》（台湾师范大学，2009）、钟仕展《地域文化之精神意象导入公交车等候亭之研究——以台南市古迹文化为例》（台湾岭东科技大学，2012）、吴佩瑜《结合台湾地方文化馆于文化传承推广之研究》（台湾世新大学，2014）等。大陆地区青年学生的硕士、博士论文主要关注地域文化学、国家意识与地域文化、地方传媒对地域文化影响等议题。此类论文有李颖《地域文化视野下的电视纪实节目研究》（新疆大学，2012）、刘赫《地域文化在思想政治教育中的作用研究》（山西财经大学，2010）、徐隽《地域文化对大学生创业倾向的影响》（华东师范大学，2011）等。

尽管都是围绕地域文化而做的学位论文，但研究议题、视角、结论等存在不少差异。青年硕士、博士生是未来地域历史文化的传承者和研究者。学界应推动海峡两岸的硕士、博士生联合进行跨地域的田野调查研究，提升相关研究学位论文的学术性和实践性。

三、"两岸青年学生对中华地域文化认知"
调查问卷的设计与说明

为使本研究建立在实事求是的社会调查基础上,课题组设计了题为"两岸青年学生对中华地域文化认知"① 的调查问卷。问卷先后发放两次,第一次问卷自 2014 年 1 月至 12 月,在台湾大学、台湾"清华大学"、台湾成功大学、彰化师范大学、北京大学、厦门大学等 20 余所大学,总计发放 1500 份,回收 1207 份,回收率 80.5%。在回收的问卷中,无效问卷 114 份,有效问卷 1093 份,有效率 90.6%。大陆版有效问卷 696 份,台湾版 397 份。第二次问卷于 2015 年 6 月、7 月间完成,共计回收台版问卷 98 份。调查对象重点放在两岸高校正在攻读本硕博学位的学生群体。问卷共设置 8 道选题,各题均可多选,也可自行填写个人观点。

四、对中华地域文化集群认知的差异与深层原因分析

(一)对当地地域文化的熟悉度与主要认知渠道

1. 您对下列哪些当地地域文化的内容比较熟悉?

这一题试图了解两岸青年对当地地域文化的关注热点(见图 1)。从数据分析我们可以看出,大家最熟悉的都是地方特产、特色小吃。食物确实是我们记忆某一地方时非常容易想起的东西。近年来两岸交流活动中很大一个主题就是小吃,台湾小吃进大陆,大陆小吃去台湾,对某一地方食物的熟悉和喜好会让我们不由得对那个地方本身产生好感。对家乡食物的记忆,从小养成的口味,是凝聚乡情的重要因素。对民俗、方言的熟悉也是我们进入当地生活首先会接触到的内容,对它们的熟悉也是两岸青年共有的。值得注意的是,台湾青年实

---

① "两岸青年学生对中华地域文化认知"的调查问卷是课题组发放的总题为"两岸学生历史文化教育认知状况"调查问卷系列之一,还包括"两岸青年学生对台湾政治文化的看法""两岸青年学生对历史事件的看法""两岸青年学生对当代社会文化的看法""两岸青年学生对历史人物的看法"和"两岸青年学生对现代文化的看法"等系列问卷。

图1

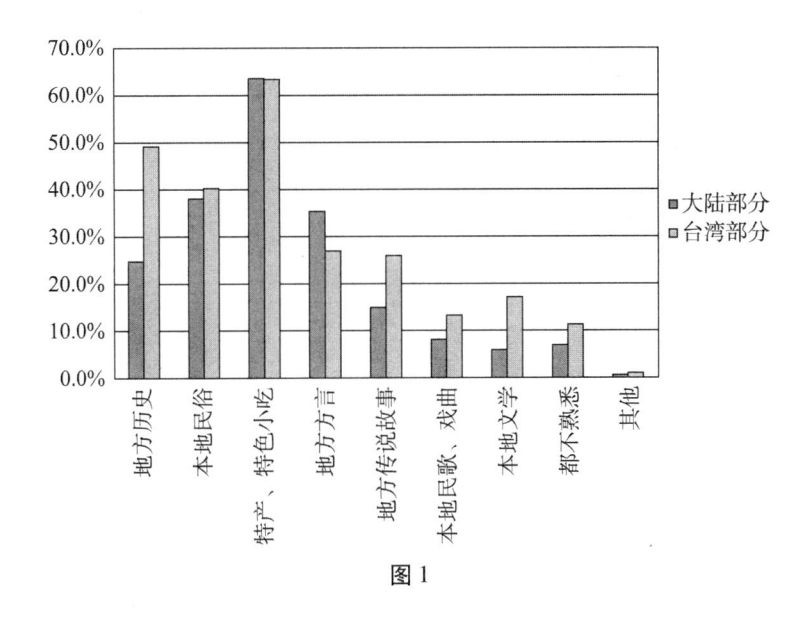

际接触到的台湾地方历史、地方传说故事、地方民歌、地方戏曲、本地文学等方面，都高于大陆青年，而且超出的比例较大。这些内容是衣食住行等日常生活层面之外的文化内容，尤其需要培养和教育，这与台湾方面有意强调本土文化，增加台湾历史、文艺等方面教育和宣传有关。例如当台湾青少年可以在学校教育和社区活动中学习到台湾地域文化的内容，这当然会增加青年对这些方面的了解。相比之下，大陆对地域文化的教育虽然重视，并开发出一系列的地域教材，但各地大中小学的重视程度不一，缺乏专门的地方教育专才，因此大陆青少年普遍不很熟悉地方史和地方文化。

2. 关于地域文化的看法，您比较认同的是？

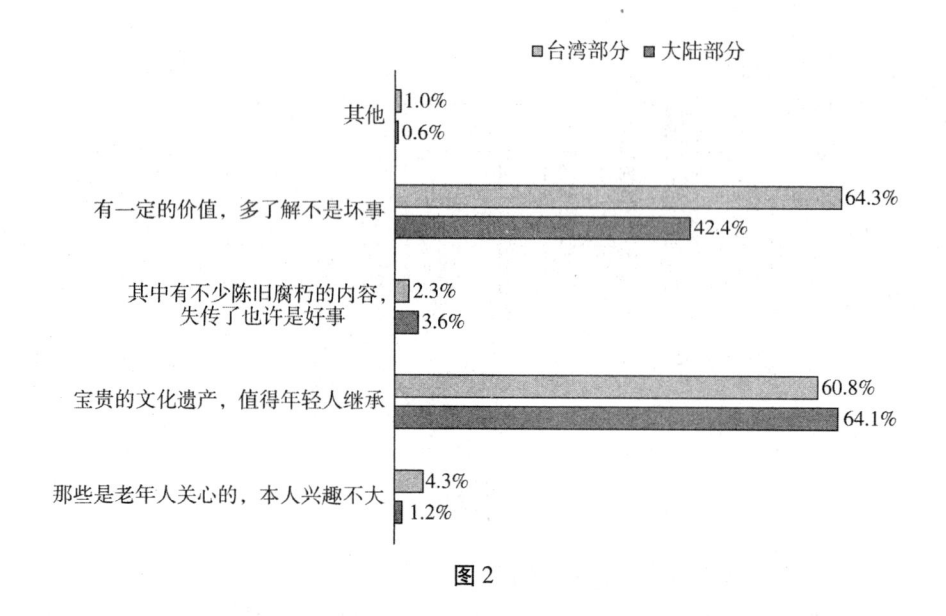

图中数据：
- 其他：台湾部分 1.0%，大陆部分 0.6%
- 有一定的价值，多了解不是坏事：台湾部分 64.3%，大陆部分 42.4%
- 其中有不少陈旧腐朽的内容，失传了也许是好事：台湾部分 2.3%，大陆部分 3.6%
- 宝贵的文化遗产，值得年轻人继承：台湾部分 60.8%，大陆部分 64.1%
- 那些是老年人关心的，本人兴趣不大：台湾部分 4.3%，大陆部分 1.2%

图 2

这一题分析两岸青年对地域文化的态度（见图 2）。我们发现，绝大多数青年都对地域文化持有比较正面的态度。64.1% 的大陆青年认为地域文化是"宝贵的文化遗产，值得年轻人继承"；60.8% 的台湾青年也认同这一看法。另外 64.3% 的台湾青年认为地域文化"有一定的价值，多了解不是坏事"，选择这一选项的大陆青年较少。从这两个选项的对比也许可以看出，大陆青年更为认可地域文化的宝贵，这与前述大陆青年对地域文化的相对不熟悉形成了有趣的反差。选择负面选项的人数很少。而在这些选项中，大陆青年倾向认为地域文化中"有不少陈旧腐朽的内容，失传了也许是好事"，这和大陆此前一段时期的官方意识形态有一定的重合。而台湾青年偏向于认为地域文化是"老年人关心的，本人兴趣不大"，这与青年人普遍接受的欧美流行文化态度一致。

3. 您了解当地地域文化的渠道主要有哪些？

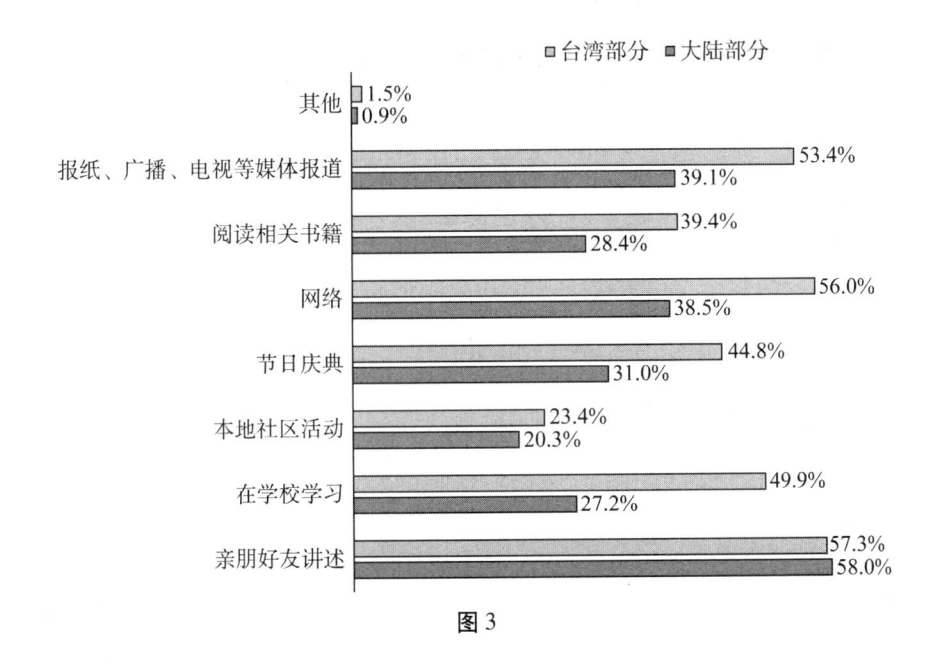

□ 台湾部分　■ 大陆部分

其他：1.5% / 0.9%
报纸、广播、电视等媒体报道：53.4% / 39.1%
阅读相关书籍：39.4% / 28.4%
网络：56.0% / 38.5%
节日庆典：44.8% / 31.0%
本地社区活动：23.4% / 20.3%
在学校学习：49.9% / 27.2%
亲朋好友讲述：57.3% / 58.0%

图 3

从这一题的调查结果（见图3）中我们也可以看到，台湾青年获知地域文化的渠道更为多元，也更为普遍。整体表现为台湾青年接触到地域文化的机会更多，也更有兴趣去了解。不仅在本地社区活动、节日庆典中可以亲身参与，也会通过书籍和网络主动学习，尤其值得注意的是，49.9%的台湾青年表示在学校接受过地域文化的系统教育，而大陆青年只有27.2%有这样的经验。虽然更多人会从亲朋好友的讲述中了解地域文化知识，值得借鉴的是台湾的地方乡土教育与节日庆典、社区活动等紧密联系，激发了青年主动获取相关知识的兴趣。

（二）学校教育与地域文化

1. 您在学校学习过当地地域文化的内容有多少？

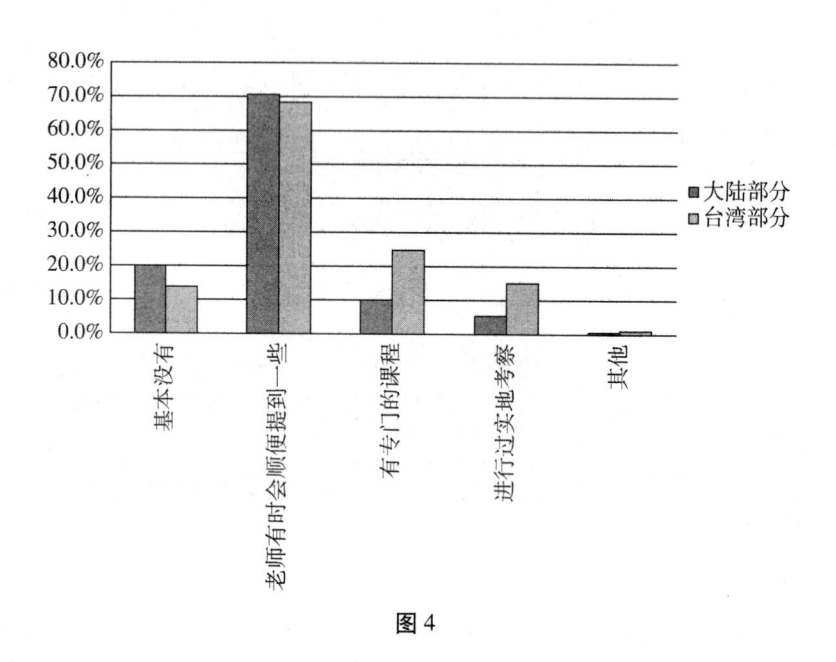

图 4

从这一题的调查结果（见图 4）我们可以更进一步观察两岸地域文化教育的异同。绝大多数青年选择了"老师有时会顺便提到一些"。除此之外，大陆青年更多认为"基本没有"；而台湾青年则"有专门的课程""进行过实地考察"。虽然比例并不是非常高，但这些差异还是值得我们重视的。由于本次问卷调查的对象是大学生群体，对更小年龄阶段的台湾群体是否经历了更多的地域文化教育，这是另外需要考察的。从这一题的差异中我们已经可以看到两岸一种相异的趋势。

2. 您认为是否有必要在学校教育中加强对地域文化的教育？

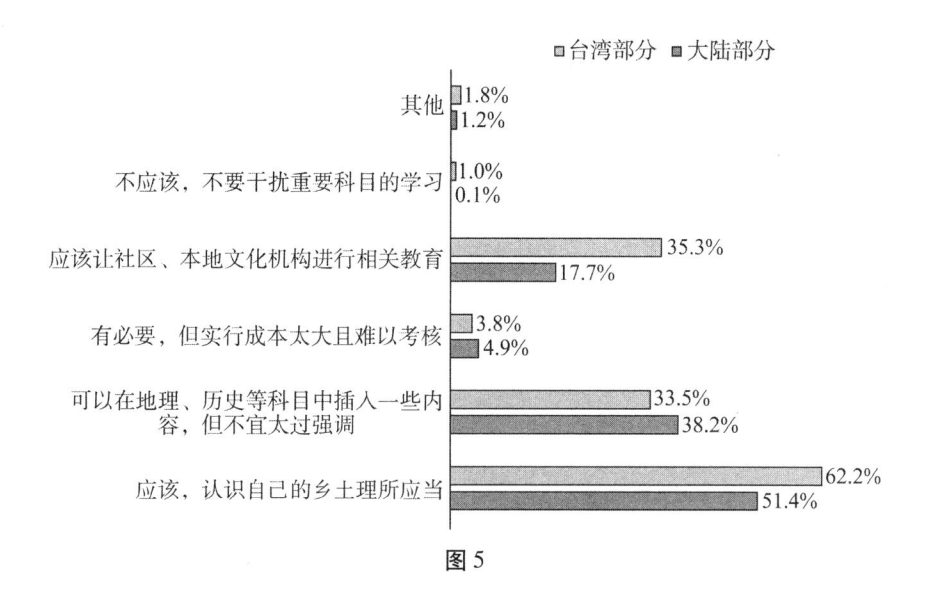

■台湾部分　■大陆部分

其他　1.8% / 1.2%

不应该，不要干扰重要科目的学习　1.0% / 0.1%

应该让社区、本地文化机构进行相关教育　35.3% / 17.7%

有必要，但实行成本太大且难以考核　3.8% / 4.9%

可以在地理、历史等科目中插入一些内容，但不宜太过强调　33.5% / 38.2%

应该，认识自己的乡土理所应当　62.2% / 51.4%

图 5

这一问题将地域文化和学校教育两项内容结合，从而讨论两岸青年对此的态度。从调查结果（见图5）中我们可以看出，两岸青年基本都同意应该在学校教育中加强地域文化的内容，认为"认识自己的乡土理所应当"。这一点作为人之常情是非常可以理解的，中华文化中尊重本乡本土的传统也应和了这一观点。在"认识自己的乡土理所应当"的选项中，台湾青年（62.2%）比大陆青年（51.4%）还是多出了不少。35.3%的台湾青年认为"应该让社区、本地文化机构进行相关教育"，选择这一选项的大陆青年只有17.7%。这一差异则体现了两岸社会在文化层面的一大区别：台湾社会的社区组织、文化机构在开展社会活动方面有较大的活力和自由度，而大陆的相关机构则缺少活力。对大陆青年来说，本地文化机构和社区相关组织的存在感普遍很弱。还有相当一部分两岸青年均认为"可以在地理、历史等科目中插入一些内容，但不宜太过强调"。

(三) 台湾文化与大陆文化的异同

1. 您认为当前台湾与大陆在文化方面有哪些差异？

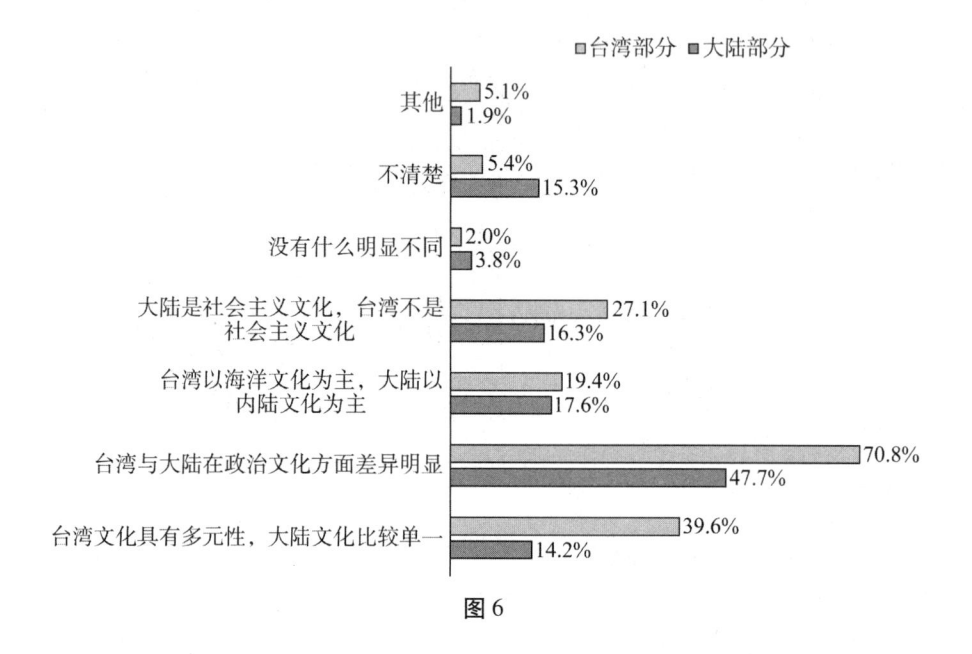

■台湾部分 ■大陆部分

其他 5.1% / 1.9%
不清楚 5.4% / 15.3%
没有什么明显不同 2.0% / 3.8%
大陆是社会主义文化，台湾不是社会主义文化 27.1% / 16.3%
台湾以海洋文化为主，大陆以内陆文化为主 19.4% / 17.6%
台湾与大陆在政治文化方面差异明显 70.8% / 47.7%
台湾文化具有多元性，大陆文化比较单一 39.6% / 14.2%

图6

这一问题讨论两岸文化的差异。从调查结果中可以看出，70.8%的台湾青年认为"台湾与大陆在政治文化方面差异明显"，大陆青年选择比例最多的也是这一选项，但只有47.7%。可见大陆青年对两岸在政治上的差异不如台湾青年在意。39.6%的台湾青年认为"台湾文化具有多元性，大陆文化比较单一"。大陆的文化更是丰富多元。而如果和上面的"政治文化"一同参看，则可以看出另一个问题——台湾青年对大陆文化的认识恐怕过多地被政治因素遮蔽了，进而用封闭/开放的视角得出了单一/多元的看法。27.1%的台湾青年和16.3%的大陆青年认为两岸文化的差异在于"大陆是社会主义文化，台湾不是社会主义文化"。这一观点可参见陈孔立教授相关研究，如其在《两岸文化的本质差异》[①]一文中提出："当代中国大陆的文化是社会主义文化，而当代台湾的文化则基本上保留了中华传统文化并且受到西方文化的较大影响，而不可能含有任何社会主义文化的性质，这就是二者的本质差异。"19.4%的台湾青年和17.6%的大陆

---

① 陈孔立：《两岸文化的本质差异》，《台湾研究集刊》2013年第4期。

青年认为两岸的文化差异在于"台湾以海洋文化为主,大陆以内陆文化为主"。对"海洋文化"的强调是台湾地区近年来的一个文化趋势,本土势力对"海洋文化"的力推自然有政治上的考量。不过,这一议题在大陆可能会因为地域不同而有不同的回答,如处于大陆内陆地区的青年大概会认同这一选项的描述,但沿海省份的青年恐怕不会认同。

2. 您认为台湾是否形成了一个独特的"台湾文化传统"？如果有,它和"中华文化传统"是何关系？

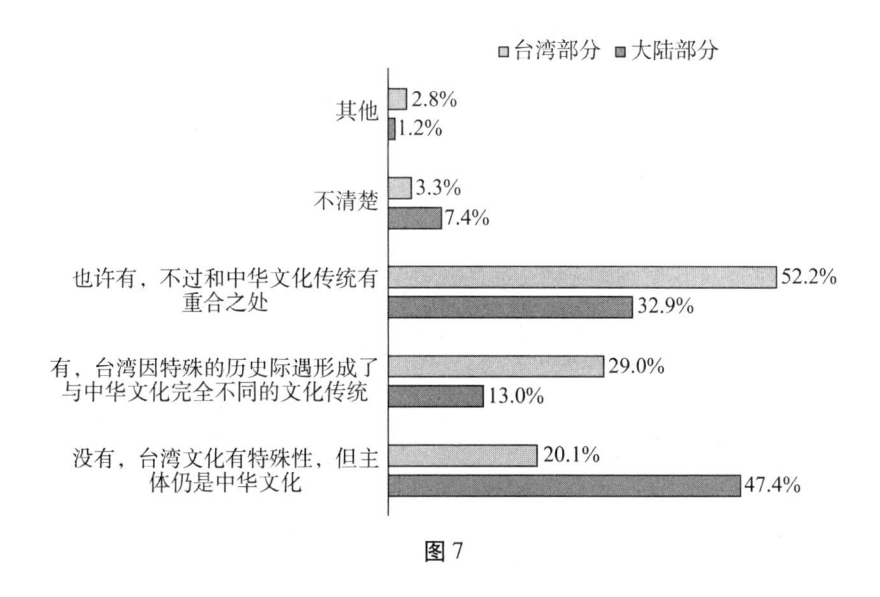

	台湾部分	大陆部分
其他	2.8%	1.2%
不清楚	3.3%	7.4%
也许有,不过和中华文化传统有重合之处	52.2%	32.9%
有,台湾因特殊的历史际遇形成了与中华文化完全不同的文化传统	29.0%	13.0%
没有,台湾文化有特殊性,但主体仍是中华文化	20.1%	47.4%

图 7

这一问题讨论"台湾文化传统"与"中华文化传统"。从调查结果中可以看出,总体上台湾青年倾向于认为有"台湾文化传统",而大陆青年倾向于否定。52.2%的台湾青年认为"也许有,不过和中华文化传统有重合之处",这算是一个比较折中的回答。29%的台湾青年认为"有,台湾因特殊的历史际遇形成了与中华文化完全不同的文化传统"。这个选项则认为两岸文化传统"完全不同"。另外20.1%的台湾青年认为"没有,台湾文化有特殊性,但主体仍是中华文化"。可以看出台湾青年内部意见也有分歧。大多数人持居中的观点,肯定地认为有或没有的相对较少,而在这两者之中认为有"台湾文化传统"的人较多。而大陆青年的意见则从倾向"没有"到倾向"有"呈递减趋势。47.4%的受访者认为没有"台湾文化传统",32.9%认为"也许有",13%的人认为台湾有和大陆完全不同的文化传统。在某种意义上,也凸显了大陆青年对台湾文化的不了解。

五、两岸协力发展中华地域文化的路径与展望

我们看到,台湾青年学生不但在学校中能接受到乡土文化的教育,而且主动参与地域文化的实践。现阶段,大陆地区如何进行青年学生的中华地域文化教育,值得借鉴台湾地区的一些教育经验,两岸更应协力推动中华地域文化的融合与发展。

(一)重视闽台地域文化教育的深度交流与对话

海峡两岸文化共同渊源于中华文化,特别突出地表现在福建和台湾的文化亲缘关系上。"福建(特别是闽南)与台湾的文化关系,不仅是总体上的同文同种,更是在移民过程中形成的直接血缘承续和文化传递。举凡家族谱系、方言谚语、生产技术、生活方式、民间习俗、宗教信仰、建筑风格乃至歌谣传说、戏曲歌舞等等,无不烙着直接承递的亲缘血印。因此,讨论台湾文化,不能绕过闽南文化。"[①] 现阶段,海峡两岸的中小学课程体系中都有围绕各地域的独特文化展开的课程教育。台湾地区早在1993年就明确提出了增设"乡土教学活动"一科;1996年将"乡土教学活动"定为小学的一门课程,每周一节课;1998年9月,台湾地区开始规定小学三年级至六年级,每周开设"乡土教学活动",初一则开设"认识台湾"课程。为了统一乡土教学,专家学者提出了乡土教材应由近及远、由简到繁、由具体到抽象的编写原则。[②] 大陆地区从20世纪80年代后期开始,地方课程逐渐进入课程体系。以福建为例,《海西家园》作为福建省小学地方课程教科书,"以'海西'建设的时代精神为主线,以省情特色作为主要的学习内容,形成了一系列富有时代性和地域性的特色专题",分为"绿色海西""蓝色海西""人文海西""红色海西""科技海西"和"五缘海西"等章节。[③] 但据课题组的调查,福建地区的中小学地方课程虽被列入课表,却多被其他课程占用,地方文史教育的师资力量明显不足,致使学生缺乏门径接触及了解相关地方文化。在福建,仅有少数学校重视地方文史课程,经常邀请校外文史工作者来授课。

---

① 刘登翰:《弘扬中华文化 促进祖国统一——试论文化研究在当前两岸关系发展中的意义》,《东南学术》2004年增刊,第175页。
② 万明钢:《论台湾的乡土教育》,《西北师大学报》(社会科学版)2001年第6期。
③ 袁书琪主编:《海西家园》五年级下册,海峡出版发行集团福建少年儿童出版社2013年版,第1、2页。"海西"之名是因为在台湾海峡的西岸。

两岸青年学生对中华地域文化的集群认知主要是在学校的地域文化教育中养成的。"地域文化的课程体系之建构需以现实生活世界为中心,注重价值反思、注重生活情境的运用,注意地域文化的完整性和独特性,并着力于培养学生合理的文化观,以便充分发挥地域文化的教育价值。"① 现阶段,大陆地区应鼓励各校重视地方课程的开设与创新;邀请地方文史工作者进入中小学课堂;定期组织学生走访庙宇、古建、地方馆等地,培养学生探究认知地方知识的兴趣;有条件的福建中小学校可以邀请台湾师生前来观摩和交流,也可派出师生前往台湾,参与台湾地域文化的教学和实践活动。让闽台青年学生在相互比对和创新中,更轻松、更亲近地了解闽台地域文化史。此外,还可推动"学生研究员计划",促进青年学生参与研究地域文化,正视乡土文化价值,进而培养服务地方乡土的情操。

(二) 多角度、多层次、立体式地活化闽台地域文化特色

陈孔立教授指出:现有的历史记忆与群体认同是可以改变的,而且是必然要改变的。他主张"双重认同":"台湾认同"和"中国认同"并存。对于家乡、本土、地方的认同与对于国家的认同可以并行不悖。如今的一大任务是"为两岸共同重构历史记忆与国家认同"②。两岸青年学生对中华地域文化的集群认知是在主动参与地方文化活动过程中逐步培植起来的。在全球化、商业化的时代,大多数城市越来越趋同,各自的地域文化未能保护和传承。当前,对地域人文环境的保护越来越重视,教育者有责任唤起青年人既对本土文化重视,又能了解中华文化的地域差异,意识到文化中的"异",有利于年轻人理性建构历史记忆与文化认同。

在地方性报纸杂志、地方文化学术会议、地方文化民间展示等方面,开辟地域文化特色的报道、展示与研究,深入挖掘闽台地域相近的历史文化题材,以资料陈列、深度调查、人物访谈等方式,多角度、多层次地把人们既熟悉又说不清楚的地域历史文化展现在人们面前。同时兼顾注重中华文化的整体性和地域文化的独特性。

(三) 重视地方文化馆建设,创新地域文化传承推广

当前,两岸同样面临着如何吸引青年学生参与地域活动的议题,要让地方

---

① 王海燕:《地域文化与课程——关于人与文化的思考》,博士学位论文,华东师范大学,2003年,第1页。
② 陈孔立:《台湾社会的历史记忆与群体认同》,《台湾研究集刊》2011年第5期。

文化馆成为学校地域文化教育之外的重要场馆，让学生可以就近接受地域文化资源的介绍。台湾乡土文学作家黄春明曾说："人最重要的认同就是对出生地的认同，家乡的约束力让人不敢在长成的地方当'剪钮仔'① 或流氓；然而现在人们轻易迁居流动，离开了学习语言和规矩的土壤，便也失去了行为的约束力，因此现代人尽管比以前富有，犯罪率却高。"在台湾地区，各地方文化馆纷纷出现。一方面，地方文化馆应该重视地域文化的展示，成为学校地域文化教育之外的展示场馆。但大陆地区一些地方文化馆商业气息过于浓厚，未来应着力呈现地域文化的特色，增加地域文化深度，"运用文化据点作为学习创新的空间平台，成为在地的文化发展育成中心，需要有再生与再发展的能力，运用地方的独特性创新与再造新的文化体验、文化商品与文化休闲活动等，带动地区的文化经济，才能丰富地方居民的生活与发展"②。另一方面，地方文化馆更要注重与青少年的互动，当青年人"作为演变过程的主角时，文化就是变迁剧本与场景，企图使所有主角理解、认知与认同"。积极激发在地民众的主动参与精神，提升文化生活品质，让地域文化与个体生命记忆相融合。运用想象力去创新发展，让地方文化馆成为生动展示在地文化价值的重要载体。

刘登翰先生指出："尽管台湾在历史上曾经遭受荷兰、西班牙和日本的殖民统治，战后回归又经历了半个世纪的两岸政治对峙与分隔，使台湾中断了与祖国大陆社会同步发展的历史进程，但并未隔断中华文化在台湾延续。台湾社会与祖国大陆的不同进程，只是在中华文化的逻辑基础上呈现出的同质异态的发展。"③ "同质异态"可以作为我们理解两岸某些文化差异的理念。在推行乡土教育过程中，亟待两岸教育界、学界协力对地域文化的创新性传承进行系统而深入的探讨，这将有助于促进青年学生在宏观中把握中华文化的多元性，又能微观细致地理解地域文化。

（本文为2013年度教育部哲学社会科学研究重大课题攻关项目"海峡两岸历史文化教育中相互认知、表述、态度及影响研究"〔项目批准号：13JZD003〕的阶段性成果）

---

① "剪钮仔"是闽南语的"扒手"之意。
② 吴佩瑜：《结合台湾地方文化馆于文化传承推广之研究》，硕士学位论文，台湾世新大学信息传播学研究所，2014年，第16页。
③ 刘登翰：《弘扬中华文化 促进祖国统一——试论文化研究在当前两岸关系发展中的意义》，《东南学术》2004年增刊，第175页。

当前两岸文教交流的特征、困境与未来发展

张宝蓉[*]

在两岸关系发展的历史长河中，文化教育始终扮演着重要的角色。两岸文化教育的相互开放、交流与合作，成为两岸关系深层结构重建的重要组成部分，并对台湾民众的文化认同、历史认同、政治认同乃至国家认同等产生了深刻的影响。"文化"是个无处不在的概念，或者说有人的地方就有文化。它既包括人的衣食住行、言谈方式和风俗习惯，也包含了语言、文学、艺术、教育、法律、宗教、学术出版、影像制品及一切意识形态在内的精神产品，代表的是一个社会的精神存在方式和制度架构，是社会成员间整合互动为群体的纽带和黏合剂。两岸文化同根同源，但是在两种不同社会制度下形成和发展的两岸文化教育，不管是在内涵、理念、制度方面，还是在发展模式、表现方式、政策等方面，亦存在较大差异，已经逐渐发展起各具特色的文化意涵。深入探究两岸文化教育交流互动形态，促进两岸文化教育相互认识、理解与包容，逐步建立起拥有"大中华"观念的文化整合与创新形态，是两岸文化教育发展的必然诉求，也是推进两岸关系和平发展的重要保障。

一、当前两岸文教交流的主要特征

自 1978 年两岸文化教育交流工作启动以来，两岸文教关系经历了从艰难起步到双向交流，从跌宕前进再到冲破重重阻力向纵深发展的过程。其间，受文化自身及两岸关系发展等多重因素影响，有时甚至陷入迂回、反复的困境中，但最终能顺应两岸大交流、大合作的趋势，朝着积极向好的方向发展。2008 年之后，随着两岸关系的日趋缓和，两岸文化教育交流与合作的程度、范围、领域、层次等明显扩大，两岸文化教育交流与合作持续升温，进入了半个多世纪以来最快速、最热络、最紧密的时期。经过多年发展，两岸文化交流合作已向语言、文学、艺术、教育、法律、宗教、民俗、戏曲、族谱等全面拓展。据不

---

[*] 张宝蓉，两岸关系和平发展协同创新中心副秘书长，厦门大学台湾研究院两岸关系研究所所长、副教授。

完全统计，2011 年仅经文化部审批的两岸文化交流项目就达到 2900 起，11000 人次。① 据台湾相关部门统计，2013 年经台湾行政部门批准的赴台从事文教交流的大陆人士总计高达 99124 人次。当前两岸文教交流合作呈现如下几点特征。

（一）两岸文教交流始终是两岸交流中的一股"热流"，当前已经从单向浅层朝向双向多元不断深化发展

两岸文化教育交流从早期以人员为主的零散交流，到后来的定期互访，再到现在的品牌活动，实现了多次跨越，开展了各种内容丰富、形式多样的交流活动。从文化观光参访到文化联欢节，从文化论坛到圆桌会议，从恋爱婚姻到永久定居，从人员往来到就业创业，从社会服务到网络合作，不一而足。两岸文化教育的交流活动遍及大陆广袤的地域，兼顾到东、西部和城市与农村间的平衡，动态参访与相对静态的交流、体验并重；参与交流交往的台湾民众，也包括不同地区，很多来自台湾中南部。数千青年学子在彼岸学习，每逢寒暑假，各种冬令营、夏令营、研习团、青年联欢节络绎不绝。台湾学者赵杰夫早在 1997 年就指出："为促使两岸人民共享文化成果、互蒙互利，两岸文化交流形态已逐渐摆脱初期零星、片断、随机性之活动，朝向具有实质性、观念性、制度性及深度性等问题进行探讨与研究合作，使两岸交流活动迈向互惠、长期及稳定的方向推进，为中华文化的发展奠定良好基础。"② 时至今日，两岸文教交流所发挥的成果与效益已是倍加彰显。

（二）两岸文教交流的迅猛发展对于增进两岸民众相互了解、增进两岸关系和平发展起到了无可比拟的作用

笔者于 2013 年所开展的"当前台湾民众对于开展两岸文教交流的意愿与满意度"的电话民调显示，将近八成的受访者认为两岸文化教育交流合作对两岸关系和平稳定发展有所帮助，因而赞同进一步加强两岸文化教育领域的交流合作。2012 年、2013 年，笔者在连续开展的"在台湾高校就读陆生学习状况"问卷调查中亦发现，有 40.78% 和 46.74% 的"陆生"认为他们的赴台交流学习能对两岸关系发展产生"积极影响"和"一定的正面影响"，只有 9.12% 和 2.98% 的"陆生"认为"没有太大的影响"和"说不清"。可见，作为继"台

---

① 李徽：《文化部：文化交流是两岸关系持续发展的重要动力》，中国台湾网（http://www.chinataiwan.org/jl/wh/201210/t20121011_3164075.htm）。
② 赵杰夫：《两岸文教交流十周年回顾与展望》，《两岸文教交流简讯》1997 年第 8 期。

商""陆配""陆客"之后的第四大两岸交流群体——"陆生"对"文教交流与两岸关系和平发展前景"普遍抱持着积极乐观的态度。

(三) 两岸在文教交流合作中所形成的大陆"单边开放"的非均衡性互动格局逐步被打破，两岸相关部门逐渐形成合力共同推动文教领域的互动发展

具体表现在：其一，舆论准备。两岸有关学者专家及社会各界在两岸交流、"两会"谈判、政治对话、高层互访中，在各类论坛如"两岸经贸文化论坛""海峡论坛""两岸文化论坛""两岸大学校长论坛""两岸中小学校长论坛"，以及其他各类专题研讨会中就两岸文化教育互动中的一些重要或紧迫的议题展开讨论，相互试探，酝酿氛围，设计方案，这些都为新一轮的两岸文化教育互动进行了非常重要的舆论准备。其中，两岸经贸文化论坛成为国共两党定期沟通的最高平台，自2009年以来，两岸就深化两岸文化交流合作、共同传承和弘扬中华文化、两岸高校学历互认、两岸高校相互招生、拓展两岸教育交流合作、商签两岸教育交流合作协议、进一步深化两岸青少年交流等议题展开了深度研讨，就推进和深化两岸教育交流合作的措施等达成了共识。其二，双方逐渐建立起了"换位思考"的心理互动机制，更加强调站在对方的立场、文化教育发展的差异性现状思考问题。其三，双边协商。近几年来，两岸各级教育主管部门之间所开展的定期或不定期双边协商会议相当频密，双方就两岸教育互动中存在的各类相关事务展开探讨。

(四) 文化创意产业成为两岸文教互动新载体

进入21世纪以来，因应全球化语境和世界经济文化关系的发展与变迁，以及两岸文化关系的发展，文化创意产业成为两岸推动产业升级、优化经济结构和追求社会发展转型的重要支撑点，也成为两岸民众互动的全新载体。2010年《海峡两岸知识产权保护合作协议》的签署为两岸文化创意产业交流合作全面、深入与长远合作提供了最基础性的保障。此后，文创产业更是成为两岸民众尤其是青年群体交流合作的重要联结点。历届两岸文化产业合作论坛的举办对推进与深化两岸民众在两岸文化创意产业合作、实现两岸"文创"共赢上起到重要作用。"深圳文博会""北京文博会"每年都吸引大批人潮观展及买主前来洽谈，为台湾青年文创从业者带来庞大商机。海峡两岸（厦门）文博会、海峡工艺品博览会、海峡两岸图书交易会等成为两岸青年文创从业者重要的交流渠道与平台。福州、厦门、成都、天津等地开始筹建两岸文化创意园区；2012年民革中央办公厅、北京歌华文化发展集团、台湾"中华杰出青年交流促进会"在北京共同设立"两岸文化创意人才服务基地";2013 年国台办将杭州市命名为"两岸文创产业合作实验区",同年底实验区重要项目"杭州创意设计中心"建设正式启动。① 这些园区通过出台各项利好政策吸纳台湾文化创意产业人员入驻园区。这些台湾青年文创从业者将其优秀的创意、丰厚的资金和丰富的运作管理经验带到大陆,为大陆文化创意产业的理论和实践发展提供了有益的补充和完善。近年来,"创客文化"逐渐在北京、上海、深圳、杭州、厦门等地生根发芽,吸引了越来越多的台湾青年"创客"西进大陆,促成了一个又一个台湾"创客"集聚地的形成。两岸相关部门、高校、社会机构通过搭建"两岸青年创业创新创客基地",举办"两岸青年大学生创客营""两岸创客文化主题沙龙"和"两岸青年创客联盟"等推动两岸青年创客文化的渗透和融合。同时,大陆还不断加大力度培育包括两岸青年大学生在内的各类青年创新人才和创新团队,提升青年学生成为"创客"和创业者的机会。两岸青年"创客"自身则通过联合设立创客空间或创客组织,举办各种专题讲座,制作小产品等,实现技术的分享和交流。

(五) 两岸文教交流合作的深化发展催生出了各种新兴的两岸流动群体

多年来,两岸青年的交流与合作虽持续发展,但在相对敏感的政治关系中,在有限制的政策环境空间下进行的两岸文化教育交流合作基本是沿着"重参访联谊、轻人才培养""重短期效益、轻长远效应""重项目落实、轻制度建构""重经验推广介绍、轻资源共建共享"的惯性路径和固有思维发展演进。2008 年以来,两岸相关部门在继续推动已有互动方式的基础上,大幅度转变两岸文化教育交流合作的观念与思想,努力寻找新的互动空间以克服路径依赖带来的局限性,在持续扩大已有互动形式的基础上,逐渐把互动的重心从原来的"重交流"逐渐转移到关注解决两岸文化未来发展的新问题上来。由此,也逐渐催生出了各种新兴的两岸文化流动群体,譬如"台生""陆生""创客""陆客""陆配、青年台商、"台二代"等,这些群体中多数是既掌握特定行业专业知识和技能又熟悉两岸社会、政治、经济制度安排的人才,他们终将成为两岸经济持续发展及制度性经济一体化发展的重要人力资源和智力支持。

---

① 林秀琴:《两岸文化创意产业合作:趋势、共识与思路》,《东岳论坛》2014 年第 12 期。

二、持续推动两岸文教交流的困难所在

两岸文化交流的功能定位不明、台湾地区政治生态变化、两岸不同利益群体之间的差异化诉求、文化自身的复杂性和多功能性、两岸文化教育协议签署过程中所将产生的一些程序性问题等也将是当前持续推动文教关系发展中面临的困难和障碍。

（一）两岸文化关系认知变化对交流互动影响日益加剧

何谓台湾文化？何谓中华文化或大中国文化？二者关系为何？对于大陆而言，台湾文化始终是中华文化的一部分，两岸文化同根同源。因此当前的两岸文教交流是同一国家领土主权之内的两个不同地区间，即大陆地区与台湾地区之间主流文化教育与其他亚文化，以及其他亚文化之间的交往、传播或互动关系。它是在同一民族，即中华民族内部，由于历史变迁、政治差异、地域限制、社会发展水平不同而存在的跨文化差异的交流过程。对于台湾地区而言，在台湾民众的潜意识中，两岸文教交流是两种独立文化形态之间的互动往来。对两岸文化关系认知未能取得一定共识情况下所推动的两岸文教交流活动无可避免地显得更加敏感，文教关系也变得相对脆弱，两岸制定的单边文化交流政策中存在的保护色彩浓厚、共享性基础薄弱、双方戒备之心与日增强等问题就是两岸文化关系认知差异问题的具体外化。

（二）两岸文教交流功能的错位与越位

两岸文教功能的错位或越位成为当前推动两岸文教关系持续发展的主要障碍之一。对于30多年来两岸文化交流目的及功能的理解，两岸之间、学界之间、民众之间、不同政党和政治人物之间尚未形成统一的认识和说法。与国际文化交流中展现出来的众多功能比较，既有共性之处，更有特殊表现。

两岸重启文化往来伊始，文化交流就成为两岸相关部门处理错综复杂政治关系的重要推手之一，彰显出浓厚的政治依附色彩。伴随着两岸关系的跌宕起伏，两岸文化交流功能、领域、内容、形式和程度等随之不断变化，即使今天也难以规避政治形势变数带来的不确定性。在两岸文化交流互动过程中，为凸显出各自文化的优越性和主体性，双方都不由自主地扮演着优势文化指导者的角色，倾向于从本位主义出发，隐含着文化偏见的危险，这亦不利两岸关系和平发展局面的突破和开展。

（三）两岸文教政策的单边性色彩浓厚

自两岸文化相互开放以来，大陆各级政府部门陆续出台了各类文化特殊政策和惠台措施，台湾地区亦积极研拟相关文化交流方案，内容涉及影视、出版、音像、文物、教育等方面。以两岸高校学历互认和相互招生为例，大陆出台的政策就已涉及对台招生、学历认可、奖助学金、"台生"就学成本、台湾就业、"陆生"赴台、高考成绩认定、"台生"健保等。台湾当局在两岸高校学历互认、招收"陆生"、短期交流、学生互换、境外办学、奖助学金等方面的政策制定上也取得了突破性进展。譬如2010年以来陆续颁布的"陆生三法""大陆地区学生就学及停留办法""大陆地区人民来台就读专科以上学校办法""大陆地区学历采认办法"等规章条例，不仅从采认原则、招生对象、申请程序等方面对学历采认和招收"陆生"作了详细规定，更公布了"陆生"在台湾地区应遵循的事宜。这些单边政策的制定无疑为推动两岸文教交流起到了重大作用。但是，不可否认，两岸制定的文教交流单边政策尚具有浓厚的单边保护色彩，相互不认可、不理解和不信任渗透到政策研拟全过程，两岸共同认可的双边政策的缺失，已经成为阻碍两岸文化教育互动进程的拦路虎。

尽管近年来，两岸对于推动商签文化教育交流协议的呼声不绝于耳，但是由于两岸特殊的行政区划和敏感的政治生态，两岸文化交流活动与相关协议的签署随之变得更加敏感、复杂与多变，迄今文化协议签署问题尚未纳入两岸两会谈判协商的时程。两岸文化交流的功能定位不明、台湾地区政治生态变化、两岸不同利益群体之间的差异化诉求、文化自身的复杂性和多功能性、协议签署过程中所将产生的一些程序性问题等也将是当前两岸签署文化协议时必将面临的困难和障碍。

与大陆积极推动商签文化协议的态度不同，台湾社会各界的声音显得相当多元，即便是执政当局的态度也不明朗。这将对两岸文化教育交流协议的商签增添更多变数。

（四）文化自身的复杂性与多功能性

两岸文化各领域的进展水平、互动情况不一，对于推动两岸交流合作的迫切性要求就不同。文化是一个多功能的体系，具有传播、教化、认知、创造等功能。文化自身的多功能性，将使两岸在推动交流时更加难以协调。对于台湾地区而言，不同历史时期的文化发展深受政治意识形态和思想价值观念的影响，是历史更迭的产物。台湾文化所承载的意识形态功能如果没有适度弱化，文化将会成为两岸两会"难以攻克的堡垒"。两岸部分文化领域的交流合作也会给台湾岛内部分民众、反对人士留下更多的"想象空间"和"话题制造空间"。此外，文化自身的复杂性与多样性、两岸对于交流诉求的差异性也在一定程度上导致两岸文教交流的非均衡性或不对等性。以两岸高等教育为例，这种非均衡性或不对等性体现在两岸高等教育互动的多个方面，具体有：

其一，两岸互动的不对等性。在相互招生问题上的不对称性是两岸高等教育互动不对等的典型体现。就大陆而言，始终秉承着积极主动、开放包容的基本态度来推进两岸高等教育的互动进程，努力为两岸高等教育相互开放创设各种有利条件。以"大陆高校招收台生"为例，经过了数十年的探索，在入学考试这一重要门槛上向台湾学生开放，承认台湾大考成绩；在就学过程中给予"台生"享受奖学金、与大陆学生同等收费等各种优惠政策；在就业这一"出口"上同样对台湾学生开放，允许台湾学生在大陆就业。这有利于减轻台湾学生及家长的负担，保障"台生"的合法权益。但就大陆学生赴台的问题台湾地区却限制很多。台湾对大陆高等教育开放政策基本上采取比较保守、封闭的态度，从而制约了两岸高等教育的深化合作问题。

其二，高等教育与经贸领域互动的非均衡性。30年来，高等教育是两岸之间最早展开互动的领域之一。但是，与经贸、财金、交通、航运等领域相比较，两岸教育交流与合作的步伐远远滞后于这些领域的互动，尤其是经贸领域的互动。在两岸关系的建构中，"政治对话""经贸关系安排""两岸共同市场"等政治、经济术语掌握了主流的话语权，高等教育始终处于依从的地位，缺乏主体性。或者说，高等教育自身在两岸互动中陷入话语缺失的困境之中。

其三，高等教育内部互动的非均衡性。从上文的分析中，我们可以看出，人员往来与学术交流一直是两岸高等教育的主要互动形式，尤其是教师互访、讲学与学生流动上。两岸高等教育一些更加实质性、深层次的合作，如合作办学、合办专业、合建实验室、联合科技攻关等项目尚未真正开展起来。

三、两岸文教交流的发展前瞻

坚定不移地推动两岸文教交流合作，这是确保两岸关系和平发展方向不动摇的内在诉求；是两岸在有益的竞争互动中建构各自积极的文化身份，增强对自身及彼岸文教发展历程和未来发展以及彼此关系的理性认识和把握的必然路径；是营造两岸民众"零距离沟通"和"面对面生活"的全新文化教育生态环境的最佳选择。因而，我们要从思想上深刻认识两岸文教交流合作的重要性，不能因为台湾地区政治生态变化，或是文教交流过程中出现的一些问题而否定了继续推动两岸文化教育交流合作发展的大方向，亦不能随意变更步伐或单边政策，尽量为文教领域提供稳步推进、良性互动的两岸关系发展大环境，切实保障两岸文化教育交流合作中各利益相关者的权益。

两岸文化存在差异是个不争的事实，两岸文教交流的重心应转移到促进两岸文化和谐发展的轨道上来，充分发挥其在调和两岸文化差异，促进高度文化自觉，实现文化价值共享等方面的内在本质功用，从而实现两岸良性文化互动关系的建立。"调和两岸文化差异"即要求我们在认识、关注、理解和尊重差异的基础上，建立多元文化互动的政策机制和保障机制，保护和扶持两岸文化的多样性，为多元文化的自由流动创造宽松环境。"促进高度文化自觉"指两岸对自身及彼岸文化发展历程和未来发展以及彼此关系的理性认识和把握，要求我们要在文化交流的过程中不断进行自我反思，在有益的竞争中建构各自积极的文化身份。[1]"实现文化价值共享"即指在文化交流中培育两岸民众共同认可、遵从和自觉实践的文化价值观体系，这种价值观体系既蕴含在中华民族传统文化的内涵中，也应体现在现代文化意义上的各种价值诉求上。

在两岸文化往来中，除了进一步推动原有文化交流外，更应重视发展两岸文化比较优势产业，重点扶持若干文化领域，不断为两岸文化协议的签署积累条件。譬如，在语言文化领域，重点推进闽方言（闽南语、客家话）的研究、普及，与台湾相关专家学者共同编写乡土语言教材，推动闽台民众集体认知和共同记忆的形成；重视两岸海外华文教育的合作交流，推进海外华文教育认证标准的合作、联手建立全球华文教育信息平台、联合培养海外华文教育和汉语文化传播的拔尖创新人才、协同开发海外华文教育急需的各种语言文化创意产品、协同开发适合海外使用的华文教材和工具书等。在文化产业领域，重视与台湾地区共同开发富有海洋文化、闽南文化、客家文化、乡土文化等与两岸文化传统和文物保护题材相关的文化产品，促进具有核心竞争力的文化企业集团和知名品牌的建立。在教育领域，推动闽台两地专家、学者联合编写中小学使用的经典教育教材（如《两岸中小学国学简义》）、祖地文化教材（如《图说闽台文化》），加强闽台职业证照考试与检定制度的沟通、借鉴与对接，实现两岸高校合作办学形式多样化等。

---

[1] 费孝通：《反思·对话·文化自觉》，《北京大学学报》（哲学社会科学版）1997年第3期。

在两岸文教交流协议签署暂时受阻的情况下，两岸民间可先行探讨"两岸文教交流合作行动计划"，对两岸文教交流中应遵循的基本原则、合作目标、交流功能、合作措施、管理机构设置、主要合作内容和领域、争议解决与内容变化、生效与终止等基础性问题进行初步规定，确保未来一段时间内两岸文化互动提供指导方向；推动两岸教育交流、新媒体合作、文创产业、乡土语言教育，尤其是闽南话、客家话和台湾地区少数民族语言的交流与合作等都可能纳入其视野。如何加强两岸中小学教师的深度交流，尤其是吸引更多的台湾地区中小学教师到大陆来，成为大陆对台工作的另一重要环节。建议大陆更多的中小学与台湾地区中小学"结对子"，签署校际交流合作协议，鼓励合作双方的教师轮流到两地中小学进行短期授课或开设讲座；联合培训中小学教育师资力量；联合开展两岸中小学教学和课程改革研究；鼓励两岸中小学教师共同编写乡土语言教材、祖地文化教材（如《图说闽台文化》）和中华经典文化教材（如《两岸中小学国学简义》）等；组织两岸中小学师生共同参与到两地的教育实践或综合活动中，使得大陆发展的最新信息，以及两岸关系和平发展的成果能在最大程度上通过台湾地区中小学教师在台湾青少年中得到传播。

"陆生"和"台生"在两岸高校青年学生流动中是最为活跃的，也是最具指标性意义的"两岸族"，大陆教育主管部门和高校要充分重视做好"台生"和"陆生"群体的工作，切实关怀"台生"和"陆生"的学习生活并协助其解决面临的困难，充分发挥两岸高校学生流动群体在两岸和平发展中的"正能量"功效。以"陆生"而言，今天的在台"陆生"整体而言是积极向上的，由于有了赴台求学的经历，使得他们对大陆社会主义制度的认知更趋理性和客观，"勤奋刻苦、竞争力强"是他们给台湾民众留下的最为深刻且正面的形象。因此，我们要与台方积极交涉，切实保障在台"陆生"的各类合法权益，如就学权、健康权、奖贷权、参与权、使用权等，真正做到有组织地关怀在台"陆生"，给予他们更多的物质和精神支援，引导在台"陆生"树立"自信、包容"的态度，成为两岸关系和平发展的先锋和纽带。

此外，如何加强两岸青年情感沟通，拉近台湾青年与大陆的心理距离，是对台工作面临的巨大挑战。具体建议：对于已经在大陆的台湾青年群体，大陆各级涉台部门，应尽快建立台湾青年在大陆就学、就业、创业、生活、交流或旅游的相应跟踪管理制度，建立全国性"台湾青年就业创业指导服务中心"，汇聚政府部门、高等院校、科研院所、企业及民间各界人士，为台湾青年提供创业与择业、职业生涯规划、实地就业、法律援助等各方面信息、政策与咨询辅导服务，切实保障台湾青年在大陆的学习、工作和生活权益。对于岛内台湾青年，大陆应充分发挥新媒体的作用，在两岸青年间架设多种渠道的交流共同平台，推动更多台湾青年学生或是待业青年到大陆进行体验式就业，进而提升台湾青年在大陆就业、创业的意愿和满意度。开展灵活多样的对台青年交流活动，尤其是各式专业类、专题性交流活动，让两岸青年因共同的旨趣联结在一起，在交流合作中共享价值理念，从而提升交流的成效。

乡土文学传统的赓续和创新
——台湾新乡土小说创作论

陈建芳[*]

从20世纪90年代开始,台湾文坛便涌动着一股新的创作风潮,直至21世纪初的当下,这股风潮已渐成新的书写传统,富有代表性的文本有《秀才的手表》《本日公休》《神秘列车》《上邪》《缝》《杀鬼》《滨线女儿》《复岛》《睡眠的航线》《无伤时代》《西北雨》等。这些新的小说文本的出现,不仅宣告一群20世纪70年代出生的台湾作家已逐渐成为当下台湾文坛的主力军,也使用来指称这类创作现象的批评概念——"新乡土小说"为更多研究者采用。[①]由此,本论文试图从现实关怀精神、新的历史感、现代性批判以及新的审美因素等角度来论述新乡土小说的文学质素,以说明乡土文学传统已出现新的赓续与创变。

一、新的现实关怀精神

传统乡土文学重视并采取现实农村社会事件和真实农村人生遭际的题材,从而使这一文学类型成为宏大社会历史的见证和底层弱势群体的代言,具有浓厚的现实主义关怀精神。台湾新乡土小说是对传统乡土小说的承续和发展,在创作取材上,也体现出本乡本土的特色。但毕竟社会和时代的变迁,使新乡土小说仍具有与传统乡土小说不同的"新"现实主义精神。

传统乡土小说是以相对于都市而存在的农村为叙事展演的中心舞台。舞台表演的主体是生活在现实农村中的各色真实人物及其关系,以及由此延伸出的种种故事、事件和意义,衬托这个舞台的背景往往是乡村的地理风貌、风土习俗等。而新乡土小说叙事展演的中心舞台已不再局限于"农村"这个场景空间。台湾作为现代化发展较早的地区(相对于大陆而言),"农村"这一特殊的以农

---

[*] 陈建芳,福建师范大学海峡两岸文化发展协同创新中心副研究员。
[①] 范铭如早在2004年就对这一创作现象进行了整体观察,并称之为"新乡土小说"(见范铭如《轻·乡土小说蔚然成形》,《中国时报》开卷版,2004年5月10日)。之后台湾地区许多评论家如郝誉翔、周芬伶等越来越关注这类文学创作现象,将之命名为"新乡土小说"或"后乡土小说"。显然,他们已经意识这些小说文本与传统乡土小说的不同并将两者区别开来。

业经济为主要特征的区域已经大面积减少,取而代之的是众多的附属于城市发展的郊区,与城市经济关联密切的城镇,保留部分原始生产关系的少数民族部落,以及远离台湾岛屿略显闭塞的离岛,甚至仅仅因为一种乡愁,"都市"也可以成为新乡土小说展演的舞台。这种小说展演空间的挪移和变换,尽管舞台表现的主体还是现实人物及其社会关系,但是其展现的故事形态以及舞台背景,都有异于传统乡土文学的表现内容。新乡土小说的核心视域已不是单纯的人与土地的生产力、生产关系问题,而是已经演变为更多元的关系问题,如生态保育问题、族群共存问题、终极关怀问题、劳资纠纷问题、全人发展问题,等等。因此可以说,新乡土小说与传统乡土小说已出现了"同"而"不同"的现实关怀的面向。

新乡土小说家中最执着于表现人与土地关系问题的是童伟格。从短篇小说集《无伤时代》到长篇小说《西北雨》,作家清晰地认识到在台湾社会现代化程度不断提高的过程中,人与土地的关系越来越疏远,在他始终带着悲观色彩的文学世界中,游离逡巡着脱离土地后的种种"废人"。这些"废人"的出现,标志着祖父辈和父辈在乡土关系的承传上出现了断裂。祖父辈的村民珍惜自己所拥有的土地,能够脚踏实地,认真做事,纵使耕田务农的过程中必然有艰辛,但因为土地最终会给他们应有的报酬,所以他们心满意足。父亲一辈选择逃离乡村而流转于都市中,不再辛勤于土地的劳作,但因他们不具备足够的能力和耐力,只能终日无所事事地虚耗光阴。[①] 但更让人感到悲凉的是,离开土地和乡村漂泊无成之后选择返乡的人,会发现已经无法回到原来的生产关系和生活状态中。[②] 童伟格对一系列乡村"废人"形象的塑造,将人与土地紧张而疏离的复杂关系呈现得淋漓尽致,让人不胜唏嘘。

在新乡土小说的代表作《缝》中,作者张耀升则从社会伦理角度关注了家庭中最年长一辈的终极关怀问题。这个家庭靠经营裁缝店维生,这种家庭手工作坊式的经济方式跟土地没有直接的关联,但是这个家庭的伦理关系还保留着农业经济时代的模式。一家三代共处的模式体现着"养儿防老"的传统理念,但小说表现的实际上是这个理念的反面案例。作为家庭主要经济支撑者的第二代人物父亲,扮演了一个不可思议的不肖子形象,他对家庭中第一代人物奶奶处处表现出嫌恶之情,如以白眼瞪视指责奶奶对顾客的"多嘴",以粗鲁无理的姿态阻止奶奶与家庭其他成员共同进餐,最后演变到将奶奶隔离于幽暗的阁楼

[①] 童伟格:《王考》,台湾印刻文学2010年版,第12、13页。
[②] 童伟格:《王考》,台湾印刻文学2010年版,第106页。

上，把仅有一条通往楼下（外界）的楼梯也搬走的无人性作为。最让人心寒的是，奶奶不幸摔亡后，父亲竟用针将奶奶摔破的筋肉连同寿衣缝合起来……虽然父亲终因受奶奶不安的亡灵之惊扰而发疯，正因应了"恶人恶报"的理念，那种触目惊心的读后感，却让人对不肖子的冷酷无情的印象久久挥之不去，也引起全社会对老年人的终极关怀问题的更多思考和注目。

二、新的历史叙事与历史感

与传统乡土文学关注历史问题一样，新乡土小说的作家们对历史叙事逐渐产生了越来越浓厚的兴趣。在新乡土小说出现的初期，有学者对其进行观察，做出不同的论断，有的认为新乡土小说是"轻"乡土小说，即在思想内容和审美品位上都显轻浅；有的认为"六年级生"作家（即20世纪70年代出生的作家）创作的乡土文学已经一改与政治意识形态紧张胶着的状态，而转变为对之进行"推离"和"背反"。但是，随着作家们创作经验和实力的不断累积和发展，他们用扎实丰富的创作推翻了此前的论断。甘耀明的《杀鬼》、王聪威的《复岛》、伊格言的《瓮中人》、吴明益的《睡眠的航线》，就是将乡土与历史题材结合起来的新乡土小说代表作。

新乡土文本往往以家族史来投射宏大历史事件。他们不约而同地写到家族中老辈人的死亡，以此带出逝者的历史故事。最典型的文本当属吴明益的《睡眠的航线》。在台湾文坛，作家吴明益一直以自然生态题材的书写而闻名，但2007年出版的《睡眠的航线》却充满了历史色彩。小说把自然、历史和记忆融合起来，以父与子两代人的经历和事件为交叉并行的双线叙述结构，试图挖掘台湾历史记忆创伤及身份认同困境。第一条线索是患上奇异"睡眠规律"症状的"我"为寻求救赎之道而求访中国台湾的及日本的睡眠专科医师的过程。但这条叙述线索不断地被第二条线索打断，即穿插台湾少年"三郎"被征召到日本，参与日本飞机的生产和制造的战时经历。其中"我"与少年"三郎"实际上是父子关系，但在"我"的现实生活中，父亲（中老年期的三郎）因历史创伤和认同问题，一直保持缄默，直至在一场事故中消失，不知生死。父与子在现实生活中的隔阂，让儿子对父子间正常交流和对父亲理解的渴望，被深深投射到了梦境中父子之间以特殊方式进行交流的隐喻上。可以说，子辈的"我"是透过梦境了解了父辈"我"绝口不提的少年时期的战时经验，正是这种连接方式消除了父子两代在父亲生前无法沟通的鸿沟，从而消弭误解，填补了沉默寡言的父辈在子辈生命中留下的空白和缺憾。这代表了没有亲历苦难历史的新世代作家对特殊历史境遇中父辈的认识和反思。吴明益试图为父辈的历史创伤寻找心灵治疗的救赎方式,通过梦、历史、现实和记忆的交织,两代人在同情和理解中达成和解与对话。哈布瓦赫曾阐述过个人和集体的回忆行为之间的关键区别:个人记忆的发出首先受无意识法则的支配,而公共记忆(不管无意识的兴衰变迁如何)则是就一些社会群体或权力分配而言,证明某种选择或组织历史表述的意愿或需要,因此个人将这些内容当作自己的记忆来接受。这里父亲的记忆将作为一种集体记忆由儿子这一代人接受并消化。而安妮·怀特海德说,集体记忆存在于政治结构的边缘,它产生的叙述用于支持群体利益和动员忠诚感。但是,这些叙述也会在某种程度上融入个人记忆的层面。因此,社会性地组织起来的对过去的表述影响、鼓舞着个人记忆,自传式的记忆建构不可避免地被牵扯进意义的更为宽广的社会框架之中。①

由此可见,新乡土小说作家身处本土主义思潮高涨的时代,并非"在场的缺席"。但是他们看待和理解历史的方式显然不同于前代作家们。在他们的历史视域中,并没有太多亲历者的那种彻骨的伤痛、怨恨和悲伤的情绪,更多的是以"四两拨千斤"之力"玩转"历史,在其文本中乡土与历史结合,融入了创作者极大的想象力,并试图以某种独特的"后设性怀疑"消解宏大历史,这种举重若轻的历史态度使他们较容易走出困扰台湾文学几个世代的历史悲情。当然,这样说并不意味着这些作家轻视历史,相反的,他们是希望换一个角度看待和理解当下台湾社会中的一些复杂纠结的历史问题,例如"剪不断理还乱"的身份认同迷思,通过种种努力尝试在文本中寻找一种对话及和解的可能性。

三、现代性批判

马克思和恩格斯在《共产党宣言》中这样写道:"生产的不断变革,一切社会关系不停的动荡,永远的不安和变动,这就是资产阶级时代不同于过去一切时代的地方。……一切等级的和固定的东西都烟消云散了,一切神圣的东西都被亵渎了。"② 这是一段著名的表达现代性体验的话语。当固定的东西都在经历动荡时,生活在其中的人们开始寻找能使他们确定自身的意义和价值,这几乎是凭借本能,在现代化进程的启动那一刻就开始的行为。这种行为又被看作现代性的反思行为。而柄谷行人将"故乡"看作一处寄托现代性批判的"风景"。

---

① [英]安妮·怀特海德:《创伤小说》,李敏译,河南大学出版社2011年版,第50页。
② 《马克思恩格斯选集》(第二卷),人民出版社1972年版,第254页。

这片"风景"象征了在时间之流中的一种停顿与暂驻,包含了安定和永恒的意象。新乡土小说中涉及的三种重要的文化形式可看作三种乡土"风景":民间文化风景、"原住民文化"风景和海洋文化风景。这些风景在被写入文学审美领域前,原本就先验地存在于现实的人类社会之中,但很长一段时间我们将它们忽视甚至遗忘了。尤其是启蒙主义文学兴起之后,人类开始拼命摆脱落后和蒙昧的状态,追求进步和文明。这样一来,活跃于底层民众中的民间文化,存留于原始部落中的"原住民文化"和依附于沿海边陲的海洋文化成了"落后"的代名词,并被西方线性现代化发展视野屏蔽。在新乡土小说中这些"风景"受到极大的关注,并将它们与高度工业化的现代文明对照,从这个意义上说,新乡土小说继承了传统乡土小说的现代性批判的视野,而非廖咸浩所说的这一代作家"对现代化迷思主导的商业性后'现代状况'安之若素"①。

但当反思现代性的紧迫命题逐渐为人们所认识之后,对"原住民"的部落文化的关注和研究成了文化思想界的热门话题,从列维·布留尔到列维·斯特劳斯,人们都在从原始文化中汲取反思现代性的力量。新乡土小说作家也不乏对"原住民文化"的吸收和转化,使其成为一种重要的"乡土"因素,如吴明益最早的一部短篇小说集《本日公休》中收录了一篇《最后的希以列克》,这篇小说的创作动机是"来自于一次我在九族文化村看到的泰雅族舞,这些盛装的老人总让我想起一旁增设的云霄飞车种种游乐措施。在政府(当局)宣称维护原住民文化的同时,我却看到一般人像在观赏迪士尼乐园的米老鼠般啃着玉米花,愉快地指指点点着象征原住民生活精神的歌舞祭典"②。小说正是有感于现代社会对"原住民文化"的观光化,对逐渐没落中的"原住民文化"精神发出的哀悼和感叹。所谓"希以列克"是泰雅人占卜时使用的一种鸟类,在猎首或重要活动时都必须以它飞行的方向和鸣叫声来判断凶吉。③

如果说"原住民"要面对现代社会的经济制度对部落生存空间的挤压,从而产生自身的古老传统和文化精神无法延续的危机感的话,那么怀着对更高的物质生活憧憬来到都市谋生的"原住民"则要面对身份认同的动摇和自我价值的迷失。李仪婷的《达曼的来信》讲述一个叫作塔伊岚的女孩,艰辛、低贱的皮肉生意成了她在都市生存的手段。她居无定所,四处飘荡,而部落里的父亲殷殷地盼着她回家。达曼寄出的信没有文字,只有用灰炭描画的粗犷图样,上

---

① 廖咸浩:《最后的乡土之子》,载林宜澐《耳朵游泳》,台湾二鱼文化2002年版,第14页。
② 吴明益:《本日公休》,台湾九歌出版社1997年版,第14页。
③ 吴明益:《本日公休》,台湾九歌出版社1997年版,第60页。

面画着父亲送给童年塔伊岚的心爱的山猪牙项链。但这些信到不了塔伊岚的手中，也唤不回女儿回部落看看父亲。如树根一样坚固的血脉亲情也在现代社会物质主义洪流的冲刷下断裂，失去根的老人以及他的部落显得更加风雨飘摇，岌岌可危。

在新乡土小说中，陈淑瑶、王聪威、童伟格等几位作家都将眼光投射向海洋。但他们对海洋的描写，不像作家夏曼·蓝波安那样展示海洋深邃的美感，新乡土小说作家往往站定陆地的位置，他们的海洋书写所充分体现的是现代性批判的意义。在陈淑瑶的书写中，正是有那样一片海域的相隔，使澎湖离岛上的人们得以免受现代工业文明的大面积污染，难能可贵地保留着农业社会温情脉脉的人际关系，在2009年的长篇小说《流水账》中，其细腻写实的笔法简直再造了一个21世纪台湾式的"大观园"。而在王聪威和童伟格的文本中，海洋意象被赋予浓厚的离家漂泊、失根无助的意涵，间接投射了人物回归家园和土地的渴望。

四、新的审美因素

在整个中国乡土文学中，以鲁迅为代表的乡土文学始终承载着中国百年来历史转折时期的阵痛和底层民众的苦难情绪，这种倾向于以作者为中心的阐释视野，挤压了原本应该预留给读者的感受空间。这是以"五四文学"为开端的中国现代文学的主题意义视域的历史性局限。随着时代背景的变化，社会历史的转型，作为人类思想和情感重要表现方式的文学也感受着这种变化和转型。当下台湾"新乡土文学"的出现，呼吁着新的阅读方式，读者是时候回到乡土文学批评的视野中来了。廖咸浩曾不满地指出新乡土小说不再像传统乡土小说那样严肃地对待现代性批判的课题。[①] 面对这样的质疑，如果我们运用发散性的思维方式，从反命题的立场思考，也许可以从中得到一个推论性的认识，即置身于后现代主义思潮的当下，新乡土小说不再坚持以作者为中心的现代性批判视野，而给读者预留了更多的阐释空间。我认为这是新乡土小说突破传统乡土小说局限的一大审美因素。

下面从文本的话语层面着手，根据读者在文本的阅读对话中扮演的角色来辨析新乡土小说所呈现的审美因素。

---

① 廖咸浩：《最后的乡土之子》，载林宜澐《耳朵游泳》，台湾二鱼文化2002年版，第14页。

（一）对话式文本

在新乡土小说中存在一种对话式的话语结构文本。这种文本中存在大量的"杂语"现象。台湾学者邱贵芬在回顾20世纪70年代末乡土文学论战的影响时，专门提到了台湾乡土文学的语言形式问题："乡土文学里叙述语言的杂语交混，是最值得注意的台湾文学形式突破，衍生出无穷的意义和后续发展。"[1] 这里的"杂语交混"即指将方言口语带入以普通话为主的小说叙述语言中。实际上这种杂语叙述的语言形式在整个中国乡土文学的发展历史中是普遍存在的，不单台湾地区的乡土文学如此。如由于大陆在20世纪20年代末形成的乡土文学创作群体将方言口语融入小说语言叙述中，使作品呈现出鲜明的地方色彩。所以乡土文学在语言表达层面具有"杂语"特色是已然形成的传统。在这种文本中，读者与作家和文本的交流是无处不在的，甚至可以用自己的想象来填补文本意义的空白。这种读者作为对话者而存在。在新乡土作家中，典型的代表有甘耀明。他的长篇魔幻乡土小说《杀鬼》用了讽刺模拟的语体，充满反讽意味。[2]《杀鬼》小说文本处处出现有违于常理的意象，如一个被父母遗弃，与祖父相依为命，并被日本中佐收养为义子的力大无比、有阴阳眼的通灵神童；一列不靠铁轨也能行走的火车；一群背负着家族墓碑，没日没夜操练并通过向火车"肉迫"以检验战斗力的少年兵；一个飞机失事的美军战俘被描述成眼泪汪汪喊妈咪的"火炭人"；一个被炮弹击断下半身的学徒兵被看作是肚脐有圈闷火向上蹿烧的"萤火虫人"；一个为了不让父亲上战场，拼命用脚扣住父亲的腰的女儿，最后两人竟血脉相连，变成连最高明的医术都无法切割的"螃蟹父女"；一个从脚趾间长出植物，蔓延成一座森林的顽固老人等。遍布于文本中的不合语法常规的句子结构造成阅读的停顿感和意义的不流畅，产生一种陌生化的艺术效果，让原本为人们所熟悉的历史事件和情景有了不同的观看视角。

（二）抒情式文本

在抒情式话语结构的文本中，叙述者和读者的地位不平等，文本中总有一个感情充沛、渴望诉说的叙述者，他的音量之大盖过了文本中其他叙述者的声音，而读者在这个时候则只能作为一个听话者而存在。一般来说，抒情式叙述

---

[1] 邱贵芬：《在地性论述的发展与全球空间：乡土文学论战三十年》，《思想6：乡土、本土、在地》，台湾联经出版社2007年版，第98—101页。
[2] ［美］海登·怀特：《后现代历史叙事学》，陈永国、张万娟译，中国社会科学出版社2003年版。

者的存在意味着文本中存在一个强大的"自我"主体。郁达夫在1935年宣称新文学最大的收获是"自我"的确立。① 检视传统乡土文学的发展脉络和文学实绩，我们能感觉到一个成熟理性、自由博爱的启蒙者的形象和声音在传统乡土文学文本中鲜明而宏大。他站定自己的位置，俯视底层民众的封建、愚昧、麻木和无知。这就是一个启蒙者"自我"的高大形象。但是，当时间进入20世纪末21世纪初，人类已经看到西方线性现代化发展模式所带来的诸多灾难和恶果，于是启蒙主义所宣扬的理性自由解放的"个人"，以及随后出现的现代主义所崇尚的富有内心生活的"自我"逐渐受到冷落，甚至开始退隐。这时候人们眼里的世界不再是卢卡奇所说的构成一幅有机整体的历史图景，更多的是零碎化的自我、福山式的"历史终结论"以及淹没于细节的日常生活。

在新乡土小说中并不存在完整、强大的自我主体。正如评论家杨照以童伟格为例所指出的，作者与人物之间的叙述关系发生了变化：新乡土小说中已不存在传统乡土文学中作者或叙述者与作品人物或被叙述者之间的优势差距，相反，新乡土小说的作者选择和他笔下的这些人物一起活在无知与无能的手忙脚乱中。② 那么，当主体的"自我"转变为非主体的"自我"之后，抒情式文本中那个强大的抒情声音是如何发出的？新乡土小说家陈淑瑶、王聪威作了很好的示范。陈淑瑶的澎湖风情小说《流水账》，王聪威的高雄家族小说《滨线女儿》，均运用大量的细腻到无以复加的自然主义的写实细节来充满和压迫读者的视、听、味、触觉，这种以高度逼真的写实主义手法营造故事现场感的技法，让读者在其所架设的叙事丛林中迷失，无从清醒地反躬自问或他问。于是进入叙事丛林的读者成为安静的倾听者。

（三）独白式文本

所谓独白式话语是指在文本的话语空间中，原本存在的说话人和听话人之间的交流处于一种无声的沉默状态，文本中充满大量冥想式的心理话语，受到文本情绪的感染，读者成了沉默者。在具体的文本世界中，它体现为两方面叙述特征：一是偷窥式或隐藏式叙述视角的设置，二是冥想式的心理话语。在新乡土小说作家中独白式话语的表现以伊格言的《瓮中人》和童伟格的《西北雨》为代表。

---

① 郁达夫编：《中国新文学大系·散文二集》，上海良友图书印刷公司1935年版。
② 杨照：《"废人"存有论——读童伟格的〈无伤时代〉》，《无伤时代》，台湾印刻出版社2005年版，第5—10页。

首先，隐藏式叙述视角的设置。在伊格言的《瓮中人》中，占主导地位的叙述视角是通过狭隘的空间管道来观察人物、行为和事件。在那拥有"桃窗、平榥，三坎三进两过水"的大三合院落中，家族人事资产的破败，使得曾经家大业大，门楣光鲜的院落成了瓮底般幽深、阴暗和潮湿的死气沉沉的空间。叙述者总是藏身于一个狭小偏僻的角落，如"自圈围院落的瓮墙前"，"在老瓦厝时光温吞的缝隙内底"，他从不与观察到的事物正面对视，总是"窥见"泰半时日只是枯坐或昏睡于老厝庭埕上的祖父，总是侧耳听见父亲与谁在模糊细碎地低语，还有街坊邻居对娶自"霓虹地"的祖母的闲言碎语，甚至祖母在去世前一天，失去神智般对镜浓妆艳抹，似乎重现年轻时"霓虹地"赚食的光景，这种回光返照式的艳丽剪影，叙述人也只是在不经意经过祖母房前时，透过镜子的反照而得以窥见。和这些偏视侧听迥然相异的是，叙述人对开棺捡骨迁葬祖母一事却使用了特写般的正视目光。从心理学角度来说，前面所有的偏视侧听，实际上正是烘托这样一种心理状态："直直莫名其妙地担心着，开棺后会看见的，祖母的身躯。他担心着祖母的身躯，或者担心众人看见时的惊骇。"[①] 祖母似乎成了一种丑恶与罪孽的象征，结果开棺后并无异状，仅剩一堆白骨而已。这种心理压力造成一种审美心理落差产生的巨大势能，透过文字传递到读者那里，也压迫得人无法喘气。

其次，是冥想式话语风格。充满童伟格小说的哲理性的内省式、冥想式话语，就是一种典型的独白式话语结构。福柯认为话语是权力的象征，谁掌握了话语，谁就掌握了领导权，对于弱者来说，较量似乎可以通过语言这种无形但却有力的东西来增加获胜的筹码。但是，童伟格并非语言的膜拜者和笃信者，在长篇小说《西北雨》中，他坚信能言善辩者往往是最孤独无助的内心独白者。他笔下的人物畸零颓废，无伤无害，他们即使拥有话语权，也只能为自己和他人带来遗憾。当人们想要借助语言这看似虚空的唯一武器来增加自身的力量，维护自身的利益以对抗外部世界时，他们不得不承认自身的弱势，这其实是一种更深的无助感。而童伟格的无助和颓败的感觉来源于他内心对"乡土的崩毁"的深度忧虑："乡土的崩毁是一种时代征兆，我与我的乡土疏离，并非我个人的苦难。"现代的语言观认为，不是人在说话，而是话在说人，流动不居的话语成了世界最深刻的本质、最本真的实有，这时候，人也就成了零碎的个体。这样的碎片化个体在《西北雨》的文本世界中随处可见。《西北雨》的主人公是一个

---

① 伊格言：《瓮中人·龟瓮》，台湾宝瓶文化2003年版，第155页。

"畸形儿",他的生理机制处于一种无可避免的退化过程中①,最后连说话都成为问题,于是他养成了一种自言自语的习惯,因此整部小说的话语都是自言自语的独白语或冥想式的心理话语。他的语言有一层浓厚的哲理色彩,这似乎说明是经过深思熟虑的结果。②更为致命的是"我"不仅在生理机制上不断退化,连记忆也在不断退化,"在灰蒙的意识里,我搜寻自己究竟还记得过往的多少事,由此假设:未来,我可能还剩下多少时间"。"我"有着与众不同的生死观,死亡是一件年轻的事,而成长则是一件衰老的事。在"我"的叙事中,串联了曾祖父母、祖父母、父母以及"我"自己的整个家族的故事。这个故事的讲述方式是一种冥想式的心理话语。因此,他的叙述并不遵循线性的叙述线索,而是一种意识流般的非逻辑性流动。每一个人物都是灰暗、忧伤、衰老的形象。没有希望,没有激情也没有理想。所有的故事都有一个主题:离去—归来—离去。在城市中四处漂泊,居无定所,黑夜白天颠倒的父亲;遭遇婚姻坎坷,家庭不幸,却始终坚强但却孤独的母亲;背负着原罪,不断退化,颓废的"我";年少离家漂泊海上,后半生紧紧依附土地的祖父;患有精神分裂症但慈祥无伤的祖母。这些人物身上无一例外地演绎着童伟格所创造的"颓废"伦理学:一味沉溺在各自"无伤无用"的人生境遇中不可自拔,更无以言说。受到文字所传递的情绪强烈感染的读者,也惯性地陷入沉默和冥想。

综上所述,新乡土小说正在以丰富的创作实践和自身独特的内在特质赓续和创变着乡土文学的传统,展演出传统乡土文学在 21 世纪新的发展图景。

(本文为国家社科基金青年项目"台湾新乡土小说研究"〔项目编号:FS-1417〕的阶段性成果)

参考文献

童伟格:《王考》,台湾印刻文学 2010 年版。
[英] 安妮·怀特海德:《创伤小说》,李敏译,河南大学出版社 2011 年版。
《马克思恩格斯选集》(第二卷),人民出版社 1972 年版。
廖咸浩:《最后的乡土之子》,载林宜澐《耳朵游泳》,台湾二鱼文化 2002 年版。

---

① 童伟格:《西北雨》,台湾印刻出版社 2010 年版,第 39 页。
② 童伟格:《西北雨》,台湾印刻出版社 2010 年版,第 54 页。

吴明益：《本日公休》，台湾九歌出版社1997年版。

邱贵芬：《在地性论述的发展与全球空间：乡土文学论战三十年》，《思想6：乡土、本土、在地》，台湾联经出版社2007年版。

［美］海登·怀特：《后现代历史叙事学》，陈永国、张万娟译，中国社会科学出版社2003年版。

郁达夫编：《中国新文学大系·散文二集》，上海良友图书印刷公司1935年版。

杨照：《无伤时代》，台湾印刻出版社2005年版。

伊格言：《瓮中人》，台湾宝瓶文化2003年版。

童伟格：《西北雨》，台湾印刻出版社2010年版。

品位成为商品

林若熹[*]

明末清初有位鉴赏行家文震亨写了一本书叫《长物志》[①],"长物"的出典是从《世说新语》中来:

> 王恭从会稽还,王大看之。见其坐六尺簟,因语恭:"卿东来,故应有此物,可以一领及我。"恭无言。大去后,即举所坐者送之。既无余席,便坐荐上。后大闻之,甚惊,曰:"吾本谓卿多,故求耳。"对曰:"丈人不悉恭,恭作人无长物。"

典故的"长物"指多余之物,文震亨之"长物"使人想起"饱食思淫欲"。精神消费之物是"食"(物质)的多余之物。沈春泽在为《长物志》所做的序中也有告诫:"遂使真韵、真才、真情之士,相戒不谈风雅。"虽然,沈氏是从精神角度指出越界,而文氏是从物质角度谈越界。沈氏是精神内的越界,文氏是物质越过精神。无论是商品的雅,还是雅物(例如画)成为商品,都因具有精神性才有可能成为奢侈的玩赏。我们就画而论,画成为奢侈品供人玩赏,通过商业的买卖关系,一开始只存在于士绅,慢慢地随着社会的发展才进入大众,玩赏便存在于雅与俗。明代像以往朝代一样对奢侈品消费有完备的禁令,例如房屋、衣服、葬礼等。作为精神物品,绘画本来就难以从外部管理手段落实执行,绘画的交易一直以来都是在精神的掩护下进行,以"骨董"[②]的名义交易流通。"骨董"在明代指古玩买卖的状态,是统称,一幅画进入市场就成为"骨董",其他古玩进入市场亦然。我们把进入市场的"骨董"称为行画,以区别于其他"骨董"。随着商品数量的不断暴涨,禁令也慢慢开始失效,这就出现一个问题——行画的价值问题。

我们把画者称为第一者,画称为第二者,观者称为第三者。品位与三者共

---

[*] 林若熹,中国艺术研究院教授。
① 文震亨著,陈植校注,杨超伯校订:《长物志校注》,江苏科学技术出版社1984年版。
② "骨"相对于"肉",任何古玩在买卖面前都是真实的价格,因而有"买卖骨董者",也有资深鉴赏背景的"老骨董"。买卖交易的场所便是"骨董铺"或"骨董店"。

同存在，品鉴则只存在于第三者。对作品的品鉴所产生的级别第次本来就是从人品品鉴及官阶品级而来，先天地具有功利意味。依此看来，品位必然包含品鉴，当品鉴第二者的结果符号化为第一者时，品位就完全与品鉴脱钩。这时的品鉴与其说是针对艺术的价值，不如说是针对行画价值。不要就此就以为品鉴失去意义，相反，品鉴无形中成为画的价值坐标，使无价的精神成为有价值的物品。

明代被认为是资本主义消费的发端，那么作为奢侈品的绘画在该时代是怎么产生的呢？

晚明（指16世纪前后）人口约1.5亿至1.75亿，规模相当于欧洲。由于人口急增，农产品也相应增加，产品流通，商业便自然形成。尽管连国家的赋税和徭役也折合成银两而商业化，但商人还是很难进入国家权力阶层，因此民间的商业发展得不到保证，难以体系化、系统化。混乱的反面便是鲜活的约定俗成，相比之下官僚的统治便显得日益僵化。正因官僚统治的死板及对商业的不作为，使商业不能正常地往高处发展，便自由地往横向发展，"长物"便是横向发展的精神高度。

首先，绘画是承载精神之物，明早期淞江曹昭的《格古要论》[①]让我们明白此等精神之物是越古越有商业价值，也让我们清楚精神之物外，古旧之物同具精神性，一样具有商业价值。商业本与官僚机构无关，但商业通过精神的途径通达官僚机构士大夫阶层。士大夫阶层又从自身的权力转换成文化价值。这样政治与经济就有了交通，平民阶层便可通过经济实力转换政治权力。

其次，在13世纪、14世纪前，绘画作品并不关心名款，不落款或落款极为隐蔽是正常的，即便有名款也不是作者的角度，而是产品品质的角度，这与当时其他奢侈品一样，作者只作名号，是奢侈品消费阶层对象"物"的标识。[②]不同的是，绘画不是以规制体现，而是以图式示人。慢慢地作坊式的名号随着图

[①]《格古要论》，明朝1388年在南京初版，1459年再版，其篇幅有大幅扩充。1596年被选录入某丛书，大约在1600年又两度单独刊行，而使其具有国际意义的是珀西瓦尔·戴维爵士（Percival David）的英文翻译。Introductinese: Commodities and the Politics of Volue. 该书开篇对古铜器研究，接着为古画、古墨迹、古碑法帖、古琴、古砚、珍奇、金器、古窑器、古漆器、锦绮、奇木异石。还重刊宋代（960—1279）以来大量古董的典故，并对古代的内府用物、印章、著录以及其他宫廷用品进行了细致研究。最后得出的结论是这些物品均属"置之斋阁，以为珍玩"。该结论已有"长物"之意。

[②] 在明代，奢侈者并不以艺术风格提论，而是以商号的差别即行间匠人的差别而立论，匠人的名号成为符号，某一名匠人被约定俗"物"成后，该行业产品便以此匠人为名款，如陆子冈玉、胡开文墨等。有的甚至被沿用到清代，及至当下。

式经典形成，便演化成作者个人的名号，先前与作品直接接触的行为也就成为名利的追逐，这是品位成为商品的开端。

  文人画是精英文化，每年考取进士的不外 300 名左右，想要在进"士"外获得艺术成就的实在不多。然而，"士"之外少数衣食无忧者，奢侈品消费阶层所达成的共识，"物应该如何"，便已是第三者姿态发号示标。尽管士阶层是文化方向作用的主体，艺术的欣赏自然也是士的雅阶层所引领的。但文人轻商，对于俗"物"更不愿提及，少数奢侈阶层者，便努力寻求物该如何使其有高雅的标准可能，这应该是高雅之物所以能成为商品的必要前提。然而，更为关键的是"士""商"的关系。

  余英时的《士与中国文化》"士商互动与儒学转向——明清社会史与思想史之一面相"中认为15 世纪、16 世纪儒学的转向来之一迎一拒的两种力量："'弃儒就贾'的社会运动和专制皇权恶化所造成的政治僵局……前者以财富开拓了民间社会，因而为儒家的社会活动创造了新的条件；后者则堵塞了儒家欲凭借朝廷以改革政治的旧途径。"[①] 余论精辟且史料有力，看似是外缘注成定局，实未必。外缘种种现象的结局如余论，但"士"一以贯之的终极之道没有改变，只是士阶层自身分化发展了，多了如余论的商的渗透部分。探讨"士""商"化的文论大多像余论一样，把分化发展部分看成是全部，尽管分化发展程度有所不同，有的已很难看出"士"，但"士"依然存在，即使是在当代，其辐射影响力所引起对"士"存亡的探讨，便是其存在的最好证明。"士""商"的发展就像两棵树的成长，开始两树一目了然，慢慢地两树长大，枝叶冠都相互错杂而生，且冠部与树干的比例反差越来越大，我们不能因冠部的难解难分就否定了两树，更不能因冠部的多而否定少的树干，而应从冠部的繁多看树干的活力。显然余论是有问题的，但余论的问题为我们指向了"士"如何训导与解读。具体从训导与解读儒释道观之。我们认为"士"与训导的关系是互为的，即"士"如何训导儒释道为"道"的一以贯之，对一以贯之的"道"的训导反过来定义着"士"。如果我们把"士"的概念算作从孔子起始的话（最古老的经书是周朝及周朝以前的史。孔子最早为经书作传），我们便可以把孔子作为"士"的个案。章学诚在《文史通义》中认为："夫子述而不作，而表章六艺，以存周公子旧典也，不敢舍器而言道也。"孔子看似"从周"，而事实是托周维新。这也是孔子对历史的看法："殷因于夏礼，所损益，可知也；周因于殷礼，所损益，可知也；其或继周者，虽百世，可知也。"（《论语·为政》）从孔子的"笃信善

[①] 余英时：《士与中国文化》，上海人民出版社 2013 年版，第 528 页。

学,死守善道"(《论语·泰伯》)及"士志于道"(《论语·里仁》),可看出"道"是"士"终极的追求目标。尽管后来对"道"有不同的解读及训导,但孔子的道就像给一幅绘画已定了基本色调,画家再怎么画也偏离不了基本调。

　　道的传承与发展是"士"的不刊使命,也是"士"的评判标准,这是一回事,而"士"自身的发展,可以进仕、进商、入俗又是另一回事。特别是"士"入俗,早在春秋已有之,"士庶人""士民"等称法,那时已存在。那么"士"入俗后怎么判断"士"与"庶"呢?孟子曰:"君子劳心,小人劳力。"工业文明社会,商的管理层是劳心的。看来士、商或其他行业都有劳心的。然孔子早有言:"君子喻于义,小人喻于利。"(《论语·里仁》)显然那时的义与利并不针对一般民众。当然也不在于商,孔子是对士阶层以上立义。随着社会的发展,孔子的义利观入俗也就有"商与士异术而同心"。与王阳明"良知说"有关。"良知说"是为人而立义,故有"满街都是圣人"。从王阳明的角度,是"士"是"商"或者是他者都无关紧要,紧要处是有没有"道"的追求。然随着社会发展,人口的膨胀,"士"阶层也不断增加。有抱负的人成为"士"外,也开始进商,进其他行业,与此同时,商和其他行业也开始进"士"。"士"为生存的润笔费是"士"自身商化的开始,是"士"自身文化值——名声成为商品的具体落实。明代商业的发展,文人书画家的润笔费价值被推到台面上,即文人书画家的作品成为商品。这里会出现两个问题:一是"一以贯之"之道如何因"士"的发展而有新的训导与解读,二是作品新的形式样态的形成。

　　从"成教化,助人伦"到"墨戏",再到行画的"价值",都有不同的新形式样态出现,即从社会属性到人的个性再到社会属性。前面的社会属性主要是政治原因,后面的社会属性主要是商业因素。在"士"方面的变化,是从君子到才子再到能人。君子是我以上的,才子是为我,能人是为我以下的。关于君子与才子这方面的研究不少,其中高建平先生有:"'君子'是一种以道德和政治为中心的全面发展,而'才子'则是以性情和个性为中心的全面发展。"[①] 其中对以才子为中心的新集合论述有其独到之处。高论首先认为"士"是决定社会史上的方向标,他们的爱好,直接影响雅俗关系。其次对艺术雅俗的左右所形成的格局凌驾于贵族趣味之上。最后认为"士"的审美趣味为文人画的产生提供了必要的基础。高论把君子与才子,士与贵族分别分开来讲,这是大多数论家的做法。显然,高论此处的"士"是指才子,并不是"士"的全部。也就是说,新的形式样态的文人画并不是中国画的全部,这点很重要。就像"士"

---

① 高建平:《画境探幽》,香港天地图书有限公司1995年版,第13页。

从君子到才子一样,"士"从才子到能人,也同样存在行画并不是中国画的全部,但是中国画的新形态。

行画从买卖状态到中国画新形态的形成,并成为当今的主流,是靠商业价值标准的确立,因为价值标准是依赖于品位的品鉴。实际上其中产生的原因是多方面的,试总结之:(1)能人绘画主要追求大众的口味,才能价值最大化。(2)西画素描写实能力是大众接受的主要路径。(3)工业文明时代,商业价值、效率是其主旋律。(4)中国画在行画的前形态是文人画,是文人画家或不是画家的文人都能拿毛笔书写。行画形态不管是画家还是能人都不拿毛笔书写。

到底行画是怎样一种形态,当考问时便出现传统的问题,西学有大传统与小传统的说辞,也就是精英文化与通俗文化的必然关系,那么精英文化的绘画走向通俗的行画是理所当然的。问题是这是中国画的行画,我们前面说过训导与约定俗成是互为的,但训导起主导作用。中国传统历来重"士"轻"商",可是时代的"潮流"已是"商洪"滚滚了,艺术已是明码标价了,"士"就必须接受"商"的事实。"士"的能人便相应形成。能人从"士"来,针对工业文明的价值观,我们回应本文开头提到的绘画三者的关系,在能人行画这里的序列是倒序的:(1)以第三者为基准,第三者的基准受市场经济左右。对于作为第三者的大众而言,在书画市场,画家走红的画就如股市代码。(2)作为第三者的大众主要通过绘画造型语言途径来达到对象形的写实及社会效应(名声)。(3)能人画者有笔墨造型能力型,有肌理造型能力型,有不同能力型兼有者,无论何种能力型,一旦创作作品,便要思考对象、遵从观者。

从以上的分析看来,能人是时代的产物,能人的绘画——行画,是工业文明的产品。"士"的能人引领行画,就像"士"的文人引领文人画一样,能人收藏古董字画,与文人玩笔墨无异,结果玩家成了行家里手,即第三者成了第一者。行画之所以继代文人画成为主流,原因就在于此,就在于第一者从第三者而来,第三者"先天"高于第一者。文人画的品位是第一者的属性,行画的商业是第三者属性。

裴景福与其所藏黄庭坚《宝积经发愿文》

罗笙纶[*]

前　言

中国历史上有三次书画收藏热潮：其一，北宋末年由酷爱艺术的宋徽宗主导，形成宋末收藏热潮；其二，清代中期由深嗜汉文化的康、雍、乾、嘉四帝倡导，演绎出延绵百余年的清代收藏热潮；其三，清末民初，清室衰微，大量古今巨迹、名家法帖散佚出宫，掀起民国收藏热潮。[①]清末民初的收藏，上承清宫内府的庋藏，下启今日掖藏之波，在鉴藏史上具有重要的地位，而裴景福正是此一时期的重要收藏家之一。

裴景福（1855—1926），安徽霍邱人，字伯谦，号睫闇，或作睫菴、睫庵。清光绪十二年（1886）中进士，授刑部、户部主事，后外放知县，历任陆丰、番禺、潮阳、南海诸县。1905 年因贪污案，谪戍新疆，1909 年 7 月获赦免，乃近代著名的鉴赏家和收藏家，著有《河海昆仑录》4 卷、《睫闇诗钞》17 卷[②]、《壮陶阁书画录》22 卷，并刻有《壮陶阁帖》36 卷、《壮陶阁续帖》12 卷及补遗 1 卷。

笔者搜集研究裴景福书法作品传藏时，发现其生卒年有许多争议，本文将考订其生卒年，并将其书法收藏作统计分析，了解其书法收藏的喜好与特色。最后介绍一件曾经裴氏收藏，现今寄存于台北"故宫博物院"的黄庭坚《宝积经发愿文》的近代传藏史。

---

[*]　罗笙纶，台湾明道大学国学研究所博士。
[①]　孙晓松：《清中期书画收藏热潮研究》，硕士学位论文，辽宁师范大学，2010 年，第 7 页。
[②]　据汪茂荣点校《睫闇诗钞》一书，共有十七卷，而学苑出版社《壮陶阁书画录》于出版说明处作"十六卷"。

一、裴景福生卒年考

裴景福生卒年有许多说法，学苑出版社《壮陶阁书画录》于出版说明处作1854—1924年，《中国书画家印鉴款识》、杨仁恺《中国书画鉴定学稿》和吕圜硕士论文《清末民初鉴藏家裴景福对历代青绿山水画的鉴藏及其原因》皆作1854—1926年[1]，《霍邱县志》作1854—1928年[2]，金天翮《皖志列传稿》中的"裴大中景福传"未言明裴景福出生年，但有载："（民国）十五年卒，得年七十有二。"[3] 而孙洵《民国书法史》甚至作"生卒不详"。[4]

汪茂荣于编辑《睫闇诗钞》时发现此现象，于是在该书的"裴景福行年简谱"中作了简单的说明：

> 裴伯谦生卒年论定多异，潘荣胜主编《明清进士录》（中华书局版）作一八六五至一九三七年，《壮陶阁书画录》（学苑出版社）"出版说明"作一八五四至一九二四年，皆误。伯谦《河海昆仑录》卷二自述"余降于咸丰甲寅十二月丙申日"，咸丰甲寅即咸丰四年，公历为一八五四年；伯谦门人金保权序《壮陶阁书画录》"丙寅先生捐馆舍"，丙寅即民国十五年亦即公历一九二六年。论定人物生卒年当以其自述或亲炙者所述为准，如此，则伯谦生卒年当为一八五四至一九二六年也。[5]

汪氏考证可谓详矣。生卒年当以裴景福自己所记载与门生金保权所言最为可信、可靠，然而，可惜汪氏忽略了一点，咸丰四年（1854）十二月丙申日（二日）是该年农历年尾，公历其实已是1855年1月19日，而非公历1854年，也就是说，裴景福的生卒年应为1855年至1926年。

此种生年计算方式也出现在苏轼身上，苏轼生于宋景祐三年（1036）十二

---

[1] 上海博物馆编：《中国书画家印鉴款识》，文物出版社1987年版，第1370页；杨仁恺：《中国书画鉴定学稿》，台湾兰台出版社2002年版，第331页；吕圜：《清末民初鉴藏家裴景福对历代青绿山水画的鉴藏及其原因》，硕士学位论文，中央美术学院，2008年，第9页。
[2] 霍邱县地方志编纂委员会：《霍邱县志》，中国广播电视出版社1992年版，第835页。
[3] 金天翮：《裴大中景福传》，载《皖志列传稿》，台湾成文出版社1974年版，第692页。
[4] 孙洵：《民国书法史》，江苏教育出版社1998年版，第61页，注释109。
[5] 裴景福著，汪茂荣点校：《睫闇诗钞》，黄山书社2009年版，第445、446页。

月十九日，景祐三年为公历 1036 年，但农历十二月十九日，在公历已跨新的年度，为 1037 年。中国人向来以农历为主，后来引用了公历纪年，才造成了这样混乱的现象。李郁周在《王壮为先生的"鸡年猴命"》一文中，也提及类似的状况，王壮为先生在 1974 年冬天的"数日之间"，临写 4 本《兰亭序》，于落款时竟分别纪其年龄为 67 岁、66 岁、65 岁、65 岁，原因是中国人的虚岁算法和西式的足岁算法不同外，还有以节气中的"立春"为分界，造成 3 种纪龄方式。①因此研究者在做中国文学的相关研究时，不可不察。

二、裴景福书法收藏分类与探析

裴景福著《壮陶阁书画录》共 22 卷，收藏丰富，其收藏有何特色或偏好呢？冯春术《裴伯谦的〈壮陶阁书画录〉及其书画收藏》一文针对裴景福《壮陶阁书画录》中所录的作品进行统计，自魏晋迄清 200 多位书画家，合计 729 件作品，其中魏晋南北朝 6 件，唐代 23 件，五代、宋 91 件，元代 88 件，明代 220 件，清代 255 件，书画合册（卷）14 件，碑帖 32 件。②吕圜指出，在这些作品中，裴氏早年在无锡等地收藏的作品大约有 50 件，在广东任官 11 年期间所收书画作品约有 80 件。③

其实《壮陶阁书画录》中所载作品非全为裴景福所藏，有些是从朋友处借观，裴景福也一起记录下来，然而这种情形并不多，为了统计方便，在此处不细分。笔者依书中记载统计，书法作品部分合计 361 件，魏晋南北朝 4 件，唐代 12 件，宋代 40 件，元代 28 件，明代 97 件，清代 62 件，合册 5 件，明清书扇 69 件，友人诗简、手札 13 件，碑刻、拓本 31 件，统计见下表。

壮陶阁所藏书法作品统计分析表

朝代	作品件数	作者分类	件数
魏晋南北朝	4	钟繇、王羲之、王献之、梁武帝	各 1 件

---

① 李郁周：《书心五十年论集》，台湾蕙风堂 2015 年版，第 64—66 页。
② 冯春术：《裴伯谦的〈壮陶阁书画录〉及其书画收藏》，《中国美术馆》2015 年第 3 期。
③ 吕圜：《清末民初鉴藏家裴景福对历代青绿山水画的鉴藏及其原因》，硕士学位论文，中央美术学院，2008 年，第 10—13 页。

续表

朝代	作品件数	作者分类	件数
唐	12	褚遂良	2
		颜真卿	2
		其他	8
宋	40	蔡襄	1
		苏轼	12
		黄庭坚	6
		米芾	8
		其他	13
元	28	鲜于枢	3
		赵孟𫖯	18
		其他	7
明	97	祝允明	4
		文征明	8
		唐寅	2
		王宠	2
		董其昌	42
		倪元璐	2
		黄道周	2
		王铎	2
		其他	33
清	62	张照	5
		扬州八怪	4
		何绍基	3
		邓石如	2
		其他	48

续表

朝代	作品件数	作者分类	件数
合册	5	闾迹名题唐宋元明女子书册	1
		宋蔡君谟、元赵松雪行楷合册	1
		唐曹霸画马、宋米元章书天马赋合卷	1
		元明诗人集册	1
		元明古德法书册	1
明清书扇	69		
友人诗简、手札	13		
碑刻、拓本	31		
总计	361		

由上表我们可以看出以下两点：

1. 以朝代分类，裴氏书法墨迹收藏以明清最多，明清墨迹、书扇、手札等总计有241件，占裴氏书法藏品约七成。当然，明清作品较多可能与年代相近有关，然而裴氏藏明代书法作品多于清代有30余件，可见，除了年代远近外，还有其他审美的主观因素影响裴氏收藏的趣味。

2. 以书法家观之，裴氏所收董其昌作品最多，计有42件，约占裴氏书法藏品13%，赵孟頫作品次之，有18件。裴景福于《壮陶阁帖目》中说："元以后以赵、董为大家正宗，故所收独多。"① 裴景福亦有言："香光即唐宋以后之羲之也。其卷轴剧迹及今日求之尚易，文字水火之劫日盛，再过五百年恐求一见亦不易矣。"② 可见，因为赵、董名气大，故其藏品中赵、董作品独多。裴景福于《董香光养生论卷》题跋也说道：

元明后，赵董二家衣钵得人最盛，元之张伯雨俞子中，明之宋沈祝文聂大年莫廷韩父子，皆宗松雪。至万历间董宗伯出，始精习鲁公，参之少师、海岳笔势，施之行押，别成一体；小楷则专摹钟王虞褚，于松雪外自立一宗。然明末及国初，仍兼习赵米，未尝以香光为宗师

---

① 裴景福：《（附）裴氏壮陶阁帖目自叙》，《壮陶阁书画录》，台湾"中华书局"1971年版，第1500页。
② 裴景福：《壮陶阁书画录》卷十二《明董香光十札卷》条下，台湾"中华书局"1971年版，第748页。

也。至圣祖仁皇帝始诏华亭沈荃供奉内廷，专重董法，乙酉南巡驻跸松江府其昌家祠，犹颁赐"芝英云气"匾额，其孙候选州同建中送吏部先用得荆门州，尤属旷典，嗣是二百余载，书家巨子悉瓣香。①

可见，裴景福喜爱董其昌书法可能和清代康熙帝酷爱董字有关。另外，好友费念慈②特别喜爱赵孟頫作品，收藏赵孟頫作品亦多，或许也因此影响了裴景福对赵字的喜好。

三、裴景福所藏黄庭坚《宝积经发愿文》

笔者研究裴景福所藏宋代书法墨迹的传藏史，发现其中宋代苏轼的《黄州寒食诗卷》与黄庭坚的《宝积经发愿文》两卷辗转流至台湾地区，目前皆存于台北"故宫博物院"，而苏轼的《黄州寒食诗卷》许多文章已有探讨，因此本文仅就裴景福藏黄庭坚《宝积经发愿文》情形与后来的流传经过作一介绍。

黄庭坚的《宝积经发愿文》约书于绍圣元年（1094）五月，楷书，共69行，330字，纵32.9厘米、横679.5厘米，每行4字或5字，后无款识，前隔水题签："山谷道人发愿文真迹，道光丙戌（1826）六月与研北主人鉴定。"据《山谷题跋》卷九《书发愿文后》，黄庭坚于绍圣元年（1094）五月曾书发愿文赠云岩。③又据汪砢玉《珊瑚网》卷五《黄山谷草书释典真迹》条下，明项元汴跋文《发愿文》有两本："如正书《发愿文》，精妙入神，字大于杯。又大书《发愿文》，文字不同，书于匹纸上，字几盈尺。"④可见黄庭坚曾数次书此文。

丁亥（1887）夏裴景福从陈六笙处购得此卷，裴景福认为："余所见《刘禹锡壶头诗卷》（按：即《经伏波神祠》）外，当以此为杰作。"⑤裴氏跋文曰："十年爱渴偿于一旦，岂神物去来有数存欤，殆六翁高谊亦欲为壮陶阁中增一瑰宝也。"并于卷上钤有"伯谦宝此过于明珠骏马"朱文印与白文印各一。

---

① 裴景福：《壮陶阁书画录》卷十二《明董香光书养生论卷》条下，台湾"中华书局"1971年版，第773、774页。
② 费念慈（1855—1905），字屺怀、君直，号西蠡，晚署艺风老人，通天文、历算，博涉百家，精金石目录之学，冠绝一时，且擅鉴赏，工书法。
③ 黄庭坚：《山谷题跋》，载《宋人题跋》（上册），台湾世界书局2009年版，第276页。
④ 汪砢玉：《珊瑚网》，载卢辅圣主编《中国书画全书（八）》，上海书画出版社2009年版，第45页。
⑤ 裴景福：《壮陶阁书画录》卷四《宋黄山谷大行楷宝积经发愿文卷》条下，第232页。

此作之后流入日本。约 1933 年入藏于林柏寿兰千山馆。林柏寿（1896—1986），一名尔准，字季丞，家学渊源，博而好古，弱冠复得其外舅陈望曾启迪，于古书画文物鉴辨益精，公益之余，寄情书画金石，因藏有《唐褚遂良黄绢本兰亭卷》与《唐怀素小草千字文》，筑室于阳明山，自署曰"兰千山馆"，将积数十年之搜罗藏于其中。林柏寿曾持此示其侄林熊祥，林熊祥于卷后跋：

  米海岳尝割子敬真迹，按字计值售人。赵吴兴谓得古人名迹数行，习之即可名世。善鉴书者，岂必拘拘于款识之有无，则此卷之真价亦岂必待考证而定哉？季丞叔父得此以示，欣识卷末。癸酉（1933）盂兰盆日，熊祥。

同年八月，内藤湖南亦有跋曰：

  黄涪翁大字发愿文著录于《清河书画舫》，其后失去题跋，而其书之超妙绝尘，岂张樗寮辈所企及哉？赵味辛诸人始疑为樗寮者，可谓瞆瞆。信乎鉴识之难也。此卷今归台北林季丞，季丞其珍袭之可也。

林熊祥与内藤湖南皆许为精品。

1969 年夏，林柏寿被推任为台北"故宫博物院"管理委员会常务委员，慨然以所藏书画 219 件，古砚 109 方，寄存台北"故宫博物院"，此作亦在其中，卷上钤有"林氏兰千山馆珍藏书画之章""板桥林柏寿季丞定静堂珍藏书画印"，今存于台北"故宫博物院"。

结　论

  清末政局混乱时期，许多珍贵书迹流落民间，裴景福抓住了这个机会，搜集了自魏晋迄清代书法作品、诗简、手札、碑刻、拓本等共 361 件，其中以明代书法作品最多，若以书法家分类观之，以董其昌作品 42 件为最。裴景福许多收藏品在其身后进入了中国、日本的博物馆之中，如苏轼的《黄州寒食诗卷》、黄庭坚的《宝积经发愿文》在台北"故宫博物院"，米芾的《虹县诗卷》在东京博物馆，米芾《珊瑚复官二帖合册》在北京故宫博物院，皆为其博物馆的重要馆藏，今日我们有眼福，能一睹书法名迹风采，皆有赖于裴氏当时细心的保存与收藏。

参考文献

上海博物馆编：《中国书画家印鉴款识》（上、下册），文物出版社1987年版。

水赉佑主编：《中国书法全集35 黄庭坚一》，荣宝斋出版社2001年版。

水赉佑主编：《中国书法全集36 黄庭坚二》，荣宝斋出版社2001年版。

吕圃：《清末民初鉴藏家裴景福对历代青绿山水画的鉴藏及其原因》，硕士学位论文，中央美术学院，2008年。

李郁周：《书心五十年论集》，台湾蕙风堂2015年版。

卢辅圣主编：《中国书画全书（八）》，上海书画出版社2009年版。

金天翮：《皖志列传稿》，台湾成文出版社1974年版。

孙洵：《民国书法史》，江苏教育出版社1998年版。

孙晓松：《清中期书画收藏热潮研究》，硕士学位论文，辽宁师范大学，2010年。

台北"故宫博物院"编辑委员会：《兰千山馆法书目录》，台北"故宫博物院"1987年版。

冯春术：《裴伯谦的〈壮陶阁书画录〉及其书画收藏》，《中国美术馆》2015年第3期。

裴景福著，汪茂荣点校：《睫闇诗钞》，黄山书社2009年版。

裴景福：《壮陶阁书画录》六册，台湾"中华书局"1971年版。

杨仁恺：《中国书画鉴定学稿》，台湾兰台出版社2002年版。

霍邱县地方志编纂委员会：《霍邱县志》，中国广播电视出版社1992年版。

中华文化的继承创新与文化产业发展
——以南音新作《凤求凰》创演和南音文化推广计划为例

郑长铃　王　珊　黄　欣*

一、时代话题：中华文化的创造性转化与创新性发展

众所周知，文化对社会发展的作用正越发受到重视。在之前的一段历史时期，人们的目光投向的是经济的飞速发展，除此之外别无他物。在物质生活水平极大提高的同时，随之而来的是生态的破坏、价值观的混乱、文化认同的失落……茫然四顾，我们惊讶地发现，自己建起了鳞次栉比的高楼大厦，却把心灵的家园丢失了。

对于成长在全球化时代的人们来说，传统的东西常常是陌生的，我们或许可以说出圣诞节的来历，却对中秋节的起源知之甚少；我们大都知道莎士比亚的名言，却说不出《牡丹亭》的作者是谁；我们的年青一代对西方流行音乐如数家珍，却很少有人能静下心来听一首古琴曲……在社会飞速转型、外来文化强劲冲击的时代背景下，我们的传统文化正因为失去应有的依托而逐渐衰亡、消失。

所幸，觉悟来得并不算晚。从20世纪80年代开始，一场轰轰烈烈的民族民间文化保护工作拉开了序幕。这场传统文化保护的浪潮一直持续到今天，突出的表现就是对民族民间文化、非物质文化遗产、传统村落等的挖掘、整理、保护。这几十年的文化保护工作，在某种程度上是对传统文化的新一次整理运动。在各方力量的共同努力下，这种整理运动取得了很大的成效。但是在保护传统文化的过程中，我们也常常会遇到这样的问题——我们对传统文化的保护仅仅是整理和保存吗？如果不是的话，传统又该如何适应当代社会，为社会的发展服务？

实际上，"传统"与"现代"并非是对立的两个概念。我们的传统文化，是

---

* 郑长铃，中国艺术研究院文化发展战略研究中心研究员。
王珊，泉州师范学院教授。
黄欣，宁德师范学院助理教授。

几千年民族智慧的结晶,是一笔宝贵的精神财富,能为文化和社会的发展提供充足的资源与动力。可以说,在传统中,蕴含着未来发展的无限可能性。保护传统文化,绝不是僵硬地固守传统,而是要在适应当代社会发展的前提下,去重新寻求传承保护传统文化的思路和手段,只有如此,才能实现中华文化的创造性转化与创新性发展。如何在继承传统的基础上,让传统回归、融入现代生活,获得新的生命力,是问题的关键。对于这个问题,南音新作《凤求凰》的创作与推广,或许能提供一些可供参考和总结的经验。

二、个案实践:南音新作《凤求凰》的创演与南音文化推介

(一) 南音与南音新作《凤求凰》

2015年10月,南音新作《凤求凰》在泉州梨园剧场首演。这部由福建省"2011计划"南音文化传承与发展协同创新中心策划,泉州师范学院组织实施,泉州师范学院泉州南音学院、泉州市南音传承中心联合演出的南音艺术作品一经问世,就在平静的南音界激起了巨大的波澜。

之所以称为"新作",是因为它较以往的所有南音演奏或表演都不同。南音古称弦管,是中国优秀传统文化最具代表性的样式之一,也是中国古代音乐体系的当代活态遗存。两汉、晋、唐、两宋等朝代中原移民把音乐文化带入以泉州为中心的闽南地区,并与当地民间音乐融合,形成了这种具有中原古乐遗韵的文化表现形式。它由"指""谱""曲"三部分组成,并依乐器组合不同有上、下四管等分别;其主要乐器有南琶、洞箫、二弦、三弦及拍板等,曲词采用泉州古方言演唱。

过去,南音不是表演给别人看的,而是唱给自己听的。作为一种陶冶情操、自娱自乐的文化表现形式,传统的南音唱奏通常是在馆阁中进行的。如今,在泉州城鳞次栉比的街巷之中,星罗棋布地分布着两三百家南音馆阁。人们自发地聚集在那里,咿咿呀呀地弹唱着古老的旋律,那悠扬和缓的曲调,那轻轻拍打的檀板,带着典雅从容的气度,让人的心灵趋向宁静,传统之河缓缓而流……

然而,身处飞速发展的经济区,这种自娱自乐,轻吟缓唱的南音,却似乎"跟不上时代发展的步伐"了。近年来,随着经济的高速发展,闽南传统文化面临的冲击不言而喻,包括南音文化在内的传统文化在民众尤其是年轻人中的认同感在逐渐衰减,这是无法回避的现实。老一辈南音絃友对传统的固守,已经无法阻止年轻人对南音的逐渐远离。

面对这样的现实，才越发凸显出南音再创造的紧迫性与重要性。正是出于对南音传承发展的责任，南音新作《凤求凰》的编创团队们共同造就了这部作品。正如导演安凤英所说的，新作的最终目的是要让年轻人也喜欢这部作品，喜欢南音。

（二）《凤求凰》的"承"与"变"

在吸引年轻观众上，南音新作《凤求凰》是成功的，每次演出之后久久不散的掌声都说明了这一点。新作的成功之处，归根到底，是在保留南音审美特征与艺术特色的基础上，迎合了现代观众的审美趣味，实现了"承"与"变"的统一。

"承"，即对传统南音的继承。南音新作《凤求凰》在这一点上的把握是较为恰当的。南音新作主创人员，都是熟悉南音与闽南文化的"局内人"：其剧作者是对闽南文化极为熟悉的厦门台湾艺术研究院院长曾学文先生；其曲作者是国家级南音代表性传承人、著名洞箫演奏家吴世安先生；出演女主角卓文君的，是中国曲艺牡丹奖新人奖获得者、泉州市南音传承中心优秀演员庄丽芬；饰演司马相如的陈恩慧是泉州师范学院南音学院培养的南音系青年教师……在这些带着浓重"南音口音"的"局内人"精雕细琢之下，《凤求凰》的音乐、唱腔都给人"无处不南音"的感觉。如在新作的作曲方面，曲作者吴世安先生的创作目标就很明确："一定是南音的，一定要用南音中最美的素材。"根据作品的故事情节、人物塑造的需要，吴世安先生有针对性地选择南音曲牌、旋律中的特定元素，进行了重新创作和组合。主创团队对新作南音"本质"的坚持，奠定了作品在音乐上纯正的"南音味儿"。正是因此，2015年11月南音新作《凤求凰》在第十一届中国泉州国际南音大会唱开幕式上登场后，面对编创人员"这像不像南音"的疑问，来自五湖四海的南音絃友给出了"什么像不像，这就是南音"的评价。

然而，仅仅停留在对传统的集成上，是无法留住审美趣味不断提高的现代观众，尤其是年轻观众的。因此，新作在"承"的基础上，努力求"变"——再创造，希望给千年历史的南音注入新的活力。在作品的编排上，南音新作《凤求凰》改变了传统南音正襟危坐的演奏形式，为南音演奏增加了故事情节，通过和鸣、私奔、诀别三个情节，串联起类型丰富的南音演唱和演奏，全方位地呈现了南音的各种音乐样式。在舞台表演方面，新作加入了舞蹈表演，以男女舞者象征司马相如和卓文君的内心世界，增强了舞台表现力。新作的舞台设置尤为特别。

他们规避了要讲故事的戏曲传统，设置了一左一右两个相对独立的空间，一男一女两只凤凰可以自由穿越两边，男女主角只有在表达倾慕、思念、质疑等情绪的时候，才会进入对方的空间，咫尺天涯，中国传统戏曲的象征手法在这里也被得体地运用了；再加上国际标准的舞台灯光与抽象的布景——此耶彼耶？古耶今耶？又营造出特别梦幻、特别现代的时尚的感觉。①

动人的情节、优美的旋律、趣味性的演奏展示、华丽的舞台与精美的服装……种种因素汇聚起来，营造了一个特殊的气场，使南音新作给人以"耳目一新、眼前一亮"的新鲜感觉，即便是对南音一窍不通的局外人看来，也足够精彩。

正是"承"与"变"的统一，使南音新作《凤求凰》收获了成功。2015年12月，在第六届福建艺术节优秀剧（节）目展演中荣获一等奖第一名，被评委们誉为"开创了中国传统音乐的歌剧"。2016年10月，《凤求凰》作为参展项目，参加上海国际艺术节，南音这个古老而美丽的文化表现形式，以崭新的面貌被推介给国际都市的观众和来自世界各地的演出商，更重要的是，南音新作《凤求凰》将走进同济大学、上海交通大学等校园，去实践其与青年学子共鸣、知音的探索历程。

这样，作为活态的非物质文化遗产，在当代文化大发展大繁荣的背景下，在当下"一带一路"建设的机遇中，南音将发挥不可替代的作用并获得更为宽广的发展天地。同时可以预期的是，南音新作《凤求凰》的排演，将促进高校南音表演人才的培养和南音文化的传承，在实现南音文化高校教学、实践、传承、科研四位一体、协同发展的基础上，向世界推介南音文化，并探索出一条推介传承保护南音的新路径。

三、文化遗产资源的合理利用与文化产业发展

今天我们保护文化遗产，实际上是要对传统文化进行重新阐释，以使之适应时代社会发展的需求。正如前文所说，要在继承传统的基础上，让传统回归、融入现代生活，获得新的生命力。

---

① 阿弥：《南音新作〈凤求凰〉观演侧记》，《文化月刊》2016年2月号（上半月刊）。

一方面，合理利用文化遗产资源，发展文化产业本身就是文化遗产保护的方式之一。联合国教科文组织《保护非物质文化遗产公约》规定，非物质文化遗产的"'保护'指确保非物质文化遗产生命力的各种措施，包括这种遗产各个方面的确认、立档、研究、保存、保护、宣传、弘扬、传承（特别是通过正规和非正规教育）和振兴"。根据《国务院办公厅关于加强我国非物质文化遗产保护工作的意见》，非物质文化遗产保护工作的指导方针是"保护为主、抢救第一、合理利用、传承发展"。可见，除了对非物质文化遗产在内的传统文化的继承之外，对其进行"不断地再创造"，合理利用文化遗产资源，促进传统文化的传承、传播、弘扬和振兴，也是保护传统文化的重要途径。

相较于其他类型的文化遗产，活态性是非物质文化遗产的显著特征。非物质文化遗产以人为载体，依靠人来传承。如果非物质文化遗产从民众的生产生活中消失了，那么也就意味着它的"死亡"，因为，不是活态存续着的文化表现形式与博物馆中的文物没有实质的区别。文化遗产资源的合理利用与文化产业的发展，正是非物质文化遗产与民众生产生活接轨的有效途径。

作为活态文化，许多传统文化表现形式具备转化为文化资源的潜质，如可直接转化的有传统技艺、传统美术等类别的项目，可间接转化的有传统音乐、传统戏曲等类别的项目，不仅具有艺术欣赏价值，更是具有经济开发价值，还有不可忽视的社会效益。因此，可以通过文化产业，将非物质文化遗产在内的传统文化转化为文化资源，不仅能使其成为文化生产力，为其持有者或所在地带来经济效益，同时也能促进传统文化的宣传与传播，提升全社会对传统文化的认知度与保护意识。以南音为例，对南音这个传统文化表现形式而言，南音新作《凤求凰》是其"再创造"的一次探索，也是南音文化资源合理利用与推广的一次尝试，能为未来南音文化产业的发展提供可供参考的方向和探索的经验。

另一方面，文化遗产中蕴含着丰富的文化资源，文化产业发展可以从中获取丰富的资源和充足的动力。中华传统文化博大精深，蕴含了丰富的文化资源。考察当前国际文化产业发展的现状可以发现，许多国家的文化产业，特别是影视、动漫等产业，都在本国的传统文化中寻找题材，发掘元素，汲取创意。一些国家的文化产业甚至会从其他国家的传统文化中获取资源和灵感。如近年来美国迪士尼制片公司制作的以中国民间传说为题材的电影《花木兰》、日本制作的中国历史模拟游戏系列《三国志》等，都在国际市场取得了巨大的商业成功。近年来，国内的动漫产业也逐渐意识到中华传统文化的资源优势和发展潜力，一系列传统文化题材的动漫作品也在国内外产生了影响。如2016年7月上映的国产动画电影《大鱼海棠》，其创意灵感就来自《庄子·逍遥游》，凭借丰富的中国元素，该片未上映就引起广泛关注，上映 15 天票房即突破了 5 亿元人民币。可见，中国传统文化并非没有市场，少的只是创造性转化和创新的、发展的努力与尝试。

"凤凰觅知音"，在促进文化大发展大繁荣的今天，中华传统文化这只凤凰，也在寻觅着知音，寻觅着翱翔于九天之上的契机……

两岸南音文化传承传播中的"再创造"比较研究

郑长铃[*]

南音[①]作为中国非物质文化遗产的重要形态之一，其在发展、演进过程中形成了以福建为中心、以台港澳地区及东南亚诸国的华人聚居地为流播地，已然形成了一个具有中华民族传统特质文化形态的传承传播圈。据此，南音不仅仅是一种艺术范本，它同时也是中华民族的文化范本。而这种艺术的、文化的范本在发展中也会被不断地再创造，成为当代文化中不可或缺的组成部分。[②]

一、题解

（一）关于非物质文化遗产的"再创造"

在联合国教科文组织《保护非物质文化遗产公约》（以下简称《公约》）中明确指出，非物质文化遗产是"指被各社区、群体，有时是个人，视为其文化

---

[*] 郑长铃，中国艺术研究院研究员。
[①] 虽然两岸对南音有不同的称谓，但也基本认同使用南音作为通用指称。为了方便行文，文中主要以南音之称，偶尔也出现南管、弦管之称，所指相同。从南音传承、传播的历史考察，结合存见历代文献与当代存续状态，本文认为南音可以分为两个系统：馆阁存续的系统和作为表演艺术的系统。需要特别说明的是，本文初稿完成后，笔者就投入了"再创造"的具体实践中——南音新作《凤求凰》的创意、策划和实践的繁忙之中。这部以联合国教科文组织《保护非物质文化遗产公约》基本理念为依据的南音新作，经南音文化圈和文化艺术界、学术界的检阅，得到了广泛的认同，在"再创造"的探索实践中取得了一定的经验。因此，结合本文的思考和南音新作《凤求凰》的编创演经验，笔者将会就非物质文化遗产"再创造"和作为表演艺术的南音文化等问题进一步展开讨论。本文在写作过程中，还得到台湾师范大学吕锤宽教授和厦门台湾艺术研究院曾学文院长的指点，由于时间关系，他们的真知灼见尚未完全落实到文章中，期待日后有机会融入、提升、完善拙作。在此，特别致谢！
[②] 本文讨论的南音文化传承传播，意指所选择的研究对象——海峡两岸四个南音表演团体传承、传播南音文化的行为总和。这些行为包括了他们对南音文化传统的继承，以及在继承传统的同时所进行的有关于"艺术探索"与"艺术创新"的再创造。因为传承保护南音文化是他们的天职，尤其是被认定为"保护单位"的泉州南音乐团和厦门南乐团，所以下文在讨论中如果无意识地忽略了其"继承保护"的作为，并不意味着他们做得不好，而是将这些作为认同为他们的日常功课，而不再刻意强调而已。

遗产组成部分的各种社会实践、观念表述、表现形式、知识、技能以及相关的工具、实物、手工艺品和文化场所"。其特质是"世代相传",并"在各社区和群体适应周围环境以及与自然和历史的互动中,被不断地再创造,为这些社区和群体提供认同感和持续感,从而增强对文化多样性和人类创造力的尊重"[1]。

非物质文化遗产体现了特定的民族、国家或社区（区域）内民众（有时是个体）独特的文化创造力。不论是物质成果,抑或行为方式、民族惯习、交往礼仪等,都是这种文化创造力的具体表现,并在不同的社会实践活动、认知过程以及文化表达方式上,或直接或间接地反映出该民族、国家独特的思想意识、情感态度和价值观。这些承继了传统的内力和文化基因、积淀着民族发展过程中的文化记忆而表现出来的独特创造力,是民族、国家或社区能够得以持续发展的动力,也是精神家园的缔造者和力量源泉。

作为活态流变的非物质文化遗产,它存续于民众的日常生产与生活当中,并伴随时代与社会的发展过程而"被不断地再创造"。这种"再创造"使非物质文化遗产能够不断地吸收新的时代元素,满足民众的物质、精神文化需求,从而得以世代相传。可以说,非物质文化遗产"被不断地再创造",是人类创造力的生动体现,也是非物质文化遗产的生命力之所在。

同时,需要明确的是,非物质文化遗产的"被不断地再创造"与艺术创作中为某种审美追求（以艺术为媒介、以审美为目的,或在审美的名义下为其他目的、要求而进行的行为过程）的"艺术探索""艺术创新"之间有着本质的区别。笔者认为,"被不断地再创造"是以该文化表现形式的持有者、习得者为主导进行的,使其在适应"当下"社会发展与生产生活需求所呈现出来的"文化变迁"过程和"文化发展"的阶段性形态,是已经融入该文化表现形式中的整体的、崭新的并具有明确的"时代"内容。作为这些文化表现形式的组成部分,这样的"内容"已经为该文化持有者、习得者、享有者群体中有着广泛认同、认知度。因此,考量"被不断地再创造"的一个基本维度就是"局内人"在相对时间内的认同过程。而艺术创作中的"艺术探索""艺术创新"之所以与非物质文化遗产"被不断地再创造"之间有着本质的区别:一方面,其创造本身仅仅局限于艺术领域,并不能对文化整体系统产生影响;另一方面,这些"艺术探索"与"艺术创新"往往是个体或小群体为了"审美"或某些现实目的所进行的一次性行为,即便是多次重复,在"局内人"相对时间的认同度上还是有所欠缺,也就是说,还"有待于时间或历史的考验"。而且,就表演艺术

---

[1] 联合国教科文组织:《保护非物质文化遗产公约》,法律出版社2006年版。

的角度而言,即便是有一定的认同度,或者说被认为是成功的"艺术探索"与"艺术创新",或许也只能是该文化表现形式的一次性探索、创新的客观存在。也就是说,"艺术探索""艺术创新"实践只有成为该文化表现形式整体之部分,才真正实现了"再创造"的过程。因此,"再创造"有个度的把握问题:其一,是否真正立基于传统;其二,是否为该文化的持有者、习得者、享有者所认同,为他们所需求;其三,所融入的时代特征是否经受了一定时间的检验。

为了便于讨论,本文默认将要讨论的对象都在一定的领域有相应的认同度。也就是说,它们不仅在艺术创新、探索上有一定的成就,而且也被认为在南音文化发展过程中的探索是有益的,是具有一定意义的"再创造",只是由于在这样的过程中,各自表现的意义不同、互有得失而已。基于此,依笔者之浅见,予以比较辨析,并借此呈现笔者对南音文化认知及其"再创造"方面的一孔之见。

(二)《公约》与《非遗法》中的传承、传播释义

《公约》认为,非物质文化遗产的"保护"是指确保人类历史发展过程中非物质文化生命力延续、传承的各种措施,其中包括该遗产的确认、立档、研究、保存、保护、宣传、弘扬、传承(特别是通过正规和非正规教育)和振兴。可见,非物质文化遗产的传承和传播,都是非物质文化遗产保护的方面之一。

在我国,非物质文化遗产的保护与传承已经纳入法律的视野。《中华人民共和国非物质文化遗产法》(以下称《非遗法》)第三条规定:"国家对非物质文化遗产采取认定、记录、建档等措施予以保存,对体现中华民族优秀传统文化,具有历史、文学、艺术、科学价值的非物质文化遗产采取传承、传播等措施予以保护。"同时,《非遗法》中明确指出,国家鼓励和支持开展非物质文化遗产代表性项目的传承、传播,通过认定非物质文化遗产代表性项目的代表性传承人、支持其开展传承活动等方式促进非物质文化遗产的传承,并且从政府、学校、新闻媒体、公共文化机构等方面促进非物质文化遗产的传播。

由《公约》和《非遗法》中涉及非物质文化遗产传承、传播的相关内容可知,非物质文化遗产的传承主要指在文化表现形式内部及其存续的相应文化生态中的承传活动,注重文化表现形式自身内容与形式的代代相传,文化生态环境的存续以及创造、延续和传承这种遗产的社区、群体自身的历史文化认同等;相对而言,传播则主要是指文化表现形式在其文化空间的展示,关注的是社会、公众对非物质文化遗产的了解与认识,以及非物质文化遗产价值在社会中得到的确认、尊重与弘扬。

非物质文化遗产的传承与传播是非遗保护中密不可分、相互依托的两个方面：非物质文化遗产只有被持有者、习得者很好地传承下来，才能为更广泛的社会公众所了解和认知，并产生社会影响；非物质文化遗产的传播又能促进社会对非物质文化遗产的认同与尊重，为其创造更好的传承条件和氛围。从大的方面来看，非物质文化遗产的传承有着明确的路径：继承—传播—再创造（传承）。传承人先通过口传心授等方式对非物质文化遗产进行学习、继承，然后对其进行传播，在前人所传授的知识、技能等的基础上，结合时代需求，有所发明与创新，并进入集体的"再创造"过程。由此可见，非物质文化遗产的传承与传播又是互相交融的两个方面。

（三）文化与南音文化的界定

广义文化，是指与自然文化相对的人类活动与创造，是人类行为方式的总和，包括物质文化、制度文化、精神文化等几个层面的内容。其中，物质文化是满足人类生活和生存需要所创造的物质产品及其所表现的文化；制度文化反映了个人与他人、个体与群体之间的关系；精神文化是人类在社会实践和意识活动中育化出来的价值观念、思维方式、道德情操、审美趣味、宗教感情、民族性格等。

南音文化是精神文化之一部分。通常而言，南音又称南曲、南乐、南管、弦管，主要由"指""谱""曲"三大类组成，是保存我国古代音乐比较丰富、完整的一个大乐种①。两汉、晋、唐、两宋等朝代中原移民把音乐文化带入以泉州为中心的闽南地区，并与当地民间音乐融合，形成了这种具有中原古乐遗韵的文化表现形式；或者说，南音是汉唐音乐随着移民迁徙一路传承传播、不断吸收涵化、不断再创造，并在明清时期形成基本稳定的表现形式，形成以泉州为中心传承区域的中国古代音乐的当代活态遗存。南音用泉州方言演唱，主要以琵琶、洞箫、二弦、三弦、拍板等乐器演奏。随着不断地发展，南音已经融入了历代闽南人尤其是泉州人的日常生活之中，并且随着他们的足迹流播四方。

基于文化的概念，本文所说的"南音文化"可以界定为：南音文化持有者、习得者和享用者的生活方式和生命体验过程，包括所有南音持有者、习得者、享用者所共有的语言、传统、习惯和制度，有激励作用的思想、信仰和价值，

---

① 南音渗透于民众生活的诸多方面，与以闽南文化圈民众的生老病死、生产生活、精神信仰密切相关，其在音乐史上的意义非同一般，台湾学者吕锤宽教授认为，南音甚至可以被表述为"一个庞大的中国古代音乐体系遗存的音乐文化类型"。（据与吕教授谈话内容大致意思整理）

以及它们在物质工具和制造物中的体现。也就是说，南音文化可能涵盖了历史衍生发展过程积淀下来的诸多层积及其相关的文化空间与物件，所积淀形成的习俗仪轨、规约制度、价值认同、精神信仰，尤其关注到被当下持有者、习得者、享用者视为传统并依凭着这些传统，在日常生活中展示出来的所有行为及相关规范。

二、时空定位与案例选择

自19世纪末开始，伴随着民族灾难、世界战争、自然灾害等的频发，包括南音文化在内的中国传统文化传承发展面临着一次又一次的严峻挑战。本文以20世纪下半叶到现在的50年间为经，以闽南泉厦地域及台湾地区为纬，在此时空中讨论南音文化的存续与演进。

在这个时空中，南音的馆阁和传承机构有很多，之所以选择两岸的这四个团体，是因为它们都以传承传播南音文化为己任，并且有一个共同的特点是"艺术表演团体"——是属于作为表演艺术的南音文化的范畴；在长则半个多世纪、短则几十年的南音文化传承传播过程中，它们都在"南音作为表演艺术"方面做了大量的"探索"与"创新"。需要强调的是，因为体制的缘故，台湾地区的两个团体所进行的探索，个人或创新群体的"理念"实现具有更大的自由度，所以也就要在文化的传承方面承担更大的责任或是完全的责任；而大陆的团体，即便是团长负责制，团长也不可能完完全全实现其"理念"，即便是一个小群体的创新也一样。

相形之下，大陆的文化主管部门在传统文化的传承传播方面，常常显示出强有力的支撑作用，担当着"前总"指挥的角色；从汉唐乐府、心心乐坊的情况来看，台湾当局的文化行政主管部门在其中的作用似乎就小许多，或许只有那种幕后"志工"的角色。毕竟，传统文化传承和当代文化事业的发展，不是给点儿经费补贴就可以了之。正如余英时先生所说，"传统是在不断阐释中存在的。经过阐释的传统才是有生命力的传统"[①]。文化或经朝历代，或经年累月，其传统和传统文化表现形式都需要一个被整理和被阐释的过程，这种整理和阐释需要更广大的社会力量的投入……所以，从这一点而言，陈美娥、王心心们总显得有点儿影单形只！

台湾地区对传统文化的自觉保护行动是从20世纪五六十年代开始的。1966

---

① 陈致：《余英时访谈录》，中华书局2012年版，第207页。

年，台湾发起了"中华文化复兴运动"，开始复兴中华文化。20 世纪 70 年代，台湾当局发起进行"本土化运动"，进行本土化的文化建设，民间的本土意识也开始觉醒。随着"本土化运动"的不断发展，台湾民众逐渐意识到保存台湾文化的重要性，开始重视台湾的人文生活与价值观。

大陆对传统文化的保护则是从 20 世纪 80 年代开始，之前虽然有过规模不小的包括民间音乐、民族语言等方面的社会调查，但这些调查一方面以"为我所用"为主导思想，另一方面也没有足够的影响力渗透到社会文化生活的方方面面。20 世纪 70 年代末，民俗学家钟敬文、戏曲家张庚、音乐家吕骥等多位文化界老专家多次呼吁进行民族民间文化的挖掘、整理工作。1979 年，文化部、国家民委与中国音乐家协会、中国舞蹈家协会、中国戏剧家协会、中国民间文艺家协会、中国曲艺家协会等共同启动了被称为"文化长城"的十套《中国民族民间文艺集成志书》的修撰工作，而实际的、全面收集整理工作开始于 80 年代以后。[①]

与台湾地区相比，大陆这次对传统文化的保护晚了二三十年的时间。正是由于在传统文化保护方面存在的时间差距，大陆真正意义上的南音文化（尤其是以馆阁存续为主的南音文化）复兴始于 20 世纪 80 年代的中后期。两岸对于南音文化传承的探索，应该来说，在此之前已经存在，只是因为传播等缘故，影响不大。20 世纪 50 年代开始，大陆文化界对"南音的归类"[②] 以及因此出现的表演艺术形式的探索一直在持续着，如厦门出现的南音表演形式和为满足政治运动需要产生的将毛泽东诗词嵌入稍加改动的南音曲牌等。大约从 20 世纪 90 年代，两岸开始对南音这一文化表现形式从"艺术表演"的层面进行新的、具有一定深度的探索。几十年过去了，随着社会的发展，两岸交流愈加频繁，两岸在南音这一文化表现形式的传承传播方面也有了不少作为。基于此，本文选择从 20 世纪 50 年代至今作为研究的历史时段，选择四个代表性乐团的几部作品作为深入分析的案例，进行两岸南音文化传承传播中的"再创造"的比较研究。

同一前提下，这一时段两岸对作为表演艺术的南音传承传播"动作较大"的"再创造"实践由厦门南乐团的《南音魂》肇始；汉唐乐府的《艳歌行》紧

---

① 相关论述可参阅乔建中先生关于"集成"的相关文章。
② 按文联九大协会划分，南音艺术家归"曲艺家协会"系统。虽后有"中国南音学会"之存在和对南音的认知方面的修正，但目前南音习得者依然被以"曲艺家"的身份获得认同，或兼得"音乐家协会"的认同。

随其后并开海外传播之先①；台湾心心南管乐坊则以《胭脂扣》《霓裳羽衣》拼贴上阵继而并存"回归本真"；随后，泉州南音乐团亦步亦趋以"专场晚会"的形式展示其探索。②

相对于千年古乐而言，不到三十年的文化传承、艺术探索，历史实在很短，因此对"他们"的作为进行评判也似乎为时尚早。然而，在历史与文化的发展演进中，艺术探索的事件也不断地在发生着。其中的评说者与被评说者、同感的声音与异感的批语，乃至各种类型化的问题等，或许就是"他们"所做的"艺术探索"，其为南音文化传承传播所呈现给我们的经验，是资以借鉴的。因此，我们要以特别宽容的态度对待"他们"的作为，怀着感恩之心去阅读、理解"他们"——怀着一种责任，去真诚地实践各自的文化担当……只有这样，才有益于促进艺术的探索、有利于文化的脉传。

三、传承传播中"再创造"的比较分析

1. 从复兴"南音古乐"出发，汉唐乐府构建并真实地展现了想象中的"汉唐南音乐舞"世界。

（1）《艳歌行》。

根据 2005 年《海峡两岸南音展演暨民间艺术节特刊》资料显示，汉唐乐府《艳歌行》③ 由以下五个部分内容构成：1）《艳歌行》根据传统梨园戏（小旦）婀娜娇俏之科步身段，描述秀丽佳人踏青嬉春之万种风情。2）《簪花记》根据传统梨园戏（大旦）文雅端庄之科步身段，描述靓丽女子春锁深闺之落寞凄清。3）《相思吟》采自梨园戏《高文举》之经典剧段，《玉真行》一折，以汉代相和歌演唱形态——"一人唱三人和"之排场，衬托独舞者于六公尺见方之勾栏小台，表现路途沧桑、愁思牵绊之情态。4）《阳关三叠尾》传统南管古乐"上四管"演奏排场，恰似"丝竹相和，执节者歌"之汉代宫廷音乐《相和大曲》之演奏形态。5）《满堂春》：第一段为"四块舞"，四块是南管传统音乐里最富特色的打击乐器。顾名思义，四块是由四个两端有节之竹板所组成，演奏时双

---

① 汉唐乐府相关资料和口碑资料显示，汉唐乐府是将"南音"带到欧美表演艺术舞台的第一团。
② 本文选取的台湾汉唐乐府、心心南管乐坊，厦门南乐团与泉州南音乐团及其代表性作品作简略描述分析、比较研究，以明晰它们之间在南音文化传承传播中"再创造"的同异。四个团体的简介详见附录。
③ 蔡欣欣文章中的资料显示《艳歌行》于1996年首演，由"西江月引""艳歌行""簪花记""夜未央""满堂春"五段组成。

手各执两片，手并臂运劲使竹片两两相震互击，令其发出细密如凤鸣嘹唳之声，极其朴素的竹片却能表现清脆嘹亮的悦耳音色，配合抡、捻、敲击、碰等南管独特节奏及幽雅美妙的身形步伐，形成一套精彩绝伦、颇具视听喜感效果的形式。第二段为"上下四管大合奏"。传统南管"上、下四管、大合奏"之排场，恰似《周礼》"堂上琴瑟、管弦之歌，堂下四垂、钟声之调"合乐形态，表现谦恭和谐之礼乐精神。

诚如蔡欣欣女士所言，《艳歌行》"以'情思'为主核，结合古诗词作为乐舞意象，没有特定的情节与内容，在舞作的编排结构上，以均衡调剂各种演出形式、展现南管传统排场为目的。写意的舞台与砌末，低色的灯光与壁画等设计，显然都是为了让观众的视听凝聚力更为集中，而在帘幕低垂中型塑出诗情画意般的乐舞景观"①。可以看出，在舞台视觉上，《艳歌行》还是基本保留了上下四管的唱奏形态。由《明刊三种》可知，当代南音的唱奏形态，是立基于明清以来的传承并存续于当下的南音唱奏展示形态。《艳歌行》在基本保留传统唱奏形态的基础上，增加了创新的"四块舞"，不经意间却成了"新的传统"，为南音表演艺术界之后的"编创"所竞相仿效。但需要注意的是，就像电影中的听（音乐）与视（影像）的关系一样——虽然绝对不能没有音乐（声音）的存在，但音乐却是被作为影像的配角而存在——《艳歌行》在视觉，如灯光、舞蹈、服饰等方面的创新，在满足舞台意境营造的同时，在一定程度上也弱化了音乐，即南音的地位，更无主体可言。接受《艳歌行》"洗礼"的受众，其听觉被视觉压制。这样的结果，对于谙熟于指谱曲的"行内人"，它是否是创新——暂且搁置认同问题；而对于"行外人"来说，如果没有刻意地强调这是新创的、用南音伴奏的梨园乐舞，自然就容易造成误读……更何况，就笔者接触到的相关资料来看，这种"刻意地强调"非但没有，相反的，被不断强调的是"那就是南音"。

(2)《荔镜奇缘》。

有别于《艳歌行》以组合式的段落结构，着重于一段心情、一些意象、一种意境的描绘与型塑，1998 年的《荔镜奇缘》在叙事结构与情节内容上相对发展得更为完整……这出戏以梨园戏的经典名作《陈三五娘》作为素材，采用"叠头式"的手法，将折子串联为全本，作为乐舞剧的故事主体与表演内容……乐舞中五娘"抛荔定情"是爱情的开端，"益春留伞"是爱情的催化，三人出奔

---

① 蔡欣欣：《镕铸古典诗意与现代风姿的梨园乐舞》，《海峡两岸民间艺术交流——金桥·2009 海峡两岸民间艺术节论文集》，厦门大学出版社 2010 年版，第 175—190 页。

见证爱情的完成,因此已然具备了"说故事"的成分,而随着剧情的急转直下,舒雅细缓的梨园科步,也在高低起落、松紧收放的情绪转折中,发酵着忧、喜、惊、惧等风姿情韵。①

《荔镜奇缘》由"春莺啭"(睇灯、掷荔、拾荔)、"双雁影"(赏花)、"鹊踏枝"(留伞)、"乌夜啼"(小闷、大闷、私会)与"鹧鸪飞"(私奔)五段乐舞所组成。得益于较好的国际交流的平台和资源,汉唐乐府在《荔镜奇缘》的演示在"实景再现"方面做出了有益的探索,要比后来的那些"实景演出"早了十年左右。笔者没有看过现场的展示,就录像资料判断,相对于前厅的演绎,置之于后堂的上下四管虽然很重要,但还是比较容易被"陌生的"新受众忽略的。而随着剧情的展开,受众的注意也逐渐被故事情节所吸引……

> 《荔镜奇缘》以弦管曲词作为歌词,配置生角陈三、大旦五娘以及小旦益春三个人物,结合梨园戏经典折子的身段科步,以单人舞、双人舞或三人舞的方式组合乐舞。②

从梨园科步演变来的"舞蹈"是《荔镜奇缘》舞台展示的核心形式,如果暂时忽略"背景音乐"的话,看起来有点儿像"默片"或悬丝傀儡的感觉。从艺术探索的角度而言,从舞台展示到实景中的演绎,空间上的突破使这部作品有了特殊的意义,在某种程度上暗合了千百年来在闽南民居文化空间中被演绎的"陈三五娘"故事的具象化。这种暗合,或许可以为南音文化研究者、人类学学者提供一些想象的提示,为把握那些文化空间中的南音文化故事存续提供想象的依凭。

(3)《韩熙载夜宴图》。

笔者有幸应邀在北京故宫现场观看了《韩熙载夜宴图》,或许是秋凉影响了观赏的感受,或许是自身感悟力的缺陷,抑或是当时对南音的固执认知和先入为主的障碍,末学的感受却不像蔡教授所描述的那样曼妙。蔡欣欣描述说:

> 由五代南唐翰林画院待诏顾闳中所绘制的《韩熙载夜宴图》,在长达三公尺左右的连环构图中,画家巧妙地以床榻及画屏作为区隔,画

---

① 蔡欣欣:《镕铸古典诗意与现代风姿的梨园乐舞》,《海峡两岸民间艺术交流——金桥·2009 海峡两岸民间艺术节论文集》,厦门大学出版社 2010 年版,第 175—190 页。
② 蔡欣欣:《镕铸古典诗意与现代风姿的梨园乐舞》,《海峡两岸民间艺术交流——金桥·2009 海峡两岸民间艺术节论文集》,厦门大学出版社 2010 年版,第 175—190 页。

的各部分看似连续却又各自独立,形成了如同音乐"乐章"的节奏感,引起人们身临其境亲眼目睹的联想。全图由右到左分为五个场景画面,第一个场景"听乐"是描绘韩熙载及众宾客,静听教坊副使李嘉明的妹妹弹奏琵琶;其次"观舞"中韩熙载亲自击鼓,为宠妓王屋山的《六幺舞》伴奏;接着的"歇息"是韩熙载退入室内,洗手后休息的情景;第四个画面"清吹"为韩熙载袒腹而坐,持扇聆听乐妓们的演奏;最后的"散宴"则是韩熙载伫立,静看宾客与乐妓们的调笑周旋。这自然合一的时间延续和空间转换,组构出相当生动逼真的"宴会进行曲"。①

《韩熙载夜宴图》由两岸三地精英鼎力制作,是"汉唐乐府"创团20年的力作②,分为《沉吟》《清吹》《听乐》《歇息》《观舞》与《散宴》六幕,大抵悉仿原画作的场景与人物,然更灵动地结合了各种艺术手段,增添了乐舞的表演性与图像的细节性。全剧以南管古乐四大名谱作为音乐主体,全面地展示了南管吹、弹、拉、打击等乐器的特殊音质和技巧,又特意在演出中搭配花艺、香道与茶道,以展示中华文化的气韵风华。③

如果受众没有《艳歌行》《丽人行》《荔镜奇缘》等剧目的观赏经历,一下子面对《韩熙载夜宴图》的视觉冲击,肯定会被震撼,甚至于迷醉;而如果将汉唐乐府所走过的探索之路联系起来,受众自然不难发现熟悉的身姿舞蹈等。新的剧目自然会有新的内容、增加新的形式表现,但类型化的问题是无法回避的,也不是故宫这样的文化空间可以弥补的,更何况这个"宫殿"并非"复兴古乐"理想追求中的汉唐时期的宫殿。另一方面,即便不被作为营销的噱头,在北京故宫搬演这个剧目的创意,不仅为"夜宴"提供文化空间上的摄受力量,更重要的是,还显示了汉唐乐府 CEO 的社会综合运作能力。1994 年,汉唐乐府成立汉唐乐府艺术中心,就开始采取企业化经营,因此,以追求为学术理想而进行的艺术创新与实现企业利润的双赢作为其目标,自然是无可厚非,它有"创作与生产"的自由。

---

① 蔡欣欣:《镕铸古典诗意与现代风姿的梨园乐舞》,《海峡两岸民间艺术交流——金桥·2009 海峡两岸民间艺术节论文集》,厦门大学出版社 2010 年版,第 175—190 页。
② 转引原文注释:编剧为泉州著名剧作家王仁杰,舞台与服装设计为香港的叶锦添,导演蒋维国原任教于上海戏剧学院导演系,现在香港演艺学校。
③ 蔡欣欣:《镕铸古典诗意与现代风姿的梨园乐舞》,《海峡两岸民间艺术交流——金桥·2009 海峡两岸民间艺术节论文集》,厦门大学出版社 2010 年版,第 175—190 页。

在先后结合诗词意象,以及戏曲故事作为创造题材后,汉唐乐府尝试将"历史名画"编舞作戏。"人物故事画"兼具着叙事与具象的特色,但又不似诗词的抽象性与戏曲的完整度,因而反倒提供了更多解构、转译、凝缩、移置与展延图像的可能性。2002 年的《韩熙载夜宴图》由于画卷本身便是一部古代文化史、绘画史、音乐史及文人生活的展示,特别是演奏排场、乐器型制以及舞蹈等形象,正适合以南管乐舞来加以演绎。[①]

《韩熙载夜宴图》的灯光是没说的,舞台展示融入的一些传统文化元素以及区域文化的表征性符号,甚至于创造性地引入了压脚鼓演奏的"舞段",从艺术创作的角度而言是可圈可点的。然而,到这里,梨园乐舞、南音乐舞与传统南音的边界已经模糊,甚至于让受众把《韩熙载夜宴图》这样的艺术探索当成了存续当代的南音展示形态……所以,在多次学术研讨会上,不少专家学者(包括国内和国外的专家学者)发出这样的询问:南音就是这样吗?南音就是舞蹈吗?它的展示是如此的曼妙艳丽吗?而有的观众在看了《韩熙载夜宴图》后,曾在微博上留言:"和其他戏曲一样,南音表演中也有众多形象生动的肢体语言,比起京剧的庄重大气,南音的形象更加婉约和柔美。"就更是不足为奇的了。

全剧从欢/思、动/静、爱/愁、疏/密、虚/实等对立与生成中,演绎乱世儿女对"心中乐土"的护持与追寻,令人观后感触颇深。剧中尝试突破往昔的表演样式,如韩熙载模拟"悬丝傀儡"的人偶型塑,以高挺轩然的身姿、冷淡寡欢的神情,深沉地表露出身不由己的抑郁、忧国忧民的心绪、有志难伸的无奈;而僧德明循鼓舞蹈"十八罗汉科",则是由佛教的十八罗汉造型,结合南少林的拳经棍法所发展出来的身段舞姿。二者均是首度结合男舞者的"生行"表演,演绎了男性的阳刚气息。至于女舞者也突破向来细腻简洁的动作,以"绿幺舞"的回节曼舞、"踏球舞"的活泼嬉戏,展示了轻柔内敛的乐舞意韵。[②]

[①] 蔡欣欣:《镕铸古典诗意与现代风姿的梨园乐舞》,《海峡两岸民间艺术交流——金桥·2009 海峡两岸民间艺术节论文集》,厦门大学出版社 2010 年版,第 175—190 页。
[②] 蔡欣欣:《镕铸古典诗意与现代风姿的梨园乐舞》,《海峡两岸民间艺术交流——金桥·2009 海峡两岸民间艺术节论文集》,厦门大学出版社 2010 年版,第 175—190 页。

汉唐乐府在艺术创作上的探索是凭借传统南音指谱曲而创作新的舞台艺术作品，然就音乐方面而言，确实相当的"保守"，主要是对传统南音乐曲的重新整理和组合，这也许就是他们所需要坚守的传统——凭借华丽惊艳的舞台展示实现这种坚守。但是，从客观效果而言，对于普通的受众，这样的舞台艺术作品可以看作是舞蹈配音乐，而说音乐配舞蹈似乎都有点儿牵强，或许正因为如此，再加上接受采访时为了突出"古乐南音"而多以论说南音的话题为主，自然就产生了一些误读现象。2000年，汉唐乐府应邀参加"法国里昂双年舞蹈节"，获媒体评选"最佳舞蹈评论奖"。2003年，被《纽约时报》艺术休闲版权威舞蹈评论家珍妮弗·丹宁评为"全美年度风云奖最佳舞作"榜眼。汉唐乐府参加"舞蹈节"，获得"舞蹈评论家的高度评价"，似乎也从侧面说明点问题。

（4）对"汉唐乐府"再创造的思考。

不论是《艳歌行》"艳惊国际艺坛"，还是之前的南音馆阁组团赴欧洲展演，都不是本文要关注的问题。南音作为一种文化表现形式，本文关注的是在它被认知的时候是不是真实地将它的外延和内涵介绍给了受众。谁把南音第一次带到国际舞台将来自有人去研究，也会有明确的定论。但是，汉唐乐府带去的肯定是被称为"梨园乐舞"的舞台艺术作品。然而在媒体留存下来的一些文字和接受采访的资料来看，展示（演）在舞台上的是"梨园乐舞""南音乐舞"，可"说"的却是南管古乐，追求的复兴古乐的理想也是非常鲜明地被表述着，而客观上的误读却不仅仅靠"复兴古乐"的学术理想能周全解释。当然，梨园乐舞要展示在舞台上离开南音作为音乐伴奏可能也难以实现成"当下那样"的效果。或许，正是因为这种宏大的学术理想、华丽的舞台展示使其与观众的接受之间出现了一些间离，所以，出现了将梨园乐舞误读为当代南音舞台展示形态的现象。如果，南音一定被认为是由汉唐乐府带到国际舞台上，这也许就是今天留给未来从事南音流播史研究、南音文化对外交流等方面的研究者的课题。

不论是"活化、深化传统"，还是"再造传统"[①]，从视觉的角度而言——梨园乐舞、南音乐舞的编排和舞美、灯光、服饰、道具运用等方面，是获得了很大的成功；但对于掌门人陈美娥的学术理想追求——复兴南音古乐，汉唐乐府的作为却只是一个美好的理想和一种真实的责任。他们从复兴"南音古乐"

---

① 蔡欣欣：《镕铸古典诗意与现代风姿的梨园乐舞》，《海峡两岸民间艺术交流——金桥·2009海峡两岸民间艺术节论文集》，厦门大学出版社2010年版，第175—190页。

出发，真诚地实现着修复传统、传承南音文化的文化担当，构建的虽是"汉唐南音乐舞"的虚拟世界，但在"震惊欧美艺坛"感动了自己的同时，却也令人感动。有人说，南音只是汉唐乐府借以"下蛋的鸡"的问题无须讨论，因为鸡和蛋的问题是无解的历史难题。汉唐乐府展示在舞台上的"南音乐舞"，或许可以说是一种历史上的可能，但从汉唐到如今，南音已经不是"那个样子"，自然不必不断地强调那就是"南音"!？当然，即便汉唐时期的南音乐舞"就是这样"，也还是不能不顾及当代活态南音展示形态的事实。实际上，说明白那是创作者想象中的"汉唐南音乐舞"也没什么，像当年陕西艺术界创作的《仿唐乐舞》，明白地告诉受众，那是"仿"的，却也并没有太多影响到人们的审美和对艺术创造的称赞。这样的执着，或许就是责任。借此，我们可以理解为陈美娥太爱南音了，太过于急着让受众接受"那就是南音"了，于是乎两相混同，直接将想象的世界变成了真实的世界。这是陈美娥南音文化担当的真诚处，也是让我们感动的地方！陈美娥有浓厚的文化感觉和追求，但她把自己复兴古乐南音的理想实现到了舞台节目中，将其舞蹈化、戏剧化，因此在虚拟的世界中实现的只能是舞台艺术化的、虚拟的理想。

然纵观汉唐乐府这几十年的创作，不论是集体智慧的结晶还是陈美娥女士的聪慧体现，它在适应当代民众审美需求的舞台展示上可以说是一步一个脚印，《韩熙载夜宴图》《洛神赋》的创作已经到了极致的程度，而南音作为它诸多创作元素的组成部分，也随着它作品的成功进入了成千上万听众的耳中。但是在这些受众当中留下的影响到底是什么？所得到的认知是哪些？目前我们很难做出评估。单从学者和受众的误读中，我们是应该认真地检视过去的作为。从文化的角度审视南音，我们似乎更应该采取更正确的、完整的方式去将南音或南音文化介绍给世界。我们完全应该称赞汉唐乐府以南音作为依托的诸多鸿篇巨制乃是功德无量的。作为一个艺术团体，一个承载着传承复兴中华传统文化的机构，我们当然没有理由把所有的传播传承重任都压在它的身上，我们应该充分认识到陈美娥及其汉唐乐府对于南音这一文化表现形式、这个人类非物质文化遗产代表作的再创造的巨大贡献，而且应该永远铭记这样的贡献。

陈美娥针对传统南音界对汉唐乐府的"不解"状况也常会发出一些感慨：或许南音界应该要更加拓展视野和心量，允许诸多艺术探索的存在，共同来推动南音文化的传承传播，而不应囿于传统，故步自封。毋庸置疑，南音的发展不能离开当代社会生活的需求而存在，作为非物质文化遗产，南音也必然会在民众（尤其是南音絃友）的不断再创造中走向未来。

2. 在汉唐乐府艺术探索的惯性驱动下，心心南管乐坊与现代舞等跨界合作，逐渐迷失南音本源。在不断的艺术尝试和"文化创意"包装后，《南管昆曲新唱——霓裳羽衣》侧身回归南音唱奏本体——古诗词吟诵与南管传统曲牌结合，"任性"地在南音表演艺术领域和南音文化传承方面实现其再创造。

（1）《霓裳羽衣》。

讨论王心心及其心心南管乐坊在南音传承传播方面的再创造，首先需要了解她在汉唐乐府的作为。据文献资料显示：汉唐乐府成立，及担任音乐总监后，除了为团里训练人才和担任音乐会的主要乐师及主唱外，王心心也致力于南管古乐与现代艺术的结合与创新。① 拥有"五块交椅坐透透"② 荣誉称谓的王心心，协助汉唐乐府将委婉内敛的南管与细致柔美的梨园舞步重新结合，不仅轰动台湾地区艺文界，也成为全世界竞相邀请的对象。③ 所幸王心心及其心心南管乐坊没有迷失在与现代舞合作的《胭脂扣》等探索之中，逐渐认识到自身的价值。2009年，大约可以说是她的艺术探索和南音文化传承传播的一个转折点。

《霓裳羽衣》由王心心与昆曲名旦钱熠共同创作演绎，2009年12月在台北正式演出。笔者有幸在台北观摩过此剧，在现场的舞台展示着实给笔者很大的审美冲击，尤其为王心心的唱功所迷醉。"该剧以昆曲《长生殿》为本，跳出了传统唐明皇与杨贵妃的爱情主题，聚焦上元仙子与杨贵妃的情谊，并将南管与昆曲创造性地融为一体，以南管的极简与清雅代表天上音乐，昆曲的婉转与典雅代表人间音乐。"④ "王心心的演唱音质文正，曲容娴雅，韵情深邃，动人心弦，颇富古典歌乐婉约淳厚之典型。"⑤ 正如台湾知名编舞家林怀民所形容的那样："她尚未出场，我们静默等候；她一开口，我们便不知道自己在哪里了。"⑥

关于王心心的资料，在网络如此发达的今天，能找到的也很少，相比较于汉唐乐府的网络资料，这也侧面反映出心心南管乐坊包括自身宣传在内的传播的薄弱环节。兹根据现有网络资料对《霓裳羽衣》的评介，综述如下：

用南管和昆曲许多相同的曲牌，王心心和钱熠串连出一场完整的

---

① 据百度"王心心"资料整理。
② 这是南管艺人对琵琶、洞箫、三弦、二弦、唱工皆精通的人之尊称。
③ 据百度"王心心"资料整理。
④ 引自好搜百科"王心心"资料。
⑤ 引自百度"王心心"资料。
⑥ 引自百度"王心心"资料。

演出，并在传统故事上开出不同的欣赏向度。且此两种艺术的碰撞相当巧妙：南管里缺少的念词，昆曲可以补足；昆曲音乐没有的独立弹唱，南管加以辅助。此外，南管琵琶和昆曲所用的现代琵琶①同时出现在视线中更是令人惊艳。除基本技法不同外，两种琵琶的音色亦有天壤之别：南管琵琶空灵温润的声音很符合惬意江南的特色，反之，现代琵琶的技巧多，让音乐本身表达精准丰富。于是，当两者齐奏时，柔和的音色配着多变的音乐表情，感官的新奇是前所未有的。

此次演出很特别，以现代谱曲的南管作结束。三首《清平调》根据李白三首《清平调》的词为基础，由当代作曲家陈华智以南管曲牌编创。意义上呼应到《长生殿》的故事脉络，而音乐上则展现了当代的新诠释。最后此三首以全体大合唱的方式呈现。②

从舞台展示看，《霓裳羽衣》还是在满足当代观众审美习惯和需求上下了不少功夫。此外，将两个人类非物质文化遗产代表作项目拼贴着一起展示，反映出王心心在文化层面已经有所思考。因此也就容易引起观者的共鸣：

南管和昆曲虽贵为世界文化遗产，可惜懂得欣赏的人却日趋减少，如何让这些伟大的艺术走向更长久的未来成了当务之急。在这方面，王心心和钱熠做了很大的努力。有别于传统的方式，近年她们携手合作以崭新的剧场艺术形式呈现音乐演出，运用当代最具影响力的视觉效果，唤起华人对这些古老艺术的重视。③

然而，脱离开汉唐乐府强大的社会运作和媒体宣传，此时王心心的探索似乎越来越小众化了——本来南音的"艺术探索"成果的展示都是小众化的，只是到了这里更"小"了。尽管在台湾参与王心心及其南管乐坊创新剧目的艺术家也不少，追捧的受众也不在少数，但由于种种原因，终究难于形成"气候"。王心心本人及其周围的同道们一定也会意识到这些问题，且这种"意识到"的状态，一定发生在2009年之前。因此，岁月的无情与生存的艰难，使得王心心及其南管乐坊不得不选择转身回头，回到自己可以扬长的空

---

① 此处应该以民族器乐界的约定俗成的称谓为宜，即北琶。——引用者注
② 根据网络资料整理。
③ 资料整理自网络"好搜百科"。

间，同时也回到离当代南音"本体形态"更近的地方。考察王心心及其南管乐坊的责任感和文化担当，或许从对南音文化的传承传播方面更容易理解她的执着和任性。

（2）承与传。

舞台展示的回归本体，也许只是心心南管乐坊应对"时艰"的妥协，所以王心心不会那么轻易地放弃舞台传播传承南音艺术，只是稍稍"侧身"以兼顾生存的问题，更何况她依然以吟唱、弹唱等形式出现在当下的舞台上——新近一台以余光中的《乡愁》为由头通过创意包装的新编曲目将亮相海峡两岸便是说明。实际上，王心心与南管界编曲者以及其他音乐家的合作已经延续了很多年，自2004年以来，在"古诗词入曲"方面更有不俗表现。有人称"唐诗、宋词入南曲是王心心的创举"，这未免有些不够历史。笔者认同王心心在这一方面所做的实践探索，认为她的实践是在吸收了两岸乃至于整个国际南音界这方面探索经验的升华。正因为，她是南音表演技艺层次很高的艺术家，这样的探索多少带上了个人的色彩，而更为广泛的认同也许还有待时日。

网络上的一段文字，肯定是对王心心敬爱有加的学生或晚辈提供的，它显示出"侧身"之后的王心心的作为：

> 金鼎奖最佳演唱得主王心心老师，是来自泉州的南管界瑰宝，拥有清雅醇正的南管及高超的乐器，十年来一直是汉唐乐府的首席乐师及艺术总监，其个人的魅力及音乐造诣无人能出其右。但除了表演，王心心老师更以保存及推广南管音乐为毕生职志，于今年创立了心心南管乐坊，并以其丰富的教学经验，编撰了一套由浅入深的教材，能让毫无音乐基础的人迅速地掌握到南管特有的音乐形式，并借着发音、咬字，让学生学习到纯正的河洛古语，能因此更深层领略闽南语系的母语文化，融入汉族悠久的诗歌传统之中。①

从中我们不难看出，王心心在教学传承传播方面煞费苦心的再创造。

对于王心心在南音教育传承方面的再创造还有这样的评价：

> 受过学院扎实音乐训练，又累积了多年教学经验的王心心，脱离

---

① 资料整理自网络"好搜百科"。

了一般民间艺师口传心授的传统教法……除了在各艺术大学教育专业人才之外,她还将南管音乐推入社区教育,与社区大学、各社区自治团体合作,开办南管欣赏班,培养欣赏南管音乐的人口;并在校园推动南管社团的成立,举办示范讲座;让南管音乐能往下扎根,重新茁壮。更难能可贵的是她教学经验丰富,教学方法清晰而有系统,让有心了解及学习南管音乐者,能由浅入深地,以最有效率的学习方式掌握唱奏南管音乐的知识,是不可多得的南管音乐家与教学研究者。[1]

显然,王心心在南音传承传播方面的良苦用心。有人说她在为南音培养市场,如果从市场营销的角度,她也是努力的探索者,更何况南音文化传承传播的作为岂能等同于一般商品市场?!退一万步来说,即便是这样,如果人人都为了培育南音文化消费的市场像王心心这样努力探索,那景观也绝对不像当下如此惨淡!有人被国家养着、有社会供着,躺着说话不腰疼,但是冥冥天意是公平的,躺着的、靠着的,最后必然以"瘫痪"而告终,而尽力而为、不断努力者,自然"益寿延年"!我们应该为王心心加油!

为系列保存及推广南管古乐,王心心与汉唐乐府合作录制了南管各曲牌大曲及指、谱演奏音乐等有声出版品。除此之外,为了个人理念的抒发,还自资出版《南管锦曲选集1 & 2》。除了南管的传统曲目之外,为了让现代人能更容易掌握南管音乐,王心心近年致力于《唐诗南管新唱》的制作与发行,王心心不仅担任主唱,幕后的录制工作也均由其亲自监督,并邀集了泉州、厦门顶尖的南管乐手同参与,务求演奏及录音品质达到最高的水准。特别要说明的是,这张专辑的每首唐诗都谱以不同的南管曲牌,听众除了能在听觉上享受一场极致的盛宴外,还可以很快熟悉各曲牌的特色旋律,开启欣赏南管音乐的大门。

因应时代发展和传统继承的需要,文化持有者、习得者都应该坚持着两条腿走路。客观地说,王心心在南音文化传承传播方面的努力,确实是值得称赞的,据说她是真正完全靠南音吃饭的人。自身生存的需要,决定了她在传承传播上的竭尽全力;文化传承的担当,决定了她在探索上费尽心思。历史将记住

---

[1] 资料引自网络"百度百科"。

这样一个全身心为了南音文化传承的"水查母"！笔者一直被王心心的南音文化传承传播的作为感动着，不知这种真实的责任和真诚的担当，有没有感动王心心自己?！

3. 在锐意创新的厦门文艺界，坚守传统从来不是问题，关键在于在坚守和创新过程中的"度"的把握。

在闽南地区，现代化、城市化的进程，厦门是走在最前面的。就文化艺术领域而言，厦门市政府早先就提出了建造"艺术之城"的目标，而实际上在此之前，因应时代发展的需要和"现代化"的艺术创新理念和探索实践，早在其文化艺术界相沿成习，并因此于20世纪80年代开始凝聚了一个规模不小的团队并代代承继，从理论探索到实际践行，推动包括南音文化在内的传统文化传承、传播、发展和当代文化的建设、繁荣。

（1）《南音魂》。

1990年，厦门市文化局领衔创作演出了大型乐舞剧《南音魂》。该剧由冬、春、夏、秋四个乐章组成，描写被南音界广大弦友奉为乐神郎君的孟昶对南音的热爱与保护，以及其与花蕊夫人的爱情故事，"歌颂了为中华文化世代传承而努力奋斗的精神"[①]。

> 该剧运用南音器乐曲《梅花操》为音乐主题，在传统南音上下四管的基础上加入了现代交响乐队进行演奏，并且运用了独唱、对唱、重唱、齐唱、合唱等多种歌唱形式。在表演上，融入了大量新编仿唐宋古典舞蹈，运用现代舞美设计，以形似南音琵琶的大型移动舞台配合多层次的灯光营造艺术氛围。[②]

《南音魂》在福建省第十八届戏剧会演中获优秀演出奖、创作三等奖、优秀舞美奖、作曲奖、服装设计奖等奖项，成为当年戏剧会演的关注热点之一。而二十多年后的今天，我们重新再看这个剧目，尤其是从南音文化传承传播的角度去观察，就有另外一种感觉。《南音魂》中的南音乐神郎君以及"南音"，都只是被借用的符号。在"交响乐思维"运作下，这些符号在以《梅花操》素材创作的音乐主题呈现中进行的诸多演绎，告诉受众丝毫没有必要在这里找"南音"的听觉感受，也不该在隐约感觉到的样板戏音乐构建的思维模式中，去探

---

① 资料来源自节目单及网络信息。
② 资料来源自节目单及网络信息。

讨"四管"被淹没和南音文化沦陷的问题……

尽管如此，在当时保守传统的南音界，这种探索无疑还是一个重磅炸弹，虽然已经有纪经亩等老先生们和新加坡湘灵乐社的探索权作遮挡，但毕竟事涉"南音"。曾学文曾认为："南音要不要发展？我想没有人敢说不要发展，十三大谱之后应该有十四大谱、十五大谱。它的表现形式除了'四菜一汤'，应该还可以有不同的方式。但为什么每一次的变化，都会扯动那么多人的神经？就因为它历史太悠久了。""无论是台湾、新加坡或者大陆，反对的声音基本上是从'古制'观点出发，大多是按南音的传统标尺来衡量。一旦按传统的标尺来衡量，一切的移动都是违背祖制的。"①

曾学文的观点从艺术的层面切中了要害，确实也是南音界内外对事关"南音表演艺术创新探索"普遍存在的反应。在末学看来，历史悠久和祖制积淀丰厚都是蕴藏着的能量，并时刻都在发挥着作用。或许正因为历史以来，弦管本质上有不是"表演艺术"的部分，只是士绅阶层自身修养、茶余饭后把玩的"文化表现形式"，所以鲜有"艺术的"创新、探索的行为和记录，祖制自然历史悠久地被坚守着。而当南音被作为其中一群人的"饭碗"后，因为要满足受众的需要、要完成任务，创新、探索就是必然的事。作为表演艺术的南音，作为艺术表现形式的发展，或是"内部蕴藏的力量需要寻找突破"，或是"为了适应社会变化外在力量压迫下的突破"，即不论是为了内在生存的需要还是为了适应外在的变化，总有个突破的时机和方法的问题。"移步不换形"是方法，"剥皮抽筋另起炉灶"也是方法，关键在于所面对的对象以及"突破"的立基点和度的把握。确实，有人认为"传统是相对的，发展则是绝对的"，其实历史传统和当代发展是一体的两面。当南音文化圈内外，都有这种共识的时候，都认同其"不断地被再创造"是历史的必然的时候，这样的问题就不是问题。纵观历史经验，适当的突破，成功的起死回生，"主刀"或"主导"的大体都是"局内人"，如魏良辅与昆曲水磨调。

只有从南音文化传承传播的角度去讨论，《南音魂》这种探索也许可以认同其为"没有明确的文化传承创新理念，只在艺术样式上展开思考的结果"。但该作品标示为乐舞剧《南音魂》，在传播"南音"这个名称的同时，也给后来者提供了探索勇气方面的支持，想来汉唐乐府搬弄梨园科步配"四管"时，或许多少受些启发、影响？

---

① 曾学文：《闽南传统艺术创作中本体特征的彰显》，《闽南文化研究》（内部刊物）2014年12月。

（2）《长恨歌》。

2000年，厦门市南乐团、厦门市台湾艺术研究所、厦门歌舞剧院根据唐朝著名诗人白居易所作《长恨歌》（剧作家曾学文创作剧本、南音艺术家吴世安作曲）创作了南音乐舞《长恨歌》。该乐舞根据南音的特点，以"盟誓、死别、天上人间"三个故事片段，用"乐"与"舞"演绎了一段美丽动人的千古绝唱。

《长恨歌》节目单等资料显示："南音乐舞《长恨歌》分为三段，第一段表现唐明皇与杨贵妃的美好爱情；第二段表现杨贵妃自杀之前与唐明皇生离死别；第三段是唐明皇在幻想中与杨贵妃在天上相见的情景……在乐舞中，唐明皇、杨贵妃、乐工、宫女既是故事中特定人物，又是且歌且乐者。把乐员化成唐朝乐工，突出南音乐队的特点，让唱员、舞者扮成宫女，赋予她'乐和舞'的身份，两者融为一体，适合南音的演唱、演奏方式。"①

这部作品的曲作者是国家级项目南音代表性传承人、著名的洞箫演奏家（曾因此剧目获得文化演奏奖）吴世安先生，他是个道地的南音文化"局内人"，同时在南音文化的传承传播、再创造方面有深入的思考和丰富的实践，他在接受笔者采访时谈道："《长恨歌》的创作吸取了《南音魂》的教训，在作曲的素材选择上，选择一些音乐形象上能让人引起遐想的南音曲牌作为素材，并且根据剧情和人物情感表达的需要来进行创作。南音美，展示也要美，基于这样的理念追求和对于唱词意境的理解，营造《长恨歌》独特的艺术氛围。为了不过多地滑向戏剧的方向，又使节目的铺陈不显拖沓，所以在音乐和舞蹈的配比方面，唱的成分或多或少地让给了舞蹈的表现，以达到乐舞平衡的目的。"②笔者特别理解创作者的做法，这说明这个创作群体有明确的理念和追求，尽管有人站在戏剧性欣赏经验的角度认为"在唱腔方面主要唱段不够突出，不够过瘾，是个遗憾"似乎也不无道理，但艺术探索总是有创作的坚持在内。

诚如曾学文所言，"不管是千年的南音、四百年的梨园，还是一百年的歌仔戏，发展是否适宜的标准只有一个，那就是你彰显了还是破坏了自身的美学特征。……艺术的发展，是一个渐进的过程，它是随着时代的发展而发展，随着人们的审美变化而变化。今天我们虽然有能力在艺术创作上，对传统艺术进行大刀阔斧的改造，也可以用比较开阔的心态，对待各种各样的实验与改革，但我个人还比较倾向遵循艺术规律的发展变化。所以，在创作过程中，我们既要

---

① 相关资料引自《长恨歌》节目单。
② 根据笔者采访录音整理。

吐故纳新来丰富传统艺术的表现力，同时也要牢牢把握住事物应有的美学特征"①。

正因为南音被确认为艺术，并给予了明确的"美学特征"界定，并试图引导受众的"审美取向"，问题的讨论就只能在艺术的层面上，尽管艺术层面和文化层面的问题是不能截然分开的。在这一点上，哪一个艺术团体应该承担什么样的责任，作为眼下厦门艺术创作领域的当家人曾学文的理念和思路是很明确的②。也就是说，《长恨歌》的成功是集体智慧在相当历史时段探索后的结晶。从某种意义上讲，这个长时期浸染于闽南文化的群体，实际上个个都是"局内人"，他们在《长恨歌》这个探索中恰当地把握了那个"度"。

基于这样的认识，"该作品的创新之处在于适合于当代民众审美的需求，适当地选用了重唱、合唱等方式"，渲染舞台气氛，抒发人物的情感，塑造角色形象。当作品风格在明确的"美学追求"的宏观控制下，在浓重的"南音口音"的"局内人"精雕细琢之中，《长恨歌》的唱腔、过场音乐、舞蹈配乐几乎给人"无处不南音"的感觉。因而这是成功的"再创造"。

（3）《情归何处》。

《情归何处》是2012年厦门市南乐团创作的大型南音乐舞，由国家一级导演韩剑英、国家一级编剧曾学文、国家一级舞美黄永碛联手打造。厦门南乐团充分调动了全团的主要力量，完成谱曲、唱腔设计、编曲、配器等音乐部分的创作，在传统南音的基础上加以创新。该剧时长一个多小时，由中国四大才女图引发而来，以中国古代四大才女李清照、蔡文姬、卓文君和班昭为主角，讲述她们相似的命运。该剧浓缩版曾于2011年赴绍兴参加第七届中国曲艺节，亮相"南腔北调·南北曲艺荟萃专场"演出，荣获"优秀节目奖"。③ 在该剧目的出版物封面上赫然打着"南音《情归何处》"的字样，表明了他们的认知与诉求，厦门南乐团认为，他们新编创的《情归何处》就是南音，不论传统还是当代。

《情归何处》的剧本是意识流的文学剧本，其间包含了作者对历史的思考、人性的拷问等深刻内涵，其是否适用于南音这种文化表现形式的舞台表现首先是个问题。既然认同适用并选择之，自然要有相适应的舞台展示与之匹配。而这其中最重要的莫过于音乐在其中必须起到的灵魂作用，这是该剧

---

① 曾学文：《闽南传统艺术创作中本体特征的彰显》，《闽南文化研究》（内部刊物）2014年12月。
② 详见曾学文《闽南传统艺术创作中本体特征的彰显》，《闽南文化研究》（内部刊物）2014年12月。
③ 以上根据该剧节目单资料整理而成。

最需要解决的问题，因为是南音乐舞。令人遗憾的是，创作者在音乐上的创新理念的缺失和结构方法的贫乏——以传统曲牌拼贴"应付"，使这部作品有点儿"失魂落魄"的样子。尽管，在舞台上有充分的表演（加以舞美、舞台调动等），甚至让卓文君都弹起了古筝，但该剧一方面剧情无法与凄美动人的李杨故事相比较而无法直接吸引受众，舞台整体展示无主干、块状的叙述多少给人凌乱的感觉。因此，也就注定了它与南音文化缺乏契合性，而且表现出较大的排异性。当然，这些或许与该剧曲艺艺术的定位、审美取向不无关系。

形在神也在，或形在神不在，或形神都不在，这是对文化表现形式传承的三种状态描述。然而，从《情归何处》的编排与演出效果来看，这是厦门南乐团在南音文化传承传播中一次失度、失范的"再创造"。

"一种传统艺术的流传，它本身就背负着两种文化生态，一种是孕育哺育它成长的历史文化生态，一种则是它能够生存的当代文化生态。谈传统艺术，我们在观照历史文化生态的同时，也必须观照到当代的文化生态。"[①] 面对处于当代文化生态中的传统艺术，在既要维护传统又要满足当代的需求的前提下，如果这个"生态"没有很好地融化传统为当代，不仅是"西装搭配运动鞋的时尚"，还会有致命的排异！

（4）对厦门南乐团"再创造"的思考。

作为厦门南乐团的代表剧目之一，《南音魂》演绎了南音乐神孟昶与花蕊夫人的故事，但是在这部作品中，南音只是由头，虽音乐素材取之于南音名谱《梅花操》，实际上，《南音魂》的音乐与南音本身的关系仅仅是素材与新作品的关系，与传统南音并无太多干系，其完全戏剧化的舞台表演与南音的展示方式更无关联。

其后的《长恨歌》，创作团队提出的思路是：唐诗、唐事、唐音、唐舞，并特别安排到西安采风，以刻意回避台湾汉唐乐府《艳歌行》的梨园科步。但毋庸置疑的是，从四宝舞蹈等的借鉴上，《长恨歌》还是受了汉唐乐府创作的一些影响。特别令人欣慰的是，《长恨歌》的音乐完全守住南音韵味和闽南文化特色底线。虽然依然是戏剧舞台表演的走向，但因为守住了音乐的魂，所以吸引我们的是其中的音乐——从南音脱胎而来的音乐——再创造的实现。从形式上，《长恨歌》的音乐突破了传统南音曲牌套曲的结构方式。在内容上，坚持了弦管音乐的主体地位。可以说，《长恨歌》是典型的南音"再创造"的成功案例，可

---

① 曾学文：《闽南传统艺术创作中本体特征的彰显》，《闽南文化研究》（内部刊物）2014年12月。

以作为新南音的经典作品存留于世。

以《长恨歌》所掀起的高峰,其随后的《情归何处》,不论在形式还是内容上都疏离了《长恨歌》再创造的道路,在某些方面滑回了《南音魂》的旧轨。这是一群艺术家所进行的探索,他们真诚地对着南音这样一个传统文化表现形式,为了满足广大受众的审美需求,履行着作为文化传承者和建设者的责任,正如曾学文所述:"自解放以来,我们的戏曲从业人员一直是'两条腿走路',一条是专业艺术表演团体,一条是民间职业剧团(以前称业余剧团)。定位较为明确,专业艺术表演团体主要从事提高工作,多从艺术形态的层面去发展民间艺术;而民间职业剧团更多的是根据市场的需求,做普及的工作,多从文化形态融入百姓的日常生活中。专业剧团以'舞台表演艺术'为重点,民间职业剧团则以'民间活动'为主。所以,艺术的'推陈出新'就成为专业从业人员对传统艺术'保留'的一种责任。"①

4. 泉州南音乐团"身"处"南音发源地",在数百个繁星闪烁的"馆阁"中独得专业乐团之优势,为各级政府、广大民众所关注,却"守而难成",其众多的优秀传统表演艺术的文化表现更是"业绩平平"。

泉州是传统文化底蕴非常深厚、民众传承保护意识极强的地级市,传统文化都在他们的日常生活中延续着并不断地被再创造;虽然传统的生产方式产生了巨大的变化,但很多文化传统却奇迹地被转化到了新的乃至于现代化的生产方式之中,显示出传统文化在这块土地上顽强的生命力。

说这里是南音的发源地,从某种意义上讲,似乎不太严密。当代我们所见闻的南音展示形态,大约明代或更早形成的定型,可以有《明刊三种》插图作证,但南音是不是土生土长在泉州的,学界素来有不同观点。从非物质文化遗产的角度而言,我们将泉州表述为南音的主要存续地是丝毫没有问题的,因为有数百个南音的民间馆阁、社团生息在这里,不断地延续着南音文化,链接着过去与现在、现在与未来,并不断再创造着新的传统。

(1) 承与传。

泉州南音乐团自建团伊始就是名家辈出,当时的艺术家们与民间之间水乳交融,甚至可以说,乐团只是让他们多了个去处,他们孜孜不倦地向民间学习,承传下来不少经典。随着职业化的强化,专业、业余的分野,阶层意识产生,隔阂日深。

老一辈艺术家与民间馆阁有天然的"血缘"关系,之后成长起来的南音艺

---

① 曾学文:《闽南传统艺术创作中本体特征的彰显》,《闽南文化研究》(内部刊物)2014年12月。

术家们，多数毕业于艺术学校，虽也有师徒传承，但那景观与馆阁的传承本质不同。这样的传承体制虽然培养了不少优秀的艺术家，但它在某种程度上又助长了乐团艺术家与民间絃友的隔阂，这也是造成"守而难成"的重要原因之一。[①] 因为放弃了传统的基础阵地，慢慢地失去了向民间学习的传统，只守住了在学校学习的那些皮毛，何以堪"成"？当然，守成，尤其是文化守成不是一件容易的事，也不是一个人的力量能及，但是天降大任，在其位理应谋其事。我们不否认泉州南音乐团一代代艺术家身负南音传承传播的重任、坚守这块土地真诚地耕耘的事实，但我们也不掩盖现存状态的不尽如人意。生逢盛世，身承重任，泉州南音乐团理应有更大的作为！我们期待着！

说起泉州南音乐团的专场演出以及因之带动起来的传播效果，据老团长尤春成先生回忆，从1999年迎春演唱会到2006年的专场展示会，每年都有好几场。但这种多次向受众展示的，都是传统曲目拼贴版南音舞台演出。在此期间，最重要的引发南音传播的事件是申报"人类口头及非物质遗产代表作"以及相关的展演和参加"中国南音年专题音乐会"活动，可以说2003年是泉州南音的大年，也是南音乐团传播南音的收获年。

2002年5月，泉州市政府向文化部、中国艺术研究院明确表明泉州南音申报联合国教科文组织的"人类口头及非物质遗产代表作"的意愿。同年10月，泉州市政府正式向社会宣布这一消息，启动申报程序，同时也带动着泉州南音乐团2003年一系列的传播活动：

> 2003年2月14日，泉州市人民政府与中国音乐学院正式开始"2003泉州南音年"活动。
>
> 2003年二三月间，荷兰著名汉学家施舟人和法国著名艺术家白尚仁应邀来到泉州，分别为之准备了两场南音专场演出。
>
> 2003年10月27—29日，泉州南音乐团先后在中国音乐学院、中央音乐学院，为北京的专家、学者、音乐学院师生及首都新闻界的朋友们举行了专场演出。
>
> 2003年11月，泉州南音乐团赴法国参加"中法文化年"活动，这是中法两国互办文化年的项目之一，受到法国方面的热情欢迎和中国驻法大使、中国驻联合国教科文组织大使的高度赞赏。

---

① 其实这种隔阂疏离不是泉州南音乐团的问题，而是全国同类"专业艺术团体"（包括一些专业院校）普遍存在的现象。

此外，2004年10月，他们还应巴黎中国文化中心邀请，组织了一台南音专场赴法国演出。①

关于轰轰烈烈的"南音年"，理应也要收到红红火火的传播效果。然而遗憾的是，因为传播策划和主体宣传的缘故，不论在泉州本地，还是在首都北京，都不同程度地造成了一些负面的作用。好似炎炎夏日中午的一阵雷雨，来得突然，去得很快。因为政府的努力推动，活动倒是让中国音乐学院的学生们留下了深刻的记忆，以至于泉州成为他们一个继续采风的保留点。

从这些活动可以侧面地看到2003年前后泉州南音乐团在传播南音文化方面的辛劳，然而仅此却又不能让人满足，因为它毕竟是泉州政府供养的唯一的南音专业艺术表演团体。他们在对传统南音的整理、录音出版、进学校教学方面的贡献之外，更应该在体现政府意愿，在泉州民众的文化生活需要上有所作为。

（2）中国泉州南音专题晚会及其他。

在泉州南音乐团的展示中，有个尝试性的节目给笔者留下深刻的印象，就是将传统拜师仪式修复、展示在舞台上，其间包含许多南音文化传承的信息。南音絃友拜师到底有没有仪式，仪式是怎么进行的，文献无载。参考同一区域文化中的相关文化表现形式的文献记载和专家研究结果，将南音文化的相关内容植入到其中，可以说是对传统文化表现形式的一种修复尝试，更何况它展示在舞台表演艺术之中。但遗憾的是，这种尝试在后来的节目展示中被砍掉了。

经过多次整编的"中国泉州南音专题晚会"，包括了以下曲目：《霏霏飒飒》《玉箫》《年久月深》《走马》《望明月》《打击乐与旦科》《山险峻》《梅花操》，除《打击乐与旦科》从汉唐乐府舶来（做了一些改编）外，其余都是传统曲目。当然，我们可以很坦荡地说，在艺术创新方面，如果做不好，不能实现有益的艺术探索，还不如不要弄，不如老实地守住自己的传统。但关键的问题是，你了解、掌握了多少传统？在那样的基础上，你又守住了多少你习得的传统？对于这场演出，有圈内人给了这样的评价：这是一场一般意义上的重复传统的拼台演出，根据现代人观剧的习惯选择一些传统曲目进行编排、布置，遗憾的是没有把传统的意蕴表达出来，仅仅是模仿传统，铺排了传统的一些外在形态。

泉州南音乐团认同南音是曲艺艺术，所以几年来编排了不少按曲艺艺术形

---

① 以上资料根据"人类非物质文化遗产丛书"《南音》卷资料整理。

式组合的舞台展示形式。而文化行政部门的官员却很尖锐地指出："为了舞台节目的呈现，做些包装、舞台调度、穿上华丽的服装，再配合些小动作以吸引不明就里的受众的眼球，如果这样也算艺术探索的话，这个艺术团体存在的意义何在？！"

这两种说法各有站位，各有侧重，代表了大家对南音文化的真挚情感与关注。笔者引录的目的是以此为思考的契机，用以凝聚对南音文化传统传承传播的力量，实现传统南音文化的复兴，去真正实现当代南音文化传承传播的"再创造"，实现南音文化的再繁荣。

四、小结与问题的引申

（一）没有结论内容的小结

两岸南音乐团对南音表演艺术的探索，不管是在泉州还是台湾的传统南音界，目前都还没有被完全接受。在一些传统南音絃友看来，南音就该是千百年来传承下来的样子，过多的修改会丧失传统南管的优点与特色，因此不应有太多的创新和变化。然而，非物质文化遗产毕竟是"活态"的，它存在于民众的生活之中，产生于特定自然和社会文化环境中，并会随着环境的改变而发展变化。随着时代的变迁，社会的发展，南音要想继续传承下去，"被不断地再创造"是不可避免的，也是其存续、发展所必需的。

对南音表演艺术的传承传播的种种新的探索，并非全都属于非物质文化遗产的"再创造"。非物质文化遗产的传承与"再创造"，不能只是纯粹的创新，借助新式媒介进行南音的传播应把握其中的尺度。一方面，站在表演艺术的立场上，汉唐乐府等南音乐社的作品可以说是对南音表演艺术的创新，因为文化持有者、习得者的再创造可以是多样化的；另一方面，艺术探索与文化传承又有着本质的区别。

一种新的探索，是否属于"再创造"，要看其是否符合作为非物质文化遗产的文化表现形式的发展道路与方向。对南音表演艺术的创新，需要经过实践和时间的双重检验，得到南音界的广泛认同，融为南音这一文化表现形式的一部分并且得以长久的传承下来，才能称作是对南音文化的"再创造"，否则，便只能称作是探索和改造。如南音乐舞的探索，初时似乎取得了很好的效果，但如今的南音界却开始反思，南音乐舞这一形式对于南音本身的传承与传播是否真正产生了积极的作用，需要进行科学评估。

目前，要走艺术创新或创新出立基于南音文化且能吸引当代受众的新南音作品，各团颇有些费力，而与民间馆阁相比，有些团体则显得有"高不成低不就"的颓势——换句话说，在传统的功底上，与民间馆阁中的弦友有相当的距离。造成这种局面，不仅因为"被养起来"的职业化，少了许多真实的文化习得和内心真切的感知，同时也因为职业化多了几分莫名的优越感，也就失却了不少融入民间再学习的机缘。

（二）问题的延伸——南音应该是什么

南音到底是什么？从艺术门类上，南音应该归于哪个门类？这里面有一个历史造成的解不开的疙瘩，在现实当中给人啼笑皆非的感觉。由于历史的原因，在中国文艺家联合会的系统中，南音被归入曲艺的类别。所以，南音弦友、南音艺术团体的艺术家们，需要加入的是曲艺家协会，而不是音乐家协会，当然也不是戏剧家协会或舞蹈家协会。

将南音归类到曲艺，仅仅是文艺界社团工作上的问题吗？根本上的问题应该是文化认识上的问题。这种认识上的问题进而成为"集体无意识"，默认那种不明就里的归类。这种对自身社会身份（角色）上的"无所谓"或"无奈接受"，恰恰反映出几十年来南音界对自身文化身份认同上存在的偏差。对于民间的南音弦友，他们或许不会太在乎这个问题，你将南音归到哪一类对他们关系不大；而对于职业的艺术家们，在不经意默认这个身份后，便在日久年深之中遗忘了真正的自我——丧失了南音弦友的文化特质。

其实，南音就是南音。诚如有学者研究得出的结论所言，南音是包容了乐、歌、诗、舞、弄的综合性的艺术，那是因为中国古代的礼乐、燕乐皆是综合体。按历史上的表述一般都是礼乐并称，那么"乐"实际包含了诗、歌、舞、戏的一些内容。当然，乐是作为主体的。因此，在国务院公布的"国家级非物质文化遗产名录"当中，南音被归入传统音乐类，这是最新的定位，也是最合理、符合客观存在的归类。所以，今天我们在新的历史时期来重新认识南音及其文化，应该让它回归本体，可以首先从"乐"的角度去把握它。但是，对南音的认识又不能仅限于此，如果仅仅从音乐的角度去把握它，那么南音当中的很多文化内涵就会受到当代艺术门类分类的界限的局限，而无法准确地表达描述。所以，还是那句话，南音就是南音。非物质文化遗产保护工作的开展，为把握南音及南音文化提供了更为明确、更为接近本体的平台和更为有效的观察视角和研究途径。

作为非物质文化遗产的研究者，笔者更愿意从文化遗产的角度去把握南音这样的文化表现形式。因此，把它表述为"南音文化"这一概念可能更好地涵盖它的内涵和外延。广义的文化是人的行为的总和，传统的南音在一定的历史阶段，不是用于表演给受众欣赏，或者供受众娱乐的，而是一个文化持有者、习得者自身素养的体现。所以，笔者认为不应仅局限于在表演艺术这个层面去把握南音文化。

作为文化遗产，南音的表演特质在20世纪50年代以后得到了空前的强化。以至于形成了南音就是表演艺术的局限性的认知。乃至于一些专业团体的南音从业者，因为南音成为他的职业而错误地认为自己的南音文化的修养是专业的，是高于民间的，以至于他们常常看不起民间馆阁的南音文化持有者、习得者。实际上，从某个角度来讲，民间馆阁的南音文化持有者、习得者才是真正的南音文化传承的生力军。南音被仅仅作为表演艺术是矮化了南音，因为南音文化是一个广博精深的文化系统。诚如台湾著名音乐学家吕锤宽教授所言，从目前的田野调查的资料来看，尽管经过了社会发展、文化变迁等诸多严峻的挑战，南音在当代民众生活中仍有非常广泛的遗存，在道教的科仪中、在民众的人生礼仪习俗和民间信仰中、在释教①的唱诵中、在传统的表演艺术中（如戏曲剧种）、在宫庙的祭祀当中，都有遗存和应用。所以，他认为南音是中国古代音乐在当代的存续。

综上所述，我们应该重新审视南音与南音文化这两个相依相偎的概念，通过更为深入的研究，系统的挖掘，给南音或南音文化更为准确的定位。同时借由非物质文化遗产保护所提供的崭新的视角和研究方法，从闽南人生产、生活方式和生命体验的层面去全面把握南音文化。

南音文化的传承与传播，离不开南音的"再创造"。南音的传播包容在传承之中，指的是对南音文化资源的合理利用与探索，尤其是南音文化的创意。这种探索能够提高社会对南音文化的认识，增加公众对南音文化的兴趣与关注。这种探索在当下是探索，于长远来说也是一种传承。当这些对南音表现形式、传播形式的探索经过时间的检验，被证明是有较大受众从而被广泛接受，未必不能作为南音发展的时代趋势而成为南音传承的一部分。

虽说南音的"变"是历史的必然，但在这不可避免的改变之中，南音

---

① 此处原作"佛教"，文章写作过程中征求吕教授的意见时，吕教授给予了悉心修改斧正，回函认为："南管曲用于道教灵宝派的拜神类科仪，以及拔亡类科仪之吊唁亡者，释教仪式（一种乡化的佛教仪式）也大量使用南管曲或南曲，以吊唁亡者。释教仪式不能简化为佛教仪式，如称为佛教仪式，系由和尚主持仪式，释教仪式由并无剔度斋戒的仪式人员主持。"末学深以为是，很受教导！故引注于此并致真诚感谢！

之所以为南音的根本的特质，却似乎是不可以改变的。如古琴文化是古代文人的素养之一，那些习得古琴文化的谦谦君子从不以表演者的面目示人，因为古琴是道器，沐浴焚香弄七弦是与天人对话和心灵交会的途径。有位热爱古琴文化的学者曾经说过一句开玩笑的话："古琴何时沦落为表演给人看的东西?!"如此话语虽因饱含情绪而显得有点儿糙，但却道出其中的一些道理。近代以来，虽然古琴也难免要成为表演艺术，有些时候要表演给人看（听），但古琴文化不仅仅是表演艺术这点内涵，作为艺术形式的古琴表演不是古琴文化的全部，更不能以偏概全。南音也曾是泉南士绅庶民素养象征，也有被矮化为表演艺术的遭遇。我们接受作为表演艺术的南音的现实，也不否认数十年来其在这条道路上的探索发展，但我们期待正本清源，期待回到作为闽南人素养、闽南人的生活方式、闽南人生命的组成部分的层面全面认识、把握南音文化。我们现在没有经过系统的研究梳理，还不能完全确定南音习得者什么时候被冠以艺术家或者艺人的桂冠，或者是把这个桂冠又重新还给了他们。当然，这样说绝对没有贬"艺术家"的意思，而是不愿意贬低了南音文化的价值，使它沦为仅仅是"表演给人听、看（娱乐）的东西"。

对于南音絃友来说，南音的意义远远超越了表演艺术本身。南音融于闽南人的生活和血脉之中。它虽源自古老的宫廷音乐①，但却成于民间，存于民间，是民间性、自娱性的音乐，至少在明清以来，尤其是历代闽南人的生活方式的体现。不论是在小楼幽院还是在田间地头，处处可见南音的身影。南音已经融入了泉州人的生命历程之中，成为其生活不可缺少的一部分。当南音随着泉州人的步伐流播海外，就成了海外游子思乡的慰藉，成了需求自身认同的依托。南音的传承与传播，若脱离了南音赖以依存的生态环境，便丧失了最重要的精神内涵与生命力。对南音文化传承传播的诸多再创造，最终还是要回归到闽南人的生活之中，被广大南音人所认同与接受。若仅仅作为表演艺术在剧场表演中来呈现，对延续作为闽南人素养、闽南人生活方式、闽南人生命组成部分的南音文化的生命力，恐怕难以起到长远而深刻的促进作用。

一个文化表现形式在满足民众生活和时代发展的需要上"被不断地再创

---

① 此处原作"宫廷燕乐"，吕教授认为，"如此的描述颇为确凿，迄今我获得的资料，基于今所见之南管曲目，仍未见来自唐或宋的宫廷音乐，我本的论述都为乐器、乐律、乐曲体裁形式方面，故而我的描述仍采取模糊式，称：南管或南音为源于唐代的音乐"。为严谨见，遂改之。

造",不仅指它的形式和内容得到丰富,更重要的是其文化底蕴要得到深度修复、回归。从族群到村落、社区乃至更广大的社会得到广泛的认同,甚至影响到族群文化、社区文化、区域文化的认同及其传承、传播。从这个意义上看,两岸南音文化传承传播中的"再创造",要走的路还有很长……

附录:汉唐乐府、心心南管乐坊、厦门南乐团、泉州南音乐团简介

(一) 汉唐乐府简介

汉唐乐府,成立于1983年,是以南音乐曲为基础的古典乐舞剧团,由南管名家陈美娥及其兄长陈守俊创办于台北。陈美娥怀揣传承古乐、复兴古乐、再生传播的理想[①],致力于南音考证与研究,曾出版专著《中原古乐史初探》,执行《南管指谱大曲全集》录制计划,灌制的南管激光唱片屡获"金鼎奖"。

1983年,两岸尚未开放。趁着"第二届国际南音研讨会"在泉州举办的机缘,陈美娥来到了南音的故乡泉州,观摩了包括对其后来艺术创新、南音文化再创造影响极大的梨园戏在内的泉州传统民间文化表现形式。1986年,以"纯乐舞"形式呈现梨园戏的《陈三五娘·留伞》获得成功,开启了汉唐乐府以南音为"底"、以梨园舞蹈为"面"的艺术创新生涯。

相关资料显示:1995年,受泉州——以南音曲牌为主的梨园戏舞台展示的启发,陈美娥创立"梨园舞坊","抽取梨园戏纤柔曼妙的身段科步与绵延幽雅的南管乐声,在现代剧场技术与观念的结合下,创发出意态妍雅的'梨园乐舞'"[②],先后创作了《艳歌行》《丽人行》《荔镜奇缘》《梨园幽梦》《韩熙载夜宴图》(以下简称《夜宴图》)、《洛神赋》等作品。结合本文所关注的传承传播中"再创造"的话题,笔者选择了其中的《艳歌行》《荔镜奇缘》《夜宴图》三部,进行分析讨论。

至于传播的作为,据相关文献记载,1986年,汉唐乐府赴美巡回演出,开启了其国际交流的里程。从1995年到1998年,陈美娥率团历访欧洲、大洋洲、

---

① 蔡欣欣对汉唐乐府的发展历程有"传统继承""学术奠基""传统再生"的描述,参见陈守俊主编《汉唐乐府绝代风华——20周年回顾专辑(1983—2002)》,汉唐乐府2012年版。本文结合陈美娥接受媒体采访等资料。

② 蔡欣欣:《镕铸古典诗意与现代风姿的梨园乐舞》,《海峡两岸民间艺术交流——金桥·2009海峡两岸民间艺术节论文集》,厦门大学出版社2010年版,第175—190页。

东南亚等地，让更多人认识梨园乐舞和南音，为在国际舞台上推介中国艺术做出了一定贡献。

（二）心心南管乐坊简介

心心南管乐坊于2003年由王心心创办于台湾地区。王心心，1965年出生于福建泉州，4岁开始学习南管音乐，1984年，以术科第一名的成绩考入福建艺术学校的南管专科，师承南管名师庄步联、吴彦造、马香缎等名家，是20世纪80年代后泉州南音界培养出来的南音文化传承的新生代代表性人物。她曾任福建泉州南音乐团专职乐师、台北汉唐乐府南管古乐团音乐总监，1992年定居于台湾。作为汉唐乐府的音乐总监，王心心对汉唐乐府作品创作、人才培养等，理应起到过一定的作用。

王心心曾受邀参加法国"亚维农艺术节"、德国"碧娜鲍许国际舞蹈节"、比利时"法兰德斯艺术节"、荷兰"东亚之音"等全世界近百场演出。1995年，王心荣获中国台湾"金鼎奖最佳演唱奖"。2004年，王心心以《静夜思》获金曲奖最佳民族音乐专辑并入围最佳制作人。

心心南管乐坊成立之初，致力于南管与当代艺术、传统姊妹艺术的跨领域拼贴、合作。比如南音表演中融入现代舞表现手法的《胭脂扣》，与布袋木偶戏相结合的《陈三五娘》，将南管与昆曲融为一体的《南管昆曲新唱——霓裳羽衣》（以下简称《霓裳羽衣》）等。2009年以后，心心南管乐坊更多回归到南音本体，抛弃跨界的舞蹈、戏剧和服装展示后，回归简朴，并且将南管吟唱与中国古典诗词文学相结合，创作作品有《葬花吟》《琵琶行》《声声慢》等。

为了促进南音的保存和推广，王心心曾与汉唐乐府合作录制了南管各曲牌大曲及指、谱演奏音乐等有声出版品，后又自资出版了《南管锦曲选集1 & 2》。在南音传承方面，王心心改变传统南音教习方法，将唐诗谱上南管曲牌，作为初学者掌握南管唱曲的入门曲，可算是一个值得称赞的探索。此外，她还通过在各类艺术大学培养专业人才，在社区大学、自治团体等开办南音欣赏班，举办讲座等方式传播、推广南音传承。

（三）厦门南乐团简介

厦门市南乐团成立于1954年，其前身是厦门金凤南乐团，是厦门市唯一的南音表演专业团体。得益于首任团长纪经亩先生，以及白厚、任清水等名师的指导，厦门南乐团既恪遵前法，又勇于创新，独树一帜。在乐器演奏方面，特别注意乐师间的默契配合，巧于工细、脉络醒豁、节奏疏密有致、气韵饱满、音律精确；在唱腔方面，讲究字重韵轻、字正腔圆、以声带情、高雅古朴、蕴涵丰富，是一个有坚实传统基础的南音传承机构。

厦门南乐团成立以来，在国内的舞台展示推介和国际的交流传播方面都有突出的贡献。20世纪50年代，以厦门南音乐团为主的厦门南音代表队三次进京献演，曾先后参加华东区民间音乐舞蹈会演、全国第一届音乐周、全国第一届民间音乐舞蹈会演、全国曲艺调演等演出。乐团还多次赴日本、新加坡、菲律宾等国家及中国香港、台湾地区进行演出和艺术交流，受到很高评价。

厦门南乐团始终坚持走"继承和创新"并重的发展路线，注重南音的传承，在收集、整理、演唱、传授大量经典谱、指、曲目时，力创新格。从20世纪50年代始，《迎龙小唱》《北国风光》《蝶恋花·答李淑一》等新创南音曲目等已成经典，南音器乐曲《闽海渔歌》被海内外南音界誉为"第十四大谱"。厦门南乐团先后挖掘、整理、表演了《陈三五娘》《王昭君》《白兔记》等大量的传统套曲；创作了《感谢公主》《南音魂》《长相思》《兵车行》等优秀曲目；校编了《厦门南乐指谱全集》；录制了《八骏马》《长相思》等高水准南乐专辑。2002年，以厦门南乐团为主创作与表演的南音乐舞《长恨歌》荣获中国文化部第十届"文华新剧目奖"作曲奖和演奏奖。2011年，南音乐舞《情归何处》分获第七届"中国曲艺节"优秀节目奖、第七届"中国曲艺牡丹奖"节目提名奖。

（四）泉州南音乐团简介

泉州南音乐团创办于1960年，是福建省重点艺术表演团体，也是泉州市唯一的南音表演专业团体。该团自建团以来人才辈出，涌现出众多艺术造诣高深的优秀南音艺术家，如马香缎、杨双英、黄淑英等，也是一个有坚实传统基础的南音传承机构。

20世纪70年代初，泉州南音乐团配合泉州南音研究社发掘、整理了大量的传统南音资料，汇编出版了《南音指谱大全》8集，散曲23集。近年来，还参与整理出版了《泉州弦管名曲选编》《新谱式弦管曲选集》等曲集，参与编著了《洞箫演奏教程》《二弦演奏教程》《南音演唱教程》《南音琵琶演奏教程》等高等师范院校南音专业教材，录制、出版了大量音像制品，为南音界弦友、海外侨胞、广大南音爱好者提供了丰富的研究、演唱演奏资料。伴随着"南音进课堂"活动的开展，自1993年起，泉州南音乐团开始派员担任福建省艺术学校泉州南音班教师；泉州师范学院音乐与舞蹈学院成立南音系后，有多名演奏、演唱的艺术家应聘担任该校的教师，有的还担任艺术硕士研究生导师。

为了配合相关的文艺赛事，泉州南音乐团也有不少艺术创新、探索活动，并屡次在全国及省、市的各种赛事中获奖。1981年起，泉州南音乐团多次参与协办"泉州南音大会唱"活动。1982年，乐团以南音说唱《桐江魂》参加全国（南方苏州片）曲艺调演，荣获创作、作曲、演员一等奖。1990年，乐团创作、演出的《归来赋》参加全国曲艺大奖赛，荣获演员二等奖，乐队伴奏三等奖。1997年，乐团创作的《情洒丝绸路》获文化部第七届"群星奖"优秀奖。2004年，应巴黎中国文化中心邀请，泉州南音乐团赴法国举行南音专场演出，这也是本文选择讨论的"专场演出"。2005年，乐团还新创了南音表演唱《生命的交融》参加第五届"中国曲艺节"会演。

在传播和文化交流方面，乐团曾多次应邀出访菲律宾、印度尼西亚、新加坡、马来西亚、日本、法国等国家及港澳台地区表演交流。在南音申报人类非物质文化遗产代表作期间，泉州南音乐团参加了国内外各种展示性演出，并参与申报文本的撰写以及申报片的录制，为南音的成功申报做了大量的工作。

（本文为"第三届两岸文化发展论坛"参会论文，因故未列入该届论文集中，经协商，补录于本集。特此说明。）

两岸之日本电影片名的翻译方法

郑加祯[*]

一、研究动机与目的

在大众传播媒体蓬勃发展的今日社会中,电影所扮演的角色除了传递思想、语言、社会制度、艺术等层面的信息之外,同时它也是一种娱乐商品。换言之,电影不仅传播文化层面的信息,同时也可能产生莫大的消费商机,而这也是电影公司引进外国电影放映的主要目的。一部电影的片名就如同新闻标题或书名一般,乃为引导视听者进入电影世界的一扇门,其命名与商品的命名有所相似之处,需考量营销、心理、语言、美学等层面因素以吸引视听者观赏。同样的,外国电影名称的翻译除了原文的语意转换之外,常常为求宣传效果而跳脱原文框架,时而夸大,时而带有诗性。

翻译原本即存在部分创造性及恣意性。对于同一原文,不同译者可能采取不同的词语或方式来表达。对于两岸电影名称翻译之差异,网络上常被提及,并加以比较,甚至曲解对方并相互争论、攻坚。网络上流传着一部描述蚂蚁的冒险历程电影——A Bug's Life,在大陆译名为《无产阶级贫下中农蚂蚁革命史》。许多人对于这样的译名加以嘲讽,不断转传,欲借此凸显台湾地区翻译之水平。事实上该片在大陆的译名并非《无产阶级贫下中农蚂蚁革命史》,而是《昆虫总动员》。这个译名与台湾地区的译名《虫虫危机》虽然用词不同,但所采用的翻译方法相同,均是"意译加改译"。此类之刻意曲解及贬抑不但无法提升台湾地区的翻译水平,反而阻碍了两岸于翻译上的交流。

英文电影名称的翻译问题在媒体可见诸多讨论,但日本电影名称之翻译极少被提及。然而翻译的方法和原文与译文两语言的语种及两个社会间的文化距离密切相关,因此,日本电影名称与英文电影名称的翻译方法可能相异。本文的目的在于透过日本电影片名翻译之比较,归纳出两岸翻译方法的特色,盼能借此激荡出更佳的翻译质量,并将之运用于翻译教学上。

---

[*] 郑加祯,台湾世新大学日语系副教授。

二、文献探讨

(一) 理论研究

在翻译理论中,最被广为讨论的莫过于译文与原文是否"等价"(Equivalence)的概念。为了跨越两语言间所存在之差异以追求"等价",译者所采取的策略方向可分为:消除翻译腔以寻求译文通顺为主的"同化法"(Domesticating Method)及保留异国语境以原文之原意为主的"异化法"(Foreignizing Method)两大方向。关于这两者之优劣,依译者的价值观各有其拥护者[1]。从20世纪70年代开始,翻译的概念由两语言间的符号转换,渐渐演变成重视文本(Text)的功能及目的。究竟该"同化"或是"异化"之问题,德国翻译学家亦是功能学派的创始者莱斯(Katharina Reiss)主张,不同的性质的文本其功能不同,因此应采用不同的翻译策略。[2] 莱斯将文本依功能分为"情报型"(Informative Text)、"表现型"(Expressive Text)、"效力型"(Operative Text)三类,并针对这三类文本提出不同的翻译方法及适用范围(见表1)。莱斯所言之功能是指原文的功能,因此译文的优劣判断乃根据是否传递了原文的功能而定。[3] 在这个阶段中,译文的功能未被提及。

表1 文本形态与翻译方法之关系[4]

文本形态	翻译方法	适用领域
情报型	重视内容正确性	操作手册、新闻等
表现型	重视内容的正确性和形式的一致性	小说、诗歌等文学作品
效力型	比起内容及形式更重视效果	广告、文宣等

---

[1] 郑加祯:"日中両国語における料理名と行事名に関する研究 - 异文化コミュニケーションの観点を中心に",2011,pp. 36 - 43.

[2] Reiss, K.:Translation criticism - The potentials and limitations:Categories and criteria for translation quality assessment (E. F. Rhodes trans.). Manchester, U.K.:St. Jerome, 2000. (Original work published 1971.)

[3] Reiss, K.:Translation criticism - The potentials and limitations:Categories and criteria for translation quality assessment (E. F. Rhodes trans.). Manchester, U.K.:St. Jerome, 2000. (Original work published 1971.)

[4] 笔者参考整理アンソニーピム"翻訳理論の探求"武田珂代子訳,2010,pp. 79 - 80.

另一位德国翻译学家弗米尔（Hans J. Vermeer）延伸莱斯的理论基础，将文本的功能考量延伸至译文，认为翻译之际必须思考译文的用途与对象并提出"目的论"（Skopos Theory）。①"目的论"的特点在于将原文视为提供信息的来源，而非强调译文与原文的"等价"。因原文及译文两者的功能及使用的目的可能不同，因此译者可照译文的功能及使用目的调整出适当的译文；但译文必须是语意连贯，且与原文有关联性。"目的论"将翻译的重点由原文移转至译文，不再以原文之内容为唯一的追寻与依归，大幅提高了译著的地位。

本文所讨论之电影名称的翻译，其功能在于吸引视听者观赏。根据莱斯的理论可将之归类为"第三类效力型"。因此翻译电影名称时，重视效果更胜于内容和形式。在"目的论"的框架下，为了追求效果，电影名称的翻译有相当大的自由度。

（二）实证研究

网络媒体虽对于电影译名有诸多提及与评论，但学术方面之实证研究在台湾地区并不多见。其中，英语电影名称之中译研究有王娟娟、许慧伶等。王娟娟及许慧伶主要以好莱坞电影为对象，调查美国电影之中译倾向及方法。两者的调查均指出台湾地区的电影名称翻译用词夸大、耸动，近年来，有许多越来越口语化的表现，同时也出现许多公式化译名。除此，王娟娟进一步指出，大陆译名多采用原语逐字译或直译，少有夸饰法。关于日本电影之中译研究，就笔者的检索范围内尚未有系统性的调查及讨论。

三、研究目的与方法

（一）研究内容

本文以量化方式分析两岸日本电影名称在翻译方法上的异同及特色，并归纳出两岸常用的翻译模式。最后以莱斯的文本分类及弗米尔的"目的论"检视两岸翻译方法的问题点。

---

① 笔者参考整理アンソニピム："翻訳理論の探求"武田珂代子訳，2010，pp. 79 - 80.

(二) 研究资料来源

由网络收集台湾和大陆所引进的日本电影译名后，进行翻译方法之分析并加以比较。台湾地区之资料出处取自维基百科所整理的 2014—2015 年台湾地区上映之日本电影，共 130 部。大陆方面之资料取自"日本贸易振兴机构"《中国放映之日本电影调查 2015 年报告》，"漫漫看"网站 2015 年之资料，Very CD 网站 2015 年资料，优酷网 2014 年及 2015 年之资料，共 210 部日本电影。

(三) 研究方法

每部电影名称所用的字词长度不一，每个字词所使用的翻译方法亦不尽相同，因此本文以字词为单位来分析其翻译方法。分析之际，为区分日本、中国大陆及中国台湾之汉字及电影名称，本文将日语部分用""标示；而取自大陆之资料用《》；台湾的资料用〔〕来加以区别。

例如：电影原名"サンブンノイチ"由"サンブン"及"ノ""イチ"三词所组成，本文分别分析"サンブン"及"ノ""イチ"的翻译方法。此电影之大陆译名为《三分之一》故"サンブン"译为《三分》"ノ"译为《之》"イチ"译为《一》三词均属"意译"；而台湾译名为〔三分之一：逆转赌局〕，前半部的〔三分之一〕与大陆之翻译方式相同，后半部之〔逆转赌局〕原文里并不存在，故属于"加译"。

翻译方法之分类乃参考郑加祯[①]，分为以下 8 种方式。
1. 复写：直接使用原文上的表记。
1-1 汉字复写：使用非中文惯用汉字词汇。
　　如："花宵道中"→〔花宵道中〕
1-2 罗马字复写：使用原文上的英文字。
　　如："S-最後の警官"→〔S-终极警官〕
2. 音译。
2-1 汉字音译：以汉字来呈现日语音节。
　　如："思い出のマーニー"→〔回忆中的玛尼〕
2-2 罗马拼音：以罗马拼音来呈现日语音节。

---

① 郑加祯："日中両国语における料理名と行事名に関する研究 – 异文化コミュニケーションの观点を中心に"，2011，pp. 36 – 43.

如："ハマトラ"→〔HAMATORA - 超能侦探社〕
3. 意译：以表示相同概念的字汇来呈现。
如："妖怪ウォッチ"→〔妖怪手表〕
4. 改译：转换视点或用其他相关概念的词汇来呈现。
如："るろうに剣心"→〔神剑闯江湖〕
5. 加译：加入原文没有出现的要素。
如："ハイキュー!!"→〔排球少年〕
6. 减译：省略部分词汇。
如："進撃の巨人ATTACK ON TITAN"→〔进击的巨人〕
7. 英译：将原文中的日语（含外来语）以英语来呈现。
如："仮面ライダードライブサプライズ？フューチャー"
→〔假面骑士Drive Surprise Future〕
8. 命名：重新取电影名。
如："トワイライトささらさや"→〔再说一次爱你〕

四、研究结果

（一）两岸翻译方法之异同

根据上述之研究方法将两岸之日本电影名称的翻译方法加以归纳后，结果如表2所示。由此可知，日本电影名称翻译为中文时，两岸最常使用的方法为"意译"（台湾：76.9%，大陆：81.9%），其次为"汉字复写"（台湾：27.7%，大陆：21.9%），"改译"（台湾：20%，大陆：15.7%）。这三种译法可视为日本电影名称中译时的普遍译法。关于两岸翻译相异点方面，大陆在"意译""汉字音译"及"减译"的使用频率高于台湾；而台湾在"罗马字音译""汉字复写""罗马字复写""改译""加译""英译""命名"的使用频率比大陆高。一部日本电影名称台湾地区平均用1.9种方法来翻译，而大陆用1.6种方法来处理。由研究结果可知，台湾地区的翻译方法较为分散、多元，而大陆的翻译方法较为集中。

表2　日本电影的中译方法

翻译方法 调查对象		音译		复写		意译	改译	加译	减译	英译	命名	总计
		汉字	罗马字	汉字	罗马字							
台湾 130部	部数	10	6	36	30	100	26	14	9	8	8	247
	%	7.6	4.6	27.7	23.1	76.9	20	10.7	6.9	6.2	6.2	
247/130＝1.9（一部电影名称平均所使用之方法数）													
大陆 210部	部数	21	4	46	11	172	33	15	30	1	9	342
	%	10	1.9	21.9	5.2	81.9	15.7	7.1	14.2	0.4	4.3	
342/210＝1.6（一部电影名称平均所使用之方法数）													

说明：1. 以上数字表示使用该方法的电影数量及占全体电影数的百分比。
　　　2. 一部电影可能使用复数方法。

（二）译文中的第三国语言

由于英文已成为国际语言，教育普及化后，英文字母及简单的英文词汇频繁地出现在日常生活中。日本电影名称中出现英文字母或词汇亦司空见惯。因此，原文里的英文字如何呈现，也成为日译中的问题之一。在本研究中，关于大陆方面的分析资料，原文名称出现英文之电影有35部，其中采用"罗马字复写"之翻译方法者有11部，其余大多以"意译"或"减译""改译"等方法来翻译。如："TOKYO TRIBE"译为《东京暴走族》，"セブンデイズ MONDAY→THURSDAY"译为《七日报告》。台湾地区，原文名称出现英文者有40部，其中采用"罗马字复写"的翻译方法者为30部。如："アンフェアUNFAIR"译为〔非关正义Unfair〕。换言之，大陆的日本电影名称中较少出现英文字，而台湾地区通常将英文直接置入片名。

除"罗马字复写"之翻译方法会使译文出现英文之外，另有将日语原文译成英文的例子。如："ホットロード"译为〔HOT ROAD〕。这类英译法在台湾地区的资料中出现8例；而大陆的资料中仅出现1例。

从本研究的调查可知，大陆的日本电影名翻译是比较纯粹的日翻中，对于原文里所出现英文会设法转换成中文，而台湾地区则倾向将之保留不译，甚至将原文中的片假名外来语还原成英语来呈现。

五、分析

表 2 之研究结果显示"意译"及"复写"为两岸翻译日本电影名称时最常用方法。"意译"之译文符合中文社会的语言使用习惯，视听者阅读起来不会有翻译腔，属于"同化法"。而"复写"是直接使用日语汉字或英文字母来呈现，亦即用一种不翻译的翻译方法将原文保留在译文里，让译文形成一种中日、中英或中英日语混合的现象，属于"异化法"。而大陆使用"意译"的比率高于台湾，台湾使用"复写"的比率高于大陆，从此可推论台湾地区在翻译日本电影名称时"异化"程度高于大陆，反之大陆译名的"同化"程度较高。简言之，台湾喜欢用有异国风的翻译腔来吸引视听者；而大陆偏好使用通顺的中文语词。

近年来，以日本动漫及电玩游戏为脚本所改编电影为数不少，这类电影名称通常比一般文艺片或写实片来得长。翻译这类电影名称时，保留日本风"复写"的结果，会出现难以念出全文的译名。目前在台湾地区此类翻译实例为数不少，例如：〔假面骑士×假面骑士 Ghost & Drive 超 MOVIE 大战 Genesis〕〔Pokemon the Movie XY 光环的超魔神胡帕〕之类的译名。这一类电影片名除非另取别称，否则仅具视觉效果而口语传播功能不佳。相较于台湾地区，大陆方面某些电影名称采用原文"意译"后，可能趋于平淡。如："MONSTERZ モンスターズ"译为《怪物》，"ショートホープ"译为《小希望》，这样的片名口语传播效率高，但较不具"吸睛"效果。

根据莱斯的译文分类及弗米尔的"目的论"，电影片名之翻译属于"效力型"，目的在于宣传影片以吸引视听者前往观赏。而影片宣传除了以预告片、海报等视觉上的信息传递之外，口耳相传亦是重要的管道。因此一个好的翻译名称除了考量是否与影片内容相关外，应同时考量"吸睛"效果及口语沟通的便利性。因此，两岸之日本电影名称之翻译若能彼此取长补短，必能提高电影之宣传效果。

结　语

本文透过日本电影名称的翻译探讨两岸翻译方法的异同，研究结果发现大陆的翻译多采用"同化法",译名较符合中文之使用习惯,便于口语传达。台湾地区偏向采用"异化法"保留片名中的异国风。

文献指出,台湾地区的英语电影名称常有模仿及公式化的现象,如:重复使用〔第六感〕〔绝命〕〔终极〕等字词。这类译名跳脱原文之意重新另取片名,属于"命名",此乃是一种"同化法"之一。然而从本研究结果可知,中国台湾在翻译日本电影名称之际并不采用这种方法,主流译法是在原文的基础上加以调整或直接移植原文。由此可见,在台湾地区英译与日译的翻译习惯大有不同。关于日译时,异化翻译倾向高于大陆之原因,是否与中国台湾对日本文化之接受度相关,则须进一步更深入地探讨。

参考文献

1. 论文资料(按中、英、日文排序)

欧冠宇:《融合功能翻译观及真实稿件大学翻译课》,《翻译学研究集刊》2014年第18辑。

王宜君:《台湾与大陆关于好莱坞电影片中文译名之研究》,学位论文,台湾师范大学,2010年。

Reiss, K.: Translation criticism – The potentials and limitations: Categories and criteria for translation quality assessment (E. F. Rhodes trans.). Manchester, U. K.: St. Jerome, 2000. (Original work published 1971.)

アンソニピム:"翻訳理論の探求"武田珂代子訳, 2010.

郑加祯:"日中両国語における料理名と行事名に関する研究 – 异文化コミュニケーションの観点を中心に", 2011.

2. 网页资料

优酷网(http://dv.youku.com/)。

日本贸易振兴机构:《中国映画市场调查2015年报告》,上海事务所,2015年。

"漫漫看"网站(http://www.manmankan.com/)。

Very CD网站(http://www.verycd.com/)。

维基百科2015日本电影(https://zh.wikipedia.org/wiki/Category:2015%E5%B9%B4%E6%97%A5%E6%9C%AC%E9%9B%BB%E5%BD%B1)。

维基百科2014日本电影(https://zh.wikipedia.org/wiki/Category:2014%

E5%B9%B4%E6%97%A5%E6%9C%AC%E9%9B%BB%E5%BD%B1）。

王维蒂：《电影片名翻译原则与在教学上的应用》，崇光女中英语科教师研习教师专题（http：//campus.ckgsh.ntpc.edu.tw/english/doc/report2.pdf）。

海峡两岸"文人棋"研究发展之回顾与前瞻

姜明翰*

前 言

  围棋是中国传统文化的独特产物，玄深奥妙，变化无穷，具有数千年历史。约在六朝时期，传入邻近的日、韩诸国[①]，如今成为盛行东亚一带的竞技活动。纵观其发展路向，可概分为二，即"棋手棋"和"文人棋"。棋手棋是指职业围棋，对职业棋士而言，下棋是谋生的手段，一局棋的输赢，关系一家经济的来源，必然以争胜为务，所以带有强烈的功利色彩和竞技意识。文人棋是文人士大夫之弈，归属为业余围棋。在他们的认知中，围棋不仅是益智的娱乐工具，也是修身养性的艺术活动，胜负非主要目的，而是注重弈棋的艺术性和趣味性。推而广之，经、史、子、集中，举凡阐述棋人、棋事、棋史、棋理、棋用、棋境等相关的文艺创作，都可涵盖在内。

  自 20 世纪中叶以来，围棋风潮逐渐向全世界蔓延，学习人口大增，以竞赛争胜为目的的棋手棋，无疑是当今世界围棋发展潮流之所趋。竞赛争胜，只是围棋多重面向之一。当吾人甩开功利的包袱，重新审视围棋，则将发现在它残酷胜负世界的背后，涵藏着博大精深的思想文化渊源和韵致高妙的文学、美学意境。在历经各代文人雅士的点染和挥洒之下，绽放华丽璀璨之光，形成特殊的美学形态，也就是"文人棋"的传统。此传统为中国所独有之文化瑰宝，实非日、韩等国所能比拟企及。然而在普遍以功利为尚的今日棋坛，文人棋虽不致湮没不彰，却长期被忽略不受重视，可为一叹。有鉴于此，本论文针对海峡两岸文人棋之研究与发展概况，作一回顾整理，并探讨其未来的前景与路向。

---

* 姜明翰，台湾育达科技大学华文传播与创意系助理教授。
① 详参拙著《中国古代围棋艺文研究》，博士学位论文，台湾世新大学中国文学研究所，2014 年，第 89、90 页。

一、海峡两岸文人棋的研究概况与成果

当今流传的各类围棋书籍，就所占比例而言，以近现代棋手的著作与实战谱为大宗。相较之下，探讨中国古代围棋文学及文化史的学术专著，则显得稀少。在过往的数十年中，幸赖两岸几位先进的努力耕耘，使这片荒芜的土地有了初步的成果，也为日后的研究奠立优良的基础。他们的论著按内容形态，可分为围棋史、围棋思想文化、围棋文学、围棋理论校注、古谱及文献汇编等五类。各类之重要著作，如围棋史专著类有朱铭源的《中国棋艺》[①]、张如安的《中国围棋史》[②]、刘善承的《中国围棋史》[③]；围棋思想文化专著类有何云波的《围棋与中国文化》[④]及《弈境——围棋与中国文艺精神》[⑤]；围棋文学专著类有蔡中民的《围棋文化诗词选》[⑥]、张昭焚的《历代棋声诗韵选集》[⑦]；围棋理论校注专著类有成恩元的《敦煌棋经笺证》[⑧]、李毓珍的《棋经十三篇校注》[⑨]；古谱及文献汇编专著类有中国国家图书馆分馆编《中国历代围棋棋谱》[⑩]、黄俊《弈人传》[⑪]等。

在上列围棋论著的作者中，台湾地区仅有朱铭源和张昭焚二位。朱氏的《中国棋艺》是属史述，分别从类书、古谱、笔记小说、诗话、文集及方志中，搜罗历代棋人弈事的记载，以通俗、简略的方式征引介绍。张氏的《历代棋声诗韵选集》，大量搜集与围棋有关之韵文作品，达3200多首，是属文献汇整。二氏著作，显具分量及代表性。其余阐述文人棋之作，则多为发表于期刊或围棋杂志中的闲话散论，不成体系，数量亦少。相较于台湾地区在古代围棋文化研究的贫乏，大陆则明显丰富热络得多。不过大陆学者多致力于古谱搜集、文献汇整及围棋史建构之工作，或是趣闻、掌故的解读和介绍；对于大量与围棋

[①] 朱铭源：《中国棋艺》，台湾正中书局1991年版。
[②] 张如安：《中国围棋史》，团结出版社1998年版。
[③] 刘善承编：《中国围棋史》，成都时代出版社2007年版。
[④] 何云波：《围棋与中国文化》，人民出版社2001年版。
[⑤] 何云波：《弈境——围棋与中国文艺精神》，北京大学出版社2006年版。
[⑥] 蔡中民选注：《围棋文化诗词选》，蜀蓉棋艺出版社1989年版。
[⑦] 张昭焚编注：《历代棋声诗韵选集》，台湾因材施教文教事业有限公司2008年版。
[⑧] 成恩元笺证：《敦煌棋经笺证》，蜀蓉棋艺出版社1990年版。
[⑨] 李毓珍校注：《棋经十三篇校注》，蜀蓉棋艺出版社1988年版。
[⑩] 国家图书馆分馆编：《中国历代围棋棋谱》，北京图书馆出版社2004年版。
[⑪] 黄俊：《弈人传》，岳麓书社1985年版。

有关的文、诗、词、曲、赋作品,欠缺深入的探索和分析。至于围棋和中国古代思想流派的关系,其间义理的疏通,虽有论证,却不够精到。

在学位论文方面,大陆以何云波博士学位论文《弈境——围棋与中国文艺精神》为代表,台湾地区则有中兴大学历史学系赖永大的硕士学位论文《唐代弈棋文化探微》[①]、南华大学文学系张幸瑞的硕士学位论文《中国围棋思想之文化研究》[②]、笔者的博士学位论文《中国古代围棋艺文研究》[③],总共只有四部而已。可见文人棋传统之研究,仍有相当多值得探讨和开发的空间。为何两岸从事该领域研究的工作者如此稀少,成果亦不丰硕?究其原因,主要在于此乃跨领域之研究,研究者本身的条件限制颇严:除须具备文史方面的学术专业能力外,棋艺素养也有一定程度的要求,至少得拥有业余高段的实力方能胜任,两者缺一不可。围棋毕竟是专门技艺,易学而难精,非经长久的实战试练不为功。就人口比例而言,解弈者本已不多,善弈者更是少之又少,学者多为繁重的研究工作所缚,还有闲情能懂棋而善弈者,则甚为罕见。职是之故,如何培育围棋文史专业研究人才,进而鼓动研究风气,是当前棋界和学界必须正视的重要课题。

二、海峡两岸围棋文创的发展与前瞻

既然围棋有如此丰富多彩的文化内涵,应针对长期被忽略的中国文人棋传统,投入足够的人力和财力资源,全面整合钻研,建构理论系统架构,进而传承发扬,并赋予全新的时代意义才是。除了学术研究之外,创作亦不可偏废。适值文化创意产业热潮席卷全球,放眼文明先进国家,即可发现精致文化与创意的发展,形成高竞争力产业。文化创意产业乃是现代庶民文化、大众流行文化透过创意包装营销拓展而为新兴的商业市场。在这股文创风潮方兴未艾之际,围棋具备吾国文化博大深沉之底蕴,适为围棋爱好者和文创工作者运用的绝佳媒材,遂有"围棋文创"概念的萌芽,且已付诸实务操作,使围棋展现出世界潮流之外的独特风貌,值得吾人期待与努力。以下分析两岸围棋文创发展的概况。

---

① 赖永大:《唐代弈棋文化探微》,硕士学位论文,台湾中兴大学历史学系研究所,2008年。
② 张幸瑞:《中国围棋思想之文化研究》,硕士学位论文,台湾南华大学文学系研究所,2009年。
③ 姜明翰:《中国古代围棋艺文研究》,博士学位论文,台湾世新大学中国文学研究所,2014年。

（一）大陆围棋文创

大陆自改革开放后，大力倡导围棋文化和教育。尤其近十年来，经济快速起飞，不论财力、人力、物力，皆相当充裕，利于发展围棋文创产业。在视觉艺术产业与表演艺术产业方面，如 2007 年中国棋院在山西主办的"中国·晋城棋子山国际围棋文化节"[1]，其中安排之"中日韩三国围棋元老邀请赛"，聂卫平对曹薰铉之战，主办单位别出心裁，同步在棋子山上 400 多平方米的巨型"象天枰"上摆棋展演，气势恢宏，视觉效果突出，话题噱头十足，不仅使比赛更加生动活泼；在媒体争相报道下，产生广告宣传之用，有助于当地观光旅游的发展。在建筑设计产业与展演设施产业方面，2007 年，位于钱塘江畔、楼高 35 层的杭州天元大厦落成启用，是全球唯一五星级棋文化主题精品酒店[2]，隶属于市政府直属企业杭州商贸旅游集团，是中国棋院杭州分院的重要组成部分。该酒店以中国传统围棋文化底蕴为设计理念，整体环境布局及所提供的产品和服务，无不融入棋文化特征的诸多元素，形成了一个独特的棋文化综合体，此乃中国棋界和旅游业共同合作下独步世界的创举。

在影视产业方面，2002 年，导演田壮壮计划将吴清源一生的经历拍成电影，历时两年完成，片名为《吴清源》[3]。2008 年后，有多部围棋电影产出，如萧锋陆续导演的古装戏《大国手》系列作品[4]，讲述清代国手范西屏和施襄夏的故事。此外，现代剧情片则有周伟导演的《棋王和他的儿子》[5]、蒋钦民导演的《初到东京》[6]。在电视节目方面，2005 年上映的传奇剧情动画片《围棋少年》系列，以明朝末年为背景，讲述围棋天才少年江流儿成长历程的故事。可见随着大陆围棋风气的盛行，相关题材的故事情节也搬上银幕，吸引大众的喜爱。在出版产业方面，较著名者有 2001 年女作家山飒（本名阎妮）所著的长篇小说

---

[1] 参见"中国·晋城棋子山国际围棋文化节"网站（http://www.sx.xinhuanet.com/ztjn/jcqz/index.htm）。
[2] 参见杭州天元大厦官方网站（http://www.hangzhoutianyuanhotel.com/）。
[3] 蓝色电影梦网站（http://4bluestones.biz/mtblog/2006/11/post-927.html）。
[4] 该系列电影分为《大国手之天下无敌》《大国手之胜者为王》《大国手之棋行江湖》《大国手之首席棋待诏》《大国手之秦淮风月》《大国手之扬州论枰》《大国手之才子佳人》《大国手之当湖十局》等 8 部。
[5] 该片描述一个痴迷于围棋的父亲如何培养儿子成为棋王的故事。
[6] 该片描述一个中国男子为了学习围棋只身前往日本，与一位精通围棋的老妇人结识并进行交流的故事。

《围棋少女》①，内容叙述一名 16 岁的中国少女与日本间谍的爱情故事。该作获得法国"龚古尔高中生文学奖"②，成为当时法国最畅销的小说之一，被译成英文、日文、德文等十几种语言。

（二）台湾地区围棋文创

长久以来，中国台湾地区围棋产业的发展，一直跟随日本、韩国步调，或建立道场，或经营棋社，或附设才艺班，继而由企业创立基金会大力推广，建立职业棋士制度。不论何种模式，总不脱师门传授一途，期能培育顶尖棋手，以夺取国际赛事头衔为宗旨。随着文创产业兴起，因应新时代潮流所需，台湾地区围棋产业也在旧有模式的反复循环下，逐渐发生质变，而有崭新的概念和做法产生。在学界教育推广方面，佛光大学于 2015 年 2 月成立 "围棋发展中心"。在主任徐伟庭博士的擘画下，除了办理大专锦标赛，另与台湾地区围棋教育推广协会合作举行 "2015 首届台湾围棋国际学术研讨会"③。在文创活动方面，则举办 "第一届两岸围棋微电影大赛"④。其个人围棋本位课程中，规划学员从事围棋料理、围棋甜点、围棋包装盒、围棋诗、围棋 APP 等创作，可谓创意十足，一新耳目。

在业界发展方面，2014 年，首建了以文化创意产业为发展方向的事业机构。由世界华人围棋联合会国际推广大使张晓茵创立"棋品文创"（棋品文创国际事业股份有限公司），企图将海峡两岸及世界各地的围棋文化、围棋教育、围棋旅游相结合，增添围棋之多元面貌，以打造为围棋文化创意产业国际第一品牌为愿景，为围棋文创的先行者。⑤然而"棋品文创"正值起步摸索阶段，主要仍以学习营、赛事交流活动为主；文创商品目前仅有以围棋图案设计之 T 恤，尚待新品项的开发。

当前两岸围棋文创的发展，就整体而言，仍在萌芽阶段，尚未开辟康庄衢道。围棋文创的最大难题，就是如何将之平民化，导入流行市场而获得大众的喜爱与认同。围棋具有文化的丰富性和独特性，自不待言。因其独特性造成与

---

① 山飒：《围棋少女》，台湾远流出版事业股份有限公司 2003 年版。
② "龚古尔高中生文学奖"于 1988 年由一所中学的高中学生所创，后由法国文化商业集团 FNAC 主办。
③ 参见"2015 首届台湾围棋国际学术研讨会"网站（http：//campus.club.tw/TIGS？n = newsvew&CDE = 170915，170910，170911，160907，150906，150904，150903，150902，130884，150894）。
④ 参见围·电影网站（http：//travel.fgu.edu.tw/gomovie/menu02/index.html）。
⑤ 参见"棋品文创"网站（http：//www.qipincc.com/about）。

消费者之间隔阂的问题，不过困难点就是机会点，一旦消除隔阂、跨越障碍，创新研发成功，则将反过来对围棋的宣扬和普及产生莫大的作用。

结　语

2016 年 3 月，AlphaGo 人工智能围棋软件战胜韩国"棋王"李世石，震惊世界，喧腾不已，人类的计算能力有时而尽，棋手似再无用武之地，该是沉寂已久的"文人棋"被重视的时候了。不论为长远计，还是当务之急，围棋教育不宜只有培训选手一途，大学院校有心人士，应持续努力申请设置围棋学系，畅通棋手升学管道，将围棋纳入正规教育。课程规划，应适度安排古代文史、思想方面的课程，不仅提升棋手内在的修为涵养，亦促使更多人投入钻研，才是拓展围棋丰富多元面向的根本之道。

在围棋文创方面，唯有文化资本的深入与阐析，方能进一步激发创意，创作精彩优秀的故事文本，以此故事文本发展成各类型产业，才能生机蓬勃、源源不绝，达成永续经营的目的。韩国文创产业的成功模式，值得参考学习。他们运用 OSMU（One Source Multi Use）原理，产生"窗口效应"。即用一个素材衍生多种商品，并将之普及化。如果将文化资本或故事文本视为 One Source，那么 Multi Use 可以是小说、漫画、动画、游戏、电视、电影等商品，这样形成的效应便是窗口效应。[①] 若能创作优异的围棋主题故事文本，以之拍摄出隽永美妙作品，再运用 OSMU 原理模式操作，加上媒体广告宣传的推波助澜，创造销售、收视佳绩，进而引发人物、话题的讨论，掀起全民性的围棋热潮，未尝不能拓展海外市场、蜚声国际而大发利市。

总之，中国数千年的文人棋传统，期能透过学术研究、文创工作双轨并行，全面发扬光大，改变世人对围棋的刻板印象，吸引更多人对围棋产生兴趣，也使爱好者领略其深刻的意蕴，享有更多重的乐趣。

---

① 郭秋雯：《韩国文化创意产业政策与动向》，台湾远流出版事业股份有限公司 2012 年版，第 37 页。

参考文献

1. 专书

朱铭源：《中国棋艺》，台湾正中书局1991年版。
张如安：《中国围棋史》，团结出版社1998年版。
刘善承编：《中国围棋史》，成都时代出版社2007年版。
何云波：《围棋与中国文化》，人民出版社2001年版。
何云波：《弈境——围棋与中国文艺精神》，北京大学出版社2006年版。
蔡中民选注：《围棋文化诗词选》，蜀蓉棋艺出版社1989年版。
张昭焚编注：《历代棋声诗韵选集》，台湾因材施教文教事业有限公司2008年版。
成恩元笺证：《敦煌棋经笺证》，蜀蓉棋艺出版社1990年版。
李毓珍校注：《棋经十三篇校注》，蜀蓉棋艺出版社1988年版。
国家图书馆分馆编：《中国历代围棋棋谱》，北京图书馆出版社2004年版。
黄俊：《弈人传》，岳麓书社1985年版。
山飒：《围棋少女》，台湾远流出版事业股份有限公司2003年版。
郭秋雯：《韩国文化创意产业政策与动向》，台湾远流出版事业股份有限公司2012年版。

2. 学位论文

姜明翰：《中国古代围棋艺文研究》，博士学位论文，台湾世新大学中国文学研究所，2014年。
赖永大：《唐代弈棋文化探微》，硕士学位论文，台湾中兴大学历史学系研究所，2008年。
张幸瑞：《中国围棋思想之文化研究》，硕士学位论文，台湾南华大学文学系研究所，2009年。

3. 电子资源

"中国·晋城棋子山国际围棋文化节"网站（http：//www.sx.xinhuanet.com/ztjn/jcqz/index.htm）。
杭州天元大厦官方网站（http：//www.hangzhoutianyuanhotel.com/）。
蓝色电影梦网站（http：//4bluestones.biz/mtblog/2006/11/post-927.html）。

"2015首届台湾围棋国际学术研讨会"网站（http：//campus. club. tw/TIGS? n = newsvew&CDE = 170915，170910，170911，160907，150906，150904，150903，150902，130884，150894）。

围·电影网站（http：//travel. fgu. edu. tw/gomovie/menu02/index. html）。

"棋品文创"网站（http：//www. qipincc. com/about）。

福建文创的台湾经验与闽南模式

袁勇麟[*]

"十二五"期间,中央政府提出要增强文化产业整体实力和竞争力,加强文化产业基地和区域性特色文化产业群建设,从而推动文化产业成为国民经济支柱性产业。过去几年间,福建省文化产业"供给侧"改革成果突出,该行业产值在国民经济中的比例呈逐年提升趋势,产业发展呈现立足本省、联结两岸、辐射全国、走向国际的格局。但仍存在两大问题:一是"同质化"明显,无法全面挖掘和呈现福建的文化特色;二是"各自为政",无法形成文化资源的整合力量。面对当前文化产业发展现状,应该从福建的"在地"资源中挖掘产业内容。虽说文化产业是一种经济链条形式,但文化并不是单纯地给经济搭台,而是产业中的主角,是产业的主体,只有充分发挥文化实体的内涵力量,才能在文化上赋值,实现文化产业的强渗透性和辐射力,以强大的乘数效应带动其他产业发展。

一、深入挖掘"在地"资源,实现"产业文化化—文化产业化"

要解决文化产业"同质化"的问题,最重要的是强调"在地"资源的挖掘,以福建特色开创福建文创品牌。福建的文化资源虽然丰富,但文化产业还未充分运用。发展地方文化产业重在对自身地域特色的考察和发掘,维护与发扬在地特质,让这些丰富的传统特色元素得以在新时代持续传承下去。通常我们认为文化资源指的是历史人物、文物古迹、民俗、建筑、工艺、宗教信仰、语言文字、戏曲等,但是从更广义的文化定义上看,文化是可以被创造的,所以一些农业、工业、自然风景等实体物业都可以成为文化产业的资源,但是目前对这部分资源的探讨和开发做得还不够。

相比而言,台湾地区对"在地化"产业资源的挖掘和产业化的探索和实践为我们提供了宝贵的经验,其最大特色是"产业节庆化"。台湾地区自1990年研订了"21世纪台湾发展观光新战略",提出"富丽农村"政策,自此台湾地区各

---

[*] 袁勇麟,福建师范大学两岸文化发展研究中心研究员、福建师范大学文学院教授。

县市纷纷配合"一县一特色,一市一特产"的文化方针,有系统、持续性地兴办产业节庆活动,形成了"产业文化化—文化产业化"的运行模式。可以说,节庆是台湾文化产业的重中之重,实现了台湾"在地"资源开发的"最大化"和文化赋值的"最优化"。与其说台湾是一个"节庆之岛",不如说台湾是一个充分挖掘资源丰富的"文化产业之岛"。下面以"白河莲花节"和"客家桐花祭"为例,简要探讨台湾地方产业资源文化化的过程和机制,以及带给我们的启示。

(一) 白河莲花节

台南市白河区很早便开始种植莲花,在 1983 年当地相关部门鼓励发展农业的带动下,莲种植 460 公顷,莲花产量在台湾地区最多,有"莲之乡"的美誉。在台南市相关部门、白河区公所和白河区农会的联合推动下,在地方文化产业强调的"文化、产业、观光"结合的思维指导下,1996 年第一届"白河莲花节"诞生,围绕"莲花"这一核心资源进行莲花衍生产品的开发、白河的空间配置及文化氛围营造,将莲花的附加价值从农产品层面提升至文化、艺术、观光层面。另外,还将白河莲花文化产业与白河地区其他文化产业结合,构成文化观光产业群。自此,莲花节成为白河地区常态性的年度节庆活动,于每年的 6 月至 8 月莲花盛开期间举办。借由白河莲花节的举办,本来仅仅是农作物的莲花逐渐发展成为文化产业,其他相关的产业也被陆续地带动起来,如餐饮业、食品加工业、地方的休闲旅游、民宿、与莲花相关的艺术创作、具有地方文化特色的工艺品等。

(二) 客家桐花祭

台湾地区从 20 世纪 90 年代开始着力发展文创产业,经过多年深耕,已成功发展出一批极具代表性的文创产业项目,"客家桐花祭"便是其中获得了文化与经济双赢的成功案例。从 2003 年开始,一朵洁白的桐花不但引领台湾客庄进行小区再造、文化扎根,更大胆地借力使力、踏着桐花的浪潮,推出超过数百种的桐花文创产品,创造百亿财富,也为台湾地区的文创产业建立图腾,创造节庆商品的典范。从无人问津到众人心动,从山上野花变成朝圣美景,节庆营销的魅力,在"客家桐花祭"得到了充分展现。"客家桐花祭"不仅成为台湾地区最大的旅游热点,更创造了台湾文创商品的品牌。桐花祭成功整合了美学经济、手感经济、体验经济、知识经济、心灵营销的精髓,充分展现文化创意产业的魅力。首先,"桐花"意象的建构是"客家桐花祭"成功的核心因素,核心意象有效地整合了其活动规划与执行的统一性；其次，"客家委员会"的全局统筹是"客家桐花祭"创办并顺利举办多年的关键；再次，"客家桐花祭"的运营团队分工明确，各司其职，形成了"客家委员会"整体统筹，企业加盟，"地方部门执行"和"小区营造"的合作模式；最后，营销策略的成功践行是"客家桐花祭"与市场融合，取得目标消费者认同并获得巨大经济与文化效益的桥梁。

（三）对福建的启示

台湾地区上述两个发展地方文化创意产业的成功经验，对福建的文化创意产业发展具有重要启示：

1. 注重对地方文化资源的发掘和利用

不同地方有其各自的资源禀赋、生活传统、历史、文化等，会形成独特的地域文化和氛围，这些地域特色正是地方文化创意产业发展的空间所在。应该厘清本地区拥有哪些文化资源，并进行归类，整合相关或系列资源，以实现相互补充和衬托，产生集群效应。

2. 导入合理的文化活动模式

根据地区的具体情况，在充分发掘在地特色的基础上，导入适当的文化活动模式，将文化资源所具有的文化内涵充分显现出来。从白河的实践来看，莲花节的导入是白河地方文化创意产业发展的催化剂。

3. 产业联盟

可以是同业联盟，也可以是异业联盟。同业联盟即同类产业联合起来，共同策划，形成彼此协力的营销策略。异业联盟则将不同产业形态结合起来，比如"观光+文化"，将地方文化特色与观光旅游结合起来，以文化观光的形式吸引游客前往。

4. 公私协力推动地方文化产业发展

公共部门掌握权威资源，具有较大的资源动员能力，对地方文化创意产业的发展起到举足轻重的作用。台湾诸多地方文化创意产业正是在相关部门的政策支持、资金辅助、技术支持等帮助下得以发展的。但同时也要强调与私人部门的合作，因为地方文化创意产业的发展不是一蹴而就的，若过多依赖相关部门的支持，一旦相关部门退出地方产业发展计划，地方产业发展恐怕难以再续。与私人部门如民间团体、地方人士的合作，有助于唤起地方民众的小区意识，进而启动小区内生力量的运转，由此产生推动地方文化创意产业发展的源源不断的动力。

5. 开展小区美学教育

地方的历史、传统文化、风俗习惯等是由当地人来保护和传承的，无法与之相脱离。可以说，当地人是地方文化资本保存和实现价值增值的内在动力，其对自身的文化形成认同并自觉地维护和推动，是地方文化创意产业实现内发性发展的关键所在。所以，通过在小区开展美学教育，可以加深地方居民对地方文化的理解和对艺术的感知，进而激发其保护地方文化和美化生活空间的意识，还可以有效地实现地方特殊工艺技术的推广和传承。

2013年5月，在福州举办的"两岸文化创意产业研讨会"上，"客家桐花祭"的推手庄锦华表示，福州是茉莉花茶的发源地，流传着很多浪漫的故事，茉莉花除了制茶，还能入菜、入药，如果真正开发，茉莉花能创造的产品能有上万种。庄锦华说："台湾文化创意产业已经发展得有一段历史，在这个部分，台湾的软实力、台湾的创意还有台湾在很多细节的注意上面其实是很棒的。这个部分可以借助我们大陆的业者，在这个方面多去注意。我们可以把大陆在地的文化的图腾，或者是文化的魅力透过商品的载体呈现出来，或者通过节庆的魅力去创造在地的产业风华。"

二、全面整合文化资源，实现文化创意产业"协同创新"机制

福建闽南地区拥有丰富而独特的文化资源，包括自然文化资源、历史文化资源、民俗文化资源、建筑文化资源、宗教信仰文化资源、民间艺术资源等。实现闽南文化的现代化发展，重点在于传统文化的保护、传承、创新、传播、交流、建设，强调文化资源的整合利用。所以，将闽南文化进行统一的长远规划，倡导"'大闽南'文化生态区"的建设势在必行。

（一）横向整合，建立大闽南文化生态保护区

2007年，文化部公布了闽南文化生态保护区。但是目前，泉州、厦门、漳州三地区主要针对本地的闽南文化资源进行开发和保护。为了避免无序竞争和过度开发，应打破三个"实验区"各自为政的格局，强化"大闽南"文化生态保护区概念，充分发挥闽南文化的整体优势，实现闽南文化资源的"整合营销"。

1. 统合全球多元的闽南文化

大闽南文化生态保护区应该是一个以福建本土闽南为核心，以台湾、香港、澳门，以及大陆其他省份为附带，以南洋、欧美地区为辐射范围的全球性闽南

文化网络，融会贯通了全球多元特色的闽南文化。所以应该以高屋建瓴的战略高度分析各类闽南文化的特色与作用，在大闽南文化的背景下，对单个项目进行重点保护与区域性保护，把散的"点"状和区域性的"片"状结构整合成"网"状结构，以整体、活态的方式对文化保护区内的文化形态进行有效的保护和传承，切实维护民族文化的多样性。

2. 非遗项目的生产性保护

文化生态保护区是将区域内的文化遗产及其周边环境作为一个整体，综合考虑区域特殊的历史、社会、经济、自然条件，从整体上保护特色风貌和文化遗产，从全局的角度认真研究保护区的文化特色。建立闽南文化生态保护区具有重要的文化、历史和经济价值。特别是对闽南语、高甲戏、木偶戏、南音戏曲、拍胸舞等非物质文化遗产项目进行生产性保护与开发，在理论、实践上加以正确引导，实现经济增长、产业结构、文化传承协调发展，完成文化产业的持续性发展。

（二）纵向联结，打造闽南文化创意产业精品

在整体规划的基础上，还需重点挖掘特色项目，精心打造和传播闽南文化创意品牌。

1. 以节庆为契机，复苏闽南文化民俗

闽南地区民间信仰繁多，主要有妈祖信仰、清水祖师信仰、保生大帝信仰、关帝信仰、陈元光信仰等。这些传统民俗文化的保存需要依赖现代新元素的包装和带动。以"世界闽南文化节"为依托，辅以"国际木偶节""'海上丝绸之路'文化节""妈祖文化节""郑成功文化节""保生慈济文化节""国际南音大会"等节庆活动，在闽南传统祭祀、民俗文化等仪式基础上，加入音乐舞蹈、戏剧戏曲表演、文化观光等现代元素，形成融习俗、宗教、表演与艺术为一体的传统创新型节庆，增加了传统民俗的视觉价值和传播价值。

2. 以建筑为带动，繁荣闽南文化旅游

旅游业是政府大力提倡的一个朝阳产业，闽南文化完全可以在旅游产业中实现民族民间文化保护。可以选择传统文化生态保持较为完整、自然生态环境基本良好的街道、小区、村落、院落，作为重点区域进行保护、建设，策划闽南文化旅游项目，将建筑资源、景观资源转化成具有较高经济、历史、艺术和科学价值的文化产业。如海沧区新垵村、集美学村、南安郑成功文化园、安溪茶博园等，使文化成为旅游主旋律。游客来到旅游景点，不仅是自然风光的吸引，更多是被该地特有的民间文化、民族风情所吸引，以社会发展保障民族民

间文化保存的良性循环体系。

3. 以新媒体为载体，创新文化传播路径

传统文化的创新不能仅停留在内容层面，更需重视传播媒介的路径开发。首先，可通过网络、微博、微信等新媒体推送图文并茂的简介和小视频，用喜闻乐见的语言和形式让受众随时可以接触到闽南文化的精髓。其次，应致力于将闽南文化相关研究成果转化为数据库，把图书、期刊、报纸、音视频、图片等文献整理入库，成立闽南非物质文化遗产数据库、闽南人物库、闽南文史资源库、地方戏曲库、闽南族谱库等，确保闽南文化研究数据保存完善，并通过网络平台发布获得资源共享，实现传播最大化。

综上，闽南文化在当代的传承创新应该要处理好几对关系：一是保护与开发的关系。随着经济全球化、工业化和城市化的推进，要有选择地进行闽南文化的保护性开发，同时注重对开发项目的跟踪与持续性研究。二是继承与创新的关系。传统文化应与当代优秀文化融合创造出新的文化。三是政府主导与发挥民众主体作用的关系。在进行文化生态保护区建设的过程中，政府扮演了主要角色，但如果忽视民众参与的主体性，就无法盘活闽南文化的内在机理。所以闽南文化的传承与发展要突出以人为本、关注民众，才能调动民众参与的积极性。四是政府主导与发挥民间社团作用的关系。文化生态的建设同样需要民间社团最大限度地参与，从而建立起政府和民众的桥梁。五是新农村建设与传统文化生态保护的关系。要将传统文化生态保护的内容纳入新农村的总体规划中，形成良性互动，将闽南文化的重点区域建设与新农村建设、文化旅游区建设紧密结合。

传统文化的保存与发展，并不与社会的现代化进程对立，只是民族民间文化在社会发展中还未起到应起的作用，它的潜力是很大的。通过"大闽南"文化的整体建构与各地特色闽南文化的重点营销，经由纵向的资源整合及横向的精品开发，形成"点""线""片""面""网"层层扩张、带带互动的丰富完整的"大闽南"文化生态全貌，从而打造文化创意产业独具特色的"闽南模式"。

（本文为福建省首批"哲学社会科学领军人才"基金项目研究成果）

参考文献

庄锦华：《桐花蓝海：一朵桐花创造百亿财富的传奇》，台湾二鱼文化2011年版。

陈郁秀、林会承、方琼瑶：《文创大观1：台湾文创的第一堂课》，台湾先觉出版股份有限公司2013年版。

管宁、袁勇麟：《两岸文化产业人才培养与战略合作研讨会论文集》，福建人民出版社2013年版。

刘泓、袁勇麟：《文化创意产业十五讲》，四川大学出版社2015年版。

涂怡弘：《符号学视野下的台湾现代节庆与城市意象传播——以高雄市为例》，硕士学位论文，福建师范大学，2015年。

林丽君：《台湾地方文化产业中文化资本的运作机制——以台南市白河莲花文化产业为例》，硕士学位论文，福建师范大学，2015年。

宋霞：《旅游文化营销视角下的台湾客家文化产业——以"客家桐花祭"为例》，硕士学位论文，福建师范大学，2015年。

袁勇麟、涂怡弘：《本体论视角下闽南文化生态保护的对策研究》，《福建艺术》2016年第1期。

袁勇麟、涂怡弘：《台湾传统民俗的现代化传承与发展——以台湾阵头文化为例》，《福建艺术》2016年第3期。

贞节与政治：节烈故事与清代台湾的妇女生活

蒋小波[*]

引 言

  中国历史上对于节烈妇女的研究起源于20世纪初期的新文化运动，其着眼点主要在"反封建"与"反礼教"，揭露妇女被压迫的历史以配合现代妇女解放运动。[①]近二十年来，随着中外学者对这一领域的进一步开掘[②]，关于中国古代节烈妇女的研究又一次成为一个热点。当代学者对于中国古代（以明清时期为重点）节烈妇女的研究，一方面肯定与继承了现代学者的启蒙传统与女权意识，同时也在视野、方法，以及史料的发掘上进一步丰富与发展了这一领域。和"五四"时代的学者相比，当代学者更注意对于礼教制度形成的社会背景与经济基础的具体分析；更注重对于意识形态所表彰的贞烈典范与实际的妇女生活状态之差异的分析[③]；更关注妇女的殉节行为与社会动荡（比如说流民、暴乱与改朝换代时期的大规模暴力）之间的关联[④]，也更重视贞节现象的区域、时代与阶级阶层差异；在史料的选择上更重视官方正史之外的民间史料（包括野史、笔记、地方志、采访册、族谱与契约文书等），以及中央与地方的民刑事档案的发掘及运用。

---

[*] 蒋小波，厦门大学台湾研究院文学研究所副所长、副教授。
[①] 这方面的代表作有陈东原《中国妇女生活史》，董家遵《中国古代婚姻史研究》等。
[②] 关于美国学者对于明清妇女史研究的介绍可参褚艳红《二十世纪美国的明清妇女史研究》，《中国史研究动态》2012年第6期；关于近期中国学术界对古代中国妇女生活研究的介绍可参Shuo Wan，"The 'New Social History' in China：Thw Development of Women's History"，The History Teacher，Vol. 39，No. 3，May，2006，pp. 315 - 323。
[③] 比如说学者提到虽然理学家一直标榜"从一而终"观念，但事实上古代妇女的改嫁相当普遍。Bettine Birge，Women，Property，and Confucian Reaction in Sung and Yuan China（960 - 1368）。
[④] 比如说美国学者费丝言在《由典范到规范：从明代贞节烈女的辨识与流传看贞节观念的严格化》（台湾大学历史学研究所硕士论文，1997年）一书中论述了晚明的社会动荡与妇女贞节观念的"激烈化"之间的内在关系，而 Wai Yee Li 在 Heriot Transformations：Women in National Trauma in Early Qing Literature 一文中集中地分析了清初文学中的烈女形象，并探讨了由于改朝换代所引发的创伤记忆如何影响了当时的节烈叙事。

遗憾的是，目前大部分学者在研究明清时代的节烈现象时，往往选择这一历史时期最具有文化代表性的典型区域（比如江南地区，或华北、山东、四川等人口密集的核心区域）作为考察对象，而边疆地区仅仅只是作为特例或比较对象偶尔提及。[1] 事实上，在传统中国的边疆地区，由于族群多元，文化混杂，社会流动性大，而政教的影响力相对微弱，因而社会风俗的规范化与内地的核心区域相比，具有独特的历史程序。在朝代更替的过程中，边疆地区往往最后被纳入大一统国家的教化范围，这种政治意识形态与社会制度的不同步与不对称现象，造成了边疆地区贞节话语的多义性与特殊性。以本文试图研究的清代台湾地区为例，作为明清更替之际最后一块坚持奉明朝为正朔的海岛地区，朝代更替所引发的政治危机与道德焦虑如何折射到贞节话语的形成；作为一个由不同来源的移民与当地少数民族混杂的多元文化区域，这块在士大夫眼里"民风浇漓"之地是如何逐步建立起规范化的道德标准的；清代台湾地区的节烈故事背后所揭示的妇女生活的真实状况是如何的。这些问题，都有进一步深入探讨的必要。目前，关于清代台湾地区节烈妇女的研究，虽然已有学者进行了一些开拓性的工作[2]，但与整个明清妇女史与清代台湾史研究的规模还是不成比例的，随着近年来新方法新理论的输入以及史料的进一步丰富，关于这一题目尚有较大的论述空间。

闽人说闽事：易代之际的节烈故事

台湾地区早期的节烈故事，基本上都与明末清初的政治动荡有关，其中最有名的是陈烈女与五妃的故事。故事的背景大概是这样的：清康熙二十年（1681），也就是明郑所奉永历三十五年（1681）正月，郑氏政权的第二代统治者郑经去世，遗命由庶出长子郑克臧继位。但是权臣冯锡范联合郑氏诸子在大将刘国轩的默许及董太妃（郑成功之妻，郑经之母）的支持下谋杀了郑克臧，扶植郑经的次子郑克塽继承藩位，郑克臧的妻子陈氏殉夫而死，此事

---

[1] 卢苇菁的著作曾关注到清代云南一少数民族妇女受到贞节旌表的事例，但她全书的大部分案例仍选自清朝的核心区域。
[2] 目前笔者所见到的关于台湾地区节烈妇女的研究主要有：徐文彬的《清代台湾地区节妇论述》，刘佳的《清代台湾地方志中的贞节烈女研究》，周宗贤的《清代台湾节孝烈妇的旌表研究》，曾玉惠、邱淑珍的《试论贞节意识之形塑——以清代台湾贞孝节烈诗歌为例》等。另外，汪毅夫的《闽台妇女史研究三题》，以及郭松义的《伦理与生活：清代的婚姻关系》等文章、著作也涉及这一论题。

史称"东宁之变"。"东宁之变"严重地削弱了本已在清政府"迁界"政策的封锁下变得虚弱的郑氏政权，两年之后（1683），施琅大军在澎湖打败刘国轩的主力，郑克塽投降，明代最后一位藩王——宁靖王朱术桂及其五位妃子殉明而死。

记载明郑事迹最可信的材料，当首推当时当地作者的著作，即所谓"闽人说闽事"。关于"东宁之变"与上述几位妇女殉节的经过，阮旻锡的《海上见闻录》、夏琳的《闽海纪要》、江日昇的《台湾外记》，以及稍晚郑亦邹的《郑成功传》都有记载，但在详略、主次与叙事态度上则有微妙的差别。阮旻锡基本上认为这一事件的原因是主庶争位，并以郑克塽继位为正统。比如说阮著提到郑经死后，"冯锡范、刘国轩调兵驻承天府，会六官议立嗣。董太妃与诸公子收监国印，克𡒚不肯与，拥兵自卫。公议以克𡒚乃乳母所生，奸生子也，非正嫡所出，乃缢杀之；妻陈氏亦自杀"①。突出立嗣程序的合法性（会六官议立嗣）与克𡒚的贪权不放及身份的不合法，并为克塽的继位渲染一种符合民心的气氛："百官朝贺，群臣涕泣沾巾，众心大慰。"② 关于克塽的被诛及陈氏的殉死只是一笔带过，对于政权交替的动荡和后来军事失利之间的逻辑关系并没有清醒认识。夏著虽然也同样强调郑克𡒚身份的不合法，并以克𡒚为假子："初，世藩未有子，嬖妾产女，密取他人子代之，即克𡒚。其事甚秘，世藩莫知；甚爱之，立为监国。"③ 但是，夏著提到了郑经遗命传位克𡒚："世藩临薨，授以剑印，命中提督刘国轩善辅之。"④ 对克𡒚表示了较多的同情，对于陈氏的殉夫也给予较多的笔墨。郑亦邹在《郑成功传》虽然也沿袭了关于克𡒚身份的说法，但是认为"克𡒚严毅，颇效成功"，事实上已暗示克𡒚是一位合格的权力继承人，而"诸弟畏之"。"迨经败东还，永华亦殁，以国付𡒚。亡何，经死，诸弟扬言曰：'克𡒚非吾骨肉，一旦得志，吾属无遗类矣。'"⑤ 因而诸子的篡位无论是从动机上还是从结果上看，都是对东宁政权抗清事业的一次严重伤害。然而，在叙述这场嫡庶之争中态度最鲜明，将陈烈女的殉夫行为烘托得最具悲剧色彩的得推江日昇的《台湾外记》。比如说他提到在郑经东征失利之后，意志萎靡，朝中诸事，皆委政于监国，而克𡒚"秉政两载"，行事"刚断果决，有乃祖遗风"，致力于

---

① 阮旻锡：《海上见闻录》卷二，《台湾文献丛刊》第 24 种。本文所引《台湾文献丛刊》，台湾银行经济研究室 1957—1972 年版，只标明书目与卷次，不及页码，下同。
② 阮旻锡：《海上见闻录》卷二，《台湾文献丛刊》第 24 种。
③ 夏琳：《闽海纪要》卷下，《台湾文献丛刊》第 11 种。
④ 夏琳：《闽海纪要》卷下，《台湾文献丛刊》第 11 种。
⑤ 郑亦邹：《郑成功传》卷下，《台湾文献丛刊》第 67 种。

中兴郑氏，而以冯锡范为代表的权贵集团则一方面骄奢淫逸，鱼肉百姓，另一方面希图偏安，不思进取，因而对克臧的严峻作风由畏惮而生记恨，必欲除之。因此，冯锡范集团与克臧的斗争就不再是嫡庶争位的矛盾，而是中兴抵抗派与苟安投降派的斗争。同时，江日昇突出了冯氏诸人虐杀监国的过程之残忍，陈氏乍闻监国死讯时的悲愤，以及在绝望之后，赴死意志之坚决与就义过程之从容。

和陈烈女的故事相比，另一个得到大肆渲染的是关于宁靖王朱术桂与他的五位妃子殉明而死的节烈故事。在夏琳的《闽海纪要》中，关于此事的记录如下：

> 宁靖王术桂，字天球。南都破，间关流寓岛上。后至东宁，成功父子礼之甚厚。至是，见世孙降，自以明室宗亲，义不可辱；乃朝服拜二祖列宗，作绝命词曰："艰辛避海外，总为几根发！今日事已毕，祖宗应容纳！"遂从容自经。妾王氏、袁氏、梅姐、荷姐、秀姑，皆缢以殉。见闻之人，莫不流涕；谓其可与北地王争烈矣！①

在清军征服江南的过程中，以非常严峻的手段推行剃发令，将此看作是归顺新朝的一个重要仪式，在江南人民反抗剃发的起义中，无数人头落地。而在郑氏政权与清政府的多次谈判中，剃发也是明郑政权最难以接受的条件。② 儒家的孝道认为"身体发肤受之父母"，因而对发肤的毁伤也就意味着对孝道的违拗，而且，在汉族的士大夫看来，在异族暴力逼迫下的强行剃发与改变衣冠，是对汉族礼仪文化的侵犯与破坏，因而反抗剃头还具有超越孝道的文化意义。作者还将宁靖王殉明而死与崇祯"君主死社稷"的行为进行了比照，称赞他"与北地王争烈"。

《台湾外记》对于五妃的殉死也有更详细的描写，写到宁靖王从容赴死之前建议他的五位妃子自由择配，但与陈氏一样，五妃主动地选择殉节："殿下既毅然尽忠，妾虽妇人，颇知大义，亦愿尽节，相随殿下，岂易念失志乎。"③ 并提到宁靖王殉死前专程拜别郑克塽与刘国轩诸人，以答谢郑氏

---

① 夏琳：《闽海纪要》卷下，《台湾文献丛刊》第11种。
② 参见邓孔昭"清政府对郑氏政权的招降政策及其影响"及"论清政府与郑氏集团的谈判和'援朝鲜例'问题"，收入邓孔昭《郑成功与明郑台湾史研究》，台海出版社2000年版。
③ 江日昇：《台湾外记》卷十，《台湾文献丛刊》第60种。

三世庇护之恩，而克塽诸人"惟咨嗟耳"，作者评论道："当时应俯首负惭也。"① 因而将朱术桂及五妃的从容就义与郑克塽等人的贪生怕死做了一个鲜明的对照。

在研究明清易代之际的节烈故事时，有两个值得思考的问题：其一，由于朝代更替时期的社会激烈动荡所引起的妇女（尤其是政治地位较高的上层妇女）贞节行为的激烈化。其二，士大夫作者借贞节烈女故事所表达的亡国之痛。虽然中国古代妇女的殉节有理学长期教化的因素，所谓"饿死事小，失节事大"，并且明代妇女道德一向"忽庸行而尚奇激"，明政府大规模地旌表节烈以及文人士大夫对于节烈妇女的推崇与赞美无疑也起到推波助澜的作用，所谓"国制所褒，志乘所录，与夫里巷所称道，流俗所震骇，胥以至奇至苦为难能"②。但我们也要看到现实环境对于妇女的生存威胁与妇女节烈行为之间的关系。在明末以迄清初长达半个世纪的社会动荡中，大规模的军事冲突，以及针对平民的暴力活动达到历史上的一个新高度，而妇女往往成为男性暴力最直接的受害对象。面对战争带来的暴力，妇女为保护自己的尊严往往主动或被动地殉节。比如说崇祯皇帝在自杀之前曾手刃自己的妻妾子女，并发出"汝何生吾家"的悲叹。而在清军与郑氏集团的对抗中，妇女遭遇性暴力的例子也比比皆是，在无数的受害妇女中包括了郑成功的母亲田川氏，据《赐姓始末》记载："芝龙既降，其家以为可免暴掠，遂不设备；北兵至安海，大事淫掠，成功母亦被淫，自缢死。成功大恨，用夷法剖其母腹，出肠涤秽，重纳之以殓。"③

和五妃的殉国行为相区别的是，陈烈女的殉节，表面上看起来只是传统的宫廷斗争的牺牲品。宫斗的残酷性决定了失败的一方将面临覆巢之下无完卵的结局，在明代初期朱棣篡位之后，与建文帝有关的大批臣子遭到杀戮，而他们的女性家属则卖入乐籍与娼家，世世代代沦为贱民。克臧在监难之前对妻子预测："耳目非是，恐不能相保。"而陈氏虽然没有面临眼前的生命威胁，但是在传统的男权社会中，对于失去男性家长庇护的罪人之妻与遗腹子的未来命运，她不可能再抱任何幻想："成立之父，不能保七尺躯，况此呱

---

① 江日昇：《台湾外记》卷十，《台湾文献丛刊》第60种。
② 张廷玉等：《明史》（简体字本），中华书局2000年版，第5149页。
③ 黄宗羲：《赐姓始末》，《台湾文献丛刊》第25种。

呱耶！"①

虽然陈氏的殉夫不具备五妃殉国那样直接的民族主义色彩，但由于监国克臧所代表了反清的明郑正统，而诛杀监国的是以冯氏为代表的投降派，所以联系到"东宁之变"后郑氏政权的迅速崩溃，陈氏的殉夫仍然具有殉国的意义。如果将故事的背景放到当时天崩地裂、山河变色的历史环境中，她们的殉死都具有明显的政治象征意义。《台湾外记》以大量的篇幅来描写几位女子的命运，加强了东宁政权最后倾覆的悲剧气氛。同时，作者有意识地将陈烈女、宁靖王与五妃来与投降派进行忠奸对比，暗示了作者本人在易代之际的政治倾向。

进一步言之，清初闽籍文人借烈女故事表达了汉族士大夫在山河变色、朝代更替之际所承受的道德焦虑。"忠臣不事二主，贞女不事二夫"，在中国古代关于妇女贞节的论述与叙事中，妇女的贞节道德与男性的政治忠诚之间存在着对称关系。这种对称关系为我们解读男性话语中的贞节叙事提供了一个超越于家庭伦理之外的政治维度。而这种政治隐喻在明清之际的节烈故事表现得特别明显。明清易代之际，文人的精英文化表现出一种对烈士的迷恋，烈士情结的一个突出特征是对于节烈妇女的推崇。因而，易代之际的烈女叙事带有赤裸裸的政治含义，婚姻的忠贞影射政治的忠诚，而对女性英雄主义的激烈赞叹，反衬出对男性在政治变动中失节行为的反讽。清初士人对于节烈妇女非同寻常的激情与朝代更替，以及他们在其中的经历有着千丝万缕的联系。联系到清初闽籍文人的个人背景，我们可以发现，他们大部分曾经参与过郑成功所领导的反清运动，而后要么在残酷的斗争中（包括内部的清洗）变节事清，要么隐居江湖从事著述，或遁入空门。从根本上说，他们对节烈妇女的关注是由他们在改朝换代的"民族伤痛"中所处的位置决定的。因而，这些特定时代的烈女故事应当读作是易代之际知识分子抒发亡国之痛的民族寓言②。

孝节治天下：节烈旌表与清代台湾的风化问题

在考察清代初期的节烈旌表时，我们必须注意到以下几个事实。首先，台湾地区作为最后一块奉明朝为正朔的反清基地，当地的汉族居民对于明郑一直

---

① 江日昇：《台湾外记》。连横《台湾通史》说得更明白："监国夫人欲殉，董夫人与兄长劝其养孤延祀，夫人对曰：他人处常，可毋死；妹所处者变也，纵生孤，孰能容之？"（《台湾通史》卷37《列女》）
② 民族寓言，是美国批评家杰姆逊在评论鲁迅小说时所采用的概念，参见［美］弗雷德里克·杰姆逊《后现代主义与文化理论》（讲演），唐小兵译，陕西师范大学出版社1986年版。

抱着一种感念之情，正如上一节所分析的，民间史传文学中的节烈叙事其实包含着汉族知识分子的家国之痛。因而，如何将节烈叙事中所表现出来的对故明的忠贞与怀念之情转化为对新政权的认可与忠诚，这是清初政府所要处理的问题。事实上，天下底定之后，清朝统治者所要面对的第一个难题是如何安抚、转化被统治者的民族怨愤，除了大兴文字狱以压制潜在的反抗情绪之外，他们还必须在意识形态上建立自身统治的合法性。摄政王多尔衮一开始打着为故明复仇的旗号入主紫禁城，但是当农民武装和南明政权联合起来对抗征服者时，这一套说法就显得牵强了。所以后来雍正皇帝在《大义觉迷录》中又求助于中国传统的"天命观"，"得天命者得天下"，通过天命的转移来论证爱新觉罗氏统治的合法性。而在具体的政策层面，则借助高压之外的怀柔手段来纾解汉人民族主义者的仇恨意识，其手法之一是通过官修史书高调地表彰故明的忠臣义士①，而另一个办法则是大规模的奖励与提倡节孝。

在入关之前，满族婚俗与性道德并不看重妇女的贞节，旗人对于妇女改嫁习以为常，社会也并不以娶改醮妇女为耻。顺治元年（1644），顺天府督学御史曹溶向摄政王多尔衮条陈，要求按照明朝旧制褒扬节孝，恤其子孙，旌其门风，以励风节。曹氏的建议很快就被清廷采纳，从顺治四年（1647）开始，朝廷的节孝旌表活动逐步制度化。郭松义认为，清政府接受曹氏的建议表彰节孝，"既表示对这些归降的明朝旧臣的宽容与尊重，同时也显现出满洲人对汉族圣人礼教的敬意，用以赢得人心"②。美国学者曼素恩也认为，清朝在开国之初就如此热衷于表彰节烈，其原因在于满人统治者的民族身份，旌表是将清朝的王命合法化的一种手段，"通过将汉族文化规范加以系统化和强化，可以宣称他们代表了汉族本土的道德和社会体系，或代表了恢复这一体系的力量"。

和明代相比，清代贞节旌表制度的一个显著特点是将"节"放在比"烈"更高的道德标准上加以提倡。清政府甚至几次下诏禁止殉夫，在1688年的一通诏书中，康熙皇帝明确表示了对于殉夫的反对态度："人命至重大，而死丧者恻然之事也。夫修短寿夭当听其自然，何为自殒其身耶？不宁惟是，轻生从死，

---

① 从这个角度而言，清政府对郑氏政权的善后与郑成功形象的处理应该是相当成功的。首先，施琅在平台之后并未对郑氏遗族与部属进行报复性的屠杀，而是做了较为妥善的安置，并祭扫成功之墓，称："琅于赐姓，剪为仇敌，情犹臣主；芦中穷士，义所不为！公义私恩，如是而已。"同时，康熙正式将郑成功定位为"明之忠臣，非朕之乱臣贼子"。从而巧妙地将成功旧部与闽台人民对郑成功的感念转化为对新政权的接受，并进而将郑成功塑造为一个符合当代国家意义的超越民族主义的忠义典范。参见高致华《郑成功信仰》，黄山书社2006年版。
② 郭松义：《伦理与生活：清代的婚姻关系》，商务印书馆2000年版，第387页。

反常之事也。若更从而旌异之，则死亡者益众矣，其何益焉！此后夫死而殉者，当已其旌表。王以下至于细民，妇人从死之事，当永永严禁之。"①康熙还规定，决心殉死的寡妇须向地方官报告自己的意愿，经过合法程序，来讨论并决定是否批准她的请求。有这种要求的寡妇通过漫长复杂的程序获得朝廷允准的政策，可以看作是阻挠其殉夫的一种策略。雍正也曾担心对烈妇的旌表会"成闾阎激烈之风，长愚民轻生之习"②，清初的禁殉政策除了意在纠正明代"忽庸行而尚奇激"的偏激风气之外，同时还有政治策略上的考虑。清初，不少汉人学者鼓吹自杀，以之表达眷念旧明，反对"夷清"的情绪。因此，朝廷的禁殉令可以用来打击那种情绪。

清初的台湾地方官员是如何将明郑台湾的烈女故事重新编排，去除其激烈的反清色彩，纳入新朝"奖励孝节""移风易俗""绥靖地方"的道德教化目的。我们试从几朝清代官员所编定的《台湾府志·节烈传》，来考察烈女形象的功能转移。

目前所看到的《台湾府志》共六种，起于康熙二十四年（1685）首任台湾最高地方行政长官蒋毓英编订首部《台湾府志》，迄止于乾隆二十九年（1764）台湾府知府余文仪主修的《续修台湾府志》。合计为：蒋志（蒋毓英编订）、高志（高拱干编订）、周志（周元文编订）、刘志（刘良璧编订）、范志（范咸编订）、余志（余文仪）等六志。时间跨度基本上从清初跨越到清代中叶。"高志"在卷八"人物志"中列入"贞节"目，共收录六名节烈妇女的传记，其中四位为前朝故人，两位年代不详，这一方面反映了当时新政初定，人物缺乏的事实，同时另一个重要的原因是清初台湾地区限制女性移民的政策造成女性数量的稀少。列在第一位的是郑氏，即在傅为霖策反事件中被株连杀害的续顺公沈瑞之妻。列在第二位是郑克臧之妻陈氏。同时列入的还有一位黄弃娘，是傅为霖之子傅璇的妻子。傅璇伏诛，而黄弃娘被家属赎出，但弃娘自愿殉夫而死。宁靖王五妃则未收录。这种编排次序，多少反映了烈妇与新政权的关系疏密，以及编订者的政治意识。"周志"的编订在时间上去"高志"不远，收录节烈妇八位，除新增两名节妇之外，其余内容与次序与"高志"大致相同。"刘志"与"高志""周志"的一个重大区别是分设了"节孝"与"贞烈"两目，而将"节孝"排在"贞烈"之前，收入"节孝"的共有十三位妇女，多是丧夫苦守，养孤送老的贞节妇女。其中包括一位明朝宗室妇女朱氏，朱氏是鲁王之女，在清

---

① 《清圣祖实录》（影印本）卷一百三十五，中华书局1985年版。
② 《清世宗实录》（影印本）卷六十七，中华书局1985年版。

军攻克澎湖时,虽然同为明朝宗室,朱氏却选择了守节,而不是殉明,"养姑抚儿","孀居五十余载,冰操无玷。年八十余,终"。①

显然,对于含辛茹苦地服务于家庭责任的节妇的推崇,有淡化烈妇"忽庸行而尚奇激"的激烈行为的目的,同时,让妇女从政治舞台上回归家庭,也是非常符合当时社会治理之需要的。早期移民社会的一个重要人口结构上的特点是男女性比例的失调。由于男多女少造成大量男性光棍——"罗汉脚"。罗汉脚是早期台湾社会的不安定因素与"革命因素",造成早期移民社会的性结构不平衡的原因,和清政府限制女性移民的政策有关。关于这一点,陈孔立与邓孔昭两位学者都有比较详细的论述,虽然他们倾向于认为清代台湾社会性比例失调的严重程度被人为地夸大了,但他们仍然承认早期的台湾社会确实存在相当严重的地区性与族群性的性比例失调(新开发地区相比老开发区严重,客籍移民比闽籍移民严重)。

移民社会中性比例的失调带来了大量的社会治理问题,也严重地冲击了儒家纲常伦理。当时的一些地方官员与游幕的士大夫对此都有观察与描述。比如说曾参与编订"刘志"的六十七在《台湾风土论》中指出,台湾的民风"奢侈相尚","淫风流行","桑间濮上之风炽也",而同时又"烈女、节妇,所在辈出",因而,如何通过方志的表彰树立当地的道德楷模,达到移风化俗的效果,正是方志编订的重要目的所在。②《东瀛纪事》称:"台阳土性松脆,民俗浮嚣,兼之无籍游民趋之若鹜,无妻子之恋,无田宅之安,聚则成群,动辄滋事。"③道咸之际的诗人刘家谋曾有诗记述台湾风俗,其中有一首描述了当时台南府城大西门外妓馆的盛况:"睥睨东边列屋居,冶游只费杖头储;哪知千里征村外,别有催科到女间。"④ 妓院老板招徕逃亡的婢女与负债妇女从事色情业,而妓院往往与赌博、吸鸦片等活动密不可分,光绪年间的官员唐赞衮观察到:"台地赌风,甲于他处,宝摊、牌九,不一而名。抱布贸丝者,入肆问津,无不倾囊而出。更有曲房密室,银烛高烧,艳妓列于前,俊仆随于后,呼卢喝雉,一掷千金。"⑤

有感于台湾民风之浇漓,六十七曾专门颁发了一份《通饬慎婚姻重廉耻启示》,劝导人们遵守从一而终的婚姻道德。"现今圣朝首重贞节,凡妇女持正守

---

① 刘良璧:《重修福建台湾府志》卷十七,《台湾文献丛刊》第 74 种。
② 六十七:《使署闲情》卷三,《台湾文献丛刊》第 122 种。
③ 林豪:《东瀛纪事·戴逆倡乱》,《台湾文献丛刊》第 8 种。
④ 刘家谋:《海音诗》,载《台湾文献丛刊》第 28 种《台湾杂咏合刻》。
⑤ 唐赞衮:《台阳见闻录·风俗》,《台湾文献丛刊》第 30 种。

志者，率加旌表。尔等虽居海外，当知秉礼守义，为声教之所不遗；万勿狃于恶习，恬不知改。各宜凛遵，毋违！"① 而蓝鼎元在《经理台湾疏》中也提到：台湾男多女少，光棍无赖之徒无家室羁绊，无妻儿亲戚之株连，故往往游走为食，嚣聚成聚，极易铤而走险，酿成巨变。因而只有讲之以礼义，教之以节孝，"使愚夫愚妇，皆知纲常伦纪"，"则浮嚣之气，可以自平"。②

历史上儒家与官方对于烈女的极力推崇未必表明贞节是一种普遍践履的道德规范，而可能恰恰代表一种价值渴求。因而，清代台湾官员对于妇女贞节的提倡可能恰好反映了一种相反的社会现实。这一方面是由移民社会的因素造成的，而在士大夫眼里，对于儒家婚姻伦理的另一重威胁则来自台湾地区少数民族的婚姻风俗。与儒家男权社会要求妇女从一而终的婚姻观相比，台湾地区少数民族的婚姻习俗及其自由的性观念在汉族士大夫眼里实在无异于禽兽之行。《台阳笔记》的作者是这样描述当地少数民族婚俗的："男女相遇，不通媒妁，随口作曲，互唱入彀，女则以手牵男而去，主于女家。番之结婚名曰牵手，实因此故，番生男不贺，生女则贺。所谓化外之民，禽聚而兽行者也。"③

清代的法律对于不同民族之间通婚是十分警惕的，但是对于台湾地区的汉族与少数民族之间的通婚，介于男多女少，以及汉族男子大量与台湾地区少数民族通婚的事实，官方一开始是不太过问的，只是到了乾隆初年才加以严禁。乾隆二年（1737），巡台御史白起图奏准施行，内中规定："违者离异，民人照违制律杖一百，土官、通事减一等，各杖九十。该地方官如有知情故纵，题参交部议处。"④ 虽然清政府的禁止民、"番"婚姻，有隔离汉、"番"的种族分治，以及防止奸民以婚姻手段侵夺当地少数民族土地等考量，但是担忧"番人"的婚姻习俗影响传统的儒家婚姻观与性道德，也是一个重要的因素。"刘志"还收入了一位台湾地区少数民族妇女大南蛮，在其丈夫死后，"愿变番俗，不更适人，自耕以抚其男"⑤。地方政府旌表一位自愿守节的台湾地区少数民族妇女，其变化风俗的道德目的是很明显的。

---

① 六十七：《使署闲情》卷三，《台湾文献丛刊》第 122 种。
② 蓝鼎元：《平台纪略·附录》，《台湾文献丛刊》第 14 种。
③ 翟灏：《台阳笔记·生番归化记》，《台湾文献丛刊》第 20 种。
④ 马建石、杨玉棠主编：《大清律例通考校注》，中国政法大学出版社 1992 年版，第 454 页。
⑤ 马建石、杨玉棠主编：《大清律例通考校注》，中国政法大学出版社 1992 年版，第 454 页。

再使风俗淳：节烈背后的故事

清代几次扩大节烈旌表的范围，雍正帝胤禛即位后，对表彰贞节更是不遗余力，他先是下诏，责备官员并没有认真咨访，致使许多乡村僻壤贫寒家庭的贞节女子被忽视与埋没，"乡邻嗟叹以为可钦，而姓氏不传于城邑；幽光烟郁，潜得消沉"①，接着又放宽了对于节妇的年龄限制，"若节妇年逾四十而身故者，守节已历十五载以上"②，即可受到旌表。同时进一步规范了旌表仪式，下令在京师和地方各府州县建立节孝祠，门首竖立大坊，刊刻被旌表的节妇、孝妇名字，祠内再设牌位，以昭垂久远。

除了扩大旌表范围、简化旌表申报手续，给予受到旌表的节烈妇女相应的政治地位与一定经济抚恤之外，雍正皇帝的另一个与节烈旌表相关的重大政策是废除贱籍，以及相应的法律改革。贱民包括仆役、乐户、娼妓及其他从事低贱职业的人群，他们在历史上地位低下，不能读书科举，也不能做官。雍正元年（1723）四月，皇帝发出第一道"豁贱为良"的谕旨，此后清政府陆续发布政令要求各地查明与开豁各地的贱民。豁贱为良的政策意味着从前只对普通平民开放的社会晋升渠道（科举）也对从前的贱民开放，贱籍妇女只要确有突出的道德表现，同样同意列入旌表。同时，法律限制了上层男性对于贱民的性特权，比如说主人对于女仆的性特权被急遽地剥夺了，还规定主人有义务为他的女仆安排适时的婚姻，锢婢的男主人不但受到舆论的谴责，还可能受法律惩罚。有人认为，雍正的制度变革意味着中国古代性规范的一个重要分水岭，从此前的流行的"身份表现"（个人的性规范视其社会阶层身份而有等差）过渡到普适性的"性别表现"（建立一套普遍适用于所有男女的性规范）。这些相关法律制度的设置，对于当时及此后社会风气的影响是十分深远的。

从台湾历朝方志及各种地方采访册中所记载的节烈妇女传记中可以看出，清代台湾地区受到旌表的节烈妇女社会阶层分布还是相当广泛的，既有上层的绅士阶层与官家妇女，也有普通的平民女子，以及贫贱不移的穷困妇女，甚至包括娼家女子等。借由烈女传记，可以一窥清代台湾各阶层妇女生活的面貌。根据社会阶层及受旌表的原因，清代台湾地区的节烈妇女大致包括如下几种类型。

---

① 《清世宗实录》（影印本）卷四，中华书局1985年版。
② 《清世宗实录》（影印本）卷十二，中华书局1985年版。

第一类是官绅阶层的妻眷。官绅包括官员与取得科举功名的士绅。在传统中国社会中,绅士是一个独特的社会集团,他们具有人们所公认的政治、经济和社会特权,他们是"由儒学教义确定的纲常伦纪的卫道士、推行者和代表人,这些儒学教义规定了中国社会以及人际关系的准则"①。简言之,绅士是维系社会教化的纽带,乡里之人望,因而也理应成为愚夫愚妇的道德表率。对于绅士阶层高标准的道德尺度不仅针对他们本人,也包括他们的家庭与妻子。士人之妻特殊的社会地位决定她不仅承担着辅佐丈夫取得更高功名的责任,在丈夫早逝的情况下,她们在赡养父母的同时,还承担起儿子的教育责任,以维持书香门第于不坠。绅士阶层的崇高地位与整个社会对功名的狂热追求对于绅士家庭的新寡之妻具有强大的感召力,促使她们义无反顾地选择守节。在清代台湾的烈女传记中记载了许多绅士家庭的妇女守节的故事。《彰化节孝册》记录了道光年间的一位杨林氏,丈夫是一位生员,在赴乡试的路上,"船破而没",杨林氏侍奉姑翁,守节三十七载,同治年间请旌。节妇陈杨氏,鹿港廪生陈宗华之正配,"佐夫攻书,鸡鸣戒旦",宗华早年便取得功名,但是在一次送当地童生赴台郡(当指台南府)考试的过程中,染疾卒于郡垣,"氏闻讣,痛不欲生,即矢志柏舟,铅华不御,课督儿子读书",后来她的儿子成为当地有名的诗人。陈杨氏的另一个为人称道的事迹是独力将公公的遗体从台湾运回故乡同安下葬。像这种士人家庭的节妇,在清代台湾地区的节烈传中占有一席突出的地位。

官员与绅士的文化属性有相似性,但是绅士的影响在当地,而官员的服务在职守,由于古代中国普遍采取流官制度(官员回避在自己家乡任职),因而造成一部分官员家庭的留守妇女。《彰化节孝册》收录了一位名叫吴林氏的妇女,嫁给官员吴景春为妻。景春积劳成疾,病逝于漳州任上,吴林氏治丧之后,即操持家政。吴林氏颇有经商才能,通过买卖谷物,增加了家庭的财富。"所买之田,契券皆亲自检阅,无一被人伪造者,以故未尝与人诉讼。"② 在她死后,她的儿子捐献巨金,为她建祠。

在节烈妇女的传记中我们看到许多节妇从事商业活动的记述,这一方面说明了商品经济的发达,同时也体现了节妇比较容易取得家庭经济的支配权。清代的法律规定,在丈夫死后,守节的妻子有权支配她丈夫名下的家庭财产份额,追求财产与人格上的独立性往往是妇女选择守节的一个重要驱动力。《彰化节孝

---

① 张仲礼:《中国绅士——关于其在十九世纪中国社会中作用的研究》,李荣昌译,上海社会科学院出版社1991年版,第1页。
② 《彰化节孝册》,《台湾文献丛刊》第108种。

册》记载了一个节妇林杨氏的故事,林杨氏二十二岁守寡,当时只从家族继承了十余石(谷物)的财产,但是她治家有方,教育三个儿子读书,成年后让他们经商,在节妇七十二岁时,他们家的财产已达五千余石,发展成一个人丁兴旺而富甲一方的大家族。桐城学派的著名文学家姚莹记述了一位故人之妻余淑人的事迹。余淑人是福建闽安陈一楷的继室。陈一楷幼入行伍,后任台湾武官,因与"提督某公"的关系不谐,忧惧而死,但提督意犹未已,派人看守住陈的家属,不让他们离开,"欲藉其家"。余淑人派人向姚莹求援,姚氏亲赴台湾游说周旋,使余淑人及家属脱困解厄,后来淑人病死在福州,遗命儿子撕毁姚莹欠陈家银两的债券,以偿其当年扶危救困之恩。从这个故事可以看出余淑人在家庭事务中所发挥的关键性作用,以及知恩图报、重义而轻利的个性特点。[①] 在清军攻入厦门时,郑成功之妻董氏舍下金银财宝,背着郑氏祖先的牌位逃生,此事受到历朝史家的赞叹。另一位台湾妇女黄氏,在道光年间的一次闽粤分类械斗中,丢下儿子与金钱,背着年迈体衰的公公涉水而逃,因此被收入节孝传。[②] 对节妇经济活动的叙述一方面突出节妇对家庭的贡献,同时也彰显儒家重义轻利的道德秩序。

第二类是普通的平民女子,这类妇女的传记主要强调她们在丈夫死后坚贞自守,承担家庭劳动,养老扶孤的事迹。《彰化节孝册》记录了一位名叫黄氏霞的节妇,二十八岁失去丈夫。她回到泉州同安,奉养翁姑,并抚养孤子以成人。后来她的家庭子孙繁昌,家道日见小康。"人咸谓节妇还渡重洋,孝养二老所致也。"[③] 由于台湾属新开辟的移民社会,再加上商业活动比较兴盛,造成一种特殊类型的节烈妇女,她们往往由于丈夫出海捕捞或经商遭遇意外身亡而成为寡妇,因此守节,独立承担起养老抚孤的重任。比如《澎湖续编》(卷上)收入多名因丈夫外出身故而守寡的妇女。其中有一名翁享娘的妇女,二十三岁时,丈夫客死台湾,她抚养周岁的儿子成人,在儿子十六岁,即令往台扶父柩归葬。一位叫赵梓娘的妇女,丈夫渡台谋生,不久就死在台湾,梓娘拒绝了亲戚要求她再醮的建议,收养了一位侄子,并将养子抚养成人。另一位叫吴易娘的妇女,丈夫外出,漂泊不知存亡,吴易娘将丈夫的遗腹子抚养成人。这种养育幼子、遗腹子,或在无子的情况下收养儿子抚育长大的例子很多,主要突出她们为男性家庭承接香火的贡献。

[①] 姚莹:《中复堂选集》,《台湾文献丛刊》第83种。
[②] 《淡水厅志》卷十《列传》,《台湾文献丛刊》第172种。
[③] 《彰化节孝册》,《台湾文献丛刊》第108种。

清代台湾地区妇女的殉节一般和当时社会动乱和反抗性暴力有关。战乱，兵贼，也包括乡里恶徒，正在进行或即将进行的暴力侵害，都可能导致妇女遇害或自杀。清代台湾治安不晋，所谓三年一小乱，十年一大乱，一些随夫迁住于台地的官家妇女，在战乱中殉夫而死。"刘志"收入一位名叫蒋氏的妇女，是北路参将罗万仓的小妾。康熙六十年（1721）朱一贵之变，农民军犯诸罗城。万仓战死；蒋氏看见万仓的坐骑独自回来，身上满是血迹，曰："吾夫其死矣！"遂自缢以殉。① 在林爽文之变中，彰化同知刘亨基被农民军执获，准备要将他杀死，他的女儿满姑，"踉跄请以身代死"，"贼不可，更前骂贼，贼磔之，至死骂不绝口"。② 凤山县教谕叶梦苓死难，其妻林氏自经死。这些事例，也从另一个侧面反映了当时台湾阶级矛盾的尖锐性，以及妇女在社会动乱中受到的伤害。由于在朱一贵起义中台湾许多官员携家眷逃往厦门，朝廷曾一度禁止台地官员携眷赴任（后在雍正十二年放松禁令，于乾隆四十一年废止）③，因而表彰那些在民变中殉夫而死的官家妇女，对于稳定台湾的统治秩序与强化官员对朝廷的忠诚意识当然就具有特殊的意义。

　　为反抗性暴力而牺牲生命的妇女构成烈女的另一个主要成分，《金门志》记载了一个名叫黄招娘的女性，原籍潮州，幼年时被掳入台湾，卖给许元洛为妾。后来随夫到金门居住。一天，黄氏在野外劳动时遇到流兵张考，张考想强奸她，她抵死不从，结果被张打成重伤，元洛将张考告上官府，官府在审问张考时，张欲狡辩，黄氏垂死之际，"犹转睛面斥之"，后来暴徒张考正法，黄氏于康熙四十三年（1704）祀节烈祠。另一个载入《金门志》的节烈妇女名叫许初娘，被郑成功家族郑泰的儿子缵绪看中，谋奸不成，将初娘父亲拘去，诬其坐盗，以此威逼初娘就范，初娘叱骂郑家人，被虐杀。郑泰后来在郑氏的权力斗争中被诛。

　　值得一提的是，连横在《台湾通史》中收入几名娼家妇女，因拒绝卖淫，坚贞不屈而死，因而受到旌表的例子。其中一名叫吴氏女的童养媳，被婆婆逼迫卖淫，吴氏女坚决拒绝，后被婆婆伙同嫖客虐杀。道光七年（1827），知府邓传安为白其冤，请旌。另一个名叫吕阿枣的少女，出身娼门，她剪发毁容，以保全清白，最后还是被迫自杀。时人赞曰："女子守贞，国有旌典，而今出自娼门，尤足为坊表，所谓出污泥而不染者也。"④《台湾通史》还记录了一个极富传奇色彩的烈女复仇故事。刘氏女为台湾镇总兵廷赋之女。廷赋死后，眷属在返

---

① 《彰化节孝册》，《台湾文献丛刊》第 108 种。
② 《平台纪事本末》，《台湾文献丛刊》第 16 种。
③ 邓孔昭：《清代台湾女性移民》，《台湾研究集刊》2010 年第 5 期。
④ 连横：《台湾通史·列传七》，《台湾文献丛刊》第 128 种。

回大陆的海途上遭遇海盗。"尽杀之,女以丽免,一客附舟哀求。盗挤于岸,至安海,买巨宅居之,凡十四年,生四子。一日,在观音寺遇到一僧,乃十四年前之舟中客也。以一牒授之,僧夜走告官,且告群盗聚饮期,遣役尽捕之,并四子,问刘氏如何处之,曰:吾忍辱十数年,为仇未报尔,若岂子哉,手刃之,然后自经。"① 作者将其比作是豫让、聂政、庞娥。这个故事的真实性还有待进一步考证,它极可能是唐传奇的改写。

结　语

通过以上的分析我们可以看出,清代初期,台湾地区刚刚被纳入大清版图,士民对明郑尚怀感念之情,因而民间史传文学中的节烈叙事充满了强烈的政治隐喻色彩,其中突出的特点是以烈女对丈夫的忠贞暗喻政治上对明郑的忠诚。清政府对台湾实施行政管理之后,非常策略地将对节烈妇女的表彰引导到维护地方秩序与重建儒家伦理的轨道上来。总体而言,清代的节烈旌表政策对于民间风俗的转移是明显的。借助于提倡节孝、兴办学校、奖励科举等一系列文治措施,清政府成功地在台湾这样一块"民风浇漓"之地逐步建立起礼仪之邦的社会规范。节烈表彰对于社会风俗的影响不仅体现在节烈妇女人数的急遽攀升上,也体现在传记所反映的节烈妇女身份阶层的逐步多元化方面。同时,节烈书写的主体也从清初单一的官府(官修方志)重新向民间转移。文人诗赋、野史稗传、私人碑铭、家谱、族谱等多种形式的节烈叙事,体现了民间对于节烈道德的呼应,而尤其是地方缙绅主导的节烈采访册的兴起,更是体现了中央政府与地方精英在道德教化方面的良性合作与积极互动。通过研读台湾节烈妇女的传记,我们可以发现清代台湾的妇女生活与社会变迁除了具有与大陆相同的共性之外,还具有一些海岛移民社会独具的特点,比如说移民社会男女性比例失调带来的社会问题及其对妇女生活的影响,多元族群的混杂带来的不同风俗之间的同化问题,流徙型社会所造成的留守妇女问题,节妇在家庭经济与商业活动中所扮演的角色,以及社会动荡引发的暴力活动对于妇女生活影响,这些方面,是我们在研究清代台湾妇女生活时所要特别加以注意的。

(本文为国家社会科学基金一般项目"清代文献中的台湾形象研究"〔项目号:11BZW004〕的阶段性成果)

---

① 连横:《台湾通史·列传七》,《台湾文献丛刊》第128种。

市井味中有千秋
——中华卤味两千年

喻蓉蓉[*]

前 言

卤是中国历史上最悠久、最常见的烹饪手法之一,而卤制品则是中国最传统的食品之一,看起来简单好做,但却并不容易做出可口的风味,正是易学而难精。在历史上,提及卤味的开端当始于秦惠文王时期,距今 2000 多年。2000 多年以来,形成三大卤系——川卤、潮卤、浙卤,但却丝毫掩盖不了全国各处各地的独特风味。卤味是否能做成脍炙人口、深入民间的庞大企业呢?看似并不起眼的小吃背后却有着千丝万缕的细腻功夫,若从复兴中华文化的角度考量,首先就要从饮食文化着手,小小的卤味却正是市井之中有千秋,焉知不能小兵立大功?

一、卤味的历史渊源

卤是中国历史上最悠久、最常见的烹饪手法之一,而卤制品则是中国最传统的食品之一。根据《中文辞源》修订版对于"卤"字的解释:咸地。《尔雅·释言》:卤,矜、咸、苦也。注,卤,苦地也。今指用浓汁烹调食品的方法,如言卤鸡、卤肉。[①]四川很早即发明凿井取卤,打气井取气,燃煮卤制盐,其钻井技术为世界首创。史书记载,约于公元前 221 年,四川卤味始于秦,蜀郡太守李冰"广都凿井",在当时打井取水的基础之上开凿大口浅井,凿出井盐之后,又以花椒调入,开始形成卤味的制作,用以佐酒下饭。晋人常璩撰写《华阳国志》,卷三提及李冰识齐水脉,穿广都盐井诸陂(小池)。[②]

四川卤味盛于唐代,文人入蜀,吟诗会友之际,常以卤味下酒。川酒芳香

---

[*] 喻蓉蓉,台湾世新大学通识教育中心教授。
[①] 《中文辞源》(修订版)第三册,台湾蓝灯文化事业股份有限公司 1983 年版,第 1877 页。
[②] 常璩:《华阳国志》卷三。

浓郁、绵醇爽甜，名酒有五粮液、泸州老窖特曲。诗人李白曾提及蜀道难，难于上青天，为何唐代文人雅士乐此不疲以入蜀享受四川卤味配美酒？因为早在夏商时代，蜀先民即开辟北通关中以进入中原的便道，古蜀国定都成都之后，为扩大商贸交流而踏出茶马古道，北通秦陇，联系中原；南达辽棘，沟通南中，更开辟通达阿富汗、印度的南方丝绸之路。①

川菜真正地道的特色在于麻，花椒是本土特产，已有2000多年的历史，是烹制川菜的主要调味料之一，无论蒸、烧、炖、拌、煎、炸、炒、熘，以及腌卤、烧烤等都不能缺少，不仅用来减除禽畜水产的腥膻味，更广泛地深入到川菜之中。②辣椒于1493年率先传入欧洲，1583—1598年传入日本，在明代始见于1591年高濂所著《遵生八笺》记载，辣椒、番椒丛生，白花，果俨似秃头笔，味辣，色红，甚可观。此后，李时珍《本草纲目拾遗》等文献中亦有所记载。

二、熟食卤菜三大分类：川卤、潮卤、浙卤

我国熟食卤菜一般而言，分为三大类：川卤、潮卤、浙卤。

1. 川卤：又名红卤，味道最为正宗，历史最为悠久。自从秦惠文王开始，迄今已有2000多年，历经三国时期、魏晋南北朝时期，直至唐代时，川卤已然拥有跨越性发展，诗人饮酒赋诗、宫廷饮酒作乐，大多以卤菜充当下酒菜，提升川卤进一步发展。红卤的调味较重，是以酱油、糖色、盐、冰糖、米酒等各种香料为主要调味料，卤出来的菜肴色调偏红，因加入酱油等调味料，故称红卤。

2. 潮卤：最早记载潮州菜名约为公元819年，因事被贬至潮州的韩愈，于其诗文中载有蒲鱼、蛤、章鱼等海鲜，并使用盐、醋、花椒与酸橙等佐料以助于保存与调和食物。潮州是中国历代中原人士循陆路逃难的藏身终点，故而潮州菜保留上古以来的烹饪风格，尤其长于使用食盐、卤水等保存与调味。粤菜于秦汉以来即初具规模，至唐宋之间发展至较高水平；清代中叶之后，进入鼎盛时期，广州街头万商云集，名食纷呈，食在广州之说确非浪得虚名。20世纪60—70年代，粤菜的饮食中心已转移至香港，港式粤菜得到发展，为香港赢取

---

① 向东：《麻辣性感诱惑三百年》前言《麻辣开篇 味道天府》，台湾赛尚图文事业有限公司2014年版，第4页。

② 向东：《麻辣性感诱惑三百年》第二章《花椒篇》，台湾赛尚图文事业有限公司2014年版，第36页。

美食天堂之称。① 潮州菜在海外，以南洋发展交融最为深刻，著名的卤味有卤猪头肉、卤鹅、卤水鹅等。

3. 浙卤：江浙一带，常以糟卤糟制食物，如糟毛豆、糟鸡爪等，十分常见。王宣一于其《国宴与家宴》一书中《隐藏的滋味——江浙菜》一文提及江浙地区从袁枚的《随园食单》与《红楼梦》，自清代开始就有江浙菜谱的记载。江浙菜在中国南方菜系里是属于比较复杂的菜系，在赤油浓露、外观深褐色、酱汁甜咸等味混在一起之下，其口味隐藏了多层滋味。烹调方式中，红烧占很大比例，红烧即是在食材中加酱油焖煮，香醇的豆瓣酱油与冰糖是两样法宝。②

三、市井味中有千秋

北宋神宗时期，首都开封已是世界最大都市，至宋徽宗时期，已经达到1亿多人口。③ 开封大街上，摊贩商店林立，大宴小酌，各式餐馆比比皆是，路边还有许多卖鸡鸭卤味的小贩，开封成为士农工商相互交流、雅俗共赏的所在。北宋徽宗时代宫廷画师张择端所画的《清明上河图》是中国美术史上最著名的市民画，约为公元1135年，描绘的是880多年前的开封热闹繁华的盛世景况。④ 北宋年间科举制度普遍，家中男主人进京赶考，士族的妇女为相夫教子往往挑起家中经济重担，或从事美食行业，或从事其他小型养家行业，成为家庭企业的实际经营者。

当代中国饮食文化拓垦者，已故逯耀东教授，多年来致力于将中国饮食由掌故提升到文化的层次，不仅在台湾大学历史系讲授中国饮食史，并于政治大学中文系讲授中国饮食与文学，曾前后赴大陆20余次，从江南到塞北，探访各地民间饮食的变迁。在台湾经常往来各城镇，寻觅流失的古早饮食，并探索过去半个世纪本土饮食文化，在社会迅速转变中的冲击与融合。他在《出门访古早》一书《台北卤菜的遐思》一文中提及台北的卤菜不仅种类繁多，而且味道各个不同。⑤ 如台北的南京咸水鸭已是大家的普遍吃食。此外广东的烧鸭也很风

---

① 江献珠撰谱：《粤菜文化溯源系列——古法粤菜新谱》，台湾橘子文化事业有限公司2005年版。
② 王宣一：《隐藏的滋味——江浙菜》，《国宴与家宴》，台湾时报文化2003年版，第68—72页。
③ 史式：《我是宋朝人——一个超前王朝的故事》，台湾远流出版事业股份有限公司2009年版，第233—236页。
④ 史式：《我是宋朝人——一个超前王朝的故事》，台湾远流出版事业股份有限公司2009年版，第233—236页。
⑤ 逯耀东：《台北卤菜的遐思》，《出门访古早》，台湾东大图书股份有限公司2006年版，第178—182页。

行，西门町鸭肉扁的鸭子，很嫩很香、很肥。这一系统的鸭子，其特色是卤后又熏过，有烟味，妙就妙在这烟味上面。鸡则以烤鸡最为普遍，以和平东路口的快吾颐最好，在鸡腹内加一把葱以去腥出香味，这家专门卤菜的小店是福州人开的。北平熏鸡较为贵族化，烧鸡做法因地区不同而有道口、唐山、符离集的烧鸡。酱牛肉在台北满街皆是，但得有好卤、好酱才能卤出好卤菜。咸猪脚亦可以算是一道卤味，热吃冷切，下酒佐餐俱佳，但咸猪脚不如万峦猪脚出名。

四、卤味事业之明天

1. 企业连锁化。
2. 口味创新且当地化。
3. 与文创产业相互结合。
4. 积极宣传，如广告、形象之建立。
5. 提升设备之卫生与精致。
6. 开发相佐料理的搭配，如酒、茶、腌萝卜、枣发（早发）等的搭配。

结　论

台湾亚都丽致集团总裁严长寿，为台湾美食家朱振藩所著《点食成经：袁枚〈随园食单·须知单〉新解》一书撰写推荐序，提及饮食文化乃是人文素养养成之重要因素，也是生活中相当重要的一门艺术。

朱振藩则认为袁枚的《随园食单》不愧是一本划时代的饮食巨著。袁枚在总结前人的经验之后，加上个人体会及具体实践，从而完成本书开宗明义的《须知单》与《戒单》，并有系统地归纳出中国古代烹饪技术的独到心得。

已故饮馔名家唐鲁孙标举食有"三品"，此三品为上品会吃，中品好吃，下品能吃。能吃无非肚大，好吃不过老饕，会吃则极复杂，能品其美恶，明其所以，调和众味，配备得宜，借鉴他家所长，化为己有，自成系统，乃上品之上者，算得上是真正的美食家。综上所论，复兴中华文化，必先从饮食着手，而清代文学家袁枚所著《随园食单》一书被公推为20世纪以前全世界写作最成熟的食经且截至当前仍是水平最高的一本食经，足堪誉为世界烹饪文学的经典之作。

两岸文化交流与台湾京剧的发展（1990—2015）

程玉凤[*]

前　言

台湾与大陆的两岸关系，自从 1987 年 7 月"解严"，开放探亲旅游，正式开始文化教育的交流，这对于台湾戏曲的发展影响很大，尤其是京剧和昆曲。

20 世纪 50 年代到 80 年代，京剧由于复兴中华文化的政策，在当局支持之下，有顾正秋剧团、三个军中剧团和"小大鹏""小陆光""小海光"、复兴剧校的成立，可算是全盛期。"解严"后，大陆京剧名家与剧团纷纷来台公演，呈现新的面貌，可说是台湾京剧发展史的另一个转折点。在"本土化运动"的浪潮下，成立了"国光剧团"，京剧从百花盛开的状况，被缩编成一个剧团，各剧校先是合并为"国光艺校"，至 1999 年再与复兴剧校合并为"台湾戏曲专科学校"，眼看即将面临没落甚至消失的命运。从 1990 年到 2015 年，大致可以分成前后两个阶段。

第一个阶段是从 1990 年至 2000 年，被称为大陆热与本土化时期。此时先有大陆艺人和剧团来台，如马玉琪、童芷苓、陈永玲、言兴朋、梅葆玖等名角，形成一股大陆热。在大陆热的激发下，各剧团纷纷演出大陆的新编戏，演员经由录像带学习大陆的表演方式，此时台湾地区的京剧无形中受到很大的冲击，面临必须改变的挑战。此时期台湾地区主要有三个京剧团——国光剧团、复兴京剧团、台北新剧团，各自推出新编京剧。国光剧团以"京剧本土化"为宗旨，即是将京剧素材本土化，以本土视角观点诠释，以及加入本土剧种的风格，于是有"台湾三部曲"——《妈祖》《郑成功与台湾》《廖添丁》的出现，虽然只是达到"题材本土化"的表象，艺术表现未能与理论相应和，但是代表京剧自 80 年代以来转型蜕变的开端。复兴京剧团则在此时充分运用大陆编剧、导演、

---

[*] 程玉凤，台湾世新大学通识教育中心教授。

作曲演出新剧目①，可谓"取之于大陆，用之于台湾"，郭小庄创办的"雅音小集"则开始京剧的创新，演出《窦娥冤》《白蛇传》《孔雀胆》等名剧，京剧开始转型。② 台北新剧团于1992年成立后，首度由辜公亮基金会邀请大陆名角与台湾名演员演出，推出《曹操与杨修》，而后又三度演出，佳评如潮。另外如《孙膑与庞涓》《渭南之战》等新编戏，以及老戏新编，落实艺术的深度交流，获得许多掌声。

第二阶段是从2000年至今。国光剧团先是引用大陆名剧，加以修编，聘请大陆导演、编腔、作曲，加上灯光布景设计，推出许多新戏③，演出后颇受好评。而后开始自我探索，走向文学性、个性化、现代化目标的新编京剧，自编自导新戏，建立台湾京剧的新美学，与大陆新编京剧分道扬镳。台湾戏曲学院京剧团的新编剧也不遑多让。④ 两个剧团在这段时间推出的新编戏约有30出戏之多，争奇斗艳，令观众目不暇接，获得许多掌声，尤其是获得青年学子的喜爱，可称为兴盛期。

两岸戏曲交流方式包括：

1. 剧团交流：有两岸名角联演，互邀名角主演，以及两岸剧团演员到大陆、台湾演出等方式。大陆演员剧团最早来台的是1991年的上海昆剧团。此后每年都有大陆京剧团来台演出，演出剧目以传统戏为主。1996年台湾剧团与中国京剧院合作"海峡两岸京剧名角联合大公演"，联演八天，盛况空前。国光剧团后来到大陆演出亦十分频繁，2000年首度到大陆与中国京剧院、北京京剧院联演《白蛇传》《红鬃烈马》《水浒英义》。⑤

2. 艺术薪传：包括大陆专家来台传艺和台湾学生赴大陆学艺。最早来台传艺的是昆曲名角，在曾永义和洪惟助教授的主持下，展开长达十年的研习计

---

① 复兴京剧团的新剧目有《曹操与杨修》《乾隆下江南》《春草闯堂》《徐九经升官记》《潘金莲》《阿Q正传》《关汉卿》《罗生门》《出埃及记》等。
② 王安祈：《当代戏曲》，台湾三民书局2002年版，第73、74页。
③ 国光剧团的新戏有《阎罗梦》（2002）、《王熙凤大闹宁国府》（2003）、《李世民与魏征》（2004），陈亚先编剧，王安祈修编，李小平导演。
④ 台湾戏曲学院京剧团的新戏有《射天》（2005），陈苍霖导演，曾永义编剧；《青白蛇》（2007），曾永义编剧，沈斌导演；昆剧《李香君》（2009），曾永义编剧，丛兆桓导演；新编京剧《贤淑的母亲》（2010），曾永义编剧；《暗河渡》（2013），吴明伦编剧，谢东宁导演；《罗生门》（2014）、《化人游》（2015），张旭南导演，张晓风文学指导。
⑤ 国光剧团到各地巡回演出的新编剧有"伶人三部曲"至上海大剧院演出五场；《孟小冬》至香港文化中心演出；《金锁记》《王熙凤》到天津大剧院演出；《百年戏楼》到香港文化中心演出；《孟小冬》《未央天》在上海、河南艺术中心、北京长安大戏院演出；《金锁记》在北京、厦门、福州演出六场；《阎罗梦》《王熙凤》在上海、北京演出。

划（1991—2000），对台湾地区昆曲、京剧的发展影响很大。而后京剧和大陆名师也展开传艺计划。

3. 学术研讨：如"两岸戏曲现代化研讨会"（1996）、"两岸戏曲回顾与展望研讨会"（1999）、"两岸戏曲创作及经营发展论坛"（2011）。

从"解严"至今，转眼已经30年，是台湾京剧的转型创新期，那年我正好到世新大学任教，而后因为教学的缘故，和国光剧团也结下不解之缘，为推广戏曲，活络教学，带着学生看遍国光剧团所有演出的戏，写观剧报告，可说是台湾京剧发展变迁的见证者与推广者。本文主要是以一个京剧爱好者与观众欣赏的角度，将文化交流后对台湾京剧的影响分成戏曲教育、演员表演技艺的提升、剧本交流、舞台表演形式的现代化等四个部分分析探讨，尤其是戏曲教育和演员表演技艺的提升部分，特别进行口述访问，并提出个人看法，给予客观的评价。

一、戏曲教育

戏曲表演，人才首重培育，台湾地区最早的戏曲学校是复兴剧校，由王振祖校长于1957年于北投创办。而后陆光剧校、大鹏剧校、"小海光"合并为"国光艺校"，于1999年7月与复兴剧校合并改制为"台湾戏曲专科学校"，至2006年8月改制为台湾戏曲学院，成为12年一贯制的戏曲人才养成学府。该校规划有"暑期大陆京剧培训计划""大陆师资来台教学""大陆姊妹校学生交流计划"及"寒假台湾昆曲人才育成计划"，展开有计划的戏曲教育交流活动。为此特别专访京剧系万裕民主任，聊谈两岸文化交流后对于戏曲教育的改变和影响。另外还访问了在校生孔玥慈和刚毕业的王玺杰，听他们叙述从大陆老师那里学习的经验。

（一）万裕民主任

万裕民主任是复兴剧校第二期"兴"字辈出身的专业优秀小生人才，后来从事戏曲教育的行政工作，担任台湾戏曲学院京剧系主任多年，可谓学以致用，发挥所长，对于培植戏曲人才不遗余力，贡献良多，她将两岸交流中对京剧戏曲教育的发展，娓娓道来。兹将访谈内容整理归纳于下。

1. **学校有计划带学生去观摩学习**

校方为了使学生能接触大陆的名角向他们学戏，增加见识，每年暑假都会筹措申请经费带学生到北京、天津等地，拜师学艺约一个月。例如黄宇琳去大陆学习《活捉三郎》，表现优异，返校后，再由老师增加阎惜姣的踩跷功，更突出角色的泼辣娇媚，于 1996 年去大陆参加竞赛得奖。据万主任表示，大陆自从"文化大革命"后，已经取消踩跷的表演技巧，故几乎失传，只有戏曲学校还保留这项技艺的传承与软跷的制作，所以大陆方面还必须向台湾学习，她认为这是两岸交流后互相学习最好的例子。这对于演员技艺的提升帮助很大。

至于学生学习不同老师的版本后，如《霸王别姬》《捧印》等戏，他们会保有各自的特色，等毕业后成为正式演员，也可能将两者加以整合，成为个人演出的特色，使舞台艺术的呈现更为精进。

2. 聘请师资来台教学

除了带学生到大陆学艺之外，聘请大陆名师到台湾教学传艺，也是非常有效的方式。如此可以同时多位同学一起学习，老师可以依据每人的专长和优缺点，个别加以指导。例如请刘琪老师到校教授《扈家庄》，学生在校时已经向李华龄、杨莲英老师学过，在这个基础上，再向刘老师学得扈三娘的特色，呈现女武将更女性化的柔美一面，体会到武旦戏不一定都要勇猛强悍如武生。

3. 表演内容的交流学习

大陆有些剧目演出的内容，为了凸显演员的特色，会加以浓缩精简或增添，使观众聚焦于演员功力，主要是炫技，成为武生的个人秀，使看起来更丰富精彩。例如《林冲夜奔》删去其他群戏的部分，成为单一林冲的独角戏，而台湾演出时原是演出全本的故事，后来也受到影响，也是只演出林冲的部分，成为折子戏。又如《金钱豹》和《石秀探庄》也是如此，使更有可看性。[①]

（二）孔玥慈

孔玥慈是台湾戏曲学院京剧系大学部三年级的学生，于 2004 年进入小学部五年级，专攻旦角，受教于胡陆蕙、白明莺、王凤云老师，大学受教于李光玉、郭敏芳老师。

学校方面为了使学生有机会向大陆的老师学习观摩，不定时会安排学生去大陆戏曲学校学习，或是请老师来台教学。孔玥慈记得高一时，曾到北京戏校上课，由刘亚新老师（梅葆玖的徒弟）教授《捧印》，是一对一的学习，觉得获益很多，如唱腔、身段角色诠释，老师都很细心认真地指导，可说是第一次接触到京剧的发源地，感受到大陆丰富的师资和学习环境。

大一时到北京向梅派传人马小曼老师学习，对于如何发声、气口运用，韵

---

① 2016 年 7 月 5 日专访万裕民主任于内湖台湾戏曲学院。

味的掌握，有了更深的体会。大二时，还到天津向尚派（尚小云）名角王艳老师学习《霸王别姬》，舞剑的风格内容与梅派不同，她学习两个不同派别的版本，开启她对京剧表演艺术的体会。①

（三）王玺杰

王玺杰现在是国光剧团青年团的团员，2016年刚从台湾戏曲学院毕业，被认为是京剧界小生行当的奇葩，因为他不是戏曲科班出身，小学、中学接触的是歌仔戏，就读三信家商时，因缘际会接触到京剧就爱上它，第一次唱《九龙山》《杨宗保巡营》，表现亮眼，于是投考台湾戏曲学院，专攻小生。万裕民主任发现他是小生可造之才，除了经常指点之外，还推荐他拜京剧界小生曹复永为师，四年中学戏颇多，如《罗成叫关》《陆文龙》《飞虎山》《白门楼》《辕门射戟》《九龙山》《石秀探庄》《雅观楼》，表现可圈可点，现在在剧团不断学习磨炼，得到各位名师的指点，剧艺不断在进步中，他觉得自己太幸运了，一定要更认真地努力学习，才不辜负老师们的期望。对于向大陆名师学习，他受益最多的是，大三时向于万增老师学习《初出茅庐》，大约一个月的时间，使他在咬字、发声、运腔方面进步很多。②

可以看出由于台湾地区京剧人才面临断层现象，所以借用大陆师资的协助，使学生开阔视野，了解如何学习京剧艺术，是非常必要的学习历程。

二、演员表演技艺的提升

两岸交流后，演员见识到真正的流派传人，为了使演技更为精进，纷纷向大陆名师请益学习，使其在唱腔、身段方面产生很大的改变，甚至突破原有的演出模式，提升艺术的质感。演员个人赴大陆学艺或请大陆师资来台传艺，教授身段、唱腔、嗓音训练作表，使技艺更为精进丰富。下面以国光剧团的朱胜丽、戴心怡、王莺华、邹慈爱为例说明。

（一）朱胜丽：示范表演片段《贵妃醉酒》

朱胜丽是陆光剧校出身，专攻武旦、花旦。毕业后进入"陆光国剧队"，开始演员生涯。直到两岸文化交流，她才发现原来演戏可以演到那样的程度，对

---

① 2016年7月19日下午专访孔玥慈于木栅分校。
② 2016年7月15日下午2时专访王玺杰于木栅分校。

她是很大的冲击。影响她日后表演和艺术观的老师是陈永玲。陈永玲年轻时曾亲炙筱翠花、梅兰芳、尚小云、荀慧生等大师，戏路极为全面。他于1994年来国光剧团教授筱派剧艺，有六七年的时间，朱胜丽学了很多传统剧目，如《贵妃醉酒》《翠屏山》《大劈棺》等，她说："陈老师教我最重要的一点是舞台上任何东西，到最终都脱离不了一个'美'字，嬉笑怒骂都要美。而很关键的一点是'人要有骨头'，要懂得运用'腰'去掌握姿态，一用腰，整个人的精气神立刻截然不同。"

如何自如地用运戏曲程序，而不被程序局限住，这对戏曲演员是很大的挑战。她说，以前学戏只是由外临摹前辈的典范，陈老师却教她要内化表演，要有丰富的心理过程，消化过后，找到属于自己的体会。这些对她是很大的启示，她有一种突然开窍的感觉，使她对于京剧的表演方式，如何用内心诠释角色，又另外开了一扇门，使她的演技大为提升。

胜丽以《贵妃醉酒》示范说明。当高力士和裴力士奏知万岁已经驾转西宫时，贵妃非常惊讶，心想昨天才说好要在百花亭赏花摆宴，怎么会说变就变？如何呈现出当下心情的转折状况和表情的转变？永玲老师是用扇子遮住两眼以下的脸，眼睛左右转，因为旁边有众多宫女和两位太监，她必须端着，稳住心情，沉住气，不要让他们看到她的尴尬难堪，不能失态，然后再慢慢放下扇子，再用水袖甩两下，一副无所谓的样子，说："且自由他！"然后对高裴二卿说："娘娘要独饮几杯。"表示万岁不来，我自己喝也可以，并示意太监宫女们下去，一副没事的样子。但是等他们都下去无人时，她的心情开始浮躁，越想越生气，手上扇子不停地扇，表示她心里的火气上来了，一直到她转身坐下来，裴力士上来呈酒，她又恢复娘娘的雍容大气，显得更为娇媚，把一个女人失宠的心态细腻地呈现出来，也就是要把角色内心的感觉呈现出来。所谓名角就是能把戏味用手势身段作表细致地诠释出来，使观众深切地感受到那份感动。所以胜丽认为能向资深的名角学习，对于一位舞台表演者剧艺的提升，达到唯美的境界，是非常重要的。从此她开始享受演戏的快乐。[①]

（二）戴心怡：表演《扈家庄》片段

戴心怡毕业于复兴剧校第25期，专攻武旦。在校期间，曾赴上海市戏曲学校进修，接受筱派传人王继珠特别传授《盗库银》。高中时曾向刘琪老师学《扈家庄》，她的身材较为娇小，演出风格较为可爱，笑起来很甜美。

---

① 2016年7月21日专访朱胜丽于木栅分校。

2012 年得宋丹菊老师亲授《改容战父》名剧。宋老师是四小名旦宋德珠的女儿，宋派的特点是美、媚、脆、锐，美是在舞台上每个角度无一处不美；媚是仍保有女性的妩媚，像小姑娘一样，但连接点快；脆是指动作干脆利落；锐是指速度，动作具爆发力、勇猛，虽是武旦，但仍保有女性的阴柔之美。心怡认为宋老师教学严格，要求仔细，从发声、咬字、唱念、眼神到高难度的技巧，都一一传授。《改容战父》包含武旦、刀马旦、花旦行当功夫，对她是一次很大的挑战。① 2014 年向阎巍学刀马旦戏《摇鼓战金山》。

　　2015 年在"国光"京剧人才培育计划下，向上海昆剧院武旦皇后王芝泉老师学习《扈家庄》。心怡学习《扈家庄》的心得非常丰富，可以归纳为几点：

1. **擅长延展身型，释放内涵，使达到最美的境界**

　　由于王芝泉老师身材不高，每个动作都尽量延伸，如手臂张开到极限，肩膀可以超过 180 度的极致打开，踢腿尽量超过头部，随时以踮起脚，产生上升的力道，感觉身高拉长，加上圆场时的速度快而有力，使全身散发一种力与美的结合，令人赞叹。

2. **使唱做达到极致，展现个人的创意美学**

　　她的表演形式是根据她个人先天条件研发创造出来，唱得满，做得饱满，动作身段繁复，达到歌舞合一的极致，将角色做最完美的诠释，所以整出戏，只要一上场，几乎都没休息，唱起来也最累。而她教学时也是要求完美，亲自示范，一点都不肯马虎放过，由于她的严格要求，一个月下来，学习者全身酸痛不已，但却收获很多。

3. **注意精气神，眼神充满自信**

　　她认为精气神的关键是眼神，但眼神并不是大眼睛或瞪大眼睛就可以做到，必须全身肌肉、关节、动作配合，而且必须进入角色情境，亮相时才有戏份，不然就只是个形式而已，不会使观众动心。而她的自信是来自于她厚实的功夫和丰富的舞台经验，也就是所谓的内涵外放，要达到这种境界，当然不是一日之功，必须不断的演练领悟，才能达成。②

　　戴心怡觉得，王芝泉老师先天禀赋优越，能唱能做，从小练就扎实的功夫，所以才能达到如此高的艺术境界，她只能从全力模仿学习着手，虽然不能一步登天，但是朝着老师的目标努力，慢慢发现自己也可以做得到一些，也为她开

---

① 黄琦：《学凤凰展双翅九霄云上——记宋丹菊亲授〈改容战父〉》，台湾《国光电子报》第 102 期，2012 年 9 月 5 日。2016 年 8 月 2 日下午专访戴心怡于木栅分校演艺中心。
② 刘育宁：《王芝泉老师〈扈家庄〉教学记录》，台湾《国光电子报》第 138 期，2015 年 9 月 5 日。

了另一扇门。尤其第二次演出《扈家庄》时，经过一段时间的沉浸领会，觉得自己的技艺大有进步，更增加自我的信心，将来她也可以找出自己可以发挥的优点，将所学加以融合，成为自己的表演特色。她觉得很幸运，有机会可以得到大陆资深老师刘琪、叶红珠、宋丹菊、阎巍、王芝泉等名角的指点，对她演艺生涯境界的提升，是不可言喻的，充满欢喜感谢之情。

（三）王莺华、邹慈爱

国光剧团特别邀请马派老生安云武来教《黄金台》《白蟒台》《失空斩》和《定军山》。

王莺华学《定军山》，她在剧校时期曾学过演出这出戏，但是当时年纪轻，对于黄忠不服老的心境很难体会，只是照着老师教的演出而已，谈不上对角色内心戏的诠释。主角老将黄忠是文武老生的重头戏，必须扎靠开打，难度很高，安老师很仔细地为她检视以前所学的一招一式，对唱腔和身段不断提出改进，她也随时修正，例如扎靠动作不能像武生一样抖靠，对打后亮相休息时，要显得有些累，这才合乎黄忠的年龄。安老师加强唱念做打，并传授偷气省力的技巧，演出时果然获得满堂彩，大家对她的评价是"宝刀未老"。对于安老师的认真用心教导，使她在半百之年还能更精进地诠释不服老的黄忠，充满感激和欢喜之心。

邹慈爱在大鹏剧校时曾由张鸣福老师教《失空斩》这出戏的唱和念，但并没有机会学习演出全本的《失街亭》《空城计》《斩马谡》。剧中有大段的唱腔，旋律感丰富多彩，优美动听，要唱出动人心弦的情感并不容易。安老师非常重视发声气口，慈爱觉得"改比学难"，因为以前的唱腔都已经定型，安老师却根据他的经验和慈爱嗓子的条件，要求她应该如何提高调门唱一个腔，但她一直改不过来，安老师不断要她重来，她几乎快要耐不住性子要放弃了，但是在安老师的坚持下，最后终于把这个腔逼出来，自己也很惊讶，她终于领会到好老师就是知道如何把学生的潜力磨炼引导出来。又因为孔明是丞相兼三军统帅，必须沉稳大度，所以动作不多，但是在舞台上不能站着不动，要如何才能表现出来，安老师说必须重新把基本功练好，要求她们每天走台步、跑圆场，透过安老师的仔细传授指点，她了解如何演好孔明这个角色，觉得才算真正对京剧这门舞台艺术的表演有深刻的体会。①

---

① 2016 年 8 月 17 日，专访王莺华、邹慈爱于木栅分校演艺中心。《细说孔明〈失空斩〉》，台湾《国光艺讯》2011 年 4 月第 75 期。

以上所提到的这些大陆师资是国光剧团自 2013 年起开始的"京剧新苗培育计划",聘请大陆师资来密集教学一个月,包括生、旦、净、丑四个行当,透过剧目的学习,以加强年轻团员的基本技艺,提升各行当演员的表演能力,使其技艺更为精进,成效很大,从访问的演员的现身说法就可以证实。

三、剧本交流

自从"解严"后,大陆新编戏成为台湾剧团学习的对象,台湾地区的京剧团纷纷演出大陆的新编戏,此时,由于台湾缺乏编剧、导演与戏曲专业人才,必须借助大陆人士共同合作,成为戏曲现代化的新模式之一。兹将四出引用大陆剧本的剧目略述如下。

(一)《曹操与杨修》

大陆名编剧家陈亚先成名之作,1991 年 10 月由"辜公亮文教基金会"制作,第一次在台湾地区演出,1998 年第 4 次演出,由尚长荣、李宝春主演,笔者在剧院欣赏时,看到布景的气势磅礴、灯光的巧妙运用、音乐编腔的优美、演员的演技生动,佩服得五体投地,觉得京剧就是应该这样演出,这才是现代人的京剧,后来这出戏成为我的课程中必讲的剧目,每次播放给学生看,仍是百看不厌。难怪王安祈认为这出戏是戏曲现代化的重要里程碑。[①]

(二)《阎罗梦》

这出戏是陈亚先编剧,由王安祈、沈蕙如修编,形成二度创作,李小平导演,上海京剧院金国贤编腔,金乐华谱曲配器,聂光炎舞台灯光设计,傅寯、任怀民分别为舞台灯光设计。修编时,王安祈选择编剧原先设定的结局——继续"逐梦"为定调形成整部作品的圆形结构,同时更与"灵魂的灵魂深处"对话,增补了第三世轮回,以及三世灵魂,找寻无穷尽的因果轮回,有"思维京剧"之称。在导演手法上,既保有传统戏曲的质性,又运用现代舞台呈现,如此由内而外的创作,体现了"戏曲现代化"的可能,奠定国光剧团引用大陆名作的本质。于 2002 年 4 月首演后,佳评如潮,获得电视金钟奖和"台新艺术奖十大表演剧目"。2004 年至上海、北京演出,获得大陆学者媒体热烈回响,他们都非常惊讶,一出在大陆尚未演出的剧本,经过台湾剧团的重新诠释,竟能呈

---

① 王安祈:《当代戏曲》,台湾三民书局 2002 年版,第 181 页。

现"当今台湾京剧创作的最高水平",成为"台湾京剧的新美学"。2005 年、2008 年在台北演出,并至台中、新竹、台南各地巡回演出,两岸共计演出 11次,可见其受欢迎程度。

(三)《王熙凤大闹宁国府》

由大陆"红楼老作手"陈西汀编剧,童芷苓于 1983 年首演之后便没再演出。王安祈于 2002 年新任国光剧团艺术总监时,取得版权后提出演出构想,由魏海敏主演,2003 年 10 月在"新舞台"首演,成为魏海敏代表作,2004 年 10 月和《阎罗梦》到上海、北京演出。

正如王安祈所说,这出戏从上海原创,在台湾再现,而后再回流到北京、上海,历经二十年的曲折,使得《王熙凤》成为两岸深度交流的焦点,也是国光剧团引用大陆名作的重要代表,重新制作、重新诠释,奠定台湾京剧发展史的地位。此后建立制作新剧的信心,于 2014 年再推出"红楼梦中人"为主题,重演《王熙凤大闹宁国府》,新编《探春》一剧,作为年度大戏,其意义是"从大陆剧本展现台湾的新诠释,建立创造台湾京剧新美学"。

(四)《李世民与魏征》

本剧是陈亚先编剧,王安祈认为这出戏以抒情笔调演绎历史大戏,虽以史实为题材,却不拘泥于历史叙事的历史框架,又能以女性思维处理君臣关系,从中"钩陈出精微的人性纠缠",处处凸显人之为人的本性,是这出戏能真实生动的特色,于是选择为 2004 年的年度大戏的剧目,并加以修编。由李小平导演,李门设计唱腔,唐文华饰魏征,吴兴国饰李世民,魏海敏饰长孙皇后,于 2004 年 5 月在台北首演,并至新竹巡演一场。这出戏除了剧本和编腔是大陆的人员之外,可说是"国光"独创的大戏。剧中汇集灯光、布景、音乐、合唱、舞蹈,令人感动的是合乎现代戏曲美学,是从大陆名作接轨而成为台湾的创作。

从国光剧团演出新编剧目,可以看出在经过借用大陆剧本、导演、编腔的阶段后,已经走出自我。如《三个人儿两盏灯》(2005),王安祈、赵雪君编剧,李小平导演;《金锁记》(2006),王安祈、赵雪君编剧;《胡雪岩》(2006),刘慧芬编剧,汪其楣导演;《快雪时晴》(2007),施如芳编剧,李小平导演;《狐仙故事》(2009),赵雪君编剧;《孟小冬》(2010),王安祈编剧,李小平导演;《百年戏楼》(2011)、《水袖与胭脂》(2013)、《康熙与鳌拜》(2014),林建华编剧;《十八罗汉图》(2015),王安祈、刘建帼编剧。从原创、改编、修编到自创台湾品牌,这就是两岸交流后,京剧剧本从原版移植、采借到自创的历程。

四、舞台表演形式的现代化

所谓戏曲现代化就是戏曲的剧本内容、演出方式，合乎现代人的思想、美学观点，扣紧时代的脉动。① 贡敏认为京剧现代化有两点，就是现代剧场设施的运用，不再"老戏老演"，以及开发具有现代精神的题材内容，不再"老演老戏"。② 除了新编剧本之外，最重要的是配合新剧本，而将演出形式加以改变，此包括突破传统的程序化表演和与现代剧场结合，由抽象的一桌二椅，变成具象写实的造景，这是十多年来台湾各戏曲演出新编剧必然的趋势。

从1990年到2015年，京剧舞台表演方式的新趋势有三点。

（一）运用新的舞台技术，创造新意境

时代在变，观众的审美观也在变，戏曲是"以歌舞演故事"的高度综合性的艺术，所以必须进行新的综合，才能发挥它的优势，以适应时代的发展，这必须从现代剧场的灯光、布景、道具、音乐、服装着手。"传统戏曲与现代剧场结合"，聂光炎认为是一个具有挑战性、创造性的课题。

（二）导演为中心的功能

传统戏曲没有"导演"的称谓，是以"演员中心"的表演艺术，在西方戏剧中，导演则扮演非常重要的角色，新编京剧中，增加导演的角色功能，被称为"二度创作的执行者"，他掌握着一出戏成败的关键，也象征着京剧迈入现代剧场的里程碑，是京剧现代化的特色之一。导演可以帮助演员理解人物、创造人物，突破传统手法，将灯光、布景、服装都运用到极致，赋予新的含意和作用，使舞台演出呈现新颖完美的面貌。③

（三）传统程序化表演的突破

由于现代剧场的演出分幕模式与传统戏曲分场不同，戏曲原有的出场亮相、唱念做打、四功五法，在现代剧场舞台上几乎不能完全派用上场，例如趟马、

---

① 王安祈：《狐仙故事——瞬间变灭，深沉却轻盈》，台湾《联合报》2009年10月7日。
② 贡敏：《戏曲现代化面面观》，《两岸传统戏曲现代化学术研讨会论文集》，1996年版，第9页。
③ 王安葵：《戏曲发展与新的综合》，《两岸戏曲回顾与展望研讨会论文集》卷1，1996年版，第13—15页。

起霸、走边，但现代剧场是写实的、生活化的，以抽象形式呈现，就显得多余。又如现代剧场是在幕起或灯光亮时，演员就在舞台上，亮相的美就无法呈现，对传统戏曲舞台艺术之美，是扞格之处，但在戏曲现代化的要求下，传统戏曲的表演方式不得不自我调整修改，也是一种突破。

总之，京剧演出与现代剧场的密切结合，包括导演、舞台设计、灯光设计、音效设计、服装造型设计等引进整套西方剧场的演出制作流程，成为京剧现代化不可或缺的途径，虽然会造成表演程序的质变，但已经是不可抗拒的发展潮流，如何在京剧美学和剧场技术之间求得平衡与协调，避免使"京剧话剧化""歌剧化"，是京剧未来发展的首要课题。

结　论

京剧的现代化是二十年来两岸京剧发展的目标，而如何结合台湾当代社会脉动，从文学、历史、民间传说中构思具备人文色彩或现代思维的新剧目，并以"文学性、个性化、现代化"为创作特色，此正是国光剧团二十年来的成果，已经建立台湾品牌的京剧，有别于大陆的京剧。[①]

本文从戏曲教育、演员表演技艺的提升、剧本交流和舞台表演形式的现代化四点分析两岸交流后对于台湾京剧发展的影响，认为这是必然的正面的影响，而从教学经验中更证实新编剧本以及舞台表演形式和现代剧场结合，是吸引青年学子的重要因素。

由于台湾地区是个民主开放又多元创意的社会，借由大陆京剧界丰富的资源师资环境的学习，激发出台湾自我创造的本能，培训自己的编剧、导演、编腔、作曲人才，与现代剧场、现代文学、当代艺术相互融合，已经可以自主地展现出属于台湾地区的"京剧新美学"，这也是京剧本土化的结果。

参考文献

王安祈：《当代戏曲》，台湾三民书局2002年版。

王安祈：《传统戏曲的现代表现》，台湾里仁书局1996年版。

[①] 参见游庭婷、林建华《光谱交映——国光二十年—光谱篇》，台湾传统艺术中心2015年版。陈淑英、游庭婷、林建华：《镜象国光二十年回眸—剧目篇》，台湾传统艺术中心2015年版。

王安祈：《寻路——台北市京剧发展史》，台湾台北市政府文化局 2012 年版。

游庭婷、林建华：《光谱交映——国光二十年—光谱篇》，台湾传统艺术中心 2015 年版。

陈淑英、游庭婷、林建华：《镜象国光二十年回眸—剧目篇》，台湾传统艺术中心 2015 年版。

王安祈：《狐仙故事——瞬间变灭，深沉却轻盈》，台湾《联合报》2009 年 10 月 7 日。

贡敏：《戏曲现代化面面观》，《两岸传统戏曲现代化学术研讨会论文集》，1996 年版。

王安葵：《戏曲发展与新的综合》，《两岸戏曲回顾与展望研讨会论文集》卷 1，1996 年版。

洪惟助：《两岸的昆曲活动与海峡两岸的昆曲交流》，《两岸戏曲回顾与展望研讨会论文集》卷 1，1996 年版。

张芳菱：《论王安祈与台湾京剧发展》，硕士学位论文，台湾逢甲大学中文研究所，2009 年。

刘浩君：《90 年代台湾京剧新作及其社会文化意涵研究》，硕士学位论文，台湾"清华大学"中文研究所，2000 年。

林宜贞：《台湾昆曲发展的传承脉络》，硕士学位论文，台湾台南大学戏剧创作与应用学系，2015 年 6 月。

林黛珲：《寻找主体性——王安祈的国光"新"剧研究》，博士学位论文，台湾师范大学国文研究所，2016 年 6 月。

刘育宁：《王芝泉老师〈扈家庄〉教学记录》，台湾《国光电子报》第 138 期，2015 年 9 月 5 日。

热血交融·脉息相通

——两岸戏曲交流与戏曲现代化之省思

曾永义[*]

我们世新大学的吴校长、福建师大的王校长、中国艺术研究院的李院长，以及在座的各位朋友、各位同学，大家早安。

我非常荣幸能担任这一场的报告，报告的内容是关于我从事两岸艺术文化的交流及其省思。我的感觉如同我的主题所说，是"热血交融、脉息相通"。

从1982年以来，我就投入我们传统和乡土艺术的调查研究、维护发扬。好些人都问我说："你是中文系象牙塔里的人，为什么会走出校园，从事这些工作呢？"1979年2月，我那时是美国哈佛大学的访问教授，参加了一次讲演，那次讲演，是由在台湾留学五年的博士候选人主讲，他的讲题是有关台湾的文学，可是他在最后总结时说："台湾的文化，就是美国的文化，所以，台湾连在文化上，都是美国的文化殖民地。"当时，我非常悲愤、非常惭愧，可是从他的举证，我却无言以对。所以回来后，我就追随我的老哥，台湾著名的音乐家——许常惠教授，参与"中华民俗艺术基金会"，我也追随他担任执行长，到后来成为董事长。38年来，我可以说一直都在从事这样的工作，也因此，我曾经率领我们台湾的朋友、我的学生，对台湾进行地毯式的乡土传统艺术的调查，也把台湾的歌仔戏、布袋戏、皮影戏、南管音乐等推进剧院演出。我也曾经主张以民族艺术作文化输出，46次率领团队到加拿大、美国、韩国、日本、德国、法国等国家进行艺术文化交流。

1989年，台湾的大学教授可以到大陆交流，我那时候也感受到一种祖国的情怀，血浓于水，文化的中国、艺术的中国、文学的中国，乃至于锦绣河山的中国，而我深深感受两岸在那个时候，对于我们中华民族的意识思想情感，都越来越淡薄，连我们的共同祖先——黄帝，都没有人提起。因此就和台北汉唐乐府南管乐团（南管音乐就是福建的南音、南乐），在1989年的8月到陕西黄陵县谒黄帝陵，同时谒祭轩辕庙，从晚上11点到清晨6点，我们穿着的是古代的礼服，摆上的是我们考察出来的献贡祭品，音乐不停地演奏，黄陵县两位县长

---

[*] 曾永义，台湾世新大学讲座教授、"中研院"院士。

都来协助。然后,我又把这个团队带到北京。各位知道,那时候的北京非常冷清,和北京民族乐团同台演奏,演出在电视台连播两天。然后又把这个团队带到泉州,与台湾另外两个南管乐团会合,我担任总领队,和泉州的南管乐团举行交流活动。然后成立两岸南管乐团协会,我也被推举为协会的名誉会长。这就是我第一次的两岸文化艺术交流。

27年来,刚才黄(启方)教授替我宣读的丰功伟业,是我的助理颜秀青博士昨天帮我统计的,没想到我参加的两岸交流活动,居然已经有199次之多,各位由此可见,我有多么热爱中华艺术文化。我在两岸交流活动中所感受到的,是那么热血相融的温馨和脉息相通的愉悦。

我把这199次交流简单归纳一下,我大概做了以下6项工作:

其一,刚开始的时候,我觉得应当对彼此有所了解,所以我除了在台湾地区进行对田野的全面调查以外,我也在大陆进行了总共有5次大型的田野调查,都是和我的朋友,率领我的学生。第一次是去闽西、闽南,第二次是去广西、贵州、云南,然后接着是去山西、陕西、四川、江西、浙江、安徽、山东还有河南等地,对地方戏曲及六大昆剧团进行考察,由此,使我真正了解两岸的戏曲。因为,我做戏曲研究,主张除了文献以外,应当很重要的是田野考古的资料,是田野调查访问的资料,还有就是学者会议切磋琢磨的心得,以及剧场观赏所带来的感受,综合起来,才能够真正进入戏曲的研究。

我个人也这么身体力行,在这个调查研究里边,也使我写出了《台湾的民俗技艺》《台湾歌仔戏的发展与变迁》,以及厚重如砖头的《地方戏曲概论》,六七十万字都是从这里得来的。

其二,我觉得大陆有许多非常珍贵的艺术,譬如说昆剧,我发现,当时表演最炉火纯青的演员,我都没有好好地记录保存他们的影像,所以争取到补助后,在1992年和1995年做了大陆六大昆剧团的经典剧目录像。这组录像保存了135出的经典剧目,而这些演员都是自选自己的代表作,他们都是六大昆剧团的顶尖人物,而现在都和我同样年纪了,所以这些录像资料非常珍贵。还有1993年,大陆有所谓"稀有剧种""天下第一团",我说这了不起,"天下第一团"就是除了这个剧团以外,这个剧种就要消灭了。因此,我又申请到一笔经费,和当时的著名电影导演陈耀圻先生,跨海去录制了19种稀有剧种。这些现在都存在我们传统艺术中心里边,也做数位典藏,我想这是我们现在很重要的文化资产。同时,我也推动了昆剧在台湾的研习计划,亲自主持,由我的朋友洪惟助教授来执行,我自己也参与编剧,直到现在,我也已经编了7个昆剧剧本。南管音乐,我更是大力提倡,所以现在南管音乐在台湾地区还保留最原汁原味的乐团，在台中还训练了一批能演出的学员。

其三，我又率领剧团到大陆去演出，刚才黄教授说 19 次，19 次只是大陆的而已，如果加上世界的，就不是这个数目。这 19 次里边，包括大陆的昆剧节、两岸歌仔戏的交流。我也把我自己编的《梁山伯与祝英台》《孟姜女》《杨妃梦》，以及《魏良辅》，各位知道魏良辅是昆腔水磨调的创始人，我把他编成剧本，然后，也有河南梆子《慈禧与珍妃》，这五个戏到大陆各个重要城市，包括国际艺术节、亚洲艺术节演出，彼此观摩，看完以后也常有座谈会，能够激起各方的意见。

其四，两岸合作举办了很多场文化交流活动，尤其是文化部，几乎每一年，除了在 SARS 那一年以外，都办了情系两岸文化联谊行，结合两岸文化界人士，已经有二十几次，我个人也参加恐怕接近二十次。到各地方去进行文化考察，或是锦绣河山、古迹名胜的观览，每一次都有讨论会，我担任过很多次的主讲人。其中还为黄帝、炎帝、孔子撰写祭文，并代为宣读。在这里边可以认识到两岸文化界许多的精英和朋友。

其五，我更重视的，是学术会议的参与，几乎有关戏曲的学术会议，都会请我参加，我参加的次数，刚才黄教授也说了，自己都吓坏了，居然有一百多次！其中近十年来，我大部分都担任了会议开场的主题讲演，已经有二十几次。在这样的会议里边，能够汲取到戏曲学术研究的新信息、新观念，彼此在不同的观念里边也可以得到切磋，受益当然都非常大。

其六，我更喜欢"好为人师"，总觉得自己研究的一点心得，如果不把它说出来，就如鲠在喉，所以只要有人请我讲演，我都没有推辞过，哪怕舟车劳顿，回来生病一场，还是乐此不疲，一点都不量力而为。所以，我在大学里边讲演也非常多，刚才我的助理颜博士统计，有 104 次，在 48 所大学做过讲演。现在，因为我讲演多，在北京只要看到我的名字，其他不同学校的学生也都会来，人越多我就越高兴，因为自己觉得好像我的观念可以多讲给一些年轻人听，这是我的好处，也是我好大喜功的毛病，也因此各大学有近一二十所聘我为名誉教授、客座教授，或是名誉研究员，像我们福师大、由王耀华教授主持的两岸艺术推广中心，也把我任命为首席专家，这使我能够更加自由地游走于两岸的各所大学。

以上的"丰功伟业"，可以说是 27 年来，我从事两岸交流的主要工作。

在这里感受到的那一种温馨愉悦，就像我今天的题目一样，受益非常多，我刚才也简单地都说过了，只是就像今天我们李功勤主委所说的，我们现在，在当今对于艺术文化，哪怕学术也都一样，就是要推陈出新。对于戏曲艺术，创新是很重要的，但是我个人更要强调一点，就是要扎根传统的创新。扎根传统，这个传统是优质的、美的传统；创新，是要取得适当的正道所创出来的新，否则的话，抛弃优美的传统去创新，会"走火入魔"。甚至会像上面提到的那个美国人，说我们是美国文化殖民地而不自知。就戏曲来观察，我觉得扎根传统的创新，其实是从晚清以来就在努力了，尤其，我们大陆在1950年后的戏曲改革，改戏、改人、改组织等，也在努力。可是到现在，这个论题常在每一个学术会议，或是座谈会里边被提出，是什么缘故？就是因为大家觉得还没有一个真正可以遵循的，扎根传统的创新的康庄大道可依循，所以，一直还在重复这个论题。

就拿戏改来说，以我个人研究戏曲经验来说，我们中国戏曲，它的质性一定要先了解清楚，可是谈创新的人，却常不先真正了解我们戏曲艺术的质性。质性里当然有优美的，有跟不上时代的，或者是有非改革不行的，不适合现代的种种因素在里边，所以你一定要先了解它的质性。就我个人的了解研究，我们中国戏曲的基本的质性，就是写意，而不是写实，和西方不一样，因为写意，它就会产生三种艺术基本原理。可是各位如果问我说："为什么会是写意呢？"因为我们戏曲的基本元素：诗歌、音乐、舞蹈，这美学的三个基本元素，没有一个是适合写实的，所以它非得走向写意的质性不可。既然要写意，就要避开写实，因此它的三个基本原理，就是对日常动作产生的肢体语言的这种艺术美，就要虚拟，用虚拟而舞蹈化；对于装扮、服装等表演的模式，就会走上象征的道路。虚拟象征是人体悟创发出来，如果没有一个共同的基准、共同的规范，在宋元之间叫"格范"，品格的"格"，模范的"范"，这两个字，后来因为民间艺人写错了，"格"字和科学的"科"字形相同、声音接近，就写成"科"，模范的"范"就写成泛滥的"泛"，所以就变成我们现在在剧本里，大家更加知道的"科泛"，就是身段动作，其实是"格范"。这个"格范"就是1949年以后，大家所说的"程序"。"程序"是来制约虚拟象征的。这三个就成为我们戏曲表演艺术的基本原理，我们遵循这样的基本原理，利用演员上下场的表现方式，就突破了西方戏剧所无法掌控，所无法解除的障碍的写实，因为我们可以时空变动，流动，自由自在，我们的戏曲演出，在狭隘的剧场上，时间、空间的流动变异是自由自在的，所以我们不必受到西方"三一律"的影响，我们的戏曲演出，从元杂剧的以剧作家为中心，到明清传奇的以昆剧的剧作家为中心，演员也开始冒出头来。到了京剧，成为演员为剧场的中心，也就是说，演员成为我们剧场表演艺术的中心，所以，演员就可以利用他的唱腔，因为京剧比起昆剧来较俚俗，它是板腔体，受到规范制约比较少，所以演员就能充分发挥一己的表演艺术,可以创造表彰一己独特的流派艺术。像这样的一种艺术,是我们祖先积年累月而完成的,可是在 1950 年的戏改,除了好些政策的关系,创造了许多所谓剧种,剧种不是冒出来的,是文化底蕴下自然源生延伸出来的。同时,又产生了以导演为中心,让导演来指挥一切,所以就造成演员表演艺术的诸多束缚,从此以后,再也没有流派艺术可言。

近年来,由于大陆的经济很发达,因此就注重五光十色的舞台艺术,种种的设施使得戏曲的演出"舞媒挂帅"喧宾夺主,而妨害了真正的戏曲表演艺术。我的戏带到大陆去,当然也受到这样的"灾难"。譬如说,我有一出戏《李香君》,我一再反对在舞台上又盖一个新舞台,结果花了很多钱盖那个新舞台,我不知道为什么要盖?因为导演比我年纪大,我就尊重他,可是却使得演员在这样舞台上演出,你挤我、我挤你,那种所谓的虚拟肢体语言的舞蹈化之美,便完全丧失。还有类似的例子,自从 2001 年,昆剧成为联合国所推崇的人类共同文化资产,这给我们中华民族,当然是很大的鼓励和荣宠,所以两岸也开始非常重视昆剧,可是各位知道,昆剧在我心目中是我们中华民族之有史以来最优雅的文学、最精致的表演艺术的融合体,它的高难度,光在音乐里边,它要讲求八个规律,也就说它的语言旋律,是讲究到以分析字音来定腔的程度,不只一字一腔,更不是以声调来行腔那样子,它是何等的艰难;而若要新编昆剧,一定要对曲牌有真正的认知,因为每一支曲牌,在昆剧里边有精粗之别,细致的曲牌里边,尤其还要讲究它不同的性格,悲哀的、欢乐的、抒情的、愤懑的,你用错了,那是会很可笑的。可是我发现,我们许多的编剧以为昆剧只要长长短短,就是昆剧的唱词,根本不注意这些,有一些还更自欺欺人的,把自己创造出来长长短短的唱词,安上一些包括我都没见过的曲牌,用来蒙混观众。所以在我心目中,大陆的新编昆剧,能够合规中矩的越来越少,而赝品很多,像这一些就不是我们作为创新之道。

再拿台湾和闽南的歌仔戏来说,我曾经带领台湾的几个歌仔戏团,到厦门歌仔戏团交流演出,演出的都是在大陆获得过"梅花奖"的演员,可是因为要创新,所以这些演员,是用西方美声唱法来唱歌仔戏。结果那天演出的时候,文化厅厅长王凤章坐在我旁边,他说:"奇怪!你们台湾歌仔戏我都听得懂,我们这里唱的,我怎么都听不懂?"演完以后,观众向舞台蜂拥而上,将台湾歌仔戏最俊的小生黄香莲,包围起来要签名、要名片,然后边走边说:"台湾的歌仔戏这么好听,我们都听得懂,我们自己的是在唱什么?"各位,美声唱法它的语言根底,是西方的拉丁文演变来的,我们的歌仔戏,是我们闽南的语言,土腔土语、原生的,怎么可以取代呢?尤其,戏曲的命根子就在歌唱,歌唱就在语言腔调，腔调具体地完全呈现，是在演员的唱腔，所以用美声唱歌仔戏根本是错误的。还有，各位知道我们闽南的文化瑰宝——南管音乐和梨园戏。如果论它们的历史地位、文化价值，南音南乐可以说是唐宋大曲的遗响，当然也有好些明清音乐在里边，但它最古老，是目前全世界公认最古老的一种音乐，它的地位何等重要。还有梨园戏的演出模式，还保持宋元南曲戏文的面貌，宛然可睹，也是非常珍贵的。可是我又发现，一些留学回来的音乐家，为了要普及南管音乐，把节奏加快了，使小学生容易上口，许多南管音乐的仪式都薄弱了，可是我在台湾强调原汁原味，演出时，该拿着伞出来，该坐什么椅子，脚怎么踩，因为它是我们民俗艺术文化里，活生生的文化标本、文化活化石，是应当原汁原味地保存的。

  各位，要创新，当然现在很讲究跨界，甚至是跨文化的戏曲艺术的融合，可是这必须要融通界域，真正认出你要跨域的这些艺术特质和元素，而不是随意地融通。譬如说，你要开创"跨文化戏曲"，那顾名思义，就是我们的戏曲希望借助西方的戏剧来丰富我们，来提升我们，但是主体性还是我们的戏曲，而不是以西方为主体，主客之间要弄清楚。然后你也应当要知道，我们有哪些美质必须坚守，譬如我刚才说，我们的语言腔调，我们的写意的艺术、时空自由流转的特质。但我们的戏曲的主题思想太传统，我们因为有说唱文学、杂技的融入，我们的戏曲节奏太松散，等等，可修可改的地方照样是有的，这些要弄清楚。然后要懂得"文化输血论"，你必须是一个好的医生，你要输血，你当然知道被输血人的血型，你也要知道要输给人的血型，然后你的技术要很正确地输入，因此，如果你的血是A型的，你当然可以输入A型的血，同时你也可以输入O型的血，O型的血虽然异质，可是它可以融通而为一，可是如果输入B型或是AB型的，你看那个结果是怎么样？所以，艺术文化的跨领域、跨文化，其道理其实还是一样的。这是我们现在讲求"创新"时，我们应当要特别注意的前提。

两岸关系视野下闽南歌仔戏的特点与发展

谢雍君[*]

问题的提出

歌仔戏,也称"芗剧",是唯一从台湾岛回传到福建并在福建扎根的戏曲剧种,在中国戏曲史乃至福建省戏曲史上具有独特地位,具有其他剧种所不可替代的历史价值、美学价值和文化价值。因歌仔戏只流传在厦门、漳州地区,在全国三百多个剧种里,属于小剧种,它经过近百年的发展、蜕变,已经完全闽南化和大陆化了。新时期以来,随着国内文化生态环境的变化,它的生存也面临诸多的困境和难题。

到了新世纪,两岸文化交流日益增多,两岸歌仔戏交流也益趋频繁。在两岸对话、交流的大格局里,闽南歌仔戏的创作、演出发生变化,寻获到未来发展的新契机,台湾歌仔戏的创作模式和发展路径成为闽南歌仔戏生存、发展的参照系。因着区域性经济发展差异、文化基础、观众审美品位的不同,厦门歌仔戏和漳州地区芗剧呈现出不同的特点。厦门歌仔戏参考台湾歌仔戏的发展路径,除了独立创作,还把主要精力置于与台湾剧团合作上,时有新戏问世。漳州地区芗剧则不同,在与台湾歌仔戏交流之余,剧目创作上主要延续传统模式,生存困境仍然存在。

闽南歌仔戏与台湾歌仔戏沟通和交流的目的,不是让闽南歌仔戏失去特色、失去自我,而是在沟通和交流中使剧种完成自我重建、自我完善,从而走出当下的生存困境,获得新的发展。那么,在交流、对话中,闽南歌仔戏该如何重建不同于台湾歌仔戏特质的个性,以确立两岸关系中作为大陆剧种的特点和价值?这是本文着重研究的问题。因厦门歌仔戏与漳州地区芗剧的生存现状不同,它们自我重建的重点也不同,由此带来的剧种个性也会有所差异。但相互间的差异正好构成闽南歌仔戏剧种的多面性和丰富性,而这也是两岸关系视野下福建剧种需要保持和强调的特质。

---

[*] 谢雍君,中国艺术研究院戏曲研究所研究员。

为了便于阐述，本文将厦门歌仔戏和漳州地区芗剧分开谈论。

厦门歌仔戏的特点与发展

在两岸歌仔戏交流活动中，受益最大的是厦门歌仔戏，从最初的理论对话、交流，到当下的舞台合作、交融，厦门歌仔戏在两岸文化交流中逐渐占据重要位置，成为厦门对台文化交流的名片。其中，歌仔戏学者起到重要的媒介和推动作用，不仅建立两岸歌仔戏的交流、对话的平台，而且将歌仔戏演剧交流纳入两岸歌仔戏研究的范畴，使厦门歌仔戏的发展体现出研究与演剧二位一体的特色。

（一）歌仔戏研究与演剧交流二位一体

1990年2月，时为厦门市台湾艺术研究室举办了闽台地方戏曲研讨会，两岸学者、专家首次相聚，就歌仔戏和闽台地方戏历史源流、艺术风格等问题进行探讨，这次会议开启了两岸歌仔戏相互交流、对话之门，对于闽南歌仔戏来说，意味着一个新的历史转折点的到来，即以官方部门的学术研讨方式开展交流活动，而不是民间的、私人形式的互访和讨论。当年，台湾明华园戏剧团代表台湾地区参加第11届北京亚运会艺术节。这种变化在1987年台湾地区解除"戒严令"之前是不可设想的。如果说1949年闽台文化开始进入隔绝状态，那么，1990年闽台地方戏研讨会的召开标志着隔绝时代的初步终结，这也是闽南歌仔戏走出福建、跨越海峡，与台湾歌仔戏形成新的交流、对话关系局面的开始。

自此，两岸歌仔戏的学术交流和演出互访不间断地进行着。2001年海峡两岸歌仔戏发展交流研讨会在台湾台北、宜兰和福建厦门、漳州举行，在学术研讨的同时，增加了演出团体交流演出，厦门歌仔戏剧团和漳州芳苑芗剧团、漳州市芗剧团分别演出了《白鹭女神》《二度梅》和《寿阳公主》，这次活动扩大了交流模式，从之前单纯的学术性研讨转变为研讨、演出同时进行的模式。之后，不管是2004年在厦门举行的"海峡两岸歌仔戏艺术节"，2006年在台北举行的"华人歌仔戏艺术节"，还是2008年开始每年举办一次的"海峡两岸民间艺术节"，都采用了研讨兼演出的交流模式。

从1990年到2015年，两岸歌仔戏交流越来越深入，涉及面也越来越广，在研讨、演出的同时，举办过两岸歌仔戏青年演员大赛，也举行过闽南民间职业歌仔戏剧团大会演，这些项目使交流面向更加宽广、更加多元，从学术交流、舞台交流，拓展到演员技艺的比拼和民间歌仔戏的展演，影响力也越来越大，成为两岸文化交流的一个品牌。在这些活动中，两岸学者的身影是引人注目的，两岸歌仔戏交流之所以能够二十多年持续进行，而且从小规模的学术交流，扩大为大规模的民间艺术节，与学者们的积极引导和有力推动分不开。参与两岸歌仔戏新格局建设的福建学者有陈耕、陈世雄、林庆熙、杨联源、沈继生、陈建赐、陈松民、曾学文等，台湾学者有许常惠、曾永义、邱坤良、王瑞裕、王振义、刘南芳、蔡欣欣等，他们都是两岸歌仔戏界的专家，不仅对当地歌仔戏的历史和发展有着深透的研究，而且了解当地歌仔戏的创作和现状，是两岸歌仔戏研究最有权威的发言者。他们参与指导歌仔戏剧目创作，帮助创作者廓清当下歌仔戏创作、演出中存在的盲点，为新创剧目找准定位。

以学者为领头，由学术研究带动演剧发展，也是台湾歌仔戏的特点，台湾学者将学术界和演艺界互助互利的模式带到两岸歌仔戏交流平台上，影响了闽南歌仔戏创作、研究的原生格局，促进了闽南歌仔戏的革新与发展。在厦门，厦门市台湾艺术研究院与厦门歌仔戏剧团关系密切，是两岸歌仔戏交流平台上的主力军，它们的和谐、密切关系，有效推动了厦门歌仔戏的变革与发展，这种经验值得全国其他地方剧种、剧团学习和借鉴。

（二）厦门歌仔戏和台湾歌仔戏合作，成果喜人

第一次真正意义上的两岸歌仔戏艺术合作之作，应该是 2010 年厦门歌仔戏剧团与台湾唐美云歌仔戏剧团合作创作《蝴蝶之恋》。此前，1995 年，台湾学者刘南芳创作的《李娃传》，邀请了大陆的个别主创人员参与合作，漳州芗剧团陈彬担任作曲，鼓师郑松江司鼓，厦门原芗剧导演黄卿伟担任导演。也有人将这次创作演出，视作台湾、福建歌仔戏精英的首次合作。但对于厦门、漳州来说，属于个别主创人员参与，属于民间之间的合作，而不是台湾歌仔戏民间剧团与闽南歌仔戏国家剧团之间的合作。

而《蝴蝶之恋》不同，它是厦门歌仔戏剧团与台湾剧团的合作，从闽南角度来说，是国家剧团与台湾民间剧团的合作，与《李娃传》由闽南歌仔戏导演、作曲家或者演奏人员参与台湾歌仔戏剧目演出的性质是完全不同的。所以，可以将《蝴蝶之恋》视作是两岸歌仔戏艺术合作中最具有实质性突破的一次创作。最重要的是，在这次合作里，两岸歌仔戏演员第一次同台演出同一个剧目，这是件具有历史性突破的事件。

因为历史原因，大陆歌仔戏演员的表演方式与台湾歌仔戏演员是不同的。大陆国家剧团的歌仔戏演员都受过良好的艺校训练，即使从老艺人那里传承的

技艺，也是比较规范的、程序化的，大陆歌仔戏剧种受京剧、越剧影响很大，导演、表演，甚至剧本创作，都有一定的规矩和模式。但台湾歌仔戏演员就不同了，他们主要是活跃在民间，在外演出，演员表演、唱腔很生活化，没有一定的程序。在合作之前，大陆歌仔戏和台湾歌仔戏呈现出相当不同的特色，而当双方参与合作，共同创作一个剧目，其中遇到诸多的问题，就很显然了。最主要的是，两边剧团体制的不同。大陆是国家院团，排练一出新戏，可以停下业务演出，用较长时间专心致志地磨戏，但台湾不行。他们都是私营剧团的人员，或是有一份工作，再兼职剧团的演出。没有接活就意味着没有生活来源，他们每天必须为生活奔忙。让他们专门停下演出来排演，是不可能的。为了解决这个问题，《蝴蝶之恋》开始设有A、B角演员。平时训练时，由大陆B角演员来走台，等台湾主演有空档，就进行A角的舞台配合。在表演上，让大陆和台湾演员按各自的表演方式出发；在唱腔上，发挥各自的唱腔风格；在语言上，个别词句，按各自的习惯用语表达。《蝴蝶之恋》的主创人员，主要以大陆的为主，所以，整体演出风格、剧作呈现出来的气质，属于大陆式。

到了2015年，两岸歌仔戏剧团再次合作《龙九》，合作方式有所变化。这次的创作主力以台湾著名歌仔戏剧团明华园的创作团队为主，厦门歌仔戏剧团的演员、灯光设计、演奏人员参与创作演出。如果说《蝴蝶之恋》的剧目风格、导演理念是闽南气质的话，《龙九》的演出风格、剧目气质，是属于台湾式的。在这次合作演出中，厦门歌仔戏演员庄海蓉说，她为了配合台湾演员的演出风格，在唱腔方面、表演风格方面，受到台湾演员的影响，学习了他们自然表演、自然发声的方式，使自己的演出风格向台湾方面靠近，使舞台整体形象比较和谐。

不管是大陆式的，还是台湾式的，有了《龙九》的合作，两岸歌仔戏艺术的合作又出现一次突破，那就是从原来的单向合作到双向合作的突破。

可以预见，有了之前合作奠定的基础，可以瞻望未来的两岸歌仔戏艺术合作将会越来越顺利，合作模式也会越来越多样。从合作模式来说，《蝴蝶之恋》《龙九》的合作，主要是闽南国家剧团与台湾民间职业剧团的合作。除了国家剧团与民间剧团的合作，还可以进行闽台民间职业剧团间的合作。在台湾，在漳州，有不少的歌仔戏职业剧团，它们为两岸民间歌仔戏职业剧团合作提供了可能性。两个民间职业剧团合作所碰撞出来的火花，一定不同于国家剧团与民间剧团之合作。

不止于此，2016年10月，金门举行"海峡两岸民间艺术节"，台湾明华园和厦门歌仔戏剧团联合演出了儿童剧《风神宝宝之火焰山》。儿童是传统艺术的未来，以歌仔戏为载体，在地方开展民族文化通识教育，让孩子们从小熟稔传统文化，感知传统戏曲的魅力，使传统文化的根脉在新一代心灵上扎根。两岸歌仔戏剧团将合作项目转向儿童剧，透露出他们的情怀和担当，同时也昭告两岸歌仔戏合作的未来空间之广大。

为了实现合作共赢，优势互补，两岸歌仔戏剧团在具体的合作实践中，在吸收对方之优长补自己之不足时，要警惕自我个性、剧种特色的迷失，警惕双方歌仔戏艺术出现类同化趋势。

《蝴蝶之恋》与《龙九》的艺术风格是不同的，而且非常明显。大陆歌仔戏创作喜欢在剧作中融入哲理性、教育性，特别是福建戏曲创作，哲理思辨，是一大特色。而台湾歌仔戏创作主要以娱乐为主。针对闽南歌仔戏的这种特色，有台湾学者指出，大陆歌仔戏应该学习台湾歌仔戏的艺术风格，不要总是高台教化。笔者的观点是，这位台湾学者提的意见，有它合理的地方，但不一定就得遵循。如果大陆歌仔戏完全按台湾歌仔戏学习，失去了自己的特性，那就只有一种歌仔戏了，没有闽南歌仔戏。大陆戏曲的高台教化，确实有它的不足之处，比如有时就不受观众待见，但这个缺点，正是大陆戏曲的特点之一，不仅仅是20世纪50年代以来是这样的，即使中国戏曲的传统就是高台教化，是中国戏曲的传统。闽南歌仔戏创作可以艺术化处理高台教化的问题，但没必要放弃这个特色。可以在这个特色的基础上，进行多样化创作，甚至可以做些实验性的创作演出。

漳州地区芗剧的特点与发展

作为闽南歌仔戏不可或缺的一部分，漳州地区芗剧的发展与厦门歌仔戏有点不同。如果说厦门歌仔戏因天时、地利、人和关系，到了新世纪后，如同新生般，兴旺蓬勃。与台湾歌仔戏交流越多，厦门歌仔戏剧团越自信，越没有思想包袱，它既可独立创作新剧目，又可与台湾歌仔戏剧团联合创作新戏，一切向着良性、乐观的方向发展。那么，漳州歌仔戏就没有这么幸运。在两岸歌仔戏交流史上，漳州芗剧先于厦门歌仔戏加入到交流行列。1995年4月，漳州市芗剧团赴台演出，曾与台湾宜兰戏剧团合演《李妙惠》（即《谢启娶妻》）。二十多年来，两岸歌仔戏交流平台越做越大，漳州芗剧也多次参与其中，但与厦门歌仔戏相比，漳州芗剧依然包袱重重，表现出左右徘徊、举步维艰的状况。这固然与地方经济是否发展、地方文化部门是否重视有关。如果排除这些外界因素，只谈芗剧自身创作情况，是否可以找到问题的核心所在？笔者以为，困扰芗剧发展的最大问题,是其定位不清楚,导致的发展方向不明确。

关于芗剧的生存发展情形,有专家如此评价:"芗剧(歌仔戏)在全国三百多个剧种中,不仅要面对国内众多大剧种的巨大压力,还要面对省内诸剧种,特别是同方言的不同剧种的竞争……芗剧比起台湾歌仔戏生存发展的情形要复杂得多。"[1] 此语发表于十多年前,是针对闽南歌仔戏而言,当时的厦门歌仔戏和漳州地区芗剧都面临多方面竞争的压力,但十多年后,厦门歌仔戏在两岸交流的视域里寻找到发展的新路径,而漳州芗剧还在寻找发展方向的路上。它遭遇的压力,除了国内其他剧种,还有省内其他剧种,甚至厦门歌仔戏的发展,也在无形中对芗剧产生新的压力。漳州地区芗剧的文化生态与厦门不同,它拥有众多的国家芗剧团,而且活跃着不少的民间职业剧团。可见漳州、龙溪一带是芗剧的故土,这里有深厚的芗剧传统和丰厚的观众土壤,新时期以来它所遭逢的问题也是全国其他地方小剧种都会遇到的问题,也就是说,小剧种生存出现问题是由于大环境的改变带来地方戏曲生态变化而导致的。厦门歌仔戏在20世纪末也经历过这般窘境,如今它找到了既适合自己又能凸显剧种个性的发展之路,漳州地区芗剧如要突破当前的困境,也需要对自己剧种特色和优势作一番梳理和总结,尤其是在两岸歌仔戏坐标系里,能够一枝独秀,而不至于被淹没,或被同化。

(一) 自1995年始,漳州地区芗剧参加两岸演剧活动情况回顾

1995年4月,漳州市芗剧团受邀赴台演出,演出剧目为《罗衫奇案》《吕蒙正》《包公三勘蝴蝶梦》《五女拜寿》《三请樊梨花》《桃李梅》等,并与台湾宜兰戏剧团合演《李妙惠》(即《谢启娶妻》)。

1996年,泉州举办"中国泉州国际民间艺术节",漳州市芗剧团《罗衫奇案》参加演出。

1997年,厦门举办第二届"海峡两岸歌仔戏创作研讨会",会议期间举行折子戏和大戏演出,漳州芗剧团折子戏《十八相送》、现代戏《月食》参加演出。

2001年,厦门、台北两地举行"百年歌仔:海峡两岸歌仔戏发展交流研讨会",漳州市芳苑芗剧团《二度梅》、漳州市芗剧团《寿阳公主》参加演出。

2004年,厦门主办"海峡两岸歌仔戏艺术节",漳州市芗剧团《西施与伍员》、漳浦芗剧团《母子桥》、同安区歌仔戏剧团《杨门巧妇》参加演出。

2008年4月,台北举办"郑成功文化艺术节",漳州市芗剧团《李三娘》、

---

[1] 王评章:《剧种化:小剧种的保护和生存策略》,《文艺研究》2002年第3期。

折子戏《雪梅教子》《沈园绝唱》参加演出。

2008年10月，厦门举办"海峡两岸民间艺术节暨歌仔戏展演"，漳州市戏剧团《保婴记》参加演出。

2011年，台北举办海峡两岸闽南戏剧联演，漳州芗剧《秦香莲·杀庙·闯宫》参加演出。

二十多年来，漳州地区芗剧多次参加两岸戏剧演出活动，参演剧目有传统剧目，如《罗衫奇案》《吕蒙正》《包公三勘蝴蝶梦》《李三娘》等，也有新编或改编的新戏，如《西施与伍员》《保婴记》《五女拜寿》等，还有现代戏《月食》等，即以传统经典剧目为主，新编或改编戏为辅，以古代戏为主，现代戏只有一部。且不论每次活动主题不同，所参演的戏目确实是芗剧百年发展中不同阶段的代表。有意思的是，芗剧在新时期创作了一批优秀的现代戏，但随着时光的流逝，厦、漳地区的戏曲舞台上，已经难觅它们的踪影。比如一直被称颂、被提起的《戏魂》，自《邵江海》上演后，其光芒也变得黯淡了。

（二）现代戏是否为芗剧剧种强项

漳州地区芗剧在戏曲界属于现代戏创作实力很强的一个剧种。从20世纪五六十年代的《赵小兰》《海岛民兵》《碧水赞》等，到1990年的《戏魂》，现代戏创作成为芗剧的主要内容，且取得了不俗的成绩：《碧水赞》参加华东地区现代戏调研，被誉为是话剧《龙江颂》的姊妹篇；《戏魂》参加全国戏剧会演，荣获"文华奖"，影响波及全国。

应该如何评价芗剧现代戏？漳州地区芗剧现代戏创作贯穿了20世纪后半叶。如果芗剧现代戏只出现在"文革"期间，新时期没有延续创作，那么这是受政治环境的影响而出现的暂时现象。但事实上新时期芗剧的现代戏创作达到了新的繁荣，其创作数量、质量在芗剧史上都是值得一提的。可以说，闽南创作者在心里认同现代戏是芗剧的强项。

事实上，现代戏创作确实发挥了芗剧的优势，构建了与梨园戏、莆仙戏、高甲戏不同的剧种质量。新时期以来，梨园戏、莆仙戏、高甲戏的创作大多是新编历史戏，没有一个是现代戏，而芗剧不同，因为芗剧程序少，包袱轻，可塑性强，最合适来创编现代戏。芗剧现代戏的编演改变了闽南地区戏曲剧种无法搬演现代戏的局面，这是一件令人鼓舞的事，也是闽南歌仔戏对闽南戏曲甚至福建戏曲所做的贡献。从剧种发展角度来看，现代戏使闽南歌仔戏在新时期树立了一面旗帜，寻找到有别于梨园戏、莆仙戏、高甲戏等剧种的具有自身独特性的艺术特征。

但到了 20 世纪末 21 世纪初，芗剧现代戏的后劲不足渐渐显露出来。如果说编排现代戏是新时期芗剧的一项发展策略的话，20 世纪末 21 世纪初，城市戏曲市场完全萎缩，国家剧团转向了农村市场，闽南广阔的乡村和海岛成为他们演出的主要阵地。但村民、渔民的文化教育程度和审美情趣与城市市民不同，民间芗剧演出又以节庆和民俗活动为主，这决定了农村演出的剧目质量与城市剧场演出不同。"芗剧观众群的审美观念是相对滞后的、怀旧的，他们选择并接受芗剧剧作的地域性与庶民化的选择，反过来又影响和局限了芗剧剧作的非地域性与非庶民化的选择，他们接受不了文化的哲理思辨、典雅的文辞或是与他们关系不大的生活内容。"[①] 在地域化和庶民化审美观念为主导的农村、乡村、渔村，传统戏或古代戏比起现代戏来更接近农民、村民、渔民的审美趣味，更容易得到他们的接受和喜欢。

（三）地域化、庶民化是芗剧的传统，剧种化是芗剧发展的追求

不可否认，现代戏创作曾为芗剧带来诸多的荣耀，在芗剧史上，古代戏《三家福》构建了"第一传统"，现代戏创作可谓是"第二传统"。从宏观的角度来考察芗剧在福建戏曲史上的地位、在两岸歌仔戏交流格局里的地标，这两个传统，一个都不能偏废，第二传统也不能随意抛弃，好的现代戏作品能提升芗剧剧种品格，为芗剧的发展起到推波助澜的作用，比如《戏魂》。关键在于，如何发扬第二传统，芗剧现代戏创作的方向是什么？

笔者以为地域化、庶民化、剧种化可作为芗剧现代戏创作的终极追求，三者中，剧种化是核心。在芗剧作品中，凡能注意到剧种特征的，都能给观众留下深刻的印象。《戏魂》将原著的主人公改为中年妇女，《侨乡轶事》将社会矛盾家庭化[②]，舞台上的人物、戏剧矛盾立刻鲜活、生动起来。地域化、庶民化的要求，是由芗剧剧种自身因素所决定的，它的语言、流播范围、接受群体主要在闽南厦、漳一带方言区域和庶民群体，可以帮助芗剧在两岸戏剧交流中剧种个性更加突出。

如何将芗剧现代戏创作的传统发扬光大，使它成为优势，成为区别于其他剧种的标志性质量，闽南芗剧从业者还有一段很长的路要走，需要不断去摸索、去实践。

---

① 杨联源：《试论芗剧剧作的地域文化特色及其嬗变》，《戏曲研究》第 56 辑。
② 王评章：《剧种化：小剧种的保护和生存策略》，《文艺研究》2002 年第 3 期。

余 论

　　厦门歌仔戏、漳州地区芗剧是闽南歌仔戏不可分割的两个内容，是组成大陆歌仔戏完整的重要部分，二者缺一不可。

　　笔者将其分开论述，主要为了行文方便。在两岸歌仔戏对话、交流的大视野中，它们所遇到的问题是大同小异的，只不过呈现出来的状态不同：厦门歌仔戏的发展前景令人乐观，而漳州地区芗剧尚在传统和现代之间、精致化和大众化之间左右摇摆。笔者花了很大篇幅在谈闽南歌仔戏的发展，有一点尚未涉及，那就是，闽南歌仔戏对自身经典剧目、表演技艺的良好传承，可以助力其未来之发展，这点在福建百折传统折子戏展演中得到了较好的展现。这次展演中，厦门歌仔戏展示了《芦梦仙·惊闻》《山伯英台·楼台会》《孟姜女·点骨》《山伯英台·十二碗菜》《薛平贵与王宝钏·平贵别窑》《赵匡胤·京娘送兄》，漳州市芗剧团展示了《面线冤·安安寻母》《白蛇传·游湖》《秦雪梅·断机教子》《加令记·盗银》《讨学钱》《李妙惠·央媒》，龙海市芗剧团展示了《李妙惠·哭五更》。

　　此外，学习福建省内其他剧种的优秀传统，吸收莆仙戏、高甲戏、木偶戏的表演程序为己所用，也可以强化和提高歌仔戏的原创力，使其在两岸戏剧的交流、合作中，突出自己的特色。这方面成效如何，尚未获知。笔者将之作为以后研究的选题，对闽南歌仔戏给予持续的关注。

台湾校园民歌歌词里的中国情怀

蔡芳定[*]

前　言

"台湾校园民歌"（以下简称"校园民歌"）指的就是，20世纪七八十年代，流传于台湾大专校园的歌谣。曲式单纯，歌词浅显，带有朴素社会主义色彩及浓厚文学气息。

"校园民歌"有三条发展路线，分别是：1975年"现代民谣创作演唱会"后，以杨弦为主的"中国现代民歌"路线；1976年"淡江事件"后，以李双泽为主的"唱自己的歌"路线（又称"淡江—夏潮"路线[①]）；1977年以新力股份有限公司"金韵奖"为主的"校园歌曲"路线。[②]

"校园民歌"最初与民族情怀相结合。20世纪70年代的台湾，是个风雨飘摇的年代，台湾面临一连串外在的挑战与挫败，引发台湾知识分子，追寻自我定位，拥抱民族、土地与人民的时代风潮。对于长期接受日本与美国流行音乐的年轻人而言，"校园民歌"是一种有其针对性的反弹产物，适时地展现"走出自我"的民族意涵，歌词隐含追求家国情怀。于是，歌词洋溢着浓烈的"中国情怀"。但这个"中国"，不是"政治中国"，而是"文化中国"。"校园民歌"究竟在歌词中，寄托着什么样的"中国情怀"，是本论文的问题意识。

本论文择取三条路线中各自最具代表性歌曲的歌词作为研究对象，分别是：《民歌》《少年中国》《龙的传人》，析探词中所蕴含的"中国情怀"，从中梳理那个忧患重重的年代，台湾知识分子如何透过"中国情怀"的抚慰，作为集体自身安顿之道走出困境。

---

[*] 蔡芳定，台湾世新大学中文系教授。
[①] 此一路线，因与《夏潮》集团紧密互动，又称"淡江—夏潮"路线。张南生：《淡江—〈夏潮〉路线的民歌运动》，台湾《岛屿边缘》1991年第4期。
[②] 张钊维：《谁在那边唱自己的歌：台湾现代民歌发展运动史》，台湾滚石文化股份有限公司2003年版，第87页。

"校园民歌"歌词里的中国情怀

"校园民歌"歌词里"中国情怀"的分析，聚焦三条路线所呈现的意识形态，论述如下。

（一）《民歌》

《民歌》发表于1975年，由杨弦作曲，余光中作词，台大合唱团演唱。[1] 歌词如下：

> 传说北方有一首民歌/只有那黄河的肺活量能歌唱/从青海到黄海/风　也听见/沙　也听见
>
> 如果黄河冻成了冰河/还有长江最最母性的鼻音/从高原到平原/鱼也听见/龙　也听见
>
> 如果长江冻成了冰河/还有我还有我的红海在呼啸/从早潮到晚潮/醒　也听见/梦　也听见
>
> 有一天我的血也结冰/还有你的血他的血在合唱/从 A 型到 O 型/哭也听见/笑　也听见

《民歌》选自余光中《白玉苦瓜》诗集。[2] 该诗写于1971年12月18日，当时台湾地区的知识分子普遍都感受到一种民族认同的危机感与迫切感。这首题为《民歌》的诗，显然不是指一般意义的民歌。《民歌》的"民"是"中华民族"，"歌"是"精神文化"，《民歌》就是"中华民族精神文化"。诗中旨在叙述"传说北方有一首民歌"，在祖国大陆的土地上传唱，从"北方"到"黄河"到"长江"，再到台湾的"我""你"与"他"，最终以"血"联结。全诗透过中国文化版图的呈现，唤起人们的民族认同。诗从民族发祥地的中国北方写起，莽莽黄土，孕育"只有那黄河的肺活量能歌唱"的民歌；歌声响彻华夏大地，"风也听见/沙也听见"。民族的演化与发展，循序渐进地由北到南，从原始的自然理想，进入文明的社会人文系统。这一进境，诗中借由"黄河冻成了冰河""长江最最母性的鼻音"两个意象转换而来。从黄河到长江，不只是地域的扩

---

[1] 曾慧佳：《从流行歌曲看台湾社会》，台湾桂冠出版社1998年版，第144页。
[2] 余光中：《白玉苦瓜》，台湾大地出版社1978年版，第40—42页。

大,且是民族艰苦悲壮的历史进程;于是,"鱼也听见/龙也听见"。"鱼""龙"是中华民族的图腾,是民族精神的象征;由是,民族精神汇入个体生命,因此,"醒也听见/梦也听见"。民族精神,从河流进入血液,并没有就此终止;个体意识的张扬,正是民族苏醒的表现与先兆。诗中的"自我"并非纯粹个人,它是个性化的"共性"。因而,超越个体局限,进入民族精神的永恒,亦即"有一天我的血也结冰/还有你的血他的血在合唱"。民歌的传唱不会断绝,所以"哭也听见/笑也听见"。全诗层层推进,当结尾出现"还有你的血他的血在合唱/从 A 型到 O 型"时,民族自豪感得到崇高的升华。整首诗以《民歌》作为"民族精神"的借代,以"河流"的流动和转换,作为《民歌》传唱的载体;把共时性的地域景观,与历时性的民族演化,巧妙融汇,构成诗人对民族的苦恋的核心,而又辗转升华的四维空间。这首诗深受肯定的,还有它的意象,余光中将"黄河""长江""青海""黄海""高原""平原""风""沙""鱼""龙""红海"组成意象群,在这些意象中,"风""沙"对应,寓示自然;"鱼""龙"象征悠长历史渊源;"红海"比喻"血",激扬豪迈之情因之溢于言表。怀念故土的《民歌》,也就抒发了人与民族休戚与共的文化情怀。

(二)《少年中国》

发表于1977年的《少年中国》,由李双泽作曲,蒋勋作词,原唱者是杨祖珺,歌词如下:

> 我们隔着迢遥的山河　去看望祖国的土地
> 你用你的足迹　我用我游子的乡愁
> 你对我说　古老的中国没有乡愁
> 乡愁是给没有家的人
> 少年的中国不要乡愁　乡愁是给不回家的人
> 我们隔着迢遥的山河　去看望祖国的土地
> 你用你的足迹　我用我游子的哀歌
> 你对我说　古老的中国没有哀歌
> 哀歌是给没有家的人
> 少年的中国不要哀歌　哀歌是给不回家的人
> 我们隔着迢遥的山河　去看望祖国的土地
> 你用你的足迹　我用我游子的哀歌
> 你对我说　少年的中国没有学校

她的学校是大地的山川

　　少年的中国没有老师　她的老师是大地的人民

　　《少年中国》取自蒋勋诗作《写给故乡之三》①。当时蒋氏负笈巴黎，写了一系列关于故乡的作品，记录着他所谓的"致命乡愁"。"少年中国"的概念，源于1900年梁启超的《少年中国说》一文。② 在梁氏眼中，颓败清政府为老态龙钟的老大帝国，保守而怯弱；他心中期待的"少年中国"，是摆脱列强欺凌，国富民强，充满希望进取与活力的年轻中国。70年后，蒋勋的《少年中国》，取而代之的是海外游子的浓浓乡愁，原诗颇长，本是描述一个老兵与满怀乡愁的作者，讨论自己的"中国经验"③；经过李双泽的改动，成了具有积极、正面精神意义的歌谣。词中"古老中国"与"少年中国"两个不同经验，对于祖国图像而言，便成为"足迹"的"实际经验"，与"乡愁"的"想象经验"二元对立的存在，凸显出"你"与"我"对"祖国"不同的印象。在20世纪70年代，"少年中国"代表的是和"古老中国"（"古典形象"的、"传统"的中国，地大物博、山川壮丽、文化丰厚，想象里的古老神州），相对的"理想""新"中国；④ 也可能指的是，统派人士期望的，两岸统一后的"崭新中国"。其中"古老的中国没有乡愁（哀歌）/乡愁（哀歌）是给没有家的人/少年的中国不要乡愁（哀歌）/乡愁（哀歌）是给不回家的人"，有对杨弦吟唱的那些乡愁哀歌进行批判的意味。至于，"少年的中国没有学校/她的学校是大地的山川/少年的中国没有老师/她的老师是大地的人民"则传达了：理想的中国，应向"大地"和"人民"学习的具体愿景。

　　中年以后的蒋勋，走出乡愁梦魇，肯定他所立足的台湾这片土地。2012年，他出版《少年台湾》一书。⑤ 这本书，描述他在青少年的记忆，从他生长的大龙峒，到集集、望安、野银、八里、扇平、古坑，总共20多个乡镇，许多底层小人物在各个角落的生活，每次他背着背包到处流浪，无不感动于这些小人物所展现的生命力。从《少年中国》到《少年台湾》，诚如梅家玲所说：既是空间位

---

① 蒋勋：《写给故乡之三》，台湾远景出版事业公司1960年版，第27—34页。
② 梁启超：《少年中国说》，《饮冰室文集》之五，台湾"中华书局"1960年版，第7—12页。
③ 张钊维：《谁在那边唱自己的歌：台湾现代民歌发展运动史》，台湾滚石文化股份有限公司2003年版，第158、159页。
④ 许志源：《从校园民歌看70年代的台湾社会》，硕士学位论文，台湾台北市立教育大学历史与地理学系，2010年，第15、16页。
⑤ 蒋勋：《少年台湾》，台湾联合文学出版社股份有限公司2012年版。

移后的家国再造,也是时间流转后的自我开展进程。①

(三)《龙的传人》

写于1978年,由侯德健作曲作词,李建复演唱的《龙的传人》,20世纪80年代初,再经过香港歌手张明敏以及关正杰的演绎,歌中浓郁的中国情怀,立刻在大陆同胞心中引起强烈共鸣,传遍祖国大陆,而"龙的传人"也成为"中华民族"的别称。歌词如下:

> 遥远的东方有一条江　它的名字就叫长江
> 遥远的东方有一条河　它的名字就叫黄河
> 虽不曾看见长江美　　梦里常神游长江水
> 虽不曾听见黄河壮　　澎湃汹涌在梦里
> 古老的东方有一条龙　它的名字就叫中国
> 古老的东方有一群人　他们全都是龙的传人
> 巨龙脚底下我成长　　长成以后是龙的传人
> 黑眼睛黑头发黄皮肤　永永远远是龙的传人
> 百年前宁静的一个夜　巨变前夕的深夜里
> 枪炮声敲碎了宁静夜　四面楚歌是姑息的剑
> 多少年炮声仍隆隆　　多少年又是多少年
> 巨龙巨龙你擦亮眼　　永永远远地擦亮眼
> 巨龙巨龙你擦亮眼　　永永远远地擦亮眼

《龙的传人》能得到台湾地区高度的认同,有其社会心理背景。当侯德健的《龙的传人》一出,便激起台湾民众民族认同的危机感。在台湾流行音乐史上,《龙的传人》并没有多大创发意义,但却将"中国情怀"发挥到相当纯熟的地步。之所以能够达到此一境地,除了时代背景之外,李建复的优越唱功和良好形象,功不可没,《龙的传人》曾在《民生报》"创作歌谣排行榜",连续十五周位居冠军。② 整首歌,选取"长江、黄河"的"自然意象","龙"及"百年沧桑"的"人文意象",深化民族精神内涵。词分三段,首段借由自然意象的

---

① 梅家玲:《从少年中国到少年台湾:二十世纪中文小说的青春想象与国族论述》(新版),台湾麦田出版社2013年版,第102页。
② 曾慧佳:《从流行歌曲看台湾社会》,台湾桂冠出版社1998年版,第164页。

"长江、黄河"定位中华民族的空间坐标。次段铺陈"龙"的人文意象,说明:举凡生长在中华土地上的人民,都是"龙的传人"。末段则借由"百年沧桑"的历史经验,激发民族认同。歌词写道"百年前宁静的一个夜/巨变前夕的深夜里/枪炮声敲碎了宁静的夜/四面楚歌是姑息的剑/多少年炮声仍隆隆/多少年又是多少年",我们看到历史因果的人文景象,中华民族的殖民化过程,以及在此过程中的发展起落。"百年沧桑"以"八国联军"作为明喻;"当时艰难的外交困境"作为暗喻,从而建构民族认同。这样的民族认同,肯定了大陆、台湾、中华民族三者的联结关系,强调"我是中国人"的概念。侯德健当时还是政大的学生,创作方式因而带有浪漫主义的风格,以及"非现实"的表现手法[①],本该是置身之处,现实的"东方"与"中国",却被转化为带有时空距离感、虚无缥缈的"遥远的东方""古老的东方";"非现实"的"澎湃汹涌在梦里",以及"龙"之神话的国族历史渊源,让"中国的认同"变成"龙的认同"。

结　语

综合上述,我们得出如下结论:

1.《民歌》的"中国情怀"是中华民族传统精神文化的孺慕之思。全诗以"大陆故土"作为主要描述对象,透过中国文化版图的巡礼,唤起人们的民族认同。诗人巧妙地由自然景观转换成用血、血型来抒写人与自然的亲和关系。怀念故土的《民歌》,抒发了诗人与中华民族休戚与共的文化情怀。

2.《少年中国》的"中国情怀"是"理想""新"中国的愿景。"少年中国"或许指涉台湾,或许是统派人士期望的、两岸统一后的"崭新中国"。其中"少年的中国没有学校/她的学校是大地的山川/少年的中国没有老师/她的老师是大地的人民"则传达了理想的中国,应向土地和人民学习的具体愿景。

3.《龙的传人》的"中国情怀"是"国族认同"("中国认同""龙的认同"),举凡生长在这个土地上的人民,都是"龙的传人"。透过"长江、黄河"的自然景象,"龙"及"百年沧桑"的人文景象,肯定大陆、台湾、中华民族三者密不可分的联结关系,强调"我是中国人"的概念。

统言之,"台湾校园民歌"的"中国情怀",是对于"文化中国"心理情感层面的主观感受与价值判断,针对中国文化、地理、历史、人民,展现孺慕与

---

① 张钊维:《谁在那边唱自己的歌:台湾现代民歌发展运动史》,台湾滚石文化股份有限公司2003年版,第197页。

认同的情感与思维，这种情感与思维，是那个忧患重重的年代，台湾知识分子集体走出困境的自身安顿之道。

参考文献

1. 专书

余光中：《白玉苦瓜》，台湾大地出版社 1978 年版。

梁启超：《少年中国说》，《饮冰室文集》之五，台湾"中华书局"1960 年版。

梅家玲：《从少年中国到少年台湾：二十世纪中文小说的青春想象与国族论述》（新版），台湾麦田出版社 2013 年版。

曾慧佳：《从流行歌曲看台湾社会》，台湾桂冠出版社 1998 年版。

张钊维：《谁在那边唱自己的歌：台湾现代民歌发展运动史》，台湾滚石文化股份有限公司 2003 年版。

蒋勋：《写给故乡之三》，台湾远景出版事业公司 1960 年版。

蒋勋：《少年台湾》，台湾联合文学出版社股份有限公司 2012 年版。

马世芳编：《永远的未央歌：现代民歌/校园歌曲 20 年纪念册》，台湾滚石文化股份有限公司 1995 年版。

2. 论文

许志源：《从校园民歌看 70 年代的台湾社会》，硕士学位论文，台湾台北市立教育大学历史与地理学系，2010 年。

张南生：《淡江—〈夏潮〉路线的民歌运动》，台湾《岛屿边缘》1991 年第 4 期。

劳动的春耕

蔡培慧[*]

一、"生产扩张"使地球资源面临耗竭

支持现存高度消费的生产方式是建立在一个假设之上——资源不竭，这个假设如今我们都知道是不可能了，随着物质生产力的进步，地球资源正面临耗竭，而长期以来不加节制地生产扩张也改变了地球环境气候的运作基础。可以说，现行的社会生活形态根本不可能持续存在，倘若我们不根本地思考如何抑制生产扩张，很可能危及我们所生存的社会。问题解答不在于造成问题的方法，因而工业革命以来的"生产扩张"必须要扬弃，转而寻求"生产循环"之道。而与自然环境互惠共生的生产循环，证诸人类历史，农耕以及相生相成的农耕文明或许可以带给我们借镜。请注意，仍然只是借镜，因为我们与过往的任何世代都处在不同的物质基础上，我们也处在不同的社会关系、不同的权力结构之上，我们必须在时代的要求中，找到我们这个世代解决问题的路径与方法。简言之，我们可以归纳出某种回旋前进的辩证关系：生产扩张已经造成资源耗竭，人们必须找到生产循环的方法，而支持此一方法的意识与社会生活显然不可能等同于当代的生活模式，是以我们借镜小农耕作的农耕文明，寻思当代的路径与方法。

二、借镜小农耕作，寻索生产循环之路

小农耕作有以下几个特征：

1. 以家户为单位。这意味着家户作为经济生活（生产与分配）的基础。附带一提，历史以来，家户的组成通常是血亲连带，如何开展出某种因认同与自我选择而来的家户形态也是另一个需要努力的焦点。

---

[*] 蔡培慧，台湾世新大学社会发展研究所副教授。

2. 小规模的社会协作。家户生产受制于劳动力与家庭生命周期，它的农耕尺度自然有所限制，同时也无法独立面对家庭以上的社区（社群）的公共性事务，诸如水利、运销，以及社会文化惯习的要求与礼俗。因而相应发展出多元活泼的协作模式，这一点是我们所必须特别注意的。我们应当专注于鼓励多元并置的生产方式，以及相应而成的多方联结的社会关系。千万不可执着于某种单一模式，或者单一的社会联结，即使它已非常成功地运作。

3. 因需要而生产。小农耕作的特点在于因需要而生产，当然也可能因需求无法取得适当满足而必须加强劳动，因而处于自我剥削的状态。此一供需的逻辑绝不可忽略，它所引导的生产方式与生产规模，必然相异于以追求利润为动力的生产扩张，比较有机会在有限资源与理解自我需求的前提下，建立起生产循环的模式。

小农社会当然也存在着诸多限制：

例如，也是最显著的，累世的社会关系往往形成强固的规范，从而限制了个体的能动性与自主发展，在历史经验中，性别与年龄阶序的限制无所不在。因而，当我们取法小农耕作多元协作，从而主张以家户为生产单位之际，也必须经常检视作用于传统家庭关系，并且映射为社会惯习的父权体制所形成的张力，以及其对应之道。

此外，小农耕作无法自外于当代的政治经济结构，即便是历经土地改革平均地权，建立起农会、农田水利会、农改场等半公共化的农事服务体系，都未必能确保小农体制的存续。证诸 20 世纪 80 年代中后期迄今的发展轨迹，台湾地区的农业贸易自由化的脚步，总体资源朝着农业规模化、市场化移动，外部资本趋利而竞逐农业生产与食品加工，这些都使得台湾的小农耕作体制岌岌可危。

更何况，发展主义以降的强势、单一的线性发展观，独尊 GDP 增长的经济思维，作用于教育体制、传播媒体乃至于家庭世代传承的价值选择，都使得农民农村农业被简化，被主流观点视为传统落后、没有竞争力的社会残余，从而小农耕作的意识形态既要涵括小农生产的社会意义，也必须发展出与主流经济意识形态对话的意义模块，也就是说，小农耕作，要证明此一生产模式在最窄化的经济思维中仍深具意义，却又不能停在经济范畴，有必要自为地扩展农意识——重新肯认农民农业农村的社会政治文化价值。

三、台湾农业饱尝全球化苦果

正是在前述思维的辩证中，我们——在台湾地区从事非单向经济生产的农耕与农事队伍，在有限的社会资源、以农为主的空间与自主的农认识的野地上，绽放绿意草花。在此，则想花一些篇幅，介绍台湾农业的发展轨迹与结构限制，并探讨这一波的农艺复兴从怎样的砾土挣扎新生。

台湾地区曾经作为发展主义的典范——名列"亚洲四小龙"，如今却正饱尝着发展主义的苦果：贫富差距扩大，粮食自给率低落，乡村社会文化濒临解组，此一系列的苦果乃是资本主义全球化扩张的结果。尤其是20世纪80年代后期新自由主义扩张所形成的全球化现象，就是以垄断资本利益为基础的世界市场所推进的历史进程，类似台湾此类小型后进的发展社会莫不受制于开放市场、去管制化、公共资源私有化的游戏规则。在20世纪80年代之前，或许因土地改革建立起刻苦的小农生产机制，以及奖励加工出口建立的中小企业，致使台湾地区在早年取得了民众生产总值快速增长、民众所得分配相对平均的双重成就，然而此一成就却于20世纪80年代后期开放市场后而难以维系。尤其，因受制美国贸易逆差，开放大宗物资（玉、米、黄豆、小麦等杂粮）进口，20世纪80年代对美国开放农产品市场，乃至1990年后期为了加入世界贸易组织（WTO），进行农业结构调整，农业生产由市场导向取代计划导向；农业资源比如土地、水资源，被大规模、大范围地移拨为工商用途；粮食生产由自给自足改为进口依赖。如此压抑农业生产、漠视民众消费的结构调整政策，使台湾地区付出了粮食自给率低至30.6%，以致物价频频波动，22万公顷（占可耕地面积近40%）良田休耕，部分农村荒芜的代价。

让我们从粮食自给率与土地权属管窥台湾地区农业结构的改变。

四、粮食自给率创历史新低

台湾地区的粮食自给率在2007年降到了历史新低30.6%（以热量计算），这意味着高达70%的食物热量来源仰赖进口。现代化生活使人们的饮食习惯西化，双薪家庭以及高度劳动压力造成的庞大外食人口，加剧了依赖的强度。其中，小麦自给率接近0%，年消费将近100万吨的小麦，几近全数仰赖进口；另一个值得注意的数字则是玉米，玉米自给率为2.6%，这些进口玉米大多提供给猪、肉鸡、蛋鸡作为饲料，因而当我们看到猪肉自给率高达95.9%而感到庆幸之际，若理解养猪的饲料来自玉米，也就明白这个95.9%的数字处于虚浮的基础。这是一连串市场开放所形成的结果。甚至，为了加入WTO而进行农业结构转型，要求小型农户离农离牧，1995年农业政策直言，将"粮食自给自足"的政策改为"粮食供需平衡"，也就是说，将过去的农业计划生产体制，改为仰赖国际农贸体制的自由贸易,此一政策造成台湾地区的民生物资价格与国际联动。自2008年起每一次国际农粮价格的波动,都直接造成台湾地区民生物价上涨。根据相关统计,相较于2005年,2012年5月台湾地区的民生物价,如色拉油(黄豆制油品)涨了1.6倍,面粉面包(小麦制品)涨了1.4倍,肉类鸡蛋等仰赖玉米饲料的产品涨了1.35倍,这是过去30年来不曾出现的涨幅。

五、农地总面积持续减少

土地权属的改变及休耕现象也值得注意。台湾地区于1947年至1953年进行的"土地改革"确立了台湾土地平均化,家庭农场的生产基础。尽管如此,农地总面积仍持续减少,根据相关统计,自1995年迄今农地减少49711公顷,导因于都市扩张、工业区兴建,以及非正式的农地滥用。2005年的调查显示,全台湾地区771579户农家中,99.44%的农家拥有自有农地,其中87.52%所耕种的土地全部为自有,其余则为部分所有,前述农家拥有553930公顷农地,农企业所有农地为43508公顷之5.82%。农民的耕作面积普遍较小,耕作面积未满1公顷者占78.7%,换言之,可耕作地在1公顷以上者仅占21.3%;其中3公顷以上者,仅占2.6%,显示大部分为可耕作地规模在1公顷以下之小型家庭农场。另一个值得关注的是休耕,从近两次农林渔牧业普查得知:2005年,农户从事农耕有713386户,拥有土地却未从事农耕占5.6%,高达101044户休耕,占全体农户13.10%。相较于2000年的统计数字33183户休耕,占全体农户4.58%。休耕户数急剧上升,主要的原因有三:第一,台湾地区于2002年正式加入WTO,强制进口基期年消费量8%的稻米,即147200吨,为了去化多余的稻米,迫使当局强制要求农民休耕;第二,大型的开发项目夺取农业用水,致使农业用水不足而休耕;第三,农业人口老化,加上为平息休耕的争议,发给休耕补贴,因而部分老农放弃耕作,转而领取补贴。

六、为"入世"促小农休耕

台湾地区的农业结构转变形成了极端矛盾的现象:一方面苦于粮食依赖而形成的输入型通货膨胀,另一方面以当局资源鼓励休耕。之所以如此,受制于长期的演变,两个主要的力量影响台湾地区农业结构转变,"二战"之后迄20世纪80年代是发展主义的力量,20世纪80年代迄今则新自由主义的扩张造成的农业贸易自由化。

　　从历史考察即知，1945年，多数用以维系台湾民众生活的生产方式是农耕，约有80%的务农人口。考量现实状况，且为了巩固治理基础，实施了一系列的土地改革政策，从1949年至1953年，依序包括："三七五减租""公地放领""耕者有其田"等三个阶段。一方面借此打破地主阶级，使封建式的地主佃农制逐渐步向解体的趋势。另一方面则透过土地改革，使地主佃农的关系瓦解，当局遂然成为另一种形态的地主，直接治理这80%的农民。即使因为土地改革的过程，看似平均分配而使农民拥有了土地，使之成为土地的主人，然而关键在于，所谓的"土地改革"实际上是由上而下推动的、作为发展主义方向的一环，当局变装成了新的地主，并透过一套粮政的设计，比如：肥料换谷制、随赋征购办法、田赋征收实物实施办法及基层金融制度，进行农民的劳动剩余的转换，说白了就是剥削农民，换句话说，当局让小农用稻谷换取生产必需的农业资材——肥料，然而由于当时公定的肥料价格高于米价，当局因此从中赚取价差，累积资本，并将一部分收购的稻谷外销至日本，累积外汇，形成了日后农转工的契机，却也同时逼得农村逐渐破产，但农业与农村并非直直地往下衰颓。当时开始推广经济作物和农业专区，将本来一部分种主粮的农民辅导为香菇农、花卉农、果农等，随着经济发展上了轨道，社会生活水平逐渐提高，人民的饮食习惯渐趋多样，也为了满足内销市场，农村生产了相对多样化的农产品，城乡仍维系着一定程度的联结与较为均衡的状态，当时是农村较为富裕的阶段。然而，新自由主义的扩张及资本全球化的趋势，加上对美国的经济依赖，造成台湾地区自20世纪80年代中期之后，频频以开放农业市场为代价，加速自由化的脚步。

　　就新自由主义以降的开放市场脚步而言，首先，台湾地区于1985年开放烟酒市场，影响了当局规管的烟叶、酿酒葡萄契作，近10万公顷土地投入市场作物的生产，造成替代与排挤作用。此后，20世纪90年代，随着台湾地区被纳入新自由主义体系中，频频开放农产品市场。易言之，台湾地区长期地产地销的农业政策，受新自由主义国际贸易的影响与压力，转而开放市场，进行"农业结构调整（1982—1991）"，由计划生产导向的生存农业，转型为"市场导向"的竞争农业。农业结构调整是台湾地区农政转型的开端。"农业自由化（1992年迄今）"阶段，放弃粮食自主，开放农业市场，要求农民离农休耕，埋下了进口粮食依赖与农村凋敝的恶果。从此，农村滑入快速衰败的下坡道。然而，小农却未曾消失，这也就形成了当今台湾地区农业双轨制的产销结构——农企业与小农。那么，发展规模经济成为政策的方向，小农的机会在哪里？一个具体可行的可能性是：重新联结小农生产的队伍与有意识的城市消费者，创造在地经济体系。

七、小农耕作的发展新模式

创造以小农为主体的在地经济，意味着将个别生产的小农进行再联结，并与消费者形成合作经济体系。换句话说，当前的工作，不仅仅是田间劳动与生产面的改变，同时也是意识形态之战。小农耕作意味着健康的食物、丰富的文化肌理、绵密的社会网络，以及涵养这一切的环境空间。我们——有志于农村工作的群体，不论从支农、援农甚至是从农的角色，我们在面向历史、面向农村的方向上，试图在资本主义已竭泽而渔的荒芜焦土上，重新耕耘一片新天地。传承老农边做边学的智慧，适地适种并照顾土地，同时联结绿色消费，开创任何互惠协作的可能，甚至更主动介入体制政策，见缝插针地松动结构，扭转城市偏向的当代社会关系。小农耕作是经，社会需求为纬，小农耕作正在创造可循环社会生产交换的新模式。

创客文化与设计文化启蒙

管 宁[*]

一、创客文化及其背景

创客运动是借助某种平台与组织形式集聚创意人才和智慧,并通过这种集聚以几何级数放大创意智慧的动态过程,这个过程的结果,不仅仅是一批创客之间的创意交流与碰撞,它还可能是一种创新的大爆发。创客运动打破了以往创意人才和创意人士的交流方式,扩大了创意社群,促进了跨界融合,形成了一种全新的创意集聚方式和创新创造模式,并逐步具有自身的内在规则和运作规律,由此产生了创客文化。

何为创客文化?目前已有不少学者作了探讨和定义,认为创客文化是指:致力于个人或团队制造的专业人士和爱好者形成社群并不断壮大的景象;制作的作品包括技术装置、开源硬件或软件、时装、家庭装饰,乃至任何可用于现实生活中的作品(McCall,2009)。对于什么是创客,克里斯·安德森的定义是:"一群使用互联网和最新工业技术来进行个性化生产的人。"[①]归纳国内外学者的分析,创客作为创客文化的主体,具有浓厚的个人兴趣和发明特长,善于使用互联网和新技术,擅长改进式创新并拓展新用途,乐于和有相同爱好者一起制作并共享等特征。很显然,从创客的特征及其行为的出发点来看,其对经济社会乃至文化发展的独特作用不言而喻:创客不仅延伸和拓展了各种高新技术的新用途,而且激活了处于存量状态的知识库存,使人类智慧的潘多拉之盒被打开,推动了技术传播和运用,促进了产品创新与推广,引发了文化再生产,并导致新经济模式的诞生和新工业革命的降临。

随着科技和社会发展,不仅行业分工越来越细,而且学科划分也更加细化。在这个过程中,存在另一个走向:在实践领域,行业融合往往产生新兴业态;

---

[*] 管宁,《福建论坛》杂志社总编辑、中国文化创意产业研究会副会长、福建省文化产业学会会长。

[①] [美]克里斯·安德森:《创客:新工业革命》(第二版),中信出版社2015年版。

在学科领域，交叉学科时常是创新的源泉。也就是说，跨界别、跨行业的融合发展，跨学科、跨领域的科技文化创新，往往能催生新业态，引领新创造，成就新模式。推动文化创意和设计服务与相关产业融合发展，不仅需要文化创意的介入，还需要科技创意、管理创意、规划创意和营销创意等的融入。这就特别需要树立集成创新的理念，超越学科、行业的视野，以多维度、大综合的思维方式，在交叉领域、跨界融合中实现创新。而创客文化的出现，正适应了这一历史趋势。

在这一历史背景下，以创客为核心的、致力于运用创意想法推动科技文化创新发展，进而为社会经济发展繁荣提供新动力的群体，成为这个时代的弄潮儿和新的阶层，也构成现代高端服务业的重要支撑。这个群体由于不仅仅限于专业科技人员，而是有越来越庞大的业余爱好者和广大消费者参与，使发明创造不再局限于发明家和专业人士，而是遍及普罗大众；不再局限于实验室等专业场所，而是遍及诸如车库、旧厂房、公共场所等形形色色的平台空间。在文化创意领域，也将不再是由作家、艺术家、导演、演员、设计师、建筑师、手工艺者等组成的文化创意人才和团队独领风骚，而是拥有越来越多来自高校、社会、民间以及其他行业富有热情和想象力、有专业技能、善于运用互联网等技术手段，将丰富多样的创意想法变成产品的个人与团队的亮相登场。这批文化创客的出现，势必成为文化创意智慧集聚的重要来源。当下许多文化产业存在行业发展同质化、创新驱动不足、产品个性缺乏等弊端，格外需要一批文化创客的加盟和介入。但文化产业领域所需要的为数众多的文化创客，仅仅依靠自发的形成和自发的组织集聚远远不够，还应当有意识地创造条件，设立各种形式的文化创客孵化基地，构建相关扶持和服务平台，引导和鼓励文化创客的互动交流，营造创客文化发展的良好环境，让文化创客在适宜的土壤中快速成长。

二、创客文化与设计文化启蒙

创客文化的产生与发展，是顺应时代发展的一种必然，但其本身是一个复杂的系统行为，一个需要一定社会文化基础、历史积累的过程，更需要制度环境和政策环境的支撑。创客文化的兴盛与发展，也要遵循文化发展的基本规律，以顺应和涵养的方式去培育。社会需求、政府推动、商业驱动、技术创新等，无疑是创客文化萌发与生长的重要条件，但作为一种文化现象，其发展离不开文化发展的一般规律：教育基础、社会心理、审美水平、文化氛围等，都会成为制约和影响文化发展的重要因素。从这个角度看，创客文化的普及与发展，应当着眼于根本性和长远性，即要关注其生成的土壤和发展的可持续性，而当下首要的任务在于如何全面推动设计文化的启蒙。

长期以来，中国人对工艺美术这一概念耳熟能详，甚至可以对本地的工艺美术种类如数家珍。遍布各地的传统工艺和手工艺，曾经是我们日常生活中常见和熟悉的，即便是现代工艺品种日益丰富的今天，随着人们对非物质文化遗产保护意识的增强，传统工艺美术依然是地方文化的重要体现。但对于现代设计这一概念，中国普通百姓却颇为陌生。设计这个概念被中国人普遍地了解和接受还是近些年的事情。

艺术文化（教育）的普及，是一切文化产品和服务获得发展空间和市场空间的基础。艺术文化发展中形成的产品和服务，如果没有欣赏和接受它的广大受众，就很难有持久性。台湾地区在倡导和推动文化创意产业之初，不是单纯靠政策和资本的强力介入和拉动，而是扎实地从生活美学、艺术教育普及做起，解决大众审美水平和文化消费需求问题，这就从智力层面上解决文创人才来源，从市场层面上解决文化产品消费需求问题。只有解决了文化创意赖以生存和发展的社会大环境，才能实现文化创意产业的可持续发展。

而设计文化则是基于艺术文化并更具实践性、更有功能价值和实用目的性的文化，设计文化的普及既是一种艺术普及，也是一种更有内在规范和更具有使用功能的文化普及；艺术文化更注重人的内在审美素养、鉴赏水平，是美学观念与创作技能的综合呈现，而设计文化更注重人的视觉美感、舒适愉悦，是始于审美归于功用的一种创造性能力。"艺术作品也可以有功能，但艺术和设计不同，功能不是它的必要条件"[①]，安东尼·邓恩把艺术和设计之间的关系比作科学和工程的关系，前者致力于纯粹研究而后者是研究的应用，尽管在设计中研究应用每天都在日常生活中上演着。

创客文化的发展，是基于开源与分享的核心价值观，分享技术成果和知识产权是创客促进社会创新的路径，也是创客文化的重要特征。从这个意义上说，在文化创意产业领域中，创客文化既要依托于深厚的艺术文化的滋养，更要深根于设计文化的土壤之中，诸多事例已经表明，设计文化在今天世界经济，尤其是先进制造业中的地位，可谓举足轻重、至关重要。在后工业时代，设计已成为不可或缺的基因，成为一种能够体现和反映我们情感和文化价值的语言。

---

① ［英］爱丽丝·劳斯瑟恩：《设计，为更好的世界》，龚元译，广西师范大学出版社2015年版，第184页。

设计已走出人类造物单纯的功能和功用需求，而具有更多元和多重的价值意义。伦敦设计博物馆馆长迪耶·萨迪奇深入分析了设计语言的多重作用：设计语言可以通过视觉和触觉上的提示，让物品显示出"珍贵"或"廉价"；设计的语言能够通过色彩、形状、大小和视觉的关联来表示物体的性别与个性；设计能够借助国家的标识和企业的商标来创造某个范围，如国家或集体的认同感；设计还能用来标识和加强结集体现的等级；设计语言的不断变化和巧妙运用，能够塑造物体被理解的方式；设计正是我们今天了解人造世界的关键。[①]

然而在我国，设计文化的发展起步晚，基础薄，这既体现在高等教育中，也体现在社会领域人们对设计文化认知淡薄，大众对设计文化如何深刻影响了我们的生活还不甚了然，更谈不上能够有意识地去欣赏、理解和运用。"艺术设计"作为学科专业取代在我国高等教育界延续了近半个世纪"工艺美术"，是直到1998年才发生的事，而西方的艺术设计专业的确立则远比我们早得多。如此晚才确立起来的一种文化，自然无法拥有深厚的基础，也谈不上普及。我们很难设想，以文化创意为核心的文化创客，倘若缺失了设计文化的根基和社会土壤，又如何能获得持续的生命力？他们创造性的作品（产品）又如何能为大众接受，从而延伸到生活的诸多领域？为此，设计文化的启蒙应当引起我们高度关注，尤其在创客文化的兴起与发展中，设计文化的启蒙更具有基础性和长远性的意义和作用。

设计文化之于创客文化发展的重要性，在于设计文化所具有的独特内涵和特征。

不论是艺术文化还是设计文化，都需要有美术修养和美学知识作支撑，但今天的设计文化除此之外，还具有更广阔、更丰富的内涵——设计文化必须以美术手段和审美方式来表现一种新产品和新服务，但在这表象之外，还必须有设计思想和理念的支持。乔布斯深谙设计的内涵与精髓，他在2000年《财富》杂志发表一篇文章中写道："在大部分人看来，设计就像是一种表面的装饰。它是室内的装潢，是窗帘和沙发所用的布料。但是对我来说，再没有什么比这更偏离设计的内涵了。设计是人类造物最根本的灵魂，通过产品和服务这些表象来实现。"乔布斯把设计的本质视作有灵魂的物品，或者说物品（产品）的表象之下必须有灵魂。事实上，这里所谓的灵魂，就是设计的理念和思想，唯有独特理念和思想的支撑，设计才有灵魂。中国古典园林设计中的人居美学，如整体建筑的飞动之美（飞檐、飞龙、飞鸟、走兽），室内空间的艺术之美（雕梁、

---

① ［英］迪耶·萨迪奇：《设计的语言》，庄靖译，广西师范大学出版社2015年版，第50页。

画栋、花窗、回廊），居住环境的自然之美（园艺、山水、借景、隔景），这些设计的背后，蕴含着中国古人关于人与自然关系的哲学思想：天人合一。[①] 在这一理念和思想规约下，建筑不再是纯粹人造的居所，而是自然环境的一个组成部分——园林建筑布局通过门、窗、回廊等，以借景、分景、隔景等方式，竭尽一切可能将自然景观引入室内，不仅使居住空间与自然环境融为一体，而且最大限度地拉近了人与自然的距离。我国建筑设计大师王澍以及华裔设计师贝聿铭，更是将江南民居与苏州古典园林的美学精髓、精神内涵熔铸到当代建筑之中，营造出宁波博物馆、苏州博物馆这样的当代建筑设计经典之作。这些设计背后，不仅有传统元素，更有传统的设计理念和精神，而这一切，又是在现代设计的框架里实现的。贾雅所言"我做的是现代设计，但处处有传统的影子"，正可以作为这些有机、合理、巧妙地融汇传统与现代元素之设计的注脚。

当然，设计的理念和思想，最终要通过实践性的设计产品来体现。乔布斯虽然强调设计是人类造物的根本灵魂，但也表达了设计需要表象来实现。灵魂固然重要，却也需要有所附丽。单霁翔入主北京故宫博物院以来，利用故宫丰厚的文化资源，引入现代设计，开发了大批成系列的文化创意产品，其中的设计资源便是大量源于中国传统器物、服饰等工艺美术的文化元素与符号，经由现代设计的创造性转化，成为具有浓厚本土风格的现代文化产品。我们不仅要借助设计让传统文化进入当代生活，活在大众之中，而且要借助现代设计语言，用器物讲好中国故事，让中国文化走出去。迪耶·萨迪奇就认为："设计已经成了一种语言，用来塑造这些物品，裁制它们所传达的信息。当今经验最丰富的设计师，所扮演的角色就如讲故事的人一样，让他们的设计能够传达出这些信息，一如它们能解决形式与功能的问题。"[②]

然而，这些典型的案例，虽然表明中国传统工艺美术和建筑艺术在今天的生命力，但并不能掩盖当下中国设计文化缺失的现实。在日常生活和普通百姓之中，人们对于设计的认知依然十分薄弱，对于什么是好的设计更缺乏基本的判断。许多古村落传统建筑保护之所以难以进行，重要原因之一就是村民对古建筑的美学和历史价值没有概念，同时也是未能找到既保护古建又改善居住条件的两全其美的方案所致。这种设计文化的缺失，需要长期的、系统的、深入的、多面向的努力，才能逐渐得到改善。

全社会的、日常性的设计文化启蒙还只是基础，这个基础自然十分重要，

[①] 宗白华：《美学与艺术》，华东师范大学出版社2013年版，第245、246页。
[②] ［英］迪耶·萨迪奇：《设计的语言》，庄靖译，广西师范大学出版社2015年版，第9页。

但更重要的是要在这个基础之上，有新的价值发现。也就是说，传统工艺美术设计精神的启蒙，现代西方设计文化的传播与接受，并不是最终的目的，而是要能够在此基础上建立新的、符合当下中国人需要，甚至还能适合部分外国人需要的当代中国本土设计文化。"启蒙的关键在于如何重新发现，文化现实已经客观存在，而发现是文化复兴的最重要的一步。"[①]

三、文化创客与环境营造

文化创新是人们内心创造冲动和创造思想付诸实践的结果，但人们的创造热情和创造行为需要一个好的环境，这个环境要有助于激发、激励人们大胆创新、勇于探索。营造一种自由、宽松、民主的社会环境，吸引和凝聚那些富有想象力、创新力和创造能量的人，形成人才高地、创新高地，文化创客才有适宜的生长土壤，文化的创新发展才有望实现。

文化创客作为创客大军中的一个分支，比起科技创客，更注重文化创意，虽然也会运用到各种科技手段，如 TI 技术、3D 打印、机器人等，但更多以文艺创作和手工艺为主。同时，文化创客除了将创意和实践结合之外，许多时候是以创意策划为结果的，即将某个文化创意以策划文案的方式形成智力服务产品，而不是以实物形式来体现创意成果，这是文化创客与科技创客的不同之处。但在集成创新、融合发展成为时代潮流的今天，文化创客必须与科技创客形成密切的联系，二者之间的互动互补，才能最大限度地激发出创新创造能量。

如前文所述，文化创客的发展有赖于设计文化的启蒙，而我国设计教育的滞后是我们首先要关注的问题。由于现代设计概念直到晚近才逐步进入普通中国人的生活领域，因此其普及程度和大众对设计的理解程度还远未能适应现代社会发展的需要。"关于现代设计的理念，西方的教育在高中或已通过社会的运行常识已经将它完成，大学的专业教育是如何使它更具有创造性。"[②] 也就是说，在西方，高中生已经具备现代设计的基础知识，到了大学则进入如何运用设计知识进行创造的阶段。仅仅从这个现实来看，我们就不难理解为什么风行全球的当代奢侈品品牌基本都源于西方，那是因为深厚的现代设计教育基础决定了其具有实力雄厚的设计人才和设计能力。那么，设计教育的加强和普及，显然是创造优越的设计文化乃至创客文化发展环境的基础和关键所在。现今各高校

---

① 杭间：《设计的善意》，广西师范大学出版社 2011 年版，第 256 页。
② 杭间：《设计的善意》，广西师范大学出版社 2011 年版，第 54 页。

的设计类专业得到扩大和加强，但提升教育质量是未来的关键问题。同时，社会和生活领域的设计教育普及，则要借助政府、高等院校、民间组织等多方力量。应当意识到的是，设计文化的启蒙是一个长期过程，是多种因素共同作用的结果。因此，设计文化的"启蒙不是一次完成，而是受理论倡导、思想传播和产业实践、经济结构转型等诸多因素的影响"①。利用大众媒体、新媒体进行设计文化的普及与传播，让设计的知识和意识深入人心，必将为创客文化的发展提供最基础也是最重要的条件。当然，在这个过程中，文化创客空间本身也可以成为设计文化普及的重要载体。

在美国，奥巴马当政以来，从2010年开始每年将白宫作为展示空间举办一次科学展，以提倡和鼓励科技创新。这个在白宫举行了六届的科学展，旨在通过展示美国年青一代科技创新能力，表明政府对青少年创新的高度重视，以形成示范性效应。作为总统的奥巴马深知科学教育是"让美国成为地球上最伟大的国家的关键"。更为重要的是，奥巴马不仅以总统身份亲自参加科技展，而且其言行举止所透露和传递的信息，颇具深意。奥巴马饶有兴致地观看了科学展，称"我当选总统以来一些最美妙的时刻都与我们的科学展有关"，表现出对科学展的内容格外有兴趣。他对来自美国各地的中小学生参展的项目赞赏有加，并与学生们一起玩用3D打印机制作的吹泡泡器。面对学生们的各种奇特发明，奥巴马说他从中看到了聪明才智、好奇心和团队精神，并打趣说："这届科学展唯一的问题是它让我对自己感到信心不足。"作为总统，能当着一批未成年的科学发明者的面放下架子说这样的话，对青少年们的鼓励无疑是巨大的，体现的不仅是谦逊和气度，而且是对小发明家们的尊重，是对科学的尊重，其背后深蕴着一种对如何营造科技创新环境的理解——唯有鼓励、宽松、包容、尊重，才能真正在整个社会层面而不仅仅是在教育层面，创造出最适合科技人才成长、壮大的环境。这种言行或许比出台众多政策更有利于造就创客文化发展的社会人文环境。

社会层面的创客文化的环境营造固然重要，但创客们的发明最终要落实到产品和批量生产能力上来，这就需要企业对创客文化给予高度关注和支持。事实上，在一些有影响力的科技和文化公司，其内部早就具有类似创客空间的员工创新活动和团队组织，这些企业所奉行的吸引人才和鼓励人才创新的理念与制度设计，使之成为高端创造性人才集聚的高地。比如谷歌，其最大的成功在于：具有吸引人才的独特能力，以及让人才发挥作用、让新人能够充分展示能

---

① 杭间：《设计的善意》，广西师范大学出版社2011年版，第49页。

力的企业文化设计。谷歌倡导一种创新、民主和自由的企业文化,始终奉行只吸引最聪明的人才的用人理念,更重要的是,企业管理者深知最聪明的人才需要怎样的环境。为此,公司打造了一个非常开放和宽松的工作环境,其特点是:具有最充分的民主精神,以研发人员为中心,倡导"工程师文化",最大限度消弭管理者与研发人员之间的等级关系,实质性地鼓励和支持员工的创新思想;采取扁平化的组织机构,而非金字塔式的管理,极力创造一个百家争鸣的氛围,让任何人都可就产品和公司发展提出意见,同时给予人、财、物的支持来帮助其进行试验,即便尝试失败了也给予充分谅解;给予员工以充分的信赖,并让其有发挥能力的机会,不过于关注眼前的利益,而更关注长远的发展;公司创造一流办公环境,实行弹性工作制,甚至不安排项目给员工,而实际上大多数员工会主动自发地找项目做,公司还允许并提供条件让员工有20%的时间可以做自己的项目,如果项目好还可以得到支持成为公司的产品。这样一种人才制度环境,事实上就是一个典型的创客空间和载体,在这个环境里,无疑能最大限度地发挥人的聪明才智,激发想象力,产生更多的创意,同时这也是谷歌吸引并留住了一大批优秀人才的原因,这使其人才流失率低于同行业平均水平。[①]

不难看出,环境营造对于创客文化发展具有的重要意义。而文化创客在其实践发展过程中,除了需要良好的环境外,还需要艺术教育尤其设计文化的广泛普及。设计文化启蒙绝不是简单的设计知识和技巧的传播,而是设计思想和理念的普及。包豪斯的杰出之处,不在于其设计能力,而在于其设计思想、精神与价值建构,它是一个神秘的邮包,一个普世的思想的工具箱,它是思想库、动力源、世界观。包豪斯不大,却带来了某种根源性的变革思想。[②] 推动设计文化的启蒙,就是要让更多的人去打开这个邮包,挖掘这个思想库,实现思想碰撞和设计创新。在技术飞速发展的今天,更应该致力于思想启蒙和设计普及。是技术重要还是设计重要,在这个问题上,包豪斯的回答是:"技术"能改变的东西似乎比"设计"多得多,但每一项技术的发明与革新,都需要具有想象力的设计。因此,设计文化启蒙不仅要从现代设计开始,同时要从领悟设计思想和设计精神着手;不仅要借鉴西方设计文化,而且要传承中国传统设计文化;也不仅要加深对设计文化的理解,还要着眼于当下的生活与实践。

在拥有深厚艺术文化积淀的中国,文化创客需要吸纳外来设计文化的思想理念,但更要树立起本土诉求,探索和建构中国本土文创和设计文化体系——

---

① 参见于林林《谷歌聚人的"DNA"》,《现代企业文化》(上旬) 2014年第12期。
② 吴孟婕:《设计,依然需要被"启蒙"》,《光明日报》2014年10月7日。

利用传统文化、传统工艺，与现代设计（理念）进行创造性融合，形成适合中国人需要的创意设计产品；汲取中国本土文化和智慧精华，借助文化创客的创造性实践使其焕发新的生命力，并形成具有中国本土特色的创客文化。"用中国人的艺术思维、中国人的生活习惯，构建我们自己的东方美学，这一天，一定会到来。"中国美术学院院长许江在"作为启蒙的设计——中国国际设计博物馆包豪斯藏品展"上说的这番充满文化自信的话，正道出了人们的心声。

社会化媒体环境中的两岸青年认同

谭华孚[*]

一

近年来，法国学者雷吉斯·德布雷提出的"媒介学"理论，尤其是其中最为独特的"媒介域"范畴，经由学者陈卫星的译介而进入了中国传播研究的当代语境，为对于人类信息传播问题的观照与思考，拓展了某种学科和研究路径上的新空间。

对于"媒介学"这一范畴，在目前中文世界的读物中所能见到的界说性文字不多。在这些不多的文献中，仍然以陈卫星在为他翻译的雷吉斯·德布雷《普通媒介学教程·导论》所写的导读性文章《传播与媒介域：另一种历史阐释》最为精当。陈卫星引述德布雷的话语指出，媒介学与传统的历史学和作为当下"显学"的传播学研究相比，都显出了自己研究理路和方法上的差异。

和历史学相比，媒介学的第一个区别是研究历史转化而不是历史年表，第二个区别是研究生产集体心理的信息模具。媒介学更关注是哪些抽象理念和技术手段的结合，酝酿、组织了社会群体及其运动，重在研究历史过程的魅力或说服力是如何隐藏在地理场所、机构组织、物品流通和社会心态当中的，探析思想、思潮、运动背后的象征机制，从而与传统意义上的历史学区分开来。

有别于传播学经验功能学派实时性效果研究的心理学特征，媒介学的研究突出人们的精神行为在媒介使用过程中受到的潜移默化的影响，属于历史范畴。媒介学所展示的媒介功能是它的所有形式在一个长时间范围中的活动。以图书馆为例，人们可以阅读，同时也能召集人来写作和进行传递活动。图书馆是个媒介，虽然当下图书馆的人群

---

[*] 谭华孚，福建师范大学原传播学院院长、福建师范大学海峡两岸文化发展协同创新中心研究员。

聚合效应正在向互联网转移或被互联网稀释，但其力量依然来自围绕和参与的共同体，是前一代人与后一代人或当代人之间的文化传承和交流，对象包括知识和传统、热闹与冷僻、议题和争辩等。那么是否可以说，媒介学研究不满足于见人不见物的单元路径，而是刻意把握传递手段具有的双重性：一方面是技术配置（记录符号的表面，如文字或视听符号的呈现方式，译码程序的各种接受方式，扩散手段的基础设施和实物）的发明和运用。另一方面是有机配置（制度、语言、仪式）的创建和普及。①

为更好地阐明媒介学的学术路径与特殊视角，德布雷区分了"传播"（Communication）与"传承"（Transmission）的差异：

在"传承"这一术语语境中，包括所有表现集体记忆的语词，而在"传播"这一术语语境中，则表现的是一定时间内的信息流通。为避免对立，换一种说法，传播是在空间中传递信息，也就是说在同一时空范围内进行。而传承指的是在时间中传递什么，确切地说，是在不同的时空范围内进行的。传播是属于社会学的范畴，它是以个体之间的心理学研究作为出发点（在信息发出者和接收者之间，以话语行为所构成的基本经验为基础）。传承是属于历史范畴，它是以技术性能为出发点（即通过媒介载体的使用）。②

显然，传播（Communication）更多地着眼于实时性的信息传扬范围的扩展，而传承（Transmission）则更多地注重时序上的代际之间的连续性。雷吉斯·德布雷高度评价这种连续性在人类文明发展进程中的意义和作用。在他看来，在人类的发展历史上，持续性可以创造出许多东西，由于每一个人都拥有对人类过去经验的存储和记忆，每一代的人类都可以通过他所存储的东西来进行更新换代。这是人类高明于动物的最为重要的一种特性。在他的《媒介学引论》中，德布雷具体地区别了动物与人的生存中"经验"的有无之差异。他指出动物的物种中不存在一种动物的经验。在特定的一个物种中，每一次诞生，对于它来说就是一个新的开始，同样，如果抛开基因变异的情况不论，即使是最为复杂的动物社会，也仍然会在每一代的生存中重复地被它们的本能所驱使而保持相同的生活习性而不变。

---

① ［法］雷吉斯·德布雷：《普通媒介学教程》，陈卫星、王杨译，清华大学出版社2014年版，第6、7页。
② 在陈卫星先生为《普通媒介学教程》一书所写的导读文章《传播与媒介域：另一种历史阐释》中，这个词被译为"传递"。

比方说，我现在观察一个蜜蜂群，它们围绕蜂房飞舞的路径同古罗马著名诗人弗吉尔（Virgile）在罗马乡村观察到的蜜蜂是一样的。但是，萍丘山上的罗马人的发展变化却同奥古斯特时期的七座山丘的居民的思想与风俗习惯截然不同。这就是自然历史与人类历史之间的区别。①

德布雷解释了人类的成长与动物成长之间这种巨大差别的根本原因——信息媒介的发明和利用。

在他看来，尽管人类同其他灵长类动物都遵循着同样的物理化学规律，并生存在同样的宇宙空间中，但是人类还是可以区别于其他动物，因为人类具有将他们的行为或者规则内在化的能力。正是因为每一个人类个体都具有这种超生物的能力，他能够在他的基因组织结构 DNA 中加入一些非有机但却是有组织的成分（例如磨削的石块、工具等），才使人类可以组建他们自己的文化。这里所说的"文化"指的是人类物种从史前出现开始逐步积累继承下来的知识总和。

德布雷热情地礼赞了这些"非有机但却是有组织的成分"，即记载和存储着人类精神信息的存储物——媒介。在他的心目中，存储尽管是记忆法发展的一个平淡的过程，它会被当作附属物而被遗忘，但它是一个基本的起决定性作用的过程，因为它确保了从无法追忆到可追忆的一个飞跃。而这种飞跃的条件就在于保存。人们只能传递保存下来的东西。没有记录下来就没有录像播送，没有粮仓就没有农业，没有机房、内存、仓库、货栈、水坝、车库等就不会有文明，没有各种各样的展览馆、博物馆、廊、室、影视、视像、接收器、档案库等就不会有代表物的流通。

雷吉斯·德布雷将所有这样一些形态和功能各异的信息媒介所制约的文化和文明史分期赋予了一个新颖而富有想象力的核心概念——"传媒域"（Media Spheres），它指谓的是以信息传播的媒介化配置（包括技术平台、时空组合、游戏规则等）所形成的包含社会制度和政治权力的一个文明史分期。按照媒介学的史学观对技术和文化关系的界定，人类文明史被划分为三个不同的媒介域：文字（逻各斯）域、印刷（书写）域和视听（图像）域，这三个媒介域又各有其丰富而详细的分支。②

这样一来，雷吉斯·德布雷关于传承的研究就使传播学完全进入到了文化人类学的研究中心地带，而在传统的传播学研究中，学人们是无法区分文化人

---

① ［法］雷吉斯·德布雷：《媒介学引论》，刘文玲译，陈卫星审译，中国传媒大学出版社 2014 年版，第 16 页。
② 参见陈卫星《传播与媒介域：另一种历史阐释》，转引自［法］雷吉斯·德布雷《普通媒介学教程》，陈卫星、王杨译，清华大学出版社 2014 年版，第 5—34 页。

类学那些相近或者模糊不清的概念的。

二

今天生活在台湾海峡两岸的新生一代，均可谓是网络世界的"原住民"，是在互联网络特别是社会化媒体空前普及并广泛渗入日常生活空间的媒介环境中成长起来的。他们因此敏于感受并善于运用各种新兴的传播媒介形态。社会化媒体（Social Media）也正是因为他们的勇于尝试而迅速地兴旺和普及起来。

作为数字媒体应用的一个新形态，社会化媒体，即在台湾岛内流行的推特（Twitter）、脸书（Facebook）、YouTube 和在大陆各地流行的微博、微信、视频分享网站（优酷、土豆）等媒介形式所构成的"域"（Sphere），究竟应当归属于雷吉斯·德布雷所谓文字（逻各斯）域、印刷（书写）域和视听（图像）域三种媒介域中的哪一种？无论是在《普通媒介学教程》还是在《媒介学引论》中，雷吉斯都没有正面说明这个问题。但是，倘若沿着麦克卢汉关于当媒介诞生之后，旧媒介总是会成为新媒介的"内容"的思路生发开去，我们可以感知，社会化媒介所构成的媒介环境是一种融合了文字（逻各斯）域、印刷（书写）域和视听（图像）域而以视听（图像）域为最突出特征的新型媒介平台。与以往的其他媒介域相比，社会化媒介最独特的地方在于网民个人就可以生产和传播视频图像信息。因此，就其最显著的特征而言，社会化媒介在属性上是一种视听（图像）域。

这方面的一个极鲜活而突出的例子是，2016 年年初的"帝吧出征 Facebook"事件中，一批大陆网络青年（据说参与人数有 2000 万）利用"翻墙"技术登录 Facebook，与台湾的部分青年网民展开"骂"战时，他们使用的语言文体形式——"表情包"，就是一种融合了多种传统媒介上的符号体式，如文字、图片、动漫、视频的混合表意方式。相对于传统的中文表意形式，这是一种非正式的语言形态或非正式的叙事—说理文化形态，但却是构成当代青年亚文化特征的一种重要方式。对于这次网络事件，《国际新闻界》杂志社后来组织了"帝吧出征与网络民族主义"工作坊。工作坊于 7 月 26 日在安徽师范大学举办，中国传媒大学新闻传播学部副教授周逵、中国社会科学院新闻与传播研究所助理研究员苗伟山在工作坊上作联合发言，认为这次行动显示了民族主义在网络时代的一个演变走向。

伴随着互联网的发展，民族主义也是溢出到虚拟网络空间。传统上主要是以文字文本为主（如新闻、评论、跟帖、回帖等），但其实从2000年以后由于互联网技术的发展，图像技术在互联网上传播的便捷性，视觉文本已经越来越成为网络民族身份重要的作用。①

确实，当代两岸青年认知世界的主要管道，业已从传统的纸质印刷品媒介（包括各级学校教育中的教材、课文）、电影广播电视等模拟电子媒介为主，转变为以新媒体介质尤其是社会化媒介为主的状态。换言之，是从文字（逻各斯）域、印刷（书写）域为重心，转向以视听（图像）域为重心的状态。

正是在这种视听（图像）域，尤其是社会化媒介环境所建构的数字化视听（图像）域中，两岸青年在认知世界和相互认知自我方面，某种史无前例的巨大鸿沟似乎正在形成。

在文字（逻各斯）域层面，两岸同文同种，汉字的"六书"即汉字的六种构造条例，包括：象形、指事、形声、会意、转注、假借，作为中华民族从远古时代就开始沿用的、十分悠久而普遍的一张符号之网，已经为两岸中华子民的文化心理结构，甚至从潜意识和无意识的深处开始，就先天地铸范了共同的基本形制和走向。

在印刷（书写）域层面，博大精深的中华民族传统文化，从三坟五典、八索九丘、河图洛书时代起，积淀极其丰厚，无论历史上历经了多少次焚书坑儒、战乱兵灾，都没有从根本上改变两岸青年在"大传统"层面上共享浩如烟海的中华文化典籍资源的文化背景。

但是，在视听（图像）域，尤其是当社会传播方式从由点到面的第一图像时代转型为人人皆可做图像信息的生产者与传播者的第二图像时代之后，情形有了很大的不同。

在社会化媒体环境中，中国台湾的青年网友们与国际接轨，使用的是发祥于美国的Twitter、Facebook、YouTube等国际通用的社会化媒体平台，而大陆青年网友使用的是微博、微信和由优酷、土豆等视频分享网站为代表的中国特有的社会化媒体平台。目前，至少在正式的管道中，两个平台的隔绝程度，超越了报纸、期刊、书籍等平面媒体和广播、电影、电视等传统的大众电子媒体类型。

平心而论，台湾社会和网络空间融入了国际互联网的普遍构架之中，而大

---

① 周逵、苗伟山：《竞争性的图像行动主义：中国网络民族主义的一种视觉传播视角》，《国际新闻界》杂志公众订阅号，2016年8月5日。

陆出于国家信息安全和意识形态有序等原因，建构了自成一格的社会媒介体系，固然有其必然性、必要性与合理性，但在客观上形成了文化、情感和国族、历史认同上的某种巨大屏障。在笔者看来，这甚至可能是一个影响深远的历史文化现象，它甚至比政治、意识形态方面的差异更值得也更应当引起关心两岸未来的学界人士的敏感警醒与重点关注：目前生活在两岸的年长世代，即已经进入中年和老年的人们，在他们精神和心理的养成时期，世界处于文字（逻各斯）域、印刷（书写）域主导的环境中，两岸在文化上的共同性远远多于差异性。而在 21 世纪媒介环境中成长起来的新世代，接触的是一个被网络强烈地介入的媒介天地。如果两岸的青年长久地被分隔于两个数字化世界之中，那么，他们对于世界、对于彼此、对于自我的认知，都会产生巨大的差异。而且，在某种程度上，这些差异是伴随着每个人的个体生命进程而累积和增长的，具有某种像生命一样不可逆的特点。因为我们学术界的许多人都熟悉本尼迪克特·安德森关于现代民族是一种"想象中的共同体"的论述。安德森的这种断言，并不等同于说民族主义是一种虚假的、精神臆想的产物，而是强调民族是被建构的，是一种文化的产物，或者说，是一种在时代进程中出现的新的、被创造的社会历史事实。在社会化媒介的内容、体系、构成甚至基础平台都截然不同的情况下，两岸新生代网络居民的人种—民族想象，可能被引导到一种极其恶劣的状况之中，这是我们必须正视的事实。

三

　　显然，在当前社会化媒介的"汉界楚河"之中，两岸需要建立某种机制，开启某种"破冰之旅"，让两岸新世代网民都能确立一种对人类正义和家国情怀、对对方和自我都具有正确和良性认知的联系和互动机制。

　　从这个角度去观察，上述"帝吧出征 Facebook"事件，虽然在两岸的成人世界和学界都引起了某种非正面的评议，然而，细究其实，它可以说具备了青年亚文化沟通和认知的意义。就两岸的沟通而言，既然对两岸青年人的心灵融合，官方的说教已经失效，长辈们的喊话也收效甚微。那么，放开闸门，拓宽管道，让他们自己交往是一种可以考虑的选项。即使有一些争吵，甚至有激烈的对骂，都不要紧，天塌不下来。而对方执持的观点中蕴含的正确因素，却可以越辩越明。对于台湾青年一代的认知而言，至少他们可以由此知道，"九二共识"并不只是大陆官方执持的政治主张，而是包括青年一代在内的 13 亿大陆民众的普遍共意；而大陆的民生水平和信息环境，也远不似台湾地区某些政治人物所宣示的那样处于吃得起或吃不起茶叶蛋的层次了。

进而言之,由于社会化媒体是一种个人媒体,官方或政治集团或其他利益集团操控的可能性较低,相比于大众媒体,它能够更为具体而微地表达青年一代的个体心声,因此,建构两岸青年在社会化媒体平台上的交流空间,对于两岸青年的相互认知和心灵的接触或沟通,是极具价值的。两岸的媒体和传播行业同人,应当有意识地创造青年在社会化媒介平台直接交往的环境条件,两岸的传播学界同人,也应当以正确阐释两岸社会化媒体平台上发生的热点事态为专业活动的题中应有之义。

在中国新闻学会下属二级学会"传播思想史研究会"的支持下,2016年7月,中国人民大学新闻学院刘海龙教授在这个研究会所在微信群中筹划了"帝吧出征与网络民族主义"工作坊。工作坊于7月26日在安徽师范大学举办。几十位来自全国各地主要高校的学者——其中又以青年学者为主——论道芜湖,论学黄山。直到本文写作的今日为止,传播思想史研究会的微信公众订阅号上已经刊出了本次工作坊发表的三篇论文:重庆大学新闻学院教授郭小安的《网络民族主义运动中的米姆式传播和共意动员》、中国传媒大学新闻传播学部副教授周逵和中国社会科学院新闻与传播研究所助理研究员苗伟山合作的《竞争性的图像行动主义:中国网络民族主义的一种视觉传播视角》、四川外国语大学新闻传播学院教授刘国强的《论互动视角下网络空间的集体行动》。此外,其他专业学科的学者也对这些网络事件发表了意见,如清华大学国际关系学系博士研究生方力在8月5日的新加坡《联合早报》上发表了《两岸三地青年民粹化的比较》一文,对两岸青年在网络上展示的歧异的国族认同、相同的民粹性质进行分析。

在笔者看来,这种网络民族主义甚至是网络民粹的行为,既是两岸青年的表达自由发展到了一种程度的产物,又是两岸青年认知均存在着某种局限的表现。

总体而言,由于是动员型而非参与型政治体制,大陆激进青年的影响力主要局限在网络上,他们在未来或许能继续影响一些娱乐圈内电影换角之类的个案,他们不可能影响到中国的战略决策,对改革开放的大局也难以构成干扰,因此可以认为他们的危害性是比较低的。[①]

如果说,大陆青年的网络民族主义运动更多地体现了青年亚文化常有的、自发的盲目、冲动与激进,那么,台湾岛内青年的网络民粹行为,更多地呈现

---

① 方力:《两岸三地青年民粹化的比较》,新加坡《联合早报》2016年8月5日。

出青年亚文化以外的特定政党等社会力量操弄与影响的特点，同时，由于台湾的政治环境和政治生态，台湾青年的网络民粹行为常常和网外的社会实际运动相勾连，通过投票等行为实际地影响社会走向。新世代的台湾青年，其政治社会化过程，更多地显示了法国学者德布雷所称的"传播"的影响，而缺乏真正的国族文化"传承"的陶范，使这一人群心中的民族作为"想象中的共同体"，体量和范围大为缩微。由于中国台湾青年群体对政治的影响是巨大的，如果不能扭转台湾青年的国家认同，两岸关系的恶化将是不可逆的。

鉴于以上情形，笔者认为，要改变两岸青年群体的国家认同和民意基础渐行渐远的格局，大陆方面需要改进的是"传播"的方式问题，即摒弃官式宣传和既往传播的习性，顺应新媒体时代传播与沟通的发展趋势，在特定的地区（如福建）、特定的范围（如高校）中开放 Twitter、Facebook、YouTube 等国际通用的社会化媒体平台，使两岸青年能够在网络中拥有传播学上所谓"意义共享空间"，自由地交流意见与观念。台湾地区需要改进的是"传承"内涵的问题——这种传承的主要指向，是如实地把作为今天台湾岛内人口主要构成成分的汉民族的历史、疆域、文化、传统，透过感性和理性的各种方式告知新世代，俾使新世代确立妥当的文化根基意识。

四

探讨社会化媒体环境中的两岸青年认同之道，还意味着我们需要研究和探讨两岸青年在社会化媒体上的表意形式和文本形态。这一判断里面，包含着三个层面的意义。

一是应当重视社会化媒体环境中两岸青年亚文化中的语言应用问题研究。一般而言，无论哪个国家、民族和社会，青年亚文化都天然地具有对成人文化的某种叛逆性。20 世纪 60 年代的巴黎"红色五月"和大陆"文革"初起阶段的青年如此，进入 21 世纪后东亚社会的青年亦复如此；大陆如此，台湾亦非例外。而在沟通与传播平台上，今后青年亚文化的动向与潮流，也首先会在社会化媒体上萌生和实践。

二是应当注重两岸交流中非正式的语言应用活动的研究。"帝吧出征 Facebook"事件中的语言交流，是一种远离正式文本的语言应用活动。官方说辞和长辈们所无法做到的戏谑、反讽、米姆式表达方式，是完全由青年网民掌控的表意形式，这种青年人自己采用他们特有的表达方式进行交流与沟通的做法，实际上效果颇好。即使其间吵架，即使发生了激烈的争论，也在客观上增进了两岸青年的相互认知和情感联系——一个颇有意味的案例是，一对分片两岸、两个不同营垒的异性青年之间，竟互留通信方式，开启了事件之外的个人交流。

三是注重两岸交往中非正式的语言形态或非正式的叙事文化形态的研究。"帝吧出征 Facebook"事件中，表情包作为泛语言符号，或语言与其他非语言符号体系（如动漫、视频、图片、史上流行标志）的混合体，在网民的互动中被频繁地使用。由于网络语言是当代汉语表意形态中最活跃并对青年有颇大感染力的部分，甚至可能昭示着汉语在网络时代的演变走向，因此，研究这些表情包的表意特征与优、劣势，不仅有助于我们察知新世代的文化心理结构，使雷吉斯·德布雷所谓"传承"，对于更好引导两岸青年正确地相互认知，建立共同文化空间，也是颇有价值和意义的。

青年是每一个特定社会的未来。明天的两岸关系，操控在今天的两岸青年手中。在网络中的社会化媒体应用走向普及，并广泛地与社会的现实政治、经济、文化活动纠缠结合在一起的数字化时代，将包括青年网民在内的两岸青年形塑为具有现代文明教养的、充分知情的、有健全判断能力的公民，对于避免两岸情势发展走向不祥的前景，对于民族的长远福祉，具有重大的价值。

对此，两岸的有识之士，都应努力。

丙申年七夕，改定于温哥华

参考文献

［法］雷吉斯·德布雷：《普通媒介学教程》，陈卫星、王杨译，清华大学出版社 2014 年版。

［法］雷吉斯·德布雷：《媒介学引论》，刘文玲译，陈卫星审译，中国传媒大学出版社 2014 年版。

［美］本尼迪克特·安德森：《想象的共同体：民族主义的起源与散布》（增订版），吴叡人译，上海人民出版社 2006 年版。

陶东风、胡疆锋：《亚文化读本》，北京大学出版社 2011 年版。

杨鹏：《网络文化与青年》，清华大学出版社 2006 年版。

胡疆锋：《伯明翰学派青年亚文化理论研究》，中国社会科学出版社 2012 年版。

黄华：《语言革命的社会指向》，广西师范大学出版社 2016 年版。